粤港澳大湾区交通与物流发展研究成果

主编 / 刘延平

粤港澳大湾区物流发展报告 2023

STUDY ON LOGISTICS IN GUANGDONG-HONG KONG-MACAO GREATER BAY AREA (2023)

韦琦 张杰 等 编著

社会科学文献出版社
SOCIAL SCIENCES ACADEMIC PRESS (CHINA)

粤港澳大湾区交通与物流发展研究成果

编　委　会

前 言

2019年中共中央、国务院正式发布《粤港澳大湾区发展规划纲要》，而后陆续出台多项促进粤港澳大湾区发展的相关政策及规定，粤港澳三地间的关系愈加紧密、相辅相成，得天独厚的区位条件和支持政策促进了该区域经济迅速发展。加快建设交通设施，扎实推进粤港澳大湾区物流高质量发展，是构建粤港澳大湾区新发展格局的重要支撑。党的二十大报告指出，推进新型工业化，加快建设交通强国，建设高效顺畅的流通体系，降低物流成本；推进粤港澳大湾区建设，支持香港、澳门更好地融入国家发展大局，为实现中华民族伟大复兴更好地发挥作用。粤港澳大湾区作为我国经济发展最活跃、对外开放程度最高的区域之一，日益成为我国经济发展的新引擎和新动力。在实施粤港澳大湾区区域发展战略的过程中，从交通网络建设入手，实现大湾区内部的互联互通，推动人口和要素的自由流动，构建现代物流体系和推进区域物流一体化，对培育粤港澳大湾区世界级产业集群、提升区域国际竞争综合实力具有重要的基础性和先导性作用。

广东财经大学坐落于千年商都、海上丝绸之路的东方起源地——广州，是博士学位授予单位，广东乃至华南地区财经政法人才培养高地、现代服务业与社会治理创新发展研究重地，教育部新商科智慧学习工场(2020)（A）项目试点院校（2021年），广东省“冲一流、补短板、强特色”特色高校提升计划建设高校。学校以经济学、管理学、法学为主体，文学、理学、工学、艺术学等多学科协同发展，大力发展新文科、新商科、交叉学科。经过近40年的发展以及全体师生的不懈奋斗，广东财经大学建设成为一所学科特色鲜明、师资力量雄厚、办学效益显著、社会影响力和知名度较高的财经类院校，并在2020年学校党代会确立了建设大湾区一流财经大学的发展新目标。

广东财经大学坚持“求真、致用”的科研理念和“以服务求支持、以贡献求发展”的社会服务理念，贡献广财智慧，发出广财声音。广东财经大学粤港澳大湾区交通与物流发展研究院（以下简称“研究院”）是学校的重点研究机构之一，与北京交通大学经济管理学院合作共建，拥有一支专业化、开放式、高水平的研究团队。研究院从培养人才、服务社会和满足广东区域经济发展的需要出发，旨在建立能够高效与社会对接、有效整合校内外资源的产学研平台，并以国家重大战略及社会需求为导向，培养和建立高水平的研究团队，探索产学研紧密结合的新模式。研究院近年来多次获得国家自然科学基金项目和省部级科研项目立项，在UTD24国际商科顶级期刊上发表论文，获得广东省哲学社会科学优秀成果奖，出版专著多部，并积极与企事业单位合作开展横向项目研究。

研究院组织编撰的《粤港澳大湾区交通发展报告（2023）》《粤港澳大湾区物流发展报告（2023）》即将出版。《粤港澳大湾区交通发展报告（2023）》由研究院首席交通研究专家李红昌教授编著，报告立足于粤港澳大湾区的社会经济文化发展现状、粤港澳大湾区城市群的发展特点，从城市交通、可持续交通、交通区位、交通规划、交通一体化等理论出发，归纳和梳理国内外湾区及城市群的交通发展经验，以期应用于粤港澳大湾区交通发展中。围绕粤港澳大湾区的交通现状和发展目标，结合粤港澳大湾区在交通发展战略与规划方面的相关文件及信息，有针对性地提出有利于粤港澳大湾区交通发展的政策建议。

《粤港澳大湾区物流发展报告（2023）》由研究院中青年骨干研究人员合作完成，各章作者依次为韦琦、洪宪培、严筱、张钟允、周旻、张大卡、朱文文、王士媇、郭佳、纪静娜、徐小雅、张杰、吕盛祥，韦琦和张杰负责统稿。报告将大湾区协同发展作为研究背景，从港口物流、城市配送、物流与供应链金融、跨境物流、快递、绿色物流及智慧物流等方面，对粤港澳大湾区物流各领域的发展情况进行了全面梳理，并基于制造业、电商、医药、商贸及农产品的角度对行业物流进行了分析，从推动大湾区物流发展的角度提出相应的观点，对粤港澳大湾区物流发展的理论研究和实践建设均具有重要价值。

《粤港澳大湾区交通发展报告（2023）》和《粤港澳大湾区物流发展报告（2023）》的撰写和出版，是研究院努力推进大湾区交通物流事业发展、服务广东地方经济建设的一次重要尝试，在此特别感谢中国物流与采购联合会、广东省物流与供应链学会、广东省现代物流研究院等机构和组织所给予的帮助与支持。此外，特别感谢社会科学文献出版社对两书出版的全力协助。由于时间仓促、水平有限，其中有许多不足之处在所难免，敬请各位专家、读者批评指正。

广东财经大学粤港澳大湾区交通与物流发展研究院院长

2023 年 2 月 8 日于广州

目 录

综合篇

专题篇

行业篇

综合篇

第一章
粤港澳大湾区物流业发展回顾与展望

在全球经济乏力、中美贸易摩擦持续、新冠疫情阶段性反弹、乌克兰危机等百年未有之大变局下，我国正处于经济结构调整的重要时期。物流业一边连着消费，一边连着生产，是推动第一和第二产业流通，并作为生产性服务业和消费性服务业并存的大行业，是全国经济发展的风向标，是国民经济高质量发展的重要力量。中国自 2016 年首次超越美国成为全球最大物流市场以来，体量持续扩容、发展质量逐步提升。当前物流服务内容已不再限于物流的基本功能性活动，还包括一系列支持活动，即基础物流服务、增值物流服务及个性化物流服务等。这些服务活动之间关系紧密，成为现代化物流企业活动中不可分割的一部分，并促使基础功能活动与服务增值活动相融合，为顾客提供更加全面、更加便捷的物流产品。个性化活动通过将不同的物流服务内容进行组合，提供更加符合企业个性化需求和生活消费需求的生产性服务。

一　粤港澳大湾区物流业发展背景

（一）全球宏观经济走势与粤港澳大湾区物流业表现

1. 全球经济疲软拉低国际物流总量增速

受近几年全球经济持续低迷及近期多国灾害频繁发生的影响，全球贸易物流总量持续降低。国际物流服务供过于求，国际多家航运业巨头航线萎缩。尽管到2021年底，国际集装箱运输市场需求基本恢复并略微超过2019年前的水平，进入温和的增长期，但国际物流行业仍然面临资金紧张、利润下滑等困境。物流运价下跌造成的冲击难以消化，航运业运价下跌尤为明显。

2. 贸易摩擦阻隔双边贸易物流

中国对美国进出口持续保持顺差、美国的再工业化产业政策导向、大国之间国力制衡等，导致中美贸易摩擦长期存在。作为中国货物的最大承接地，洛杉矶港和长滩港这两大港口负责处理美国与东南亚之间约42%的集装箱贸易量。中美贸易摩擦导致贸易壁垒的加固，进而引发中国出口商品价格上扬，出口成本增加，出口量下降，物流规模减小，物流企业盈利能力下降。欧洲港口物流业受乌克兰危机冲击遭受严重的影响。被禁止的俄罗斯货物必须与其他货物分开进行通关，并重新安排航线或储存，在一定程度上增加了海关工作量，消耗了许多港口资源。2022年初，欧洲港口出口集装箱的平均滞留时间高达10.8天，比之前的9.2天多了1.6天。在进口集装箱方面，货物中转的平均等待时间从6.2天提升到6.5天。

3. 新冠疫情持续性反弹

疫情多点散发，为物流行业带来了更多的不确定性。单向防控或双向防控的设置抑制了物流和人流的畅通，在一定程度上影响了产品在市与市、省与省、国与国之间的流通。2019~2022年受全球疫情反复的影响，物流领域整体运力大幅下降，引发原料供应短缺、下游企业生产中断、原料价格上涨等诸多不良后果。许多物流企业或涉全产业链企业为了提升供应链的竞争力，开始更加关注仓储物流环节。以中国的整车运输物流业为例，自2018~2019年起汽车销量持续大幅下滑，汽车市场全面进入缓慢增长期，对以汽车为主要运输工具的物流企业造成了一定的负面影响。

4. 数字经济赋能物流

传统物流企业整体效率低、成本高，资源又较为分散，物流资源和信息需要进行整合，物流信息数据不共享等问题亟待解决。随着科技互联网的发展，人工填写订单和客户信息、人工分拣等传统物流手段逐渐被淘汰，5G、大数据、互联网等技术不断被应用于物流行业，使数字化经济逐步引领物流行业发展，物流行业得到了科技的助力。在物流运输端，数字化正在深入渗透至传统物流行业的诸多环节。物流业数字化主要包括两部分内容：一是数字化软件，二是数字化硬件。在软件方面，物流运输过程中的每个重要节点都可以通过数字化手段进行优化。在硬件方面，物流企业可通过与外部公司合作，让新兴信息科技在物流实际运营场景中得到应用。如无人驾驶汽车、无人叉车、智能量房等新型物流技术在物流行业中的应用使得企业运营效率提升。在数据管理方面，物流服务更加高效、智能，为客户带来更好的体验，提高了物流企业的客户黏度。在物流平台端，数字物流平台越来越多，其发展趋势是高标准、高效率。大量的物流企业能够基于数字物流以低成本的方式提高自身的核心竞争力，从而提升企业运营能力和盈利能力。

（二）粤港澳大湾区建设与区域物流业发展提速

2019~2021年，粤港澳大湾区建设的重要基础和重要成果就是“交通的互联互通”。粤港澳大湾区内部、粤港澳大湾区与外省的物流线路进一步丰富和优化。对交通运输的投资越大，其对物流经济的带动作用就越大；投资金额的增加有助于物流产业快速发展。建设投资金额、运输工具数量和货物周转率等都影响着物流产业的发展。未来整个粤港澳大湾区的企业应该增加建设投资金额，特别是运输科技的研发投入，大大提高货物运输工具的科技含量，包括运输工具的人工智能化、自动化系统的开发等，进而有利于未来物流产业的发展。粤港澳大湾区应丰富物流协同内容，借助物流协同拓展区域经济一体化的内涵，形成更大的发展合力，增强产业一体化效果。反过来，利用物流协同实现资金流、商流、人流和信息流的交互，可以逐步提升粤港澳大湾区内部协同发展水平和一体化程度，从而反哺物流业做大做强。

（三）内需经济带动与大湾区物流业转型升级

物流服务范围、数量和质量随着内需的扩大而不断升级。当前物流服务呈现个性化、柔性化、精细化趋势，其所带来的机遇和挑战也随之增加。供应链中的高质量物流服务可以提高客户的满意度，为企业提供保障服务；同时高质量的物流服务可以为企业带来更多的客户，两者相互影响、相互成就。大湾区内部物流协同服务需求十分迫切，主要表现为物流供需信息集成化需求、物流服务敏捷化需求和物流产业链协同化需求。第一，供应链上下游为获得市场优势，亟须掌握准确、及时的市场需求信息，其构建开放共享的物流服务平台的需求是非常强烈的，以达到系统集成化物流供需信息的目的，有利于供应链上下游规避市场风险。第二，目前大多产品的物流市场竞争激烈，单位物流成本较高，相应的物流服务也缺乏快速响应机制，灵敏、快捷的物流配送和处理能力是当今企业提高竞争力的关键。第三，针对单一产品资源，难以破解物流运输成本高、效率低的难题，此时通过协同整合供应链中的所有产业资源，形成物流服务协同和规模效益，不仅可以解决物流成本和效率方面的问题，还能为顾客提供增值服务，为物流企业创造新的利润来源。物流服务敏捷化需求日趋强烈，各企业在激烈竞争中不断成长，从而推动产业趋向一体化。

二　粤港澳大湾区物流业发展状况

（一）粤港澳大湾区物流业政策分析

1. 区域物流的总体规划政策

2019 年 2 月发布的《粤港澳大湾区发展规划纲要》提出，粤港澳大湾区将实现1小时经济圈、开展物流合作和建设冷链物流。建设粤港澳大湾区共享共治平台，打造广州南沙、珠海横琴合作示范区，优化深圳前海功能。2020年7月国家发展改革委印发《关于做好2020年国家骨干冷链物流基地建设工作的通知》，广东东莞入选国家骨干冷链物流基地建设名单。2021年7月国家发展改革委印发《国家物流枢纽网络建设实施方案（2021—2025年）》，布局120个左右的国家物流枢纽，形成共建共享共用体系，衔接各个物流网点，联动发展。2021年9月成立广东省粤港澳大湾区交通物流发展促进会，提高粤港澳大湾区互联互通。2021年12月国务院办公厅印发《推进多式联运发展优化调整运输结构工作方案（2021—2025年）》，发展粤港澳大湾区多式联运。《广东省综合立体交通网规划纲要》提出“12312”出行，即珠海地区内部主要城市间1小时通达、珠三角地区与粤东粤西北地区2小时通达、与国内及东南亚主要城市3小时通达、与全球主要城市12小时左右通达。确定以广州、佛山、深圳、香港、珠海、澳门为核心，发展广深澳、广珠澳、跨珠江口的城际铁路，衔接机场。联动广深海陆空，推动共建粤港澳大湾区货运枢纽。推广绿色低碳的运输方式。

2. 物流分行业政策

（1）智慧物流

2015年《关于智慧物流配送体系建设实施方案的通知》将智能物流纳入战略和重点任务。2017年《广东省综合交通运输体系发展“十三五”规划》提出交通运输系统向智能化、绿色化发展。在公路、铁路、机场、港口、城市交通领域应用EUHT技术，提倡并推动节能减排的运输。2019年《粤港澳大湾区发展规划纲要》提出建立智慧物流平台和智能交通系统。2019年《关于推动物流高质量发展促进形成强大国内市场的意见》提出智能物流是内生动力。2020年《广东供销公共型农产品冷链物流基础设施骨干网建设总体方案》提出建设智慧冷链物流平台。2021年《广东省综合交通运输体系“十四五”发展规划》提出发展智慧物流。2022年2月粤港澳大湾区启动建设全国一体化算力网络国家枢纽节点，在韶关高新区设立数据中心集群，打造实时性算力中心。

（2）绿色物流

2018 年国务院办公厅印发《关于推进电子商务与快递物流协同发展的意见》提出物流发展需要向标准化、智能化和绿色化发展。2020 年 6 月《邮件快件绿色包装规范》明确包装标准化、可循环、不浪费。2020 年 11 月《关于加快推进快递包装绿色转型的意见》强化循环包装、绿色包装。2021 年 2 月《关于加快建立健全绿色低碳循环发展经济体系的指导意见》提出建设绿色物流，推广绿色低碳运输工具。2021 年 10 月《2030 年前碳达峰行动方案》指出推广绿色低碳的运输工具、交通基础设施绿色标准和开展绿色低碳行动。2022 年 1 月《绿色交通“十四五”发展规划》提出推动绿色铁路、公路、港口、机场建设。2022 年 1 月《珠江航运“十四五”发展规划》强调绿色港口建设。

（3）跨境物流

2021 年《关于推进跨境电商高质量发展的若干政策措施》指出提高跨境电商的便利水平。2015 年发布的《深圳地区跨境电子商务检验检疫监督管理办法（试行）》提出为推动贸易便利实现监管系统与服务平台的信息共享。2015 年发布的《关于促进跨境电子商务健康快速发展的指导意见》提出跨境电子商务规范化、专业化、标准化、集群化发展。2016 年广东省人民政府印发《中国（广州）跨境电子商务综合试验区实施方案》，提出要加强和深化与粤港澳大湾区跨境电子商务的合作，革新穗港澳口岸通关模式，加强监督，发展香港企业的“前店后仓”模式。2016 年《中国（深圳）跨境电子商务综合试验区实施方案》提出打造深港跨境电子商务新业态、示范区，深港陆路口岸通关更加便捷，鼓励开展跨境支付结算业务。推动深圳香港贸易自由化。2020 年发布的《中国（惠州）跨境电子商务综合试验区实施方案》要求，建设“两平台”“六体系”。惠州、深圳、香港和广州陆空联运发展跨境物流，惠州加强与深圳、香港的合作和交流。2021 年 12 月 2 日《关于推进跨境电商高质量发展的若干政策措施》提出支持跨境电商海外仓建设。2020 年 3 月《珠海市关于加快现代物流业发展的政策措施》提出通过资助补贴鼓励利用港珠澳大桥的优势发展跨境物流、绿色物流、智慧物流。

3. 跨城市物流合作政策

（1）珠澳物流合作政策

2021 年 9 月中共中央、国务院印发《横琴粤澳深度合作区建设总体方案》，提出实现水陆空等各种基础设施互联互通，延伸澳门到珠海的轻轨，减少通勤时间；发展广州至珠海、澳门的高铁，联动发展珠海机场、珠海港。

（2）深港物流合作政策

2021 年 9 月中共中央、国务院印发《全面深化前海深港现代服务业合作区改革开放方案》，提出扩大前海合作区域面积，由原来的 14.92 平方公里扩展到 120.56 平方公里。深圳、香港共同建设贸易组合港，实现海陆空联运，推进绿色和智慧的供应链物流；在深圳前海湾保税港推动离岸贸易发展更加规范化；发展国际船舶登记的新模式。2021 年 10 月 6 日香港特区政府发布《北部都会区发展策略》，提出北部都会区有七个跨境陆路口岸，兴建连接洪水桥/厦村至深圳前海的港深西部铁路。构建一个与深圳福田、皇岗衔接的港深深度融合的创科发展区，强化港深创新及科技园（港深创科园）的对外交通联系。

4. 湾区核心城市物流业发展政策

（1）深圳

2022 年实施的《深圳市前海深港现代服务业合作区管理局促进商贸物流业高质量发展办法》，明确提出要激活前海商圈，吸引知名电商平台入驻，给予一定的奖励，符合条件的最高可获 500 万元。同时对保税的新业态给予支持；支持国际航海运输，鼓励游轮产业发展，做宽做长前海的海航服务产业链；对“首店经济”“首发经济”给予支持；对电商直播发展新业态表示支持。

（2）广州

2021 年《广州市交通运输“十四五”规划》提出发展海上铁路联运、江海联运等多式联运，建设虚拟仓平台，发展智慧物流和绿色物流。发展“外集内配”的物流配送。2021 年《广州市交通物流融合发展第十四个五年规划》提出，发展冷链物流、电商物流和应急物流，发展高铁物流、通航物流，联动海陆空，带动粤港澳大湾区的物流发展。建立“5+10+N”物流体系。

（3）珠海

2020年3月珠海市政府印发《关于加快现代物流业发展的实施意见》，提出珠海要主动对接粤港澳大湾区的物流，完善珠海澳门口岸物流的基础设施，推动三地物流的“合作共赢”，建设国际物流枢纽。2020年《珠海市关于加快现代物流业发展的政策措施》提出，发展粤港澳大桥的物流业务，支持发展跨境物流、跨境电商物流，建设粤港澳物流园、高栏港国际物流园、空港国际物流园。鼓励港口、机场、铁路等多式联运。

（二）粤港澳大湾区物流发展回顾——产业层面

1. 产业规模

粤港澳大湾区一二三产业齐头并进且带来庞大的物流需求，粤港澳大湾区物流业规模不断扩大，但2020年大湾区受新冠疫情影响，物流业发展受阻。

2015~2018年，粤港澳大湾区物流业规模不断扩大，其中珠三角九市物流业规模扩大迅速，香港、澳门的物流业规模有所起伏。货物运输总量从2015年的252725万吨增至2018年的293622万吨，2018年与2015年相比货物运输总量增长16.2%；货物运输周转量从2015年的13117亿吨公里增至2018年的25627亿吨公里，2018年与2015年相比货物运输周转量增长95.4%；港口货物吞吐量从2015年的155026万吨增至2018年的185738万吨，2018年与2015年相比港口货物吞吐量增长19.8%。其中，广州在货物运输总量、货物运输周转量、港口货物吞吐量上都优于其他城市，位居粤港澳大湾区第一，且在货物运输总量上，广州市占粤港澳大湾区货物运输总量的比例越来越高，从2015年的39.6%增加到2018年的43.5%。广州市在粤港澳大湾区物流业发展中处于核心地位。与此同时，香港、澳门两城市因面临来自亚洲其他港口的激烈竞争，货物运输总量、港口货物吞吐量等指标均有所起伏。

2020年，粤港澳大湾区物流业发展受阻，在货物运输总量上，除江门市外所有城市都有所减少，但在港口货物吞吐量上珠三角九市受影响较小，部分城市不降反升，而香港及澳门受影响较大。货物运输总量从2019年的

268308 万吨降至 2020 年的 241489 万吨，下降 10%；货物运输周转量从 2019 年的 25632 亿吨公里降至 2020 年的 25535 亿吨公里，有微弱减少；港口货物吞吐量从 2019 年的 179711 万吨增至 2020 年的 184234 万吨，增长 2.5%。其中，广州、深圳、惠州、东莞、江门、肇庆等港口货物吞吐量不降反升，珠三角在国际物流方面受疫情影响较小。

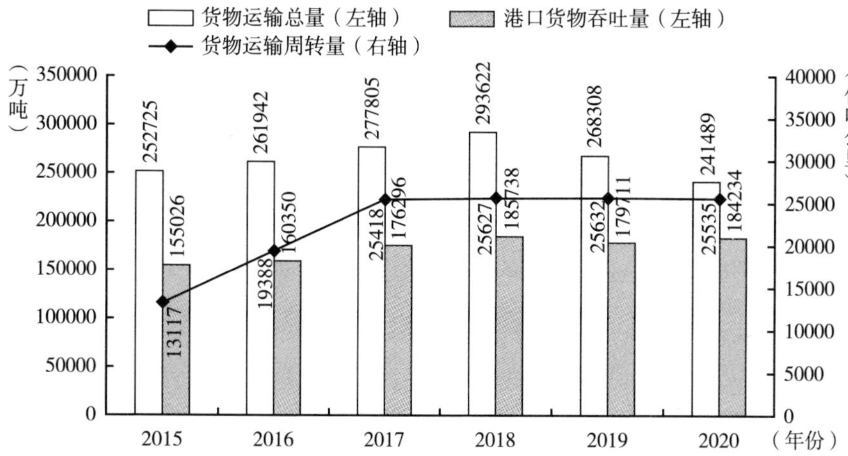

图 1　粤港澳大湾区物流业规模

数据来源：各城市统计局。

表 1　粤港澳大湾区各城市货物运输总量

单位：万吨

城市	2015 年	2016 年	2017 年	2018 年	2019 年	2020 年
广州	100124	107992	117429	127752	95032	92458
深圳	32475	31163	32269	32764	43529	41483
珠海	10826	11395	12109	13447	9844	8293
佛山	28208	29689	31287	32411	33637	24031
惠州	24839	24891	25936	27414	29038	21387
东莞	15385	15593	16725	17272	17426	17139
中山	18076	18336	17656	16640	12149	10666
江门	13177	14046	14975	15894	16901	17921

续表

城市	2015 年	2016 年	2017 年	2018 年	2019 年	2020 年
肇庆	7303	6627	7171	7847	8695	8096
香港	2284	2190	2231	2162	2040	
澳门	28	20	17	19	17	15
合计	252725	261942	277805	293622	268308	241489

注：广州、珠海、中山三市 2019 年货物运输量统计方式变更，香港无 2020 年数据。

表 2　粤港澳大湾区各城市货物运输周转量

单位：亿吨公里

城市	2015 年	2016 年	2017 年	2018 年	2019 年	2020 年
广州	9050	15386	21260	21487	21473	21620
深圳	2253	2247	2303	2174	2242	2014
珠海	165	159	167	222	275	456
佛山	246	272	299	324	337	239
惠州	503	464	485	505	526	376
东莞	505	455	484	527	456	529
中山	161	165	157	139	73	75
江门	158	169	187	168	178	158
肇庆	76	71	76	81	72	68
香港	—	—	—	—	—	—
澳门	—	—	—	—	—	—
总计	13117	19388	25418	25627	25632	25535

注：香港、澳门无货物运输周转量数据统计。

表 3　粤港澳大湾区各城市港口货物吞吐量

单位：万吨

城市	2015 年	2016 年	2017 年	2018 年	2019 年	2020 年
广州	52096	54437	59012	61313	62687	63643
深圳	21706	21410	24136	25127	25785	26506
珠海	11208	11779	13586	13799	13838	13367
佛山	6147	6610	7967	8973	9636	9285
惠州	7013	7658	7214	8757	8956	9636
东莞	13149	14584	15714	16417	19808	19857

续表

城市	2015 年	2016 年	2017 年	2018 年	2019 年	2020 年
中山	7319	6789	8044	11965	1547	1312
江门	7525	7923	8267	9369	6832	10698
肇庆	2945	3261	3973	3921	4057	4789
香港	25656	25673	28156	25854	26332	24929
澳门	262	226	227	243	233	212
总计	155026	160350	176296	185738	179711	184234

注：2019 年中山市、江门市港口货物吞吐量统计方式变更。

2. 物流运输网络

完善的交通运输网络是粤港澳大湾区物流业规模扩大的基础。自 2017 年《广东省综合交通运输体系发展“十三五”规划》实施以来，广东省以广州、深圳为中心，打造“三横四纵二联”的综合交通枢纽，粤港澳大湾区交通网络基本建成覆盖全湾区、辐射广东省、服务全中国、连通全世界的现代化综合交通运输体系，国际综合交通门户地位基本确立。

公路方面，公路网络布局完善，粤港澳大湾区 11 个城市联系紧密。截至 2022 年 4 月，珠三角九市高速公路通车总里程超 4500 公里，大湾区核心区高速公路密度达到每百平方公里 8.7 公里，基本实现广州与粤港澳大湾区各城市 1 小时通达，媲美纽约、东京等世界主要湾区。2018 年，港珠澳大桥、广深港高铁开通，珠三角九市抵达香港、澳门的方式多样化、便捷化，其开通将香港、澳门与珠三角九市紧密联系在一起。

铁路方面，多层次铁路网络形成，粤港澳大湾区 11 个城市与广东省内外城市距离大大缩短。截至 2022 年 4 月，粤港澳大湾区铁路运营里程超 2500 公里，其中高铁里程 1430 公里。2021 年，粤港澳大湾区城际铁路建设已全面铺开，穗莞深城际新塘至深圳机场段、莞惠城际、广清城际广州北至清远段等已建成通车，城际铁路里程达 476 公里，形成多层次的轨道交通网络。2021 年，赣深高铁畅通了向北和向华东的通道，加上向东的深汕高铁，粤港澳大湾区以京广、京九铁路为主的铁路运输网络更加完善。

水运方面，港口航道能力强，粤港澳大湾区已成为重要的国际物流中心。2020 年港口货物吞吐量超 18 亿吨，内河高等级航道通航里程达 1397 公里。粤港澳大湾区以广州港、深圳港、香港港、珠海港为沿海主要港口，以佛山港、肇庆港为内河主要港口，辐射华南、西南，面向全球，已建设成为亚太地区重要的物流中心。

航空方面，世界级机场群建设初现雏形，粤港澳大湾区将成为重要的国际航空枢纽。2020 年，粤港澳大湾区航空机场货邮吞吐量超 771 万吨。截至 2021 年底，惠州机场、白云机场扩建，深圳机场、珠海机场完成扩建工程，粤港澳大湾区形成以广州、深圳机场为枢纽机场，以珠海、惠州为干支线机场的航空运输格局。

3. 物流服务能力

物流服务能力是粤港澳大湾区物流业发展的关键，企业数量及物流园区数量是物流服务能力的体现。近年来，粤港澳大湾区物流服务能力不断提升。

截至 2022 年 7 月，粤港澳大湾区共有 219265 家物流企业、338 家物流园区，与 2015 年广东省约 20 万家物流企业、300 余家物流园区相比，粤港澳大湾区物流企业数量大幅增加、物流服务能力显著提升。目前，深圳有 88329 家物流企业，远超其他城市，位居大湾区第一，但深圳产业规模在大湾区内仅排第二，并与位列第一的广州有较大差距，可见广州物流服务水平较高，深圳物流服务水平仍有较大提升空间。

4. 物流信息与技术

物流技术装备的改善能够有效提高粤港澳大湾区的物流运行效率。随着经济全球化、信息化进程加快，传统的运输模式问题重重，粤港澳大湾区积极推广应用物流新技术，推动物流新业态、新模式发展。网络货运平台成为粤港澳大湾区物流企业竞相发展的新模式；粤港澳大湾区将进入全自动化码头发展时代。2020 年，交通运输部等发布了《网络平台道路货物运输经营管理暂行办法》，为网络货运平台健康、有序发展奠定了坚实的基础，粤港澳大湾区网络货运平台步入全新的发展时代。传统的物流企业利用大数据、

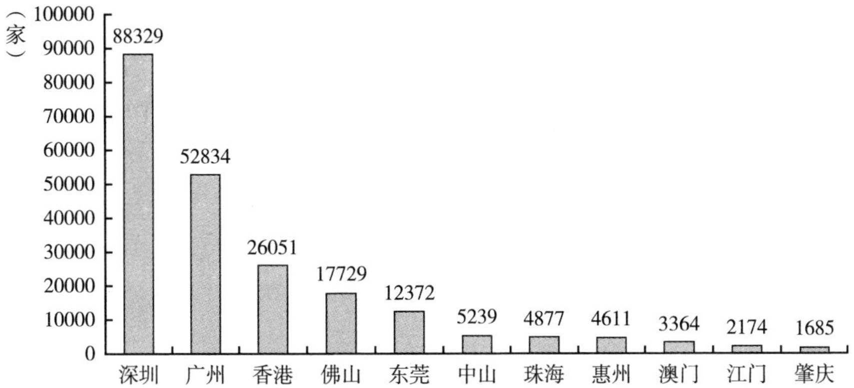

图 2　粤港澳大湾区各城市物流企业数量

数据来源：企查猫。

物联网、云计算等信息技术建立网络货运平台，成为物流平台服务商；龙头物流企业加强智慧物流技术装备的应用，依托自身物流业务的发展积累，借助网络货运平台新模式发展成为独立平台公司。大湾区的网络货运平台运行，提高了物流业的信息实时性和大数据整合能力，从而提高了货运信息处理效率、完善了物流业监管体系，形成了规范的物流业市场秩序。2021 年，粤港澳大湾区首个全自动化集装箱码头——广州港南沙四期工程实船联合调试获得成功。该码头集全球新一代物联网感知、大数据、云计算、5G 等先进技术于一体，打造全球首例“单小车自动化岸桥、北斗导航无人驾驶智能集卡、堆场水平码头布置、港区自动化”模式。该码头开通后将与南沙自贸区内的客货双线铁路、南沙港铁路共同构建港口、铁路、公路多式联运的立体运输网络。

5. 物流标准

自《推进珠江三角洲地区物流一体化行动计划（2014—2020 年）》实施以来，粤港澳大湾区中的内地九市物流标准化建设快速推进。2014 年，广州市被商务部与国家标准委员会认定为第一批物流标准化试点城市，佛山、东莞、中山、肇庆为第二批试点城市。2018 年，东莞市虎门港开展的物流服务业标准化试点，是国家级服务业标准化试点项目，先后参与制定《托盘共用系统塑料平托盘》（GB/T 35781-2017）等国家标准、《家具物流服务规范》（WB/T 1098-2018）等行业标准、《内河双电（锂离子蓄电池、超级电容）纯电动船电力系统》（LB/XNYDDCCY 0001-2017）等联盟标准、《智能物流塑料周转箱》（Q/WXJ 90-2018）等企业标准。东莞市虎门港积极参与物流国家标准体系和行业标准的研究制定工作，推动物流标识标准化，实现与交通运输业、制造业等其他行业标准，以及与海关、质检等部门标准的衔接。截至 2021 年底，粤港澳大湾区依托广东省物流行业协会的优质平台，成立"一带一路"泛粤港澳大湾区物流标准化托盘共用联盟、粤港澳大湾区物流标准对标工作组，积极推动物流标准化，推广应用标准化物流技术和装备，推动物流作业标准化，改善物流作业环境。

6. 国际物流

粤港澳大湾区是我国重要的进出口中心，拥有得天独厚的国际物流优势。粤港澳大湾区坐拥全球十大港口中的三大港口，分别是深圳港、香港港、广州港。借助区位、平台、政策等多重优势，在逆全球化的大环境下，粤港澳大湾区国际物流逆势上升，不减反增。

2018 年，香港港进出口货物吞吐量 25854. 1 万吨，进出口集装箱吞吐量 1959. 6 万 TEU；澳门港进出口货物吞吐量为 243 万吨，进出口集装箱吞吐量为 14 万 TEU。粤港澳大湾区九市的总进出口货物吞吐量为 46595. 63 万吨，总进出口集装箱吞吐量为 3738. 97 万 TEU。其中广州港的进出口货物吞吐量为 13941. 05 万吨，占粤港澳大湾区九市的总进出口货物吞吐量的 30%。进出口集装箱吞吐量为 793. 66 万 TEU，占粤港澳大湾区九市的总进出口集装箱吞吐量的 21%。深圳港进出口货物吞吐量为 18727. 94 万吨，占粤港澳大湾区九市的总进出口货物吞吐量的 40%。进出口集装箱吞吐量为 2416. 23 万 TEU，占粤港澳大湾区九市的总进出口集装箱吞吐量的 65%。通过分析数据可以得出，广州港和深圳港的国际物流量占粤港澳大湾区九市国际物流量的大部分。

2019 年，香港港进出口货物吞吐量为 26331. 5 万吨，进出口集装箱吞吐量为1830.3万TEU。粤港澳大湾区九市的总进出口货物吞吐量为46218.15万吨，总进出口集装箱吞吐量为3760.55万TEU。广州港的进出口货物吞吐量为14401.02万吨，占比31%，进出口集装箱吞吐量为873.57万TEU，占比23%。深圳港的进出口货物吞吐量为17828.82万吨，占比39%，进出口集装箱吞吐量为2382.82万TEU，占比63%。通过纵向比较可以得知，在中美贸易摩擦背景下，粤港澳大湾区九市国际物流受到的影响不大，总量只有轻微下降，2019年的总进出口货物吞吐量比2018年下降了0.8%。广州港和深圳港持续发力，承担着粤港澳大湾区国际物流主要业务，两者进出口货物吞吐量占比70%、进出口集装箱吞吐量占比87%。

2020年新冠疫情对国际物流和国际海运造成了重大影响，全球港口航运业发展受到较大冲击。但得益于我国坚实的物流基础和强大的抗疫能力，粤港澳大湾区的国际物流量不减反增。香港港全年进出口货物吞吐量为24928.6万吨，进出口集装箱吞吐量为1796.9万TEU。粤港澳大湾区九市总进出口货物吞吐量为47833.95万吨，九市总进出口集装箱吞吐量为3827.65万TEU。广州港的进出口货物吞吐量为14360.73万吨，占比30%，进出口集装箱吞吐量为905.08万TEU，占比24%。深圳港进出口货物吞吐量为18896.56万吨，占比40%，深圳港进出口集装箱吞吐量为2436.42万TEU，占比64%。纵向比较可以得知，在新冠疫情期间，粤港澳大湾区九市国际物流量不减反增，2020年相较于2019年上升了3.5%。横向对比，广州港和深圳港的进出口货物吞吐量占比为70%、进出口集装箱吞吐量占比87%。

7.农产品物流

（1）湾区内地农产品供港澳地区

粤港澳大湾区的农产品物流合作可以追溯到20世纪60年代，当时内地开通了“三趟快车”，每日定期开行三趟，向港澳地区源源不断地输送农产品和鲜活冷冻食品，保障了港澳地区居民的日常生活需要。根据广东省农业农村厅的统计数据，2018年，广东与香港的农产品进出口贸易总额达到43.51亿美元，同比增长5.2%。其中农产品出口总额40.50亿美元，增长

3.6%；农产品进口总额3.01亿美元，增长33.5%。广东与澳门的农产品进出口贸易总额达到3.18亿美元，同比增长8.6%。其中农产品出口总额3.03亿美元，同比增长7.6%；农产品进口总额0.15亿美元，同比增长44.5%。

（2）粤港澳大湾区农产品进出口情况

《广东统计年鉴2021》显示，2020年，广东农产品出口总额为644.68亿元，较2019年略有减少；进口总额为1690.53亿元，较2019年增长14.21%，进口农产品主要为肉类和水果。在广东2020年出口的主要农产品中，水海产品出口量为530483吨，出口额为1906317万元；蔬菜出口量为576249吨，出口额为306761万元；鲜、干水果及坚果出口量为153558吨，出口额为173945万元；茶叶出口量为6570吨，出口额为55002万元。广东农产品进出口以水海产品为主，其次是蔬菜。基于农业产量与需求量的缺口，广东省的农产品进口额是出口额的2.6倍。

（3）粤港澳大湾区农产品物流的供给端情况

粤港澳大湾区绝大部分农产品未进行产地预冷处理。县、镇、村普遍缺乏真空或风冷预冷设备，产地没有冷链中心、集散中心，缺少冷链运力制约着粤港澳大湾区农产品冷链物流发展。粤港澳大湾区的生鲜农产品难以得到冷链保障，90%的肉类产品、80%的水产品、75%的奶制品以及大部分的果蔬都难以得到有效的冷链保障，导致农产品难以在粤港澳大湾区内流动。粤港澳大湾区的农产品综合冷链流通率大约为19%，与欧美等发达国家90%的综合冷链流通率相比，差距较大。粤港澳大湾区果蔬的冷链流通率为20%、肉类为30%、水产品为35%。与大湾区的有效需求相匹配的是1500万吨的冷链供给。

（4）粤港澳大湾区农产品仓储的创新模式

位于广东省惠州市博罗县泰美镇的粤港澳大湾区（广东惠州）绿色农产品生产供应基地成为大湾区东岸重要的农产品仓储平台。该基地由中国供销集团和广东供销集团联合总投资50亿元，第一期已建成运营45万吨粮库和10万吨米面油加工车间，能够承接27.5万吨粮食政策性储备任务。粮食、肉类等储备可达100万吨，农产品交易量可实现达500万吨，能够辐射带动粤港澳大湾区各地，保障粤港澳大湾区的农产品安全。

8. 智慧物流

物流与智能技术相结合会催生新的业态——智慧物流。为了扩大企业规模，降低物流成本，粤港澳大湾区各物流企业陆续开始转型升级，从传统的物流运输转向智慧运输。粤港澳大湾区依托产业科技创新能力，加快建成全球智慧物流高地。自建成智慧物流中心以来，2016~2020年，大湾区物流总费用在GDP中的占比由17.2%下降至14.5%，但与其他湾区物流费用占GDP约10%的比例相比还有很大差距。一是互联网+物流。互联网是智慧物流的重要基础和核心。互联网+物流促使各种有线和无线网络与互联网融合，从而达到将信息准确快速地传递出去的目的。但由于数量极其庞大，在传输过程中必须兼容各种异构网络和协议，以保障数据准确且及时传输。物联网通过连接传感器来传送实时的信息，其本身也具备一定的智能处理能力，按照要求对物体进行智能控制。大湾区的物流公司将互联网应用于物流业，极大地提高传统物流的效率，降低物流的损耗和成本，提高经济效益。菜鸟网络科技将互联网技术与传统物流结合起来，优化配送路径，提升运输效率。数据显示，2019年上半年，菜鸟平台上包裹的平均时效同比提速近5个小时。菜鸟裹裹成为深受消费者喜欢的包裹查寄取一站式平台，承担起阿里巴巴中国零售平台超过1/3的寄收包裹运输任务，帮助快递行业解决了“最后一公里”配送问题。二是人工智能+物流。在大湾区智能快递配送过程中，人工智能技术发挥了很大的作用，京东物流与广州市花都区在2021年12月21日达成战略合作意向，率先将花都区作为末端物流自动驾驶无人配送示范区。京东在麻涌分拣中心投入分拣机器人“小黄人”，分拣环节从6个减少到3个，一小时能够处理12000件货物，分拣员工从300多人减少到40多人。

9. 绿色物流

粤港澳大湾区城市积极响应2022年1月国务院颁布的《绿色交通“十四五”发展规划》号召，实施节能减排工程——交通物流节能减排工程。

推动绿色铁路、绿色公路、绿色港口、绿色航道、绿色机场建设，积极打造绿色物流。在绿色港口建设方面，2021 年 11 月，粤港澳大湾区首个 5G 绿色低碳智慧港口——深圳蛇口妈湾港开港。改造后的妈湾港在全球首创全域、全时、全工况、多要素的传统集装箱码头升级整体方案，是目前全国最大的“5G+自动驾驶应用示范”港区。安装于港区灯塔上的 5G 基站，实现港区 5G 信号全面覆盖，38 台 5G+自动驾驶集卡全部安装单车无人自动驾驶操作系统。港口改造后，码头作业效率显著提升，其中堆场提升 45. 4%，闸口提升 50%，减少操作人员约 93 人，减少碳排放超 90%。在绿色物流包装方面，物流龙头企业顺丰启动“丰景计划”，对包装技术进行改造。2021 年 9 月，顺丰投入社会使用的循环产品总计 2900 万个，总循环次数 2. 9 亿次。其中，顺丰标准循环箱共计循环 2210 万次。自启动计划以来，累计实现节省原纸约 6. 6 万吨，节省塑料约 1. 6 万吨，合计减少碳排放约 17. 5 万吨。在绿色运输方面，顺丰持续投放新能源物流车，已投放超过 1. 8 万辆。此外，顺丰还减少干线车辆发货并增加快速班列发货量。在绿色转运方面，顺丰积极打造绿色产业园，加强可再生能源利用，减少快递中转过程中的环境污染，合理进行仓库空间布局，促进快递中转效率与节能效益的提高。顺丰实施可再生能源计划，减少运输过程中温室气体的排放。

（三）粤港澳大湾区物流业发展——城市层面

1. 粤港澳大湾区各城市的物流业发展现状

（1）香港

贸易及物流业居香港四大支柱产业之首，占香港本地生产总值的 22%、就业人口的 19%。2018 年，香港国际机场的货物吞吐量（包括航空邮件）刷新纪录，突破 510 万吨，同时香港港口是全球第七大货柜港。根据世界银行 2018 年的物流绩效指标，香港的评分达 3. 92，在 160 个地区中排名第 12 位、居亚洲第 3 位。

（2）澳门

2021 年澳门货运量达 4. 86 万吨，同比增长 45. 72%，较 2020 年增长约

46%，创 2010 年以来新高。2020 年港口货柜总吞吐量达 121403 TEU，货柜货物毛重 13627 万吨。

（3）深圳

2015~2020 年，深圳货物运输总量从 3. 25 亿吨上升到 4. 15 亿吨，港口货物吞吐量从 2. 17 亿吨上升到 2. 65 亿吨。深圳物流业仅在 2021 年上半年增加值就达 1141. 84 亿元，同比增长 10. 37%。全市交通运输、仓储和邮政业投资同比增长 27. 6%，两年平均增长达到 20. 0%。深圳重点物流企业超过 100 家。

（4）广州

2015~2020 年，广州货物运输总量从 10 亿吨下降到 9. 25 亿吨，港口货物吞吐量从 5. 2 亿吨上升到 6. 36 亿吨。2021 年，广州快递业务量为 106. 8 亿件，同比增长 40. 21%，远超其他地区。快递业务收入为 817. 2 亿元，同比增长 17. 74%，稳居第一。2021 年 1~11 月，铁路、公路方面全市完成货运量 8. 84 吨，同比增长 7. 0%，超一半的货运量来自公路货运（4. 84 亿吨），占全市货运量的 54. 8%。港口完成货物吞吐量 5. 97 亿吨、集装箱吞吐量 2230. 79 万标箱，同比分别增长 2. 8%和 4. 2%。

（5）佛山

2015~2020 年，佛山货物运输总量从 2. 8 亿吨下降到 2. 4 亿吨，港口货物吞吐量从 0. 6 亿吨上升到 0. 9 亿吨。2021 年佛山市快递累计业务量为 14. 24 亿件，同比增长 49. 15%，累计业务收入为 159. 71 亿元，同比增长 30. 62%。

（6）东莞

2015~2020 年，东莞货物运输总量从 1. 5 亿吨上升到 1. 7 亿吨，港口货物吞吐量从 1. 3 亿吨上升到 1. 9 亿吨，快递业务收入为 281. 1 亿元。2020 年东莞全市仓储率约为 70%，每天物流配送能力约 8 万吨。

（7）惠州

2015~2020 年，惠州货物运输总量从 2. 48 亿吨下降到 2. 1 亿吨，港口货物吞吐量从 0. 7 亿吨上升到 0. 96 亿吨。2021 年 1~12 月惠州市快递累计业务量为 4. 91 亿件，同比增长 26. 8%，累计业务收入为 51. 56 亿元，同比增长 20.33%。

（8）珠海

2015~2020 年，珠海货物运输总量从 1.08 亿吨下降到 0.8 亿吨，港口货物吞吐量从 1.1 亿吨上升到 1.3 亿吨。2021 年 1~8 月珠海市快递累计业务量为 0.99 亿件，同比增长 38.17%，累计业务收入为 15 亿元，同比增长 27.42%。

（9）中山

2015~2020 年，中山货物运输总量从 1.8 亿吨下降到 1.07 亿吨，港口货物吞吐量从 0.73 亿吨下降到 0.13 亿吨。2021 年 1~12 月中山市快递累计业务量为 7.26 亿件，同比增长 18.96%，累计业务收入为 67.26 亿元，同比增长 4.19%。

（10）江门

2015~2020 年，江门货物运输总量从 1.3 亿吨上升到 1.79 亿吨，港口货物吞吐量从 0.75 亿吨上升到 1.07 亿吨。2021 年 1~12 月江门市快递累计业务量为 1.85 亿件，同比增长 45.87%，累计业务收入为 23.35 亿元，同比增长 29.51%。

（11）肇庆

2015~2020 年，肇庆货物运输总量从 0.73 亿吨上升到 0.81 亿吨，港口货物吞吐量从 0.29 亿吨上升到 0.48 亿吨。2021 年 1~12 月肇庆市快递累计业务量为 1.71 亿件，同比增长 33.89%，累计业务收入为 16.39 亿元，同比增长 28.05%。2016~2021 年肇庆市快递业务量和业务收入总体均呈现上升趋势，平均单价于 2017 年达到最大值，此后总体呈下降趋势。

表 4　粤港澳大湾区内地九市存量及未来物流需求类型

广州	深圳	佛山
广州本市的城市配送需求 进出口需求	深圳本市的城市配送需求 进出口需求	广州外溢的城市配送需求 本市的城市配送需求 珠三角进出口需求*

续表

东莞	惠州	中山
深圳外溢的城市配送需求 本市的配送需求 进出口需求	深圳外溢的城市配送需求 本市的配送需求	广州外溢的城市配送需求 本市的城市配送需求 部分珠海的城市配送需求 深圳外溢的城市配送需求*
江门	**肇庆**	**珠海**
本市的配送需求 佛山部分区域外溢、珠江西岸其他城市的配送需求 少量来自深圳外溢的物流需求*	本市的配送需求 广州及佛山部分区域外溢的城市配送需求 服务珠江口西岸其他城市配送需求	本市的城市配送需求 深圳外溢的城市配送需求*

注："＊"未来基础设施升级带来的新增需求。

资料来源：物流指南。

2. 广东自贸试验区三大片区的物流业发展状况

广东自贸试验区（深圳前海片区、广州南沙片区、珠海横琴片区）的建设促进了大湾区航运物流业规模扩大、航运物流能力提升、物流网络构建、国际物流（跨境电商物流）发展，推动了粤港澳大湾区物流业的发展。

航运物流能力方面，2019 年广东自贸试验区航运发展指数中基础设施指标和港口服务指标分别上涨至 108.71 和 118.52，同比分别上涨 8.7%和 18.5%；营商环境指标上涨最快，指数为 124.08，同比涨幅达 24.1%；航运服务指标同比下跌 3.3%，是唯一下行的指标。广东自贸试验区中航运服务、基础设施、港口服务、营商环境的发展促进了粤港澳大湾区航运物流发展。

航运物流规模方面，广州南沙自贸区、深圳前海蛇口自贸区、珠海横琴自贸区分别对应南沙港、深圳港和珠海港三大港口，其中南沙港是广州港的主力港区。2019 年，广州港货物吞吐量为 60616 万吨，集装箱吞吐量为 2283 万 TEU；深圳港货物吞吐量为 25875 万吨，集装箱吞吐量为 2577 万 TEU；珠海港货物吞吐量为 13838 万吨，集装箱吞吐量为 256 万 TEU。广州港、深圳港、珠海港港口货物吞吐量共计 100239 万吨，占粤港澳大湾区港

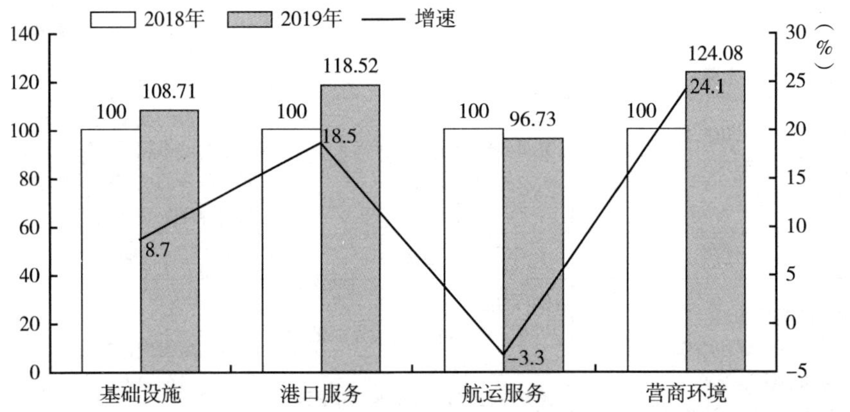

图 3　广东自贸试验区航运发展指数

数据来源：广东省自贸办。

口货物吞吐量的 50% 左右，广东自贸试验区三大片区的港口为粤港澳大湾区的航运物流发展提供了强有力的支撑。

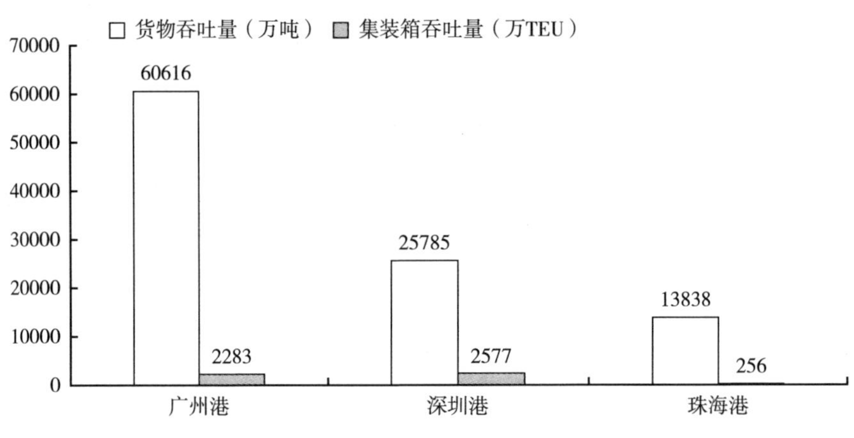

图 4　2019 年广东自贸试验区主要港口货物吞吐量及集装箱吞吐量

数据来源：中国港口协会。

物流网络方面，广州南沙自贸区融入粤港澳大湾区“半小时交通圈”，现有广深港高铁、地铁 4 号线、虎门高速、南沙大桥、广珠城轨、惠莞深城轨、游艇会、南沙客运港、国际邮轮母港等多个轨道交通站点，广州南沙综合立体轨道交通体系已初步形成。深圳前海蛇口自贸区处于珠江口中心，“海、陆、空、铁”立体化交通网络资源云集，规划中的各类轨道线路有12条，轨道网络密度3.5公里/公里^2，远高于深圳平均水平，建有深中通道、穗莞深城际线、深惠城际线、深珠城际线。穗莞深城际线开通将实现前海蛇口1小时达广州白云机场，深港西部快速轨道主线连通香港国际机场和深圳机场两大空港。太子湾邮轮母港、妈湾港、赤湾港构成国际港口群。珠海横琴自贸区处于港珠澳大桥门户，连接香港与澳门，同时珠海市区至珠海机场城际拱北至横琴段运行通车，以“三横五纵”为主体的一体化市政道路交通网络逐步成形。

国际物流（跨境电商）方面，据广东省商务厅数据统计，广东自贸试验区进出口总额从2016年的1599.6亿元增长至2020年的3412.8亿元。广东跨境电商进出口额从2016年的227.96亿元增长至2020年的1726.46亿元，其中跨境电商进出口额连续七年位居全国第一。广州南沙自贸区是广州跨境电商枢纽，目前已开展网购保税进口、直购进口、一般出口、企业对企业出口、海外仓等全部跨境电子商务，形成了一个物流便捷的跨境电商生态圈，吸引天猫、京东、唯品会、中远海运等一大批龙头企业落地。2021年，南沙跨境电商进出口额约360亿元，同比增长70%。深圳前海蛇口自贸区在2020年国内外复杂严峻形势下，仍吸引了中外运、中国免税、TUMY、Tommy Hilfiger等一批世界名企入驻前海综合保税区。2020年深圳前海蛇口自贸区进出口总额达1.2万亿元，同比增长38%。其中，前海综合保税区延续了近几年来的高速增长态势，进出口额达1950.7亿元，增长43.5%。珠海横琴自贸区，截至2021年底，跨境电商业务累计实现出口额超过72亿元，海仓科技、易享科技、洋葱集团、港珠澳国际贸易、和恒等跨境电商龙头企业先后落户。由此可见，近几年广东自贸试验区国际物流、跨境电商发展相当迅速。

3. 粤港澳大湾区城市之间的物流合作

香港机场管理局正积极发展香港国际机场与大湾区其他城市之间的“海空货物联运”，并在东莞设立“香港国际机场物流园”。2021年为进一步优化口岸营商环境，畅通大湾区国际海运物流衔接，提升企业海运物流时效，广

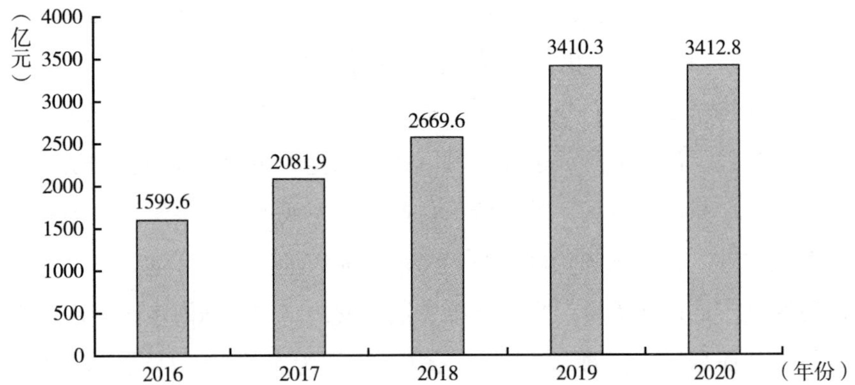

图 5　2016~2020 年广东自由贸易试验区进出口总额

数据来源：广东省商务厅。

州海关联合广州港等单位推出“湾区一港通”“组合港”等大湾区物流一体化改革项目，促成南沙港等沿海港口与珠江沿江多个内河码头形成一体化操作，优化大湾区进出口物流模式，整体货物通关周期压缩 60%。为加快粤港澳大湾区物流一体化建设，广州海关在打通关区物流通道的基础上，携手深圳海关开展“组合港”项目合作，深圳蛇口港与广州南沙港共同成为珠江沿江内河码头的延伸“母港”。“组合港”业务模式与“湾区一港通”相同，目前已与顺德新港、顺德北滘、南海九江、高明珠江、佛山三水港和肇庆高要等内河码头形成联动。其中顺德北滘码头作为湾区首个同时运行“湾区一港通”和“组合港”项目的码头，更加灵活地调配资源与大幅提高码头堆场和集装箱周转效率，已经实现常态化运行和堆场空间的扩展。

前海湾保税港区启动“深港陆空联运”改革试点项目，与香港机场合作，将出口货物查验、打板理货等服务前置到前海湾保税港区，实现“先查验、后打板、口岸直通”，使深港跨境贸易的时间和成本分别节约 1/4 和 1/3。南沙片区创新“粤港跨境货栈”项目，实现香港机场与南沙保税港区物流园区之间一站式的“空陆联运”，使穗港间物流运输时间压缩了 1/2 以上。

2019 年 12 月阿里巴巴在国内直属物流公司——菜鸟网络科技有限公司联合珠海当地政府部门，在拱北海关的大力支持下，应用数字技术，首度实现了经珠海拱北海关跨境电商一般出口申报程式后直送澳门，并且实现了最快可以当日送达客户手中的物流时效，大大降低了物流价格。

为了使物流输送响应更加快速且高效，深圳中远海运物流联合广铁集团广州货运中心、深圳市中海通物流及惠州国际集装箱码头打造了“惠州港—九州港—大朗货场”水铁联运专线，并在港口码头建设无轨铁路货场及设置集装箱堆场，旨在将集装箱业务前移至港口，实现多式联运合作共赢。位于江门鹤山的珠西物流中心携手中铁及深圳盐田港强强联手推进物流发展，深化“深圳-江门”合作平台发展。

（四）粤港澳大湾区物流业发展——企业层面

1. 物流园区建设情况

在粤港澳大湾区的物流行业发展中物流园区是重要的载体。粤港澳大湾区内保税区物流园是国内具有对外贸易物流特色的重要区域。在粤港澳大湾区各市政府的积极号召下，湾区内建立了 450 多个大型物流园区。2022 年上半年，粤港澳大湾区的保税物流进出口总额达到 2932. 44 亿元，在港澳地区的对外贸易中所占比例接近 80%。保税物流在综合保税区的进出口总额达到了 44. 13 亿元，在整个保税区的对外贸易中占有了将近 90%的份额。跨境电子商务网上商品进口额同比上升 37. 9%。

在粤港澳大湾区内地的物流园区中，大部分的物流园区集市场信息、仓储和配送于一体。根据物流园区的运作方式，可以分为生产型、仓储型、配送型、服务型和综合型五大类。各市对应物流园区包括：广州有广钢专业物流园区、广州南沙物流园区；深圳有蛇口、盐田港、龙华机场、六大恒福、华润万家；佛山三山国际物流园规划科学、功能完善、技术先进、高效运作，与香港物流园一并成为管理规范的国际化物流枢纽；中山市根据区位和交通条件，在城市的基础上，规划了三个具有多种功能的物流园区；惠州市将联合中国物流业集团，在金通达建设 20 万平方米的仓储物流中心；根据东莞市物流业“十五”发展规划，将常平、虎门港和松山湖三个大物流园区列为主要的发展地区，并成立了相应的管理机构，以加速该产业的发展。

除此之外，粤港澳大湾区主打特色新型港口建设。以广州南沙港为例，该园区于2009年建成，位于广州南沙龙穴岛，与南沙港港口相距不远，地处华南、珠江、珠三角地区，毗邻广州、深圳，拥有良好的区位优势；东莞、中山、江门等在此港口的物流支出均大于50万元。该港口涵盖了仓储中心和物流中心，共2.62平方公里。广州南沙保税区是广州南沙地区重点建设的区域，是经国务院批准的特殊保税区。计划总用地面积0.9平方公里，其中仓储面积为50万平方米。同时设有从普通仓储到冷藏冷冻的现代化仓储，能满足不同种类的货物需要。

表5 粤港澳大湾区物流园区类别

类型	依托条件	主要功能	案例
港口物流园区	港口	国际、国内物流分拨配送	深圳盐田保税物流园、广州黄埔物流园区、广州南沙物流园区
空港物流园区	航空港	航空快运物流	广州白云空港物流园区、深圳宝安机场物流园区
公铁联运物流园区	公路、铁路运输枢纽	多式联运分拨、配送	深圳平湖物流园区
工业物流园区	经济开发区、工业园区、高新技术开发区	为生产提供物流服务	广州保税物流园区
保税物流园区	保税区	进出口保税加工物流	广州保税物流园区、深圳盐田保税物流园区、虎门保税物流园区、东莞沙田保税物流园区等
城市配送型物流园区	近城区的原储仓基地	城市配送物流	深圳笋岗—清水河物流园区、东莞生态园城市配送物流园区、中山市港口镇城市配送物流园区等
综合物流园区	区位、交通、市场等综合优势条件	城市区域综合物流服务	深圳平湖物流园区、惠州金泽物流园区、广州香禺综合物流园区、广东林安国际物流园区

数据来源：中商情报网。

另外，粤港澳大湾区现代化物流园区呈现多样化。以广州黄埔港综合保税区为例，该保税区是从广州的“保税园区”发展而来的，力争打造集配送、检测、维修、营销等多功能于一体的物流配送中心。同时发展物流仓储、跨境电商、保税服务等特色行业，兼有开发展示、保税融资租赁、中高档进口和保税仓储展示等业务。

2. 粤港澳大湾区龙头物流企业发展情况

粤港澳大湾区的物流企业逐步向现代化、规模化、品牌化方向发展。截至 2022 年，已拥有各类物流公司 25 万家，5A 型物流公司 50 家，而这些 5A 型物流公司中民营企业数量位居全国前列。

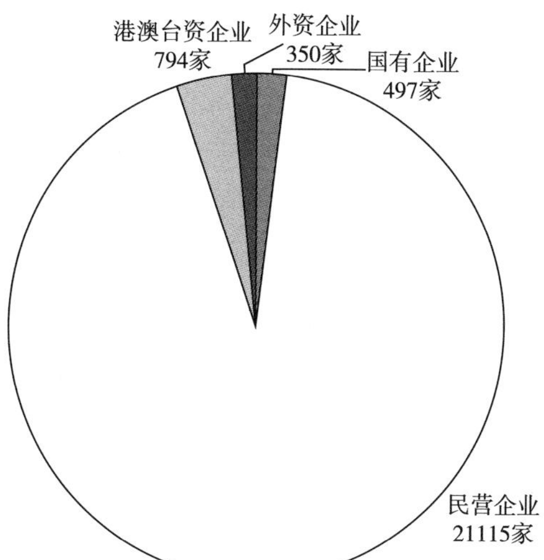

图 6　粤港澳大湾区物流行业企业类别占比

数据来源：中商情报网。

首先，通过培育、引进、合资等方式，一大批现代化物流公司快速发展，宝供、南方、华新等大型私营物流公司纷纷引入国外的物流技术和经营经验，大力发展企业的后勤基础设施。同时，一批大型国有商业及交通、邮政物流企业通过“主辅”方式，加速了物流企业现代化。在“国家物流先进”的评比活动中，有 255 家被评为“优秀物流公司”，其中有 18 家来自粤港澳大湾区的物流公司。在2020年中国50强物流公司中入选的粤港澳大湾区公司方面，顺丰速运排第14位、广东省海运股份有限公司排第24位、中海油运输集团公司排第33位、宝供物流集团公司排第35位。

粤港澳大湾区登记的物流公司数量较多，其中广州的登记活动最为频繁。粤港澳大湾区有物流企业3915家，2010年和2013年是粤港澳大湾区物流业的重要发展阶段，2010年注册物流企业数是374家，2013年是305家。目前，我国的物流公司注册区域以广州、深圳为主。深圳现有物流企业1531家，广州现有物流公司922家。从区域上的物流企业注册资金来看，广州物流公司的注册资金比深圳多。据中国企业资料库统计，广东省现有物流公司中，注册资金低于100万元的，与之关联的公司有1031家；其次是500万~1000万元的，与之关联的公司有1006家。总体而言，在广东省的物流企业中，有50%的注册资金在500万元以上，23%的公司拥有更高的注册资金。

粤港澳大湾区物流业龙头企业发展迅猛，也加快了物流业的转型，有助于巩固香港航空运输的枢纽地位，提升广州及深圳航空运输的竞争力，加强澳门及珠海的航空运输建设，推动粤港澳航空运输发展，实现优势互补、资源共享。粤港澳的私营快递公司包揽了大部分的电子商务业务，其中近距离快递是其最终环节，具有最大的投资效益。粤港澳大湾区的典型物流企业——顺丰2022年年报显示，营收2072亿元，同比上升34.5%；全年完成业务量105.5亿件，同比增加29.7%。顺丰并购嘉里后，在全球的供应链业务都有了突飞猛进的发展，非税收收入达到392.8亿元，同比增长199.8%，是顺丰的第二条“二次增长曲线”。

此外，粤港澳大湾区七大物流公司发挥的带头作用，极大地促进了我国物流行业的发展。2003年，中国广东交通公司净利润同比增加32.5%，广州海运集团和广东邮政集团分别增加了6.5%和54.7%。广州宝供、深圳招商、广东南粤等新的物流公司在国内主要城市建立了后勤网络，并加大投入，以期实现公司的业务增长和竞争力提升。

三　粤港澳大湾区物流业发展存在的制约

（一）宏观大环境制约层面

由上述分析和数据可以看出，全球经济发展速度放缓、中美贸易摩擦持续和新冠疫情带来的贸易阻隔等导致了国际物流增长波动。在未来几年国际物流行业的发展趋势也不容乐观。特别是基于国际环境的局部不稳定，以进出口为导向的粤港澳大湾区的国际物流将持续受到大环境的制约，香港港、深圳港和南沙港的国际物流业务与香港和广州的国际会展业务短期内难以重回疫情前的高峰水平。香港港竞争力有所下降、澳门港口竞争力不足，面对其他港口快速增长带来的激烈竞争，两者的货物运输总量、港口货物吞吐量等指标都有所起伏。在以内需为核心的双循环战略推进下，粤港澳大湾区与国内其他省级或城市之间的物流量持续走高。但各地的疫情防控措施仍然对物流业造成了一定的限制。

（二）“9+2”城市层面

从港澳地区和大湾区内地物流来看，一是制度和政策的不匹配导致港澳地区和大湾区内地的物流业还不能实现高度化的便捷开展。虽然通关成本进一步下降、通关效率进一步提升，但三地物流业的政策还没有达成一致，物流规则也没有很好地衔接起来，检验检测等标准各有差异。尽管CEPA和广东自由贸易试验区都实施了一定的物流业投资贸易便利化措施，但仅为流程优化、投资门槛降低等浅表性改革，涉及制度创新的尝试还较少。香港港与大湾区内地港口虽然合作关系进一步加强，但粤港澳大湾区港口物流市场以转口贸易为主，几大港口之间物流仓储业还存在一定的竞争关系，需要进一步的规划协调。二是港澳和大湾区内地的物流业合作仅限于纯粹的利益关系，并没有对整个湾区的物流业务进行优化配置，这就需要从政策层面自上而下予以推动。单靠三地的物流企业实现粤港澳大湾区物流一体化的难度较大。三是大湾区内地物流业发展区域不平衡现象明显。港航物流业主要集中在深圳和广州两个拥有大型海港和空港的城市，物流路线和物流业态丰富，物流业务庞大，尤其是同时有自贸试验区加持的前海自贸片区和南沙自贸片区。跨境电商、物流仓储以深广佛莞为重要集聚地，江门、肇庆、中山、惠州的跨境物流发展规模不足。在物流企业和物流龙头企业数量方面，深圳和广州分列粤港澳大湾区的前一、二位，物流企业数量占粤港澳大湾区的90%左右。四是大湾区内地物流业的合作不够紧密。虽然大湾区内地物流网络和软件发展迅速，但城市间物流业还只是松散的合作关系，没有采用先进的信息技术对城市之间、行业之间、湾区与粤东西北乃至外省之间的物流数据进行再开发利用，与一二三产业融合发展之路还有“一公里”的距离。粤港澳大湾区在惠州博罗和肇庆怀集准备建设大型绿色农产品供应基地，但还处于起步阶段。下一步应该重点发挥大湾区外围的物流大平台的作用，充分对接粤港澳大湾区中心和外围的物流业务。

（三）湾区物流企业层面

首先是国际大环境和新冠疫情导致的跨城流动受限，很多物流企业这几年的业务普遍受到某些程度的影响。中小物流企业的生存压力变大，甚至部分企业退出市场。其次是物流业务在各个城市的非均衡分布，导致某些物流企业的规模效应不能充分发挥，很多物流点和仓储场所长期性闲置和季节性闲置并存。再次，顺丰、京东等大型企业市场集中度较高，物流行业虽然准入门槛不高，但一些龙头企业建立起来的规模优势在一定程度上影响了物流行业整体做强做优，粤港澳大湾区物流企业服务水平参差不齐。中小物流企业存在不规范现象，服务功能不全和增值服务内容较少。很多第三方物流公司只能提供单一或者部门物流环节的服务，业务主要为运输和城市之间配送，衍生的包装、初加工和配货等增值业务较难开展。最后，当前粤港澳大湾区内的内地现代物流业处于起步阶段，“物流”公司以传统的运输业、仓储型企业为主，资产配置较为单一，企业的整合能力较弱，网络经营机制尚未形成。粤港澳大湾区的物流企业管理水平不高，信息系统不健全，同时，物流运营系统标准化程度也较低。当前，粤港澳大湾区大部分第三方物流企业都比较注重投入、开发和应用，但整体上仍处于低水平发展状态；信息化、技术化管理水平较低，如条形码、GPS、MRP 等技术管理不达标；物流企业信息化水平较低，ERP 等公司物流管理体系尚处于起步状态；内部缺乏一个社会化的物流信息交流平台，以 EDI、互联网为基础的物流信息化系统还没有得到广泛应用，不能实现信息的有效共享。物流企业的服务成本偏高与顾客满意度不高并存。客户对物流企业不满意的主要原因是物流成本占物流企业成本比例较高、物流信息的及时性和准确性有待提高等，从而影响粤港澳大湾区物流外包规模的扩大和质量提升。

四　粤港澳大湾区物流业发展建议与展望

（一）粤港澳大湾区物流业发展方向的建议与展望

1. 构建有大湾区特色的现代化国际性物流体系

加强“9+2”城市对接国际物流通道的能力，完善国际物流通道网络。利用区域优势，加快打造国际物流组织中心。合理配置现有要素资源，提升我国物流服务效率，并且积极提升物流企业的管理能力和自主运营能力，强化自身的优势竞争力和提升话语权，防范国际物流运行风险。打造高水平、专业化和现代化的区域性物流运输、仓储中心。系统化、精细化建设“9+2”城市各类物流中心、配送中心，提供综合性现代化物流服务，实现社会物流与企业物流一体化。同时，对于不同的物流模式和运输方式，要有针对性地提出高效精细、差异化的执行方案。

2. 构建要素配置畅通、产业结构互补、市场融合的物流网络格局

需要发挥行政机构的主动性，从战略高度统筹规划粤港澳大湾区的产业建设，建立城市间持续合作的长效机制，实现区域框架内产业、城市的双协

同。向世界湾区看齐，建立现代化的内外部交通网络系统，重视每个功能区，协调不同服务区间的分工与合作，促进物流要素流动，降低物流成本。各区域要协调资源，形成良好的生态。粤港澳大湾区以合作发展为主，持续提高物流服务质量。共同助力大湾区物流业的发展，建立智慧型管理模式和强大的营销服务体系。

3. 完善区域性物流网络基础设施

一是升级物流基础设施，加强对海运、运输、物流等基础设施的改进。创新轨道交通方式。除继续完善公路交通设施外，充分利用轨道交通的先进技术，创新一种兼具地铁的经济便捷优势和高铁的速度优势的轨道交通方式，建立世界一流的地铁化运行的高速城际轨道交通系统。二是鼓励发展水路和铁路运输，打造全方位综合货运系统。加强大湾区交通基础设施建设，巩固提升香港国际航运中心和航空枢纽地位，增强广州、深圳等城市货运综合服务功能，逐步完善大湾区经粤东西北至周边省区的铁路运输通道；在确保大湾区水路货运主体地位不动摇的基础上，加快发展铁水、公铁、空铁、江河海联运和“一单制”联运服务，构建全方位的综合性现代货运物流体系。三是实施公交优先发展战略，形成一体化公交体系。新增和优化公交线网，合理优化公交体系和制定公交建设规划，提供多样化公交服务；加快香港、广州、深圳、佛山、东莞等城市地铁建设，提升地铁营运水平；加快推进出租车行业改革，科学有序发展网络预约出租汽车业务；提升水上巴士服务质量。实现到 2035 年大湾区公共交通分担率达到 75%以上。四是结合城市群发展需求，构建一张能够串联粤港澳大湾区的城市轨道交通网络。在大湾区内部城市轨道交通申报、审批等方面要适度放开。加强水上航线管理。积极加强与港澳地区对接港澳航线水上运输管理，促进粤港澳大湾区水路运输互联互通，增加水上客运航线、建设世界级港口群，提升硬件条件；广东水运坚持在环保方面进行长期投入，“先富带后富”，带动珠江上游欠发达地区经济发展，同时，连通港澳，促进粤港澳大湾区水路运输互联互通。五是发展智能交通。粤港澳大湾区的交通服务水平提升需通过大力发展智能交通，实现精确制导、精准对接，向现有设施要效率、向供需配置要效率、向管理体制要效率。软件措施主要是体制机制对接、管理政策协同、标准规范统一；硬件措施主要是畅通物流通道、优化枢纽布局、统筹港航资源和构建现代物流体系。六是通过多式联运改善运输结构，并且推进公转铁、公转水，以及运载工具的清洁能源化。打破运输方式壁垒，形成由收费公路、现代物流、港口、环保等四轮驱动的产业格局。让作为物流供应链中的“链主”的企业享受到“一单制”运营服务，提高物流运输效率，推动多式联运与物流的深度融合与创新，为物流行业实现“双碳”目标提供助力。

（二）物流代表性分行业的发展和展望

1. 数字物流

数字物流被称为“第五方物流”。与传统物流响应速度慢、效率低，以提供单项或多项物流服务，以半机械化、半人工化为主要特征等不一样，数字物流的响应速度快、效率高，以提供综合物流服务为主，可以实现跨部门和跨区域，物流功能技术以机械化和自动化为主，广泛运用 GPD 和 GIS 等先进信息技术实时整合网络信息系统。数字物流不仅有助于传统物流行业转型升级，实现物流科技化、信息化，还能通过大数据、云计算、5G 等信息技术降低物流行业的碳排放，实现物流绿色化。粤港澳大湾区的数字经济发展速度居全国第一，产生了很多基于实体经济需求的应用场景，因此，数字物流业也将引领全国物流业的科技化改革。建议由广东省工信部门出台系统的数字物流专项支持政策，为广东数字经济赋能。粤港澳大湾区的香港电讯盈科、深圳腾讯、广州阿里巴巴、中国通信研究院等数字龙头企业加大在数字物流方面的研发投入，提升粤港澳大湾区物流行业的整体科技水平。

2. 国际物流

推动新兴国际物流市场扩容、成熟国际物流市场提质。规模化的海港和空港是粤港澳大湾区畅通国内国际双循环的重要枢纽节点，对引领我国形成双向型新发展格局、促进大湾区经济发展具有重要意义。要进一步整合粤港澳大湾区港口集群资源，扩大港口群内外辐射范围。特别是在国际网络方面，结合国际港口发展规划，拓展广州港、深圳港外贸航线，尤其是开辟更多的欧盟和东盟集装箱航线、汽车滚装船航线，增加班轮频次，更好满足“一带一路”沿线国家的市场需求，推动新兴市场扩容。在航空物流方面，要进一步加强对欧洲、南美等重点地区的货运航线的培育力度，争取更多优质航点、优质航线、优质航时，推动国际重点市场提质。加快构建以广州、深圳为枢纽，高速公路、高速铁路和快速铁路等广东出省通道为骨干，连接泛珠三角区域和东盟国家的陆路国际大通道，构建大湾区快速交通网络。减少粤港澳大湾区到东盟的物流时间，提高效率，降低损耗。除了打造与东盟密切联系的交通网络外，粤港澳大湾区要使物流企业、货代企业、跨境电商三者联系紧密，共同打造或依托数字平台、智能物流服务体系、产品溯源体系，提供数字化的金融服务，畅通消费与生产间、供应与制造间、产品与服务间的数据流和产品流，使产业制造和对外贸易协同发展。粤港澳大湾区与东盟的物流合作，从政府层面来说，要制定支持物流合作的政策，成立区域物流合作专门组织机构、建立物流服务对接体系与信息平台、加快物流信息化步伐、加大物流标准化推进力度。

3. 农产品物流

农产品物流中，冷链物流是关键。随着消费者水平的提高，顾客对冷链物流服务的要求日趋多样化，同时各地政府开始意识到其对于民生保障而言的重要意义。因此，应结合大湾区不同地区的优势发展新业态、新模式，加大对冷链物流基础设施的投入，完善有关基建政策，并且通过整合现有资源以及政府政策所创造的机遇，助力冷链物流发展。农产品物流连接着“田头”和“餐桌”，广东省供销集团积极践行绿色农产品生产供应基地模式。通过打造“大粮仓、大仓库、大数据、大市场”，成为粤港澳大湾区农产品内外联通的重要二传手。粮食储备、肉类储备、预制菜生产加工和流通、农产品展示等环节均可以在产业园内完成。通过便捷的高速公路网络，打通粤东北和港澳地区的市场通道。阿里数字乡村事业部则在践行生产—流通—销售的全产业链数字化模式。阿里在湛江和茂名建立两个农产品溯源基地，通过自身的线上线下渠道和物流终端，实现农产品零库存、零损耗。此外，还需进一步打造广西、江西、湖南的优质农产品与粤港澳大湾区的流通平台，可以在广西贺州建立两广农产品流通产业园。

专 题 篇

第二章
挑战与机遇并存下的粤港澳大湾区港口物流现状与展望

粤港澳大湾区是由香港、澳门与珠三角九个地区组成的经济综合体。自《深化粤港澳合作　推进大湾区建设框架协议》发布以来，粤港澳大湾区形成了新的经济合作机制。随后，粤港澳大湾区经济迅猛发展，形成了互动协作、优势互补的格局。高度开放的营商环境、良好的经济发展势头、快速的人口增长、稳定上涨的消费和不断释放的政策利好，叠加出口导向型经济发展带来的旺盛进出口需求，共同推动着大湾区物流设施市场发展向好，市场活力不断释放，空置率处于低位，租金稳定增长。

仅在 2017 年，其 GDP 就达到 1.58 万亿美元，仅次于纽约大湾区、东京大湾区。2019 年 2 月，中共中央、国务院印发《粤港澳大湾区发展规划纲要》，把粤港澳大湾区定位为中国科技、经济、社会和文化创新中心，同时朝优质生态和生活环境方向发展。粤港澳大湾区的经济发展，直接带动了产业转型升级，推动了“一带一路”产业链的延伸、电商行业等新兴行业的发展。

目前，粤港澳大湾区 GDP 已经超过世界第十大经济体——加拿大，且货运及客运量远超其他湾区。与此同时，粤港澳大湾区地均、人均 GDP 均列中国城市群榜首，2021 年人均 GDP 达 14.6 万元。聚焦粤港澳大湾区内地九市，其城市间货运量占比位列全国城市群第二，城市融合水平位居榜首，物流需求强劲，这背后折射出的是强大的经济基础。

一　粤港澳大湾区物流体系建设作用

粤港澳大湾区城市群的协同发展必然要求各个城市有清晰的定位、明确的分工合作，从而实现错位发展、优势互补，为此需要建立高质量的物流网络。世界其他三大湾区都是利用港口优势来发展经济，而物流建设对经济发展也有促进作用，构建物流网络能够进一步扩大粤港澳大湾区的经济发展空间，能够畅通内外联系通道，使生产要素高效流动，实现资源合理配置。因此，粤港澳大湾区物流体系建设对产业协同发展而言显得尤为重要。

粤港澳大湾区各产业要深入协同发展归根结底就是要实现商流、物流、信息流和资金流的自由流通，而物流是商品流通的基础，能够带动其他行业的发展，因此发展物流业是推动经济高质量发展不可缺少的重要部分。2018 年 10 月，港珠澳大桥正式通车，大大缩短了粤港澳三地的时空距离，提升了物流效率。而在《粤港澳大湾区发展规划纲要》中“运输”“物流”“交通”等词语的使用频率分别为 10 次、16 次和 30 次。由此看出发展物流业对建设粤港澳大湾区的重要性，纲要的发布也为建设粤港澳大湾区物流体系带来了积极的影响。

二　粤港澳大湾区物流体系优势

粤港澳大湾区的区位优势明显，经济实力雄厚，创新要素集聚，国际化水平优先，合作基础良好，具有天然的发展优势。粤港澳大湾区内部基础设施互联互通，不仅扩大了基础设施规模，而且不断优化信息基础设施，促进了港口物流智能化、绿色化发展。同时，粤港澳大湾区基础设施建设的加快，降低了港口物流成本，能够满足重型货物的远距离运输需求，从而成为外贸物流的首选，大大促进了我国港口物流发展。粤港澳大湾区通过区域双向开放，构筑丝绸之路经济带和21世纪海上丝绸之路的重要支撑区，为共建“一带一路”的纵深发展提供了机遇和条件。因此，对共建“一带一路”下粤港澳大湾区港口物流发展问题进行深入研究，具有深刻的现实意义。具体优势体现在以下六个方面。

（一）独特地理位置

粤港澳大湾区有着得天独厚的区位优势，位于中国南端，临近南海，交通条件便利，具有连接南亚、东南亚和印度洋、太平洋的优势，是我国对外开放的重要门户。香港、深圳、东莞和惠州位于珠江东岸，澳门、珠海、中山、江门和肇庆位于珠江西岸，广州位于大湾区“A”字母的顶端位置，拥有我国经济繁荣、竞争力最强的城市群，也是共建“一带一路”的重要支撑区域。

（二）交通基础设施逐步完善

水路运输方面，与世界其他三大湾区一样，粤港澳大湾区拥有丰富的港口资源，水路资源丰富，是资源对外输出的重要通道。粤港澳大湾区拥有广州港、深圳港等世界级港口。截至2020年底，粤港澳大湾区沿海港口吞吐量达7000万TEU，位居世界第一。港航基建方面，2020年广东新增万吨级泊位47个，沿海万吨级及以上港口泊位达到338个，国际航线覆盖世界主要港口，粤港澳大湾区世界级港口群正在逐步建成。

航空运输方面，大湾区拥有香港国际机场、澳门国际机场、深圳宝安国际机场、广州白云国际机场、珠海机场五大机场。为方便人员往来和货物流通，计划在佛山建设“广州第二机场”，承担珠三角西部枢纽机场的重要功能，同时开展深圳宝安国际机场三跑道扩建项目，加快珠三角枢纽（广州新）机场建设前期工作，提升珠海、惠州机场服务能力，携手港澳共同打造世界级机场群。

公铁运输方面，港珠澳大桥、虎门一/二桥、深中通道是连接珠中江与深莞惠两大区域的重要交通纽带。截至 2020 年底，粤港澳大湾区建有广佛肇、机场高速、广佛江珠等高速公路，总里程超 4800 公里，其中核心区高速公路密度达 8.7 公里/百平方公里，高于其他三大湾区。铁路通车总里程超过 2200 公里，高铁里程超过 1200 公里，大湾区城市间“一小时生活圈”正在形成。

（三）湾区经济实力雄厚

粤港澳大湾区各城市产业体系齐备，集群效应明显，互补性强。物流业的发展离不开经济的发展，强劲的经济实力也为物流体系建设提供了强大的基础。2020 年粤港澳大湾区 GDP 超过 11 万亿元，约占全国 GDP 的 11%，超过旧金山湾区，接近纽约湾区，特别是在疫情影响的背景下，2020 年广东地区生产总值与上一年度相比增长 2.3%，显示出大湾区强大的韧性和巨大的潜力，预计 2030 年前后将成为全球经济总量第一大湾区。根据广东邮政管理局公布的数据，2020 年广东省快递服务企业业务量共计完成 220.8 亿件，同比增长 31.4%；国际/港澳台业务量累计完成 10.6 亿件，同比增长 33.0%；异地业务量累计完成 176.6 亿件，同比增长 35.0%；同城业务量累计完成 33.6 亿件，同比增长 14.7%，国际/港澳台业务量和异地业务量均超过平均水平，由此可见粤港澳大湾区对外交流势头越来越强劲，有利于推动物流行业的发展。

（四）政策大力支持

2014 年深圳市首次提出构建“湾区经济”，2015 年广东提出“粤港澳大湾区”概念，2017 年“粤港澳大湾区”出现在政府工作报告中并正式上升至国家战略层面。2019 年 2 月至 2022 年 4 月，中央和地方各级政府陆续发布与粤港澳大湾区相关政策文件多达 231 项，包括由国务院层面发布的政策文件有 19 项，由国务院部门发布的政策文件有 36 项，由省级层面发布的政策文件有 66 项以及由珠三角九市政府发布的政策文件 110 项，构建起推动粤港澳大湾区高效、快速发展的完备政策体系，有助于为协同发展提供良好的机制保障。

（五）粤港澳区域优势已经得到整合，促进陆海联运衔接更加紧密

前海、南沙、横琴三大自贸区与香港、澳门特别行政区的全面对接，进一步加深了粤港澳三地的区域融合与协作，尤其是在港口物流方面。粤港澳错位发展、优势互补。粤港澳三地发挥各方优势，从制度、资源等多个角度全面整合优势资源，推动大湾区港口一体化发展，促进粤港澳大湾区外贸合作取得新突破，开创了建设世界级港口枢纽的新局面。随着粤港澳区域的深度融合，陆海联运港口通道也同样取得新突破，更好地服务于共建“一带一路”。2020 年，中亚班列的集装箱首次由南沙港发往印度尼西亚，中亚班列采用铁水联运的物流方式，标志着“中亚—广州—东南亚”物流通道正式开通，突出了广州港作为“一带一路”陆海联运的重要枢纽作用，推动了我国对外贸易在“海上丝绸之路”的进一步交融和发展。与此同时，多式联运促进了大湾区港口群的协同发展，港口一体化建设加速，港口物流疏运功能日趋完善。

（六）现代服务贸易需求增长，推动港口物流业创新发展

随着全球化进程的不断加速，粤港澳大湾区现代服务贸易需求不断增加，共建“一带一路”推动了现代服务贸易的全球化。国内以计算机与电信服务、知识产权服务为代表的现代服务贸易不断增加，现代服务贸易中知识产权服务出口增长明显，而有关港口物流建设与服务的知识产权服务占比超过 2/3。虽然粤港澳大湾区发明专利数量增速呈下降趋势，但仍保持正增长。在我国倡导高质量发展和共建“一带一路”背景下，跨境运输、技术服务、知识产权及电子商务等服务贸易将保持高速增长，粤港澳大湾区港口物流的创新发展，有助于完善港口物流服务体系。目前，粤港澳大湾区通过不断强化区域创新及科技发展，推动现代化港口建设。以此为契机，大湾区

港口群的新发展必将以创新优质的物流服务，推进粤港澳大湾区的高质量发展。2019 年 6 月，招商局在深圳市创建的 5G 智慧港口创新实验室，是粤港澳大湾区首个 5G 智慧港口项目；2020 年 6 月，交通运输部办公厅等联合发文强调推进粤港澳智慧港口、智慧海事等建设，推动港口物流与对外贸易协同发展，助力共建“一带一路”。

三 大湾区港口物流发展现状

（一）粤港澳大湾区的基本情况

粤港澳大湾区地域辽阔，面积约 5.6 万平方公里，区域内流动人口基数庞大，2019 年常住人口达到 7264.92 万人，远超世界其他三大湾区。粤港澳大湾区拥有多个领头城市，在“二区九市”模式下，呈阶梯式发展，每个城市都发挥着其相应的功能。其中，香港拥有发达的国际金融和国际贸易，广州成为大湾区内文化、医疗、贸易中心，深圳引领大湾区内金融和科技创新，佛山和东莞成为大湾区内的先进制造中心，余下的四个市则以成本优势，承接上游的产业转移。随着大湾区内产业布局不断合理、地区间合作不断加强，物流也进一步发展，大湾区显著的区位优势为其物流发展注入了活力。

粤港澳大湾区港口群主要分布在珠江口、珠江及其支流沿岸，形成了以港深穗三大枢纽港为核心，珠海、佛山、东莞为干线港，惠州、中山、江门、肇庆等为支线港的港口体系。大湾区南部香港、澳门、深圳、珠海等面海，以海港运输、远洋运输为主，是“海上丝绸之路”与“路上丝绸之路”的交通枢纽；大湾区北部广州、佛山、东莞、中山、肇庆等地形成以内港及河海结合为主，以陆上丝绸之路、中欧班列等陆运系统为辅的物流系统。

在共建“一带一路”背景下外贸推动了港口物流发展，粤港澳大湾区有独特的竞争优势，但其物流发展中存在资源配置不合理、同质化竞争、人才匮乏与机制创新不足等问题。本部分从优化港口资源配置、创新体制机制改革、培养港口物流专业人才、加快智慧港口建设等方面提出政策建议，以期推动大湾区港口物流发展。

（二）粤港澳大湾区的五大战略定位

粤港澳大湾区物流发展符合粤港澳大湾区的五大战略定位。

（1）五大战略定位清晰映射粤港澳大湾区以科技创新引领高质量发展的使命，同时巩固“一国两制”和“一带一路”的战略支点作用。

（2）粤港澳大湾区重大项目投资以基础设施和重点产业为主，其中基础设施投资重点为交通运输，重点产业聚焦现代服务业和高端制造业。

（3）强大且各具特色的产业集群是世界级湾区的共同特征，粤港澳大湾区致力于打造以“金融+科创”为特征的全球金融中心和国际科创高地。

（4）打造“金融+现代物流+先进制造”特色产业集群，汇集国内外资金流、物流和商流，推动优势产业新旧动能转换，是粤港澳大湾区未来产业发展的方向。

（5）投资机会沿短期重点投资板块、中期确定性板块和长期优势板块三条线索布局。

粤港澳大湾区政策定位逐步明晰，政策目标由前期巩固经济基础转向打造世界级城市群。2005~2016 年是粤港澳大湾区概念的探索阶段，政策目标以发展经济为主，在产业定位上强调与中国香港配套发展和重点支持资金、技术密集型产业发展。2017 年粤港澳大湾区正式上升为国家战略，政策目标转向发展世界级城市群，政策重点延伸至生态、文化、制度改革等各个领域，在产业定位上强调优化产业空间布局和实现产业升级转型。五大战略定位清晰映射粤港澳大湾区以科技创新引领高质量发展的使命，粤港澳大湾区对于周边区域的经济发展发挥着经验积累和辐射带动作用，其城市群定位为世界级、科创中心定位为国际级，意味着粤港澳大湾区将以城市群为形态、以科技创新为重点参与世界经济竞争。

粤港澳大湾区重大项目投资以基础设施和重点产业为主，其中基础设施投资重点为交通运输，重点聚焦产业服务化和制造高端化。2011~2020年广东省重点项目投资稳步增长。从规模看，基础设施和重点产业项目投资规模最大，其中交通运输项目为基础设施投资的重点，占比约为60%；重点聚焦产业服务化和制造高端化，先进制造业、服务业和传统产业升级项目投资占比持续提升。从结构看，新基建、生态环保和民生保障项目占比由2011年的15%提高到2020年的31%，民生类项目逐步成为基建投资的重点。

粤港澳大湾区致力于打造以“金融+科创”为特征的全球金融中心和国际科创高地。打造“金融+现代物流+先进制造”特色产业集群，推动优势产业新旧动能转换，是粤港澳大湾区未来产业发展的方向。粤港澳大湾区在金融业、物流业和制造业方面具备明显的产业优势，打造特色金融业、现代物流业和先进制造业产业集群，有利于汇集国内外资金流、物流和商流，推动粤港澳大湾区优势产业势能向经济发展新动能转换。具有国际影响力的金融业是世界级湾区的标配，粤港澳大湾区金融定位全面，发展水平和国际化水平较高。现代物流业具有基础性和先导性，是保障湾区高度开放的核心产业。粤港澳大湾区拥有全球规模最大的湾区机场群和港口群，铁路、公路基础设施加速建设且空间巨大。作为全国经济最具活力和科创氛围最浓厚的地区之一，粤港澳大湾区的先进制造业走在全国乃至世界的前列，在5G、新能源汽车及智能家电等领域具有比较优势。

投资机会按短期重点投资板块、中期确定性板块和长期优势板块布局。从短期看，粤港澳大湾区加速建设拉动新老基建需求增加，关注建筑建材、工程机械和轨道交通等重点投资板块；从中期看，随着城镇化水平和金融开放程度提升，房地产和金融龙头企业明显受益，关注房地产和金融等确定性板块；从长期看，粤港澳大湾区产业转型升级有望带来长期性投资机会，关注5G、消费电子、新能源汽车及智能家电等优势板块。在全球经济贸易一体化进程不断加快的当下，港口作为贸易往来的关键“枢纽”，其重要性不言而喻。对于港口而言，港口物流占据核心地位。二者有着密切的联系，港口是港口物流发展的基础，而后者又是驱动前者发展所不可缺少的，对于港口城市而言更是如此。在港口城市发展过程中，港口的基础设施建设能够很好地带动城市及腹地经济协同发展，这对于进一步提高港口配套资源的利用效率、推动港口产业转型升级、促进城市经济整体发展而言有着积极的意义。

（三）粤港澳大湾区物流发展过程

改革开放后，在我国经济及对外贸易发展的带动下，国内学者对港口的研究越来越多。较多学者研究了粤港澳大湾区物流业发展状况及其优化路径。邓志新指出，粤港澳大湾区是珠三角发展的新引擎，粤港澳大湾区具备成为世界级湾区的巨大潜力。[①] 王文娟针对粤港澳物流一体化发展面临的主要问题，提出了搭建粤港湾物流合作平台、发挥物流行业协会优势、促进物流企业合作的相关建议。[②] 余蕾从政府和企业协同创新角度，提出构建粤港澳大湾区物流体系，以此实现湾区经济协调发展。[③] 赵辉等着重探讨了粤港澳大湾区应如何推进交通物流一体化，在分析粤港澳大湾区交通物流一体化发展现状及其存在的问题的基础上，从"软件"环境和"硬件"设施两个维度提出了进一步推进粤港澳交通物流一体化发展的思路。[④] 詹荣富和黄立军分析了粤港澳大湾区各地物流效率，发现大部分城市物流效能潜力较大。[⑤] 综上可知，近年来，学界对粤港澳大湾区建设和物流业高质量发展高度关注，从不同的角度进行了思考与探索，特别是2017年首次提出高质量发展这一概念、2019年正式出台物流业高质量发展专项文件后，研究粤港澳大湾区物流业高质量发展更具现实意义。

---

① 邓志新：《粤港澳大湾区：珠三角发展的新引擎》，《广东经济》2017年第5期。

② 王文娟：《粤港澳物流一体化发展的现状及对策思考》，《现代商业》2017年第3期。

③ 余蕾：《粤港澳大湾区物流体系构建及协同发展》，《发展改革理论与实践》2017年第7期。

④ 赵辉、张改平、孙东泉：《推进粤港澳大湾区交通物流一体化发展研究》，《综合运输》2018年第9期。

⑤ 詹荣福、黄立军：《粤港澳大湾区各地物流效率现状原因及对策分析》，《物流工程与管理》2018年第11期。

（四）总体发展现状分析

大湾区是全球最具经济活力的区域之一，2019～2022年核心指标方面，人口全国占比6.1%、GDP全国占比11.8%、零售总额全国占比8.9%，而海陆空基础设施完善、密度很高，珠江口沿岸港口密布，与密集的高速公路网相配合，为区域发展提供了发达的海陆运力支撑。2022年区域总货运量超过36亿吨，铁路公路运量全国占比6.3%，港口运量全国占比9.6%，航空运量全国占比19%。

晤桥亚洲团队以AMSS大数据平台中大湾区1925个面积2000平方米以上的物流仓储设施（包括冷库）数据为基础，对大湾区物流市场进行深度分析，核心结论如下：大湾区核心区与外围区域经济发展迅猛，物流选址集中于核心区可提高经营效率；区域基础设施高度集中于珠江口沿岸，各个城区间运输距离较紧凑，仓储设施往往集中在最有效率和成本最低的区域，“遍地开花”的物业布局扩大了投资覆盖面；产业、人口、基础设施分布过度集中于核心区域，高密度有利于提高经营效率，但是也带来成本压力，特别是土地成本，因此区域生态分析与精准选址至关紧要；区域内仓储设施标准有待提高，随着产业和消费升级，现代物流仓储设施需求进一步释放。

2021年上半年，大湾区物流租赁市场发展向好，租金指数环比上升1.3%。此外，投资者对大湾区物流资产兴趣浓厚。但由于市场在售投资标的数量相对有限，大湾区物流资产价格持续上涨。大湾区物流价格指数环比上升1.9%。

2021年下半年，大湾区经济将紧随全国经济步伐稳步增长，网络零售市场规模有望持续扩大。物流市场租赁需求将随之增加，鉴于短期区域新增供应仍十分有限，供不应求的市场格局仍将维持，大湾区物流租金指数将因此延续上升趋势。此外，在投资者情绪持续积极、市场基本面保持坚挺的背景下，大湾区物流资产价格将延续上升势头，下半年大湾区物流价格指数仍保持上升。

1. 广东—香港—澳门地区港口定位上升历程

近年来，学术界对广东—香港—澳门地区进行了大量的研究。陈朝萌

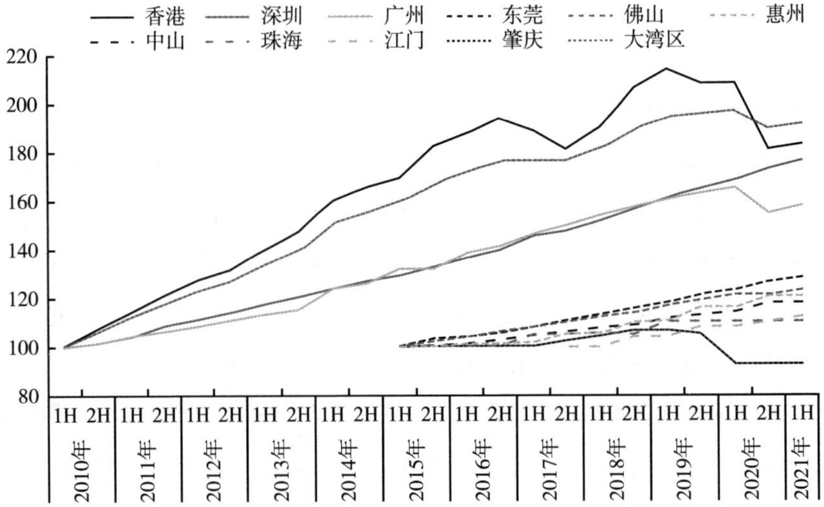

图 1　大湾区物流租金指数

注：1H/2010＝100；1H/2015＝100。

资料来源：第一太平戴维斯研究部。

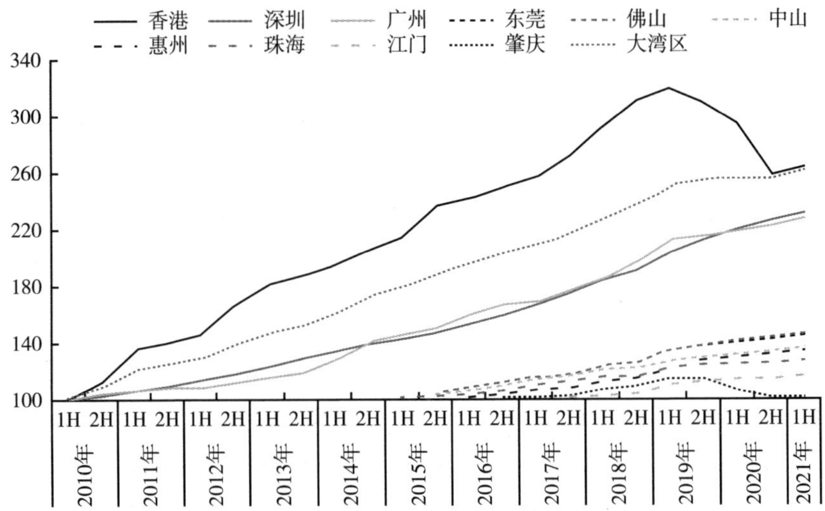

图 2　大湾区物流价格指数

注：1H/2010＝100；1H/2015＝100。

资料来源：第一太平戴维斯研究部。

针对广东—香港—澳门地区港口在功能定位方面存在的问题，结合国家和区域发展方向，探讨了广东—香港—澳门地区港口群的格局，以期使其“一心一体两翼”结构更加合理化和层次化。① 黄仁刚认为，对于广东、香港和澳门的大海湾地区来说，发展港口物流是很有必要的。② 黄永福以广东—香港—澳门等大海湾地区为研究对象，分析了中国物流业功能单一、标准化程度低、人才匮乏等高质量发展中存在的问题，并针对广东—香港—澳门地区港口物流高质量发展提出了对策和建议。③ 肖建辉认为，要提高广东—香港—澳门地区物流发展质量，就要在广东—香港—澳门地区建立创新生态系统，加强技术创新和深化。④

2. 市场需求量的上升

中国经济持续增长，大湾区经济将紧随全国经济步伐稳步增长。广深“十四五”规划提出，未来五年，两城 GDP 年均增速预计保持在 6%～6.5%。与此同时，随着直播电商和社区团购的蓬勃发展，网络零售额将持续增长。未来数年，在良好的宏观经济环境和庞大的人口规模的支持下，大湾区物流市场中源自传统及新兴行业的租赁需求将大幅增加。而鉴于短期区域新增供应仍十分有限，供不应求的市场格局将维持，大湾区物流租金指数将延续上升趋势。此外，在市场情绪持续积极、市场基本面保持坚挺的背景下，大湾区物流资产价格将延续上升势头，物流价格指数将保持上升。

3. 物流产业发展历程

发展第三产业，加快物流产业发展，加强物流技术的推广应用，加快物流一体化进程，用技术推动物流商业模式和业态创新，完善全球供应链，深化铁路物流体制改革，发展绿色物流。共建“一带一路”是事关港口物流

① 陈朝萌：《粤港澳大湾区港口群定位格局实证分析》，《深圳大学学报》（人文社会科学版）2016 年第 4 期。

② 黄仁刚：《“一带一路”背景下粤港澳大湾区港口物流发展问题研究》，《价格理论与实践》2020 年第 12 期。

③ 黄永福：《我国物流业高质量发展问题研究——基于粤港澳大湾区物流业发展的分析》，《价格理论与实践》2020 年第 4 期。

④ 肖建辉：《粤港澳大湾区物流业高质量发展的路径》，《中国流通经济》2020 年第 3 期。

和对外贸易发展的一项重要研究内容。有学者研究分析了“深圳中国通道”对大湾区港口物流服务水平的影响，建立了评价主要港口物流服务水平的指标体系，认为“深圳中国通道”主要影响外贸集装箱物流运输通道的选择。结合以上研究，国内对港口物流的研究主要是从区域经济发展角度展开，结合数据分析和理论研究，分析了广东、香港、澳门大海湾地区港口物流发展情况，探讨了大海湾地区发展路径。

4. 粤港澳大湾区物流租赁市场发展

租赁市场状况可反映大湾区物流发展水平。2021 年上半年，大湾区物流租赁市场发展持续向好，租金指数环比上升 1.3%。投资者保持较浓厚的投资兴趣，但市场中在售投资标的数量有限，大湾区物流资产价格持续上涨。截至 2021 年上半年，大湾区物流价格指数环比上升 1.9%。

2021 年上半年，大湾区高标仓总存量小幅上升至 1169.5 万平方米。在过去半年中，电商及第三方物流等行业的强势增长为区域市场去化提供了稳定的支撑。此外，市场租赁需求逐步升级，且在不同城市板块间以本地支柱产业及其上下游行业为主导的租户差异化格局正悄然形成，这也为租赁市场带来了部分新增需求。在上述因素的共同推动下，区域平均空置率环比下降 2.0 个百分点至 3.3%。截至 2021 年上半年，大湾区有八个城市总租用成本环比上升，其他城市则保持不变。香港总租用成本仍居区域首位，深圳和广州则居内地城市总租用成本的前两名。

鉴于市场预期较上年同期更为积极，区域内 10 个城市中有 8 个城市进入市场上升初期，惠州及珠海则因过去半年租金表现相对平稳而进入上升末期。受疫情冲击，全球供应链仍在复苏中，集装箱供需失衡问题犹存，但大湾区经济已出现反弹。同期，消费者习惯亦受疫情影响而有所改变，国内网络消费市场因此获益。2021 年上半年，在上述利好因素的共同推动下，大湾区物流市场加快发展，高标仓租赁需求保持增长。市场中业主预期愈发乐观，其对物业的租金预期普遍提高。因此，内地城市租金指数均有所上升，同时，香港租金指数也恢复正增长。

鉴于市场租赁需求增长、资产租赁市场坚挺，同时区域内物流资产又较其他板块物业有更高的收益率，投资者对大湾区物流地产特别是对高标仓的投资兴趣较大。此外，2020 年 4 月公募 REITs 试点工作通知的发布也从政策层面为物流投资者和业主提供了另一种退出机制选择，如 2021 年上半年获准上市发行的首批公募 REITs 中即包括中金普洛斯仓储物流封闭式基础设施证券投资基金（中金普洛斯 REIT）和红土创新盐田港仓储物流封闭式基础设施证券投资基金（盐港 REIT），上述两只基金的资产涉及四个大湾区物流园。

5. 物流进出口贸易额支撑变化

近年来，粤港澳大湾区经济快速发展。2019 年，粤港澳大湾区生产总值达到 11.59 万亿元，增速达到 6.7%，占全国 GDP 的 11.61%，是我国经济最活跃的地区之一。粤港澳大湾区依靠港口物流优势，对外贸易发展迅速。2016 年，粤港澳大湾区进出口贸易总额约为 1.7 万亿美元，是东京湾区的 3 倍以上。2020 年 1~8 月，境外国家和地区来广州投资额达到 4.73 亿美元，同比增长 70.9%。2020 年前三季度，深圳进出口总额 2.18 万亿元，同比增长 2.7%。外贸促进了粤港澳大湾区港口物流服务一体化，加快了“组合港”、多式联运的建设进程，深化了港口协作，使港口群一体化和协同发展得到进一步加强。而粤港澳大湾区港口群不仅仅是我国对外开放的重要交通枢纽，更成为对外贸易合作中心和创新中心。

2020 年，受全球新冠疫情影响，国际经济形势严峻，但江门外贸货物吞吐量达到 446 亿吨，逆势增长 85.4%；深圳港 2020 年外贸货物吞吐量为 18897 万吨，同比增长 6%，占深圳港全年货物吞吐量的 71.3%。其中，2020 年深圳港对“一带一路”沿线国家进出口总额达到 1987.9 亿元，占深圳市进出口总额的 6.52%。粤港澳大湾区港口群中深圳港、广州港、香港港位列世界集装箱港口前十位，三者实现错位发展、优势互补。这三个港口均以珠三角地区的货物运输业务为主，但侧重点各有不同：广州港深水岸线资源丰富，是大湾区西岸核心枢纽，拥有成熟的航运通道；深圳港是大湾区外贸集装箱运输的主力军；香港港以国际高端航运为主，侧重于国际中转物流航运。同时，由于内地和香港特别行政区的管理经营模式不同，三者在港口物流业务和外贸促进作用上存在一定的差异：香港港采用国际化模式，管理方式自主多样，国际港口物流专业人才培养体系成熟，而广州港、珠海港是外贸集装箱干线港，作为内港枢纽在促进“一带一路”陆海联运方面优势突出，而香港港主要是作为国际转运港，外贸直接促进作用相对不明显。

（五）重大发展变革时间线

2018 年 11 月，共建川港物流新通道、共享合作发展新机遇——四川构建陆海联运通道、打造西部国际门户枢纽推介会在香港举行。

2019 年 2 月，中共中央、国务院印发《粤港澳大湾区发展规划纲要》，各地区各部门结合实际认真予以贯彻落实。

2019 年 3 月，财政部、税务总局发布《关于粤港澳大湾区个人所得税优惠政策的通知》。

2019 年 8 月，海南省政府发布《中共海南省委　海南省人民政府关于建立更加有效的区域协调发展新机制的实施意见》，提出要加强与粤港澳大湾区建设的战略对接。

2019 年 2 月中共中央、国务院印发了《粤港澳大湾区发展规划纲要》，各地区各部门结合实际认真予以贯彻落实。粤港澳大湾区包括香港特别行政区、澳门特别行政区和广东省广州市、深圳市、珠海市、佛山市、惠州市、东莞市、中山市、江门市、肇庆市（以下简称“珠三角九市”），总面积 5.6 万平方公里，2017 年末总人口约 7000 万人，是我国开放程度最高、经济活力最强的区域之一，在国家发展大局中具有重要的战略地位。建设粤港澳大湾区，既是新时代推动形成全面开放新格局的新尝试，也是推动“一国两制”事业发展的新实践。

纲要是指导粤港澳大湾区当前和今后一个时期合作发展的纲领性文件，近期规划至 2022 年，远期展望至 2035 年。纲要提出，加强基础设施建设，畅通对外联系通道，提升内部联通水平，推动形成布局合理、功能完善、衔接顺畅、运作高效的基础设施网络，为粤港澳大湾区经济社会发展提供有力支撑。构建现代化综合交通运输体系，提升珠三角港口群的国际竞争力。巩固提升香港的国际航运中心地位，支持香港发展船舶管理及租赁、船舶融资、海事保险、海事法律及争议解决等高端航运服务业，并为内地和澳门企业提供服务。增强广州、深圳的国际航运综合服务功能，进一步提升港口、航道等基础设施服务能力，与香港形成优势互补、互惠共赢的港口、航运、物流和配套服务体系，增强港口群的整体国际竞争力。以沿海主要港口为重点，完善内河航道与疏港铁路、公路等集疏运网络。建设世界级机场群。巩固提升香港的国际航空枢纽地位，强化航空管理培训中心功能，提升广州和深圳机场的国际枢纽竞争力，增强澳门、珠海等机场的功能，推进大湾区机场错位发展、良性互动。支持香港机场第三跑道建设和澳门机场改扩建，实施广州、深圳等机场改扩建，开展广州新机场前期研究工作，研究建设一批支线机场和通用机场。进一步完善大湾区的境内外航空网络，积极推动开展多式联运代码共享。依托香港金融和物流优势，发展高增值货运、飞机租赁和航空融资等业务。支持澳门机场发展区域公务机业务。加强空域协调和空管协作，优化调整空域结构，提高空域资源使用效率，提升空管保障能力。深化低空空域管理改革，加快通用航空发展，稳步发展跨境直升机服务，建设深圳、珠海通用航空产业综合示范区。推进广州、深圳临空经济区发展。

畅通对外综合运输通道。完善大湾区经粤东西北至周边地区的综合运输通道。推进赣州至深圳、广州至汕尾、深圳至茂名、岑溪至罗定等铁路项目建设，适时开展广州经茂名、湛江至海安铁路和柳州至肇庆铁路等区域性通道项目前期工作，研究广州至清远铁路进一步延伸的可行性。有序推进沈海高速（G15）和京港澳高速（G4）等国家高速公路交通繁忙路段的扩容改造。加快构建以广州、深圳为枢纽，高速公路、高速铁路和快速铁路等广东出省通道为骨干，连接泛珠三角区域和东盟国家的陆路国际大通道，构筑大湾区快速交通网络。以连通内地与港澳以及珠江口东西两岸为重点，构建以高速铁路、城际铁路和高等级公路为主体的城际快速交通网络，力争实现大湾区主要城市间 1 小时通达。编制粤港澳大湾区城际（铁路）建设规划，完善大湾区铁路骨干网络，加快城际铁路建设，有序规划珠三角主要城市的轨道交通项目。加快深中通道、虎门二桥过江通道建设。创新通关模式，更好发挥广深港高速铁路、港珠澳大桥的作用。推进莲塘/香园围口岸、粤澳新通道（青茂口岸）、横琴口岸（探索澳门莲花口岸搬迁）、广深港高速铁路西九龙站等新口岸项目的建设。加强港澳与内地的交通联系，推进城市轨道交通等各种运输方式的有效对接，构建安全、便捷的换乘体系，提升粤港澳口岸通关能力和通关便利化水平，促进人员、物资高效、便捷地流动。提升客货运输服务水平。按照零距离换乘、无缝化衔接目标，完善重大交通设施布局，积极将干线铁路、城际铁路、市域（郊）铁路等引入机场，提升机场的集疏运能力。加快广州—深圳国际性综合交通枢纽的建设。推进大湾区城际客运公交化运营，发展“一票式”联程和“一卡通”服务。构建现代货运物流体系，加快发展铁水、公铁、空铁、江河海联运和“一单制”联运服务。加快智能交通系统建设，推进物联网、云计算、大数据等信息技术在交通运输领域的创新集成应用。

四　大湾区港口物流发展存在的问题

粤港澳大湾区的发展离不开各个城市的协作互补，而一个国家、两种制度、三个关税区和四个核心城市是世界其他湾区没有出现过的情况，体制上的差异必然会带来一系列问题，如香港和广东的管理制度存在一定的差异，三地间货物人员通关要求和口岸货物检验标准不一致等，这会对粤港澳大湾区经济产业协同发展产生阻碍。除此之外，粤港澳大湾区大部分物流企业提供的物流服务比较单一，协同度不高、效率较低，只能完成流通过程中“仓储”“运输”“流通加工”等某一功能，一般以量或以低价取胜，总体服务质量差、与其他行业关联度低，各企业间较少整合共享资源，资源消耗大，物流成本高，截至 2020 年中国社会物流总费用达到 14.9 万亿元，累计增长 2%。虽然广东社会物流总费用比例逐渐下降，但是与欧美发达国家 8%左右的水平相比，仍有较大差距。粤港澳大湾区物流行业虽然能够满足市场需求，但是由于高成本和低附加值，创造的利润有限，对经济的促进作用不大。

在软硬件设施方面，一是大部分物流企业作业水平较低，主要通过人力使用简单的设施设备来完成作业，效率低，并且智能化机械设备费用高昂，维护成本高，而中小企业规模不大，难以形成规模效应以分摊成本，无法单独承担高昂的费用，为此很多物流企业设备自动化、智能化程度较低。二是由于大部分物流企业信息化、机械化水平低，没有标准化的意识，没有形成行业公认的统一标准，非标准操作必然会导致资源浪费、效率低、成本过高，使粤港澳大湾区物流体系建设面临一定的阻力。

（一）港口群资源配置优化不足，同质化竞争激烈

粤港澳大湾区港口群资源亟待优化配置，港口定位不清，港口物流企业、港口物流园数量众多，形成了“一城一港”的局面。国资、外资及民营企业竞相发展，但各企业生产经营水平相差较大，同质化竞争日趋白热化。以珠江港口群为例，存在广州港集团、招商局港口、汕头港集团、盐田港集团、中山港集团等企业，各企业间竞争激烈。

同时，不同港口的外贸物流成本差异较大，竞争激烈，对外贸物流服务质量的提升产生了影响。以广州港为例，其位于珠三角核心地区，紧邻以大型加工制造业为主的佛山、中山等城市，且内河交通便利，陆路交通网密集，造就了劳动力成本、运输成本低的优势。而相比深圳港、香港港，广州港的通关费用较高，主要原因是广州港分别由广州、黄埔海关进行监管，口岸通关费用标准不一，转关次数多、效率低。深圳港由单一海关监管，便于管理；香港港实行国际化管理，大多数贸易免征关税，通关效率较高。资源配置不合理，导致大湾区港口群现代化进程缓慢，港口群一体化面临困难。大湾区港口进出口总量稳步提升的同时，港口间协调性不足，加之过度竞争，造成港口群规模大但效能低，港口功能重复，整体竞争力不强。

（二）港口物流专业化人才缺乏，体制机制创新有待加强

近年来，粤港澳大湾区港口物流发展加快，外贸交易额不断增长，但不

同的社会经济体制、关境政策对跨境物流造成较大影响。为更好地服务“一带一路”，大湾区应进一步加强体制机制创新，统筹谋划新机遇下的港口物流发展。

（三）三地无缝协作的法律法规滞后

粤港澳大湾区积极构建全新的区域经济协调合作机制，以规则融通和制度创新为市场经济发展注入新动力。然而现阶段，粤港澳大湾区关于三地无缝协作的基础性法律文件，仅有 CEPA 协议，其他相关协议缺少，难以支撑区内物流业协同发展。而 CEPA 协议已经实行十余年，其结构框架、基本规则、核心内容及法制理念不符合当前国家经济与世界经济发展的新要求。CEPA 协议针对国际司法审查、投资争端解决机制、保障措施、反倾销与反补贴措施等均未给出有效解决对策，导致粤港澳大湾区建设功效难以发挥，物流业发展面临较大阻碍。

（四）市场规则与贸易制度的冲突

我国坚持“一国两制”的基本国策，香港、澳门特别行政区与广东省体制存在差异，三地市场规则与贸易制度的差异为大湾区物流企业发展带来较大挑战。一方面，三地物流管理制度存在明显差异。广东省物流业呈现出多方管制、程序烦琐等特点。而受西方经济体制影响，港澳地区市场体制相对自由。对于港澳企业而言，我国大陆的行政审批制度会带来一定的信息不对称问题，不利于粤港澳大湾区内物流往来。另一方面，粤港澳大湾区内有三个关税区，存在显著的贸易制度差异。例如，港澳地区对内地各类人才招聘名额有限制，内地赴港澳的商务签注申请流程较为复杂，并且对内地人才有停留限制。对于双向跨境资本流动，内地有审查机制，对大湾区内跨境投融资合作产生较大阻碍。粤港澳大湾区内三个关税区明显的税制差异，放大了粤港澳三地本位主义政策带来的负面影响。市场规则与贸易制度不统一，在一定程度上对粤港澳大湾区物流业发展产生抑制作用，不利于湾区内物流协同发展。

（五）三地缺乏互联互通的公共信息平台

当前，粤港澳大湾区内尚未建立起三地互联互通的公共信息平台，三地物流信息难以实现无缝对接。粤港澳地区已有一些民间或者政府建立的物流信息平台，但其用户发布的部分信息未经核查，信息真实性与有效性程度较低，也没有将三地物流信息进行有效整合与共享，难以满足大湾区物流业发展的实际需求。现阶段，香港市场经济发展较为成熟，在物流信息建设方面较为全面，如香港数码贸易运输网络的开发，极大地提高了香港物流业的流通效率。而广东的“大产业、小企业”现象非常普遍，物流信息较为分散，需求方与物流企业的服务信息难以有效对接；澳门地区也是一样，物流信息平台建设较为滞后。广东、澳门地区信息平台建设相对滞后，而香港地区则较为发达，三地尚未实现信息的互联互通，这为粤港澳大湾区物流信息共享带来较大的不利影响。

（六）企业间协作水平较低

当前，粤港澳大湾区内各港口间以相互竞争为主，湾区内各物流企业协作能力较弱，致使物流效率难以提升。大湾区内各城市经济发展的包容性、协同性较差，部分地区存在资源错配、同质化竞争等现象，对大湾区建设与物流业协同发展造成一定阻碍。例如，香港地区的企业对国际市场规则较为熟悉，而广东地区的物流企业则具备腹地货源优势。两地的物流企业间互为竞争对手，并没有进行有效的资源整合与共享，在很大程度上造成了资源浪费，不利于双方错位发展、合作共赢。此外，澳门经济发展结构较为单一，物流资源有限；香港物流发展缺少稳定的支撑；珠三角九市物流发展缺乏规范、完善的制度支撑。而三地物流企业间缺少资源整合与协同配合，导致大湾区内物流业整体运行效率较低。

（七）三地生产要素流动存在壁垒

在“一国两制”框架下，粤港澳大湾区内部存在多重差异，导致资金流、技术流、人流等生产要素难以自由流动，严重阻碍了物流发展。现阶段，珠海与澳门、深圳和香港等大湾区内主要城市之间的经济活动、经济关系等均没有实现同城化。各项生产要素难以在大湾区内自由流动，给大湾区物流发展造成一定阻碍。例如，人才流动方面，粤港澳大湾区内物流人才流动存在个人所得税与居民身份认定等问题。在进行身份认定时，需要纳税人不断提交家人居住地、财产结构、家庭住房等资料，增加了大湾区内人才流动的非税成本，为物流人才要素流动带来较大阻碍，不利于物流人才的留用与企业的发展。此外，资金流动方面，内地与港澳资金限流措施较多，跨境资本流动不够便捷，对大湾区物流企业资金流动产生较大限制。

五　粤港澳大湾区物流发展优化策略

粤港澳大湾区是国家发展战略，基于各地的体制差异需要重新建立公认的“规则标准”，有效解决规则衔接、制度对接等合作深层次问题，各地物流行业需要根据相关政策指导发展并配合中央政府执行相关措施，粤港澳三地制定物流标准前需要经过前期的沟通协调，构建起粤港澳三地物流体系标准对接机制，重点建设好各类合作平台，建立物流发展政策协调机制。需要各地商流、物流、信息流和资金流深度融合，做到信息互通，确保信息交流途径顺畅，使大湾区内货物流动与铁路、公路、水路和航空资源有效匹配，提升运输装备装载率。粤港澳大湾区运输资源丰富，利用香港、深圳、广州等高铁、空运、港口等资源，加快建设海陆空多式联运物流体系，在能够衔接不同运输方式的前提下，大力提升多式联运水平，提升物流效率，减少物流成本，促进粤港澳大湾区物流业协同发展，借此机会可以发挥各地区资源优势，加强交流联动，其余地区结合自身产业特点找准自身定位，积极参与物流枢纽建设，强化商品集散、物流运输、存储流通等功能，避免各地重复建设，促进区域物流资源高效合理利用，从而提高粤港澳大湾区物流资源空间配置效率。

随着信息技术的发展，物流业将迎来新的变革和挑战。人工智能的出现，也为物流产业转型升级提供了机会。随着智能物流概念的产生，大数据计算、5G 技术、物联网等技术能够使物流系统的分析规划决策能力增强，物流系统日趋自动化和智能化，符合现代物流业高质量发展的要求，能够推动传统物流产业升级，降低物流成本，提升物流效率，促进区域经济繁荣。要大力推进智能物流高质量发展。粤港澳大湾区经济蓬勃发展会带动物流产业发展，推进物流体系完善，这也会对物流人才提出更高的要求。而对物流人才的培养需要学校、行业和社会共同努力，特别要大力发展职业教育，利用教育资源，对接行业岗位需求，运用产教融合、校企合作的教学模式，培养出更多高素质的物流人才。

（一）提升物流货运能力

新冠疫情对全球供应链的影响再怎么强调都不为过。货主被要求评估其在供应链中的各个环节受到疫情影响的程度，比例范围为 0（运营没有受到影响）到 100（完全无法正常运营）。超过一半的货主（58%）表示其供应链运营至少减少了 25%，不包括已经关闭的部门和团队；6%的供应链已经停止运作。这些结果与 Infosys Consulting 对新冠疫情供应链的调查结果非常相似，这项调查比年度第三方物流研究调查早两个月，两者结果差异为+/−2%。货主也可以指出其供应链运作是否超出正常水平。可以说任何行业都无法避免出现供应链中断的问题，如食品供应和食品杂货行业。15%的货主表示业务超过了正常水平，但如此快速增长的业务量也为企业带来了一系列挑战。货主指出，国际物流运输、生产制造和重新进货的能力受到的冲击最大。第三方物流表示，人才和劳动力管理、国内和国际的物流运输受到的冲击最大。双方都表示，国际物流运输受到了较大的影响，逆向物流受到的影响最小。在 Infosys Consulting 新冠疫情调查中，货主认为受影响最大的领域是寻源和采购（65%）以及仓库和分销（48%）。这两项研究之间的差异表明了快速变化的形势。Infosys Consulting 的调查是在 4 月进行的，当时许多国家都处于封锁状态。第三方物流研究调查是在 7~8 月进行的，当时全球各国企业都在恢复中，运营重点从采购转移到生产和运输等领域。力图通过调查问卷了解企业对加强供应链能力的意识，包括“根据贵公司在疫情防控期间的表现，需要做哪些改变来加强供应链能力以应对出现的供应中断情况?”

中国的供应链也受到新冠疫情的巨大冲击，但由于中国快速控制住了疫情，其供应链较早恢复。然而，受到国际疫情的影响，同时还面临中美贸易摩擦，中国供应链整体上仍面临各种供应中断、交付延迟等风险。因此，中国的第三方物流面临着与国际供应链同样的挑战，特别是在国际运输、采购方面。后疫情时代，中国的货主和第三方物流公司需要加强供应链应对风险的能力，关注供应链薄弱而重要的环节。

（二）加强供应链风险管理

世界正经历着一个多世纪以来从未出现过的全球性流行病，供应链运作面临巨大的风险，风险管理是货主和第三方物流公司首要考虑的因素。正如2018 年第三方物流年度调查结论所述，探索风险管理的目的是加强对风险的理解，并反思风险是如何影响货主和第三方物流公司之间的关系的。传统的研究是通过 3-R 来探讨风险：发现风险、调整供应链弹性和恢复供应链运作。这是连续循环的三个关键要素，有助于供应链中的人员理解、量化、消除风险。总的来说，掌握主动权是风险管理的重点，并在此基础上进行创新。

（三）深入物流板块的研究

近年来，学界对物流业高质量发展展开颇多研究。李朴民提出从物流技术创新、物流经营模式创新、加强组织方式创新、优化体制机制创新四个方面加快物流高质量发展。[①] 杜壮认为，应加快现代化物流技术装备和先进管理模式在物流领域的应用，通过大力发展“互联网+”高效发展物流等方式，发展物流新模式、新业态、新技术，深入推动物流降本增效。[②] 胥苗苗认为，多式联运作为推进综合交通运输体系建设和调整运输结构的突破口，

① 李朴民：《加快推动物流业高质量发展——在全国物流创新发展工作会议上的致辞》，《中国经贸导刊》2018 年第 12 期。

② 杜壮：《创新引领物流高质量发展》，《人民日报》2018 年 5 月 23 日。

有利于推进运输结构调整和物流业降本增效。[①] 杨守德从技术创新角度提出要加强智能装备制造、发展物流机器人、实施物流装备标准化、重塑信息技术流程等，驱动物流业实现高质量发展。[②] 魏国辰和冀雪华构建了区域物流发展能力综合评价指标体系，提出创新驱动物流转型升级，适度调整物流需求结构，促进物流业高质量发展。[③] 这些研究为大湾区物流发展提供了借鉴，但是大湾区物流与其他区域物流相比有特殊之处，针对大湾区物流发展具体需求的研究还有待加强，以便为大湾区物流发展提供有针对性的建议。

（四）提升物流水平

1. 政府政策大力扶持

党中央、国务院高度重视并支持粤港澳大湾区建设和物流业高质量发展，纷纷出台了相关政策。粤港澳大湾区从最初的一个学术概念、理论设想到正式上升为国家战略。促进物流业发展方面，从将物流业纳入国家十大振兴产业到发布《关于推动物流高质量发展促进形成强大国内市场的意见》，可见政府对于粤港澳大湾区建设和物流发展寄予厚望，同时在政策上给予大力支持。

2. 物流业高质量发展的重视与支持

近年来，国家和大湾区各地方政府几乎每年都会出台支持政策，召开诸多重要会议讨论与支持粤港澳大湾区建设和物流业高质量发展。政府的大力支持，便于塑造良好的营商环境，令企业没有后顾之忧，可以更加积极地投入大湾区建设和物流业高质量发展中。

3. 提升多式联运水平

多式联运是一种科学的复合型运输方式，是由两种及两种以上运输方式

① 胥苗苗：《多式联运开启物流高质量发展新篇章》，《中国船检》2019 年第 3 期。

② 杨守德：《技术创新驱动中国物流业跨越式高质量发展研究》，《中国流通经济》2019 年第 3 期。

③ 魏国辰、冀雪华：《我国区域物流发展能力综合评价研究——基于 ANP-TOPSIS 模型对京津冀地区物流业分析》，《价格理论与实践》2019 年第 5 期。

相互衔接而成的运输过程，能够在综合协调运用多种运输工具的条件下，最大程度降低运输成本、提高运输效率。粤港澳大湾区地理位置特殊，是一个由多个海湾及港湾和岛屿共同组成的湾区，其陆运、海运、空运等的衔接尤为重要。要制定规范的多式联运的运行规则，完善多式联运转运、场站衔接等物流规范和标准，实现在货物交接、检验检疫、合同签订、信息交流、协作分工、货损理赔等方面的有序运行。加快建立多式联运物流信息平台，促进货源供应和货物需求，与公路、铁路、水运、空运等运力资源实现有效匹配，降低车船机等载运工具的空驶率和等待率。依托粤港澳大湾区物流枢纽网络开发“一站式”多式联运服务产品，加速实现集装箱多式联运“一单制”。

4. 实施物流标准化战略

物流标准化是指针对物流活动制定统一的标准并予以落实的整个过程。物流标准化是物流业高质量发展的重要基础，是不可缺少的前提条件。我国现代物流起步较晚，各企业针对物流活动的各项环节多是按照自己的方法来操作，尚未形成统一的标准。即便粤港澳大湾区的物流业发展走在全国前列，但距物流业高质量发展对物流标准化的要求仍存在较大差距。因此，实施物流标准化战略，支撑物流业高质量发展势在必行，主要内容包括物流计量标准化、物流装备标准化、物流作业标准化、物流技术标准化、物流信息标准化、物流管理标准化、物流服务标准化等。

5. 大力推广智慧物流

智慧物流是指通过智能硬件、物联网、区块链、大数据、云计算等智慧化技术与手段，增强物流系统分析决策以及智能执行的能力，使得整个物流系统的智能化、自动化水平提升。随着人工智能等高新技术的应用，以及粤港澳大湾区经济蓬勃发展，物流业迎来了新一轮发展，也在经历着飞速的变革。智慧物流概念的提出，顺应了发展潮流，符合物流业高质量发展对自动化、可视化、实时化、网络化的新要求，也符合物联网发展的最新方向。智慧物流可以大大降低物流成本，增加企业利润，提高物流效率，加快物流产业发展，为企业产供销智能融合奠定基础，节约消费开支，促进粤港澳大湾区经济繁荣，提升区域综合竞争力。因此，必须大力推广智慧物流，引领物流业高质量发展。

6. 培养人才创新生态系统

当前，粤港澳大湾区经济蓬勃发展，物流业发展壮大的同时，对高素质物流人才的需求日益增加。高素质物流人才的培养需要高校、企业及社会各界的共同努力。粤港澳大湾区高校资源非常丰富，粤港澳大湾区应充分发挥特有的区位优势，合理利用高校资源，培养更多高素质物流人才，力促物流业高质量发展，为粤港澳大湾区经济腾飞服务。同时，创新生态系统、强化技术创新、加快物流产业集聚，形成以企业为主体，高校、科研机构、政府、金融等中介服务机构为系统要素载体的优势网络，通过组织间密切协作，整合人才、技术、信息、资本等创新要素，实现创新因子有效汇聚，为网络中各个主体创造价值，实现各个主体的可持续发展。

六 总结

（一）粤港澳大湾区的物流发展具有时代意义

粤港澳大湾区是具有世界级影响力的制造中心、投资中心、企业孵化中心和新经济策源地，将来会进一步聚集全球先进制造业，大力发展战略性新兴产业，推动新一代信息技术、生物技术、高端装备制造、新材料、文化创意等新兴产业发展，打造有重要国际影响力的科技和产业创新中心，成为中国南部经济的强劲增长极。粤港澳大湾区的物流发展具有时代意义。在世界范围内，粤港澳大湾区有较大的发展潜力，在全国范围内，大湾区的第三产业优势十分突出，而其中又以香港、深圳、广州、澳门、佛山、东莞等城市为主。澳门—珠海作为西岸经济的重要发展极，也有强大的实力。正如我们看到的，在港珠澳大桥、深中通道等一系列大基建的带动下，大湾区的发展越来越令世界瞩目。我们看到的是一个正在蓬勃发展的粤港澳大湾区——未来世界第一湾区。

（二）展望粤港澳大湾区的物流发展

物流业高质量发展的特点是物流系统化程度高、技术先进、产业结构和产品结构合理、内生动力强。可用单位 GDP 的社会物流成本、单位物流增加值、物流服务水平、技术创新能力、绿色发展等指标评价物流业发展水平。粤港澳大湾区在我国物流业发展中处于“排头兵”的位置，但与美国、日本、欧洲等发达经济体的先进水平相比仍有较大差距。物流业发展水平不高主要表现为物流成本高、物流服务水平较低、物流生产效率偏低、物流经济效益较低和资源浪费、环境污染等，其原因在于技术创新不足、产业结构不合理、产业链处于全球价值链的中低端、物流产业组织集聚程度不高、物流系统性不强、物流组织管理水平不高、海关效率不高等。要促进粤港澳大湾区物流业发展，就要坚定不移、持续、深入地推动技术创新、产业升级和产业结构调整，加快物流产业集聚，培养具有世界领先水平的物流龙头企业，提升物流网络的系统性，提高物流组织的管理水平，大力推动铁路物流系统改革，加大海关改革力度和发展绿色物流。

未来可就物流业高质量发展的评判指标体系及相关实证展开深入研究，也可梳理和总结世界其他三大湾区和先进国家的物流业发展经验，为推动粤港澳大湾区乃至全国物流业高质量发展提供借鉴。

第三章
粤港澳大湾区城市配送发展回顾与展望

城市配送是物流链条上“最后一公里”，聚焦城市及其近郊的货物配送活动，主要包括生鲜冷链配送、商业配送、邮政快递配送、货运出租、搬场运输等。随着我国互联网的普及、“即时零售”的蓬勃发展，越来越多的消费者选择网络购物和外卖。我国网上消费的实物商品零售额逐年增加，已占到社会消费品零售总额的1/4。此外，在“双循环”新发展格局下，跨境电商和农村电商物流迅速发展。新冠疫情期间，“宅经济”加快发展，“点外卖”成为许多居民的日常生活方式，与之对应的即时配送覆盖了餐饮、生鲜、商超零售、医药、服装、图书等多类配送及跑腿服务。每一次货物交付、订单完成的背后是城市货物配送发挥着其重要的物流服务功能。

一　大湾区城市配送发展现状

粤港澳大湾区社会消费品零售总额、网上零售额、快递业务量和收入、单日快递处理效率、外卖交易额及增速均位居全国领先水平；国家和地方积极出台政策支持大湾区城市配送发展，行业标准不断完善；大湾区城市配送全方位改进升级；大湾区城市绿色货运配送示范工程建设成效显著；疫情下，“宅经济”促使城市配送服务需求迅猛增长；大湾区“菜篮子”配送中心建设稳步推进，助农利民的示范作用明显。

（一）大湾区社会消费品零售、快递、外卖业务表现

1. 大湾区社会消费品零售业概况

2020 年，广东省实现社会消费品零售总额约 4.02 万亿元，位居全国

第一。其中，广州和深圳的社会商品零售总额分别为 9218.7 亿元和 8664.8 亿元。广东省 2020 年网上零售额绝对值为 25782.2 亿元，约占全国网上零售总额的 22%，居全国 31 省（自治区、直辖市）首位，同比增长 10.1%；实物商品网上零售额绝对值为 22321.0 亿元，实物商品网上零售额同比增长 11.1%，实物商品网上零售额绝对值占比为 86.6%。2020 年，广东省城镇市场实现消费品零售额 3.60 万亿元，占社会消费品零售总额的 89.6%。

2021 年，广东省社会消费品零售总额为 4.42 万亿元，同比增长 9.9%，按消费类型分，2021 年商品零售增长 9.3%。随着消费模式的转变，网上零售消费保持两位数增长，限额以上单位通过公共网络实现商品零售额增长 22.5%，占整体限额以上单位商品零售的比重为 28.9%，较上年提高 2.4 个百分点。2021 年，广州市和深圳市分别位居全国消费十强城市的第四和第五；广州市社会消费品零售总额为 10122.56 亿元，增速为 9.8%，其中，实物商品网上零售额为 2209.07 亿元，占社会消费品零售总额的比重从 2019 年的 13.9%提高到 21.8%；深圳市 2021 年的社会消费品零售总额为 9498.12 亿元，比上年增长 9.6%，网上零售保持高速增长态势，限额以上单位通过互联网实现商品零售额同比增长 44.3%。

2020 年香港的零售业受疫情影响较大，2021 年有所恢复。香港特别行政区政府统计数据显示，2020 年四个季度香港的零售业收益指数分别为 -35.0%、-31.4%、-16.7%和-9.0%；2021 年四个季度香港的零售业收益指数分别为 7.5%、9.3%、7.3%和 8.3%。

2020 年澳门的零售业受疫情影响严重，2021 年恢复增长。澳门特别行政区政府统计数据显示，2020 年四个季度澳门的零售业销售额分别为 111.64 亿澳门元、68.99 亿澳门元、89.68 亿澳门元和 181.94 亿澳门元，同期变动率分别为-45.44%、-61.43%、-50.43%和-12.31%。2021 年四个季度澳门的零售业销售额分别为 187.61 亿澳门元、207.13 亿澳门元、159.80 亿澳门元和 185.03 亿澳门元，同期变动率分别为 68.05%、200.23%、

78.19%和1.7%。

2. 大湾区快递业及配送效率

2020年广东省快递服务企业业务量累计完成220.8亿件，同比增长31.4%，占全国的26.5%；业务收入累计完成2182.5亿元，同比增长18.1%，占全国的24.8%。其中，同城快递业务量完成33.6亿件，同比增长14.7%；异地快递业务量完成176.6亿件，同比增长35.0%；国际/港澳台快递业务持续增长，累计完成10.6亿件，同比增长33.0%。同城、异地、国际/港澳台快递业务量占比分别为15.2%、80.0%、4.8%，业务收入占比分别为9.2%、59.2%、21.5%。

2020年，粤港澳大湾区城市中的广州、深圳、东莞、佛山、中山、惠州、肇庆的快递业务量位居广东省前十，广州、深圳、东莞、佛山、中山、惠州、珠海的快递业务收入位居广东前十。粤港澳大湾区的快递业务量集中在广州、深圳，约占大湾区快递业务总量的80%。2020年，广州和深圳的快递业务量分别为76.16亿件和53.72亿件，广州和深圳的快递业务收入分别为694.1亿元和657.2亿元。

2021年，广东省快递业市场规模加速扩张，快递业务总量约为294.6亿件，同比增长33.4%；快递业务收入约为2454.3亿元，同比增长12.5%；广东省的快递业务量和收入均位居全国第一。其中，同城业务量累计完成38.9亿件，同比增长15.8%；异地业务量累计完成244.0亿件，同比增长38.2%；国际/港澳台业务量累计完成11.6亿件，同比增长9.9%。同城、异地、国际/港澳台快递业务量占比分别为13.2%、82.9%、3.9%，业务收入占比分别为8.2%、58.6%、21.4%。

2021年，粤港澳大湾区城市中的广州、深圳、东莞跻身全国快递业务量排名前十，广州、深圳、东莞分别居第二、第三和第七位，快递业务收入分别为817.19亿元、648.9亿元和281.1亿元。其中，广州作为全国仅有的两个业务量突破百亿件的城市之一，快递业务量仅次于金华（义乌）市，占全国快递业务总量的10%，占广东省快递业务总量的36%，同比增长高达40%。粤港澳大湾区核心城市的快递揽投比为1∶0.44，非核心城市的快递揽投比为1：0.99。大湾区人均年快递投递量为196.9件，人均年收件量为115.11件。

疫情对香港的零售业带来了较大影响，但速递业务量保持良好的增长趋势。2020年四个季度香港的速递业务收益指数分别为2.8%、30.2%、42.5%和36.2%，2021年四个季度香港的速递业务收益指数分别为47.3%、13.3%、9.4%和14.6%。

大湾区的快递处理效率不断提升，配送速度领跑全国。2020年5月7日，广东省单日快递处理量达到10078万件，突破1亿件，全国同日快递业务量为2.59亿件，广东占全国的比重超过25%，位居全国第一。2020年11月1日，广东省单日快递处理量达1.36亿件，创历史新高。2021年11月11日，广东省单日共处理快递1.98亿件，为日常处理量的1.74倍，刷新广州速度。

3. 大湾区外卖交易额及增速

外卖已成为跨行业、跨场景、跨品类发展的新业态，覆盖边界也从餐饮扩张至新零售，虽然外卖品类仍以餐饮为主（占比约97%），但生鲜宅配、商超零售、医药配送、服装配送、图书配送、跑腿服务等的订单量和配送需求也快速增长。在疫情期间，“点外卖”成为餐饮业禁止堂食时的替代方案，同时，外卖作为无接触的物资配送方式，能够保障民生供给，提供应急帮助。

随着互联网的普及，我国外卖市场规模进一步扩大。中国互联网信息中心数据显示，截至2021年12月，我国网民规模达10.32亿，互联网普及率达73.0%，网上外卖用户规模为5.44亿人，网民渗透率提升至52.7%。国家信息中心数据显示，2020年在线外卖收入占全国餐饮收入的比重提升至16.9%，同比增加4.1个百分点，明显高于2019年同期1.9个百分点的增幅；2021年我国外卖市场规模达1万亿元，同比增长50.23%，2017~2021年复合年均增长率为35.09%；2021年外卖市场收入占全国餐饮业收入的比重约为21.4%，同比增加4.5个百分点。

美团·新餐饮研究院发布的《2022新餐饮行业研究报告》显示，2021

年，一、二线城市外卖订单量增速快于三、四线城市，其中一线城市外卖交易额增速超40%。广东省的外卖交易额领跑全国，2019～2021年广东省的外卖交易额占比为15%～20%，约是排名第二的省份江苏省（外卖交易额占比为7%～8%）的1倍，2021年广东省的外卖交易额占比增长39.8%。在餐饮外卖的众多品类中，2019～2021年奶茶以69.9%的复合平均增长率排订单量第一，饭类套餐、汉堡、米粉米线等快餐刚需也紧随其后。而广东省是现制茶饮消费的第一大省，大湾区城市中广州、深圳、东莞、佛山的奶茶订单量占全国订单总量的10%以上，2021年订单量同比增长分别为72%、57%、61%和55%。

总体来看，粤港澳大湾区城市“互联网+零售”模式发展迅猛，社会消费品零售额快速增长，快递业务量及处理速度、外卖订单量均位居全国前列，快递配送、即时配送等需求强劲，城市配送发展迅速。

（二）国家和地方政策支持，行业标准不断完善

1. 国家层面城市配送相关的政策、规划及文件

国家高度重视城市配送的发展，相继颁布相关政策及行业规范，如表1所示。《中华人民共和国国民经济和社会发展第十四个五年规划和2035年远景目标纲要》《综合运输服务“十四五”发展规划》《2030年前碳达峰行动方案》等对我国城市配送提供了总体性指导。国家层面与城市配送相关的政策、规划及文件主要涉及交通运输服务的规划与治理、交通运输基础设施建设、交通运输促进消费、城市配送服务规范、商贸物流高质量发展、降低物流成本、绿色货运配送、冷链物流等。

表1　国家层面的城市配送政策、规划及文件

颁布时间	颁布单位	政策、规划及文件
2020年5月	国家发展改革委、交通运输部	《关于进一步降低物流成本的实施意见》
2020年6月	交通运输部办公厅	《交通运输部办公厅关于做好交通运输促进消费扩容提质有关工作的通知》

续表

颁布时间	颁布单位	政策、规划及文件
2020年7月	全国道路运输标准化技术委员会	《城市配送服务规范》（JT/T 1313-2020）
2020年10月	交通运输部	《关于推进交通运输治理体系和治理能力现代化若干问题的意见》
2020年12月	交通运输部办公厅	《交通运输部办公厅关于进一步做好总质量4500千克及以下普通货运车辆"放管服"改革有关工作的通知》
2021年1月	交通运输部	《交通运输部关于服务构建新发展格局的指导意见》
2021年2月	中共中央、国务院	《国家综合立体交通网规划纲要》
2021年3月	全国人民代表大会	《关于2020年国民经济和社会发展计划执行情况与2021年国民经济和社会发展计划草案的报告》
2021年3月	全国人民代表大会	《中华人民共和国国民经济和社会发展第十四个五年规划和2035年远景目标纲要》
2021年3月	商务部办公厅、国家邮政局办公室	《关于印发电子商务与快递物流协同发展典型经验做法的通知》
2021年6月	交通运输部等七部门	《关于做好快递员群体合法权益保障工作的意见》
2021年8月	商务部等九部门	《商贸物流高质量发展专项行动计划（2021—2025年）》
2021年8月	交通运输部、公安部、商务部	《关于命名天津市等16个城市"绿色货运配送示范城市"的通报》
2021年9月	中共中央、国务院	《关于完整准确全面贯彻新发展理念做好碳达峰碳中和工作的意见》
2021年10月	国务院	《2030年前碳达峰行动方案》
2021年11月	交通运输部	《综合运输服务"十四五"发展规划》
2021年11月	国家发展改革委	《"十四五"冷链物流发展规划》

2. 粤港澳大湾区城市配送统领性政策、规划及文件

粤港澳大湾区颁布了城市配送相关的政策、规划及文件，其中统领性的政策、规划及文件如表2所示。其中，《粤港澳大湾区发展规划纲要》《广东省国民经济和社会发展第十四个五年规划和2035年远景目标纲要》《广东省综合交通运输体系"十四五"发展规划》《广东省综合运输服务"十四

五”发展规划》为大湾区城市配送的发展提供了宏观层面的指导。2019年2月，中共中央、国务院印发《粤港澳大湾区发展规划纲要》，提出构建现代货运物流体系，建设具有重要影响力的国际交通物流枢纽。2021年4月，广东省人民政府印发《广东省国民经济和社会发展第十四个五年规划和2035年远景目标纲要》，提出加快建设现代流通体系。2021年9月，广东省人民政府办公厅印发《广东省综合交通运输体系“十四五”发展规划》，推动广东省城市货运配送绿色集约发展。2021年10月，广东省交通运输厅印发《广东省综合运输服务“十四五”发展规划》，提出要构建经济高效的货运服务体系。

大湾区层面与城市配送相关的政策、规划及文件主要涉及“菜篮子”建设、农产品冷链物流、疫情防控下的物流与寄递行业企业复工复产、邮政快递业高质量发展、交通运输基础设施建设、跨境电商高质量发展、农村商贸物流产业发展等。大湾区的政策、规划及文件积极响应了国家在交通运输基础设施建设、城市配送服务规范、商贸物流高质量发展、冷链物流等方面的部署。

此外，大湾区还颁布与货运配送相关的一些辅助性的政策、规划及文件，2020年1月7日广东省交通运输厅发布《告广大货运物流企业、司机书》，对广东省高速公路货车收费政策和计费方式进一步进行解读。

表2　粤港澳大湾区城市配送统领性政策、规划及文件

颁布时间	颁布单位	政策、规划及文件
2019年2月	中共中央、国务院	《粤港澳大湾区发展规划纲要》
2019年4月	广州市人民政府办公厅	《粤港澳大湾区“菜篮子”建设实施方案》
2020年1月	广东省交通运输厅	《告广大货运物流企业、司机书》
2020年2月	广东省新冠肺炎防控指挥办	《关于做好物流和寄递行业企业复工复产保畅通工作的通知》
2020年6月	广东省供销合作联社	《广东供销公共型农产品冷链物流基础设施骨干网建设总体方案》
2020年7月	广东省新冠肺炎防控指挥办疫情防控组	《广东省物流行业新冠肺炎疫情常态化防控工作指引》

续表

颁布时间	颁布单位	政策、规划及文件
2020 年 7 月	国家发展改革委	《关于粤港澳大湾区城际铁路建设规划的批复》
2020 年 11 月	广东省人民政府办公厅	《广东省推进新型基础设施建设三年实施方案（2020—2022 年）》
2020 年 12 月	国家邮政局等五部门	《关于促进粤港澳大湾区邮政业发展的实施意见》
2021 年 4 月	广东省人民政府	《关于推进广东省邮政快递业高质量发展的实施方案》
2021 年 4 月	广东省人民政府办公厅	《广东省国民经济和社会发展第十四个五年规划和 2035 年远景目标纲要》
2021 年 9 月	广东省人民政府办公厅	《广东省综合交通运输体系“十四五”发展规划》
2021 年 9 月	广东省人民政府	《广东省推进农业农村现代化“十四五”规划》
2021 年 10 月	广东省交通运输厅	《广东省综合运输服务“十四五”发展规划》
2021 年 11 月	广东省人民政府办公厅	《关于推进跨境电商高质量发展的若干政策措施》

大湾区在面对突袭而至的新冠疫情时，为保证物流和寄递行业企业的复工复产、有序恢复，颁布了相关的指引性文件。2020 年 2 月，为深入贯彻落实习近平总书记关于疫情防控工作的重要讲话和重要指示批示精神，充分发挥物流和寄递行业企业在抗击疫情、稳定市场、保障民生、发展经济方面的重要作用，广东省新冠肺炎防控指挥办根据疫情防控实际，印发《关于做好物流和寄递行业企业复工复产保畅通工作的通知》。2020 年 7 月，广东省根据《国务院应对新型冠状病毒感染肺炎疫情联防联控机制关于做好新冠肺炎疫情常态化防控工作的指导意见》（国发明电〔2020〕14 号）、《广东省新型冠状病毒肺炎疫情防控指挥部关于做好新冠肺炎疫情常态化防控工作的实施意见》（粤防疫指明电〔2020〕19 号）文件精神及国家和省分区分级有关要求，结合新冠肺炎疫情防控工作进展，修订形成《广东省物流行业新冠肺炎疫情常态化防控工作指引》。

大湾区在促进交通运输基础设施建设方面的政策、规划及文件主要涉及大湾区城际铁路建设、广东供销公共型农产品冷链物流基础设施骨干网建设、智慧物流工程建设等。2020 年 7 月，国家发展改革委发布《关于粤港澳大湾区城际铁路建设规划的批复》。2020 年 6 月，广东省供销合作联社印发《广东供销公共型农产品冷链物流基础设施骨干网建设总体方案》，提出到 2022 年骨干网运营管理的冷库容量达到 160 万吨左右，新增冷藏车 2000 辆以上、移动预冷装置 1000 台以上，按照建设总体规划，冷链物流基础设施骨干网在 3 年内将完成总投资 170 亿元。2020 年 6 月 18 日，广东省政府召开推进广东供销公共型冷链物流基础设施骨干网建设工作电视电话会议，对建设冷链物流骨干网进行全面动员、全面部署。2020 年 11 月，广东省人民政府办公厅印发《广东省推进新型基础设施建设三年实施方案（2020—2022 年）》，提出要推进智慧物流工程，加强数字物流基础设施建设，推进货、车（船、飞机）、场等物流要素数字化，在保障信息安全的前提下，扩大物流相关信息公开范围，为物流企业和制造业企业查询提供便利，推进空港基础设施与信息平台建设，加快建设航空综合物流信息交换体系。

大湾区在促进商贸物流高质量发展方面，聚焦农村商贸物流和跨境电商。2021 年 9 月 7 日，广东省人民政府正式发布《广东省推进农业农村现代化“十四五”规划》，提出把农业产业链根植在县镇村，做强做优农产品加工和农村商贸物流产业，积极拓展农业多功能，加快培育新产业新业态，用工业化、园区化理念发展现代农业，延长产业链、提升价值链、打造供应链，推动产业融合发展，提升农业产业链现代化水平。2021 年 11 月，广东省人民政府办公厅发布《关于推进跨境电商高质量发展的若干政策措施》，提出提升仓储物流效率，各地将仓储用地纳入国土空间规划，为跨境电商集散分拨、分拣配送等配套建设相应基础设施。

3. 粤港澳大湾区各城市颁布的城市配送政策、规划及文件

粤港澳大湾区城市中广州、深圳、珠海、佛山、惠州、东莞、江门等城市也颁布了相应的政策、规划及文件，如表 3 所示。广州、珠海、惠州、东莞、江门等出台了物流业、服务业、交通物流融合发展规划。深圳、佛山等城市积极响应国家关于发展绿色货运配送的部署，出台政策包括“绿色物流区”、绿色货运配送办法、新能源纯电动物流车及配送车辆的优惠和资

助、新能源（氢能）物流车辆推广应用等。大湾区城市积极响应国家在交通运输服务的规划与治理、交通运输基础设施建设、绿色货运配送、“菜篮子”建设等方面的部署。

表 3　粤港澳大湾区各城市颁布的城市配送政策、规划及文件

城市	颁布时间	政策、规划及文件
广州	2021 年 3 月	《广州市精准支持现代物流高质量发展的若干措施》
	2021 年 9 月	《广州市服务业发展“十四五”规划》
	2021 年 9 月	《广州市交通物流融合发展第十四个五年规划》
深圳	2018 年 5 月	深圳交警将在十个行政辖区试点打造深圳“绿色物流区”
	2019 年 12 月	《深圳市公安局交通警察局关于继续设置绿色物流区禁止轻型柴油货车通行的通告》
	2021 年 6 月	《关于对新能源纯电动物流车继续实施通行优惠政策的通告》
	2021 年 9 月	《关于公示 2020 年度纯电动物流配送车辆运营资助项目审核结果的通告》
珠海	2020 年 3 月	《珠海市人民政府办公室关于加快现代物流业发展的实施意见》
	2020 年 3 月	《珠海市关于加快现代物流业发展的政策措施》
	2020 年 4 月	《珠海市关于加快现代物流业发展的实施意见》的政策解读
	2020 年 8 月	《珠海市现代物流业发展规划(2020—2025)》
	2021 年 1 月	《珠海市“菜篮子”建设实施细则(试行)》
佛山	2020 年 9 月	《佛山市城市物流配送氢能源货运车辆扶持资金管理办法(征求意见稿)》
	2020 年 12 月	《佛山市创建绿色货运配送示范城市工作方案》
	2020 年 12 月	《佛山市城市绿色货运配送办法(征求意见稿)》
	2021 年 9 月	《佛山市城市配送中心建设扶持资金管理办法(征求意见稿)》
	2021 年 9 月	《佛山市城市配送新能源货运车辆运营扶持资金管理办法(征求意见稿)》
	2021 年 9 月	《佛山市城市配送信息平台建设扶持资金管理办法(征求意见稿)》
	2021 年 10 月	《佛山市南海区新能源(氢能)市政、物流车辆推广应用实施方案(2021—2025 年)》
	2021 年 11 月	《佛山市商贸配送企业运营服务规范(试行)》
惠州	2021 年 12 月	《粤港澳大湾区(惠州)枢纽经济集聚区(物流新城)总体发展概念规划》
东莞	2017 年 2 月	《东莞市现代服务业发展“十三五”规划》
江门	2019 年 12 月	《江门市现代物流业发展规划(2019—2025)》

2021年8月，《广州市交通物流融合发展第十四个五年规划》获市政府常务会议审议通过，广州将在未来的5年里奋力建设全球效率最高、成本最低、最具竞争力的国际物流中心，全力打造成为国内大循环中心节点城市和国内国际双循环战略链接城市。规划明确以供给侧结构性改革为主题，以高质量发展为主线，聚焦建设国际物流中心，海陆空同向发力，提出打造大枢纽、拓展大通道、搭建大平台、营造大环境四大任务。

2020年3月，为贯彻落实《粤港澳大湾区发展规划纲要》、《国家物流枢纽布局和建设规划》及《珠海市关于加快现代物流业发展的实施意见》等，把握港珠澳大桥通车、粤港澳大湾区建设等历史性发展机遇，促进珠海市现代物流业加快发展，珠海市商务局于3月30日批准印发实施《珠海市关于加快现代物流业发展的政策措施》。2020年7月，珠海市政府常务会议审议并原则通过《珠海市现代物流业发展规划（2020—2025）》，紧扣粤港澳大湾区建设、港珠澳大桥通车带来的“珠港澳深度融合”、“大桥经济”以及跨境电商带动跨境物流等时代命题，提出促进现代物流业发展的新思路和新对策。

（三）大湾区城市配送全方位改进升级

1. 粤港澳大湾区城市配送顶层设计高屋建瓴、细致入微

《粤港澳大湾区发展规划纲要》提出构建现代化的综合交通运输体系，提升客货运输服务水平，加快智能交通系统建设，推进物联网、云计算、大数据等信息技术在交通运输领域的创新集成应用；构建现代服务业体系，推进粤港澳物流合作发展，大力发展第三方物流和冷链物流，提高供应链管理水平，建设国际物流枢纽。出台《关于促进粤港澳大湾区邮政业发展的实施意见》《关于推进广东省邮政快递业高质量发展的实施方案》，保障大湾区城市配送高质量发展。出台《关于粤港澳大湾区城际铁路建设规划的批复》《广州东部公铁联运枢纽（广州国际物流产业枢纽）规划》，完善配套基础设施。此外，响应国家“双碳”政策，粤港澳大湾区大力发展绿色货运配送，积极推进绿色货运配送示范工程建设。

2. 大湾区打造现代货运物流体系

2020 年 10 月 28 日，国家发改委公布 2020 年国家物流枢纽建设名单，共有 22 个物流枢纽入选，佛山生产服务型国家物流枢纽上榜。2021 年 8 月 10 日，从广州交投集团获悉，广州东部公铁联运枢纽（广州国际物流产业枢纽）主体工程计划于 2021 年内实现开工，预计“十四五”期间建成为大湾区规模最大的物流枢纽。2021 年 10 月 22 日，肇庆高要港与深圳蛇口港之间的粤港澳大湾区“组合港”项目正式启动，这是肇庆口岸与广州南沙港实施“湾区一港通”项目后的又一举措，也是粤港澳大湾区“组合港”在实现深圳与南海、顺德、北滘等港口对接后的又一新举措，大湾区港口群建设进一步提速。

3. 大湾区加速建设三级节点体系

广州打造“干支衔接型货运枢纽（物流园区）—公共配送中心—末端共同配送站”三级城市配送网络，基本建成“4-4-8-12”的总体空间布局，建立“集约、高效、绿色、智能”的城市绿色货运配送体系。未来，广州将根据《广州市交通物流融合发展第十四个五年规划》，积极推进“5+10+N”交通物流枢纽建设。深圳积极制定物流场站建设标准，研究形成物流场站开发运营模式，推动构建“对外物流枢纽+城市物流转运中心+社区物流配送站”三级物流场站体系。

4. 大湾区车辆通行管控更加精准

2019 年广州颁布《广州市关于邮政快递末端配送车辆规范化管理的实施意见》，进一步推进全市邮政快递专用电动三轮车的规范化管理，提升行业末端配送服务能力和效率。2021 年 6 月，基于疫情防控需要，广州启用无人驾驶车辆前往高风险的荔湾区隔离区域派送物资。自 2020 年 1 月 1 日起，深圳非机动车参照现行机动车驾驶证管理模式，实行 12 分管理制，各快递、外卖企业的骑手需在“易骑行”小程序完成个人和车辆信息的线上备案，深圳市公安局交通警察局为快递外卖骑手发放含芯片的信息化号牌，若发生冲红灯、逆行等违法行为，将上传到后台系统，累计违法记 12 分将被纳入黑名单，禁止入职民生行业。

5. 大湾区持续推广应用新能源物流配送车辆

深圳作为国家首批新能源汽车示范推广试点城市，出台了一系列鼓励性政策推动新能源物流车辆普及应用。2020 年，深圳市已连续六年成为全球新能源汽车注册登记数量最多的城市，新能源物流车保有量超过 8.6 万辆。2021 年 9 月，深圳新能源物流车销量为 1589 辆，占全国总销量的 12.6%，位居城市销量排行榜榜首；广州新能源物流车销量为 771 辆，占全国总销量的 6.1%，居排行榜第五位。

6. 大湾区城市配送先进组织模式扩大应用

在广州配送企业已广泛应用“集中配送”“共同配送”“夜间配送”等先进配送组织模式，可从时间和空间上减少配送车辆的能源消耗，达到节能减排、绿色环保的目的。如广州市黄埔区的状元谷综合物流园，作为城市配送网络中的公共配送中心，为城市共同配送提供仓储、配送、运营、信息、后勤等管理服务并积极完善配套设施。园区选址考虑了与黄埔港、高速公路的距离，同时通过增加月台密度、仓库采光设计等建筑设计达到绿色节能的效果。据统计，在积极采取集中配送、共同配送等先进配送模式后，配送至中心城区商贸流通企业门店的货运量占中心城区全部商品配送货运总量的比例达到 56%，配送车辆平均载货率达到 87%，车辆日均配送次数达 5.23 次。

（四）大湾区城市绿色货运配送示范工程建设成果显著

交通运输部、公安部、商务部自 2018 年起在全国组织开展城市绿色货运配送示范工程。2018 年 6 月，广州、深圳入选全国首批绿色货运配送示范工程创建城市；2019 年 12 月，珠海、佛山入选第二批绿色货运配送示范工程创建城市。广州和深圳历经三年的建设，通过技术组暗访、专家组实地验收、向社会公示等程序，于 2021 年 8 月 6 日被正式命名为国家级“绿色货运配送示范城市”，为引领粤港澳大湾区城市绿色货运配送发展发挥了示范作用。

1. 绿色货运配送示范城市建设的广州经验

广州市围绕城市绿色配送制定了详细的实施方案，进行顶层设计，出台配套政策，完善干支衔接的公共货运枢纽设施，优化城市配送车辆便利通行政策，推广新能源城市配送车辆，推动运输组织模式创新，建设城市配送信息监管平台。

广州积极推进“5+10+N”交通物流枢纽建设，经过三年多的努力，广州市公、铁、水、航等多种运输方式齐备，形成了高效的“干支衔接型货运枢纽（物流园区）—公共配送中心—末端共同配送站”三级城市配送网络，基本建成“4-4-8-12”的总体空间布局（空港国际物流园区、南沙国际物流园区等4个国际物流园区，白云现代商贸物流园、花都物流园区等4个区域物流园区，江高农产品物流基地、黄阁汽车物流基地等8个专业物流基地，元岗配送中心、新塘配送中心等12个城市配送中心），建立“集约、高效、绿色、智能”的城市绿色货运配送体系。

截至2020年底，广州市已建成干支衔接型货运站19个、公共配送中心56个，以及共同配送站超过200个、城市配送节点近3万个。已备案的邮政普遍服务场所243个，投递道段1774条，邮筒（箱）966个，智能快件箱12165组，格口约106.67万个，信报箱303.63万户。目前广州市物流注册备案企业约2.4万家，已有A级物流企业121家。广州主要的大型商超、卖场商品配送总货运量为1.7万吨，其中采取共同配送的货运量近1万吨，配送比例为56.7%。截至2020年8月，广州市本市籍货车拥有量为41万辆，其中新能源货车2.4万辆，约占货车总量的5.9%；对比2017年新能源货车0.6万辆，试点以来已累计增加1.8万辆新能源货车。2018~2020年，广州市发放城市配送证的新能源配送车辆从10辆增至近800辆。广州市充电桩超过4万台（公桩+私桩），充电总功率超过170万千瓦。

2. 绿色货运配送示范城市建设的深圳经验

深圳不断完善城市配送基础设施，推动构建“对外物流枢纽+城市物流转运中心+社区物流配送站”三级物流场站体系。深圳众多物流企业在自动化、信息化、智能化管理手段和设施设备方面加大投入，自主升级改造自营物流设施，加速提升物流配送效率。

深圳作为国家首批新能源汽车示范推广试点城市，出台了一系列鼓励性政策推动新能源物流车辆普及应用，财政补贴覆盖新能源车辆购置、运营、设备研发等关键环节，对于新能源物流车给予通行便利。同时，结合城市货运配送枢纽布局，积极推进充电站、充电桩等基础设施建设，基本形成智能、高效、共享的物流车充电网络。此外，深圳统筹搭建绿色货运新能源车运行监控公共服务平台，做到全市新能源物流车实时运行情况展示，实现充电桩、维修站等公共服务领域与物流企业的交互推送。

为打造绿色高效的配送体系，深圳作为首批国家现代物流创新发展试点城市，在管理、机制、技术等层面也不断进行尝试，打造“申请不跑腿、审批不用人、监管一网通”的交通运输智慧政务服务平台，搭建银政企合作平台以推动金融机构形成支持冷链物流发展的特色服务方案，积极探索城市配送新兴领域，推动无人车配送，实现全场景、全天候的智能化服务，积极支持无人机配送技术研发测试，建立疫情防控物资配送的“空中通道”，探索拓宽无人机在快递物流等服务领域的产业化应用。

3. 佛山市绿色货运配送示范工程的创建举措与成果

佛山市政府印发的《佛山市创建绿色货运配送示范城市工作方案》明确了创建工作的六大任务：一是完善城市货运配送基础设施，二是推广新能源货运配送车辆，三是优化城市货运配送车辆通行政策，四是创新城市货运配送组织模式，五是推进城市货运配送信息化建设，六是落实支持政策和保障措施。围绕绿色货运配送示范城市的建设，佛山市陆续出台了《佛山市城市绿色货运配送办法（征求意见稿）》《佛山市城市配送中心建设扶持资金管理办法（征求意见稿）》《佛山市城市配送新能源货运车辆运营扶持资金管理办法（征求意见稿）》《佛山市城市配送信息平台建设扶持资金管理办法（征求意见稿）》《佛山市南海区新能源（氢能）市政、物流车辆推广应用实施方案（2021—2025 年）》等一系列办法和方案，支持绿色货运配送规范化、配送中心建设、新能源物流车辆推广、货运配送信息化建设等。

佛山市探索新型配送模式，鼓励与支持企业探索创新“统仓统配”“多仓共配”等仓配一体化的先进物流模式，积极推动共同配送、集中配送、夜间配送等模式，畅通配送服务“最后一公里”。探索无接触配送、利用轨道交通开展城市配送、无人机配送等新型配送模式。对于大件货品的配送，推广家具家电办公大件货品共同配送，鼓励企业横向联合，由大型企业提供第三方配送服务或主要商贸企业成立联合物流配送企业。

完善冷链物流基础设施，鼓励冷链物流企业加快保鲜、冷藏、冷冻、预冷、运输、查验等冷链物流基础设施建设；鼓励连锁经营企业、大型批发企业和冷链物流企业利用自有设施提供社会化的冷链物流服务，开展冷链共同配送、“生鲜电商+冷链宅配”“中央厨房+食材冷链配送”等经营模式创新，完善相关技术、标准和设施，提高城市冷链配送集约化、现代化水平。

鼓励城市货运配送企业购买或租赁新能源车辆，并落实新能源配送车辆支持政策，通过贷款优惠、购车补贴、应用补贴、通行优先等方式引导企业加快城市配送新能源车辆更新。实施差别化通行管控，研究并划定城市绿色货运配送示范区、低碳区和覆盖区。示范区内新能源配送车凭通行证在非高峰时段通行，禁止非新能源配送车6时至22时通行。低碳区内新能源配送车凭通行证全时段通行，非新能源配送车根据所配送货品种类申请通行证，采用轻型封闭厢式货车，在固定时段通行。覆盖区内新能源配送车凭通行证全时段通行，非新能源配送车在非高峰时段凭通行证通行。优先给新能源配送车发放通行证；优先给绿色货运配送示范企业配送车辆发放通行证；对运输生活必需品、鲜活农产品、冷藏保鲜产品，以及邮政寄递等涉及民生的配送车辆，优先发放通行证；进入市区的城市货运配送车辆应按“全天候”“夜间”“固定时段”发放不同类型通行证；对开展“菜篮子”工程和医药配送的城市配送车辆，可发放“全天候”通行证；对大型超市、家具家电等商贸流通企业采用共同配送方式的可发放“夜间”通行证。从事城市货运配送的企业可申报绿色货运配送示范企业，年度考核合格的示范企业，可优先享受省市相关扶持政策，企业货运配送车辆可优先享受城区便利通行政策，同时还将基于佛山市城市绿色货运配送发展资金政策予以支持。

截至 2021 年 4 月，佛山市已建成投入使用占地面积 10 万平方米及以上的物流园区达 11 家，共有 8 家公共配送中心建成并投入使用，共有 949 个快递末端网点建成投入使用；已累计推广新能源汽车注册登记 2277 辆（其中氢能物流车 448 辆），比创建初期（2019 年底）增长 34%；已启动建设加氢站 28 座，其中建成 24 座，完成进度 86%；累计建成 222 个充电站，6511 台充电桩；共培育有 A 级物流企业 18 家，其中 5A 级 1 家，4A 级 13 家，3A 级 4 家；现有冷藏车辆约 3300 辆，根据估算，全市约 4.4 万辆配送车辆，冷藏车辆约占全部配送车辆的 7.5%，满足国家要求不低于 0.5%的考核指标。

4. 珠海市绿色货运配送示范工程的创建举措与成果

珠海市在绿色货运配送示范工程创建过程中，采取了以下五个方面的建设举措。①注重考核管理，出台了《珠海市城市货运配送企业诚信评价实施细则》《珠海市邮政管理业车辆安全管理制度》《珠海市邮政快递电动三轮车行业管理工作规范》等实施考核管理政策，加强对配送企业及车辆的规范管理。②加大政策扶持力度，出台了《关于印发珠海市内外经贸发展专项资金（促进现代物流业发展事项）申报指南的通知》《珠海市关于加快电子商务发展的实施意见》《关于组织申报生猪肉品冷链配送车辆财政专项补贴资金的通知》《珠海市“菜篮子”建设实施细则（试行）》等政策文件，在物流园区建设、冷链物流项目、A 级物流企业培育、跨境电商物流、配送平台等方面给予 3 万~500 万元的奖励扶持。③便利通行条件，出台了《关于调整新能源城市物流配送汽车限行管理工作的通知》等城市配送车辆分时、错时、分类通行政策措施，允许新能源配送车辆直接申请办理除 7 时至 9 时、17 时至 20 时以外时段通行准行证，并可办理与车辆年检、保险有效期时长一致的准行证，在市中心城区商业区域均配套建设城市配送车辆专有、临时停车泊位，切实解决城市配送车辆“通行难”“停车难”问题。④完善信息平台，整合交通、公安、商务等部门及物流领域企业、车辆资源，建设运营珠海市物流公共信息服务平台和珠海市智慧交通运行管理平台 2 个城市配送监管信息平台，提供信息查询、车辆监管、电子围栏、数据分析等基本服务。⑤壮大市场主体，珠海市交通运输、仓储和邮政类规模以上企业有 180 余家，A 级以上物流企业 18 家，其中 1A 物流企业 1 家，2A 物流企业 2 家，3A 物流企业 8 家，4A 物流企业 6 家，5A 物流企业 1 家。

经过两年多的建设，珠海市在绿色货运配送方面取得了以下主要成果。①物流网络更加完善，基本建成以“干、支、末”为构架的三级货运物流网络，初步形成“集约、高效、绿色、智能”的珠海特色城市货运配送服务体系，建设运营干支衔接物流园区 4 个、公共配送中心 13 个、末端配送站 798 个。②新能源车辆广泛应用，投入使用新能源配送车辆累计达 1350 余辆，城市新增新能源城市配送营运车辆数量占示范建设初期新能源城市配送营运车辆保有量的比例为 225.3%，城市建成区新增新能源城市配送营运车辆数量占示范建设期全部新增和更新城市配送营运车辆数量的比例为 59.63%，冷藏保温配送车占城市配送车辆的比重为 1.96%（验收标准≥0.5%）。③基础设施更加完善，投入使用充电桩 3653 台，城市配送新能源纯电动货车与充电桩的比率为 1∶3，主要物流园区设置的临时、专用停车位共计 1067 个，路内咪表停车及临时专用停车泊位 7913 个（含部分城市配送临时专用停车泊位）。④配送效率更高，主要城市配送企业的配送成本降低 20.74%，城市配送车辆日均单车行驶里程较示范建设初期提高 31.47%，城市配送车辆百吨公里周转量燃料消耗较示范建设初期降低 10.42%；规模以上道路货运物流企业的货运车辆日均单车行驶里程较示范建设初期提高 38.61%，货运车辆百吨公里周转量燃料消耗较示范建设初期降低 27.87%；大型商超采用集中配送比例为 87.69%，夜间配送比例为 59.2%。

（五）疫情催生“宅经济”，城市配送服务需求增长迅猛

新冠疫情给人们的生活和工作带来了巨大改变，“宅经济”加快发展。2021 年春节期间，广东省“就地过年”的外省务工人员占 60%，约 1200 万人，网络购物、生鲜配送、药品配送、餐饮外卖、跑腿服务等同城即时配送业务增长明显，配送效率基本保持不变。其中，广州市盒马鲜生等商超春节

期间正常营业，线上业务同期增加了 1 万单，配送人员数量为上年同期的 2 倍。美团数据显示，广州 30%的品牌餐厅有外卖配送需求，美团配送量和骑手数量都较上年有所增加。邮政、顺丰、京东等 14 家企业实行“春节不停运”，广东省有 17 万名快递员正常上班，其中，顺丰的快递员数量较上年同期增加了 35%，运作员较上年同期增加了 68%。除了美团、蜂鸟、达达外，越来越多的企业积极布局即时配送，如国美、苏宁物流及中通快递等，苏宁物流与苏宁小店协同开展即时配送服务，顺丰同城急送则专注于区域配送。

（六）“菜篮子”配送中心建设稳步推进，助农利民辐射示范作用明显

广东省认真落实建设粤港澳大湾区、支持深圳建设中国特色社会主义先行示范区、乡村振兴战略等重大举措，2019 年启动粤港澳大湾区“菜篮子”工程。2019 年 12 月 30 日，粤港澳大湾区“菜篮子”8 个配送中心（分中心）开业，再添 28 个合作城市和 667 个销售点，签约合作的城市从各地主产区延伸到东、中部等城市主销区。在全国已认定的 517 个粤港澳大湾区“菜篮子”生产基地中，来自国家及省扶贫开发工作重点县的生产基地有 64 个，辐射带动贫困地区农民 4 万多人，将发达城市消费市场与贫困地区优质生产基地紧密联结起来，促进贫困地区优质农产品优价销售，助力贫困地区脱贫致富。

广州完善平台指挥中心功能，依托信息平台互联，构建产销供需大数据链条，打通线上线下渠道，精准契合市场需求，推动形成“生产+平台+销售”大产业体系，将经济发达城市的消费市场与绿色优质农产品生产基地紧密联结，在全国范围内推动合作区域农业高质量发展发挥了强大的辐射带动和示范效应。2021 年 4 月 27 日，17 家粤港澳大湾区“菜篮子”配送中心（分中心）运营负责人齐聚广州大厦，现场对配送中心（分中心）的建设和发展情况进行了详细介绍，展示了冷链存储、物流配送、加工认证、电子商务等农业产业化经营能力，还有的图文并茂地展示

了中心对接的生产基地优质特色产品等。截至 2022 年 1 月 27 日，全国已建成 17 个粤港澳大湾区“菜篮子”配送中心（分中心），共有 24 个省（自治区、直辖市）138 个地级以上城市加入合作共建行列，认定了 1285 个粤港澳大湾区“菜篮子”生产基地、93 家产品加工企业，标准应用共溯源登记超过 3900 个农产品，惠及优质安全可溯源产品的流通量累计逾 85.2 万吨。

二 大湾区城市配送发展中存在的问题

目前，大湾区城市配送发展中仍存在即时配送管理精细化程度较低、城市配送服务质量良莠不齐、绿色化和智能化配送技术与设备的应用水平有待提升、农产品冷链配送体系有待完善等问题。

（一）即时配送管理精细化程度较低

大湾区即时配送发展中存在的问题包括：订单需求集中且波动剧烈，高峰期供需匹配难以平衡；人员流动性大，管理困难；服务评价投诉体系还不健全；骑手行车违反交通法律法规，给道路安全增加压力。据统计，2021 年广州网约配送行业交通违法查处量为 13 万宗，同比上升 278%，其中闯红灯、不按车道行驶、逆行等违法行为尤为突出，根本原因是系统派单不科学、配送时间不合理、申诉机制不健全、处罚标准不公平等。

（二）城市配送服务质量良莠不齐

在城市快递配送方面，存在快递配送人员服务态度差、沟通不畅、配送不及时、收到时货物损坏等问题。另外，快递驿站的服务质量和便利性遭到消费者质疑：一是驿站不询问消费者就将快递送到驿站，在消费者选择送货上门服务后，驿站工作人员延迟送货；二是消费者需要花费时间去驿站自提，尤其是在大型促销期间，消费者更是需要扎堆排队取件；三是对于年纪较大、行动不便的老人，去驿站自提的方式不够合理；四是如果快递是大型或较重的物品，去驿站自提给消费者带来不便。此外，由于快递驿站管理不善和工作人员业务不熟练，快递积压和遗失、找件取件效率不高等问题屡见不鲜。

在城市外卖配送方面，存在配送延迟、包装破损、挤压、侧漏、变质等服务质量问题。网约配送员在拿到配送订单后，往往凭借配送经验对配送路径进行选择，甚至配送员即便对配送地址并不熟悉也会抢单，往往造成订单不能按时配送的现象，影响顾客满意度。2022 年春节期间，深圳市消委会共接到生鲜配送类投诉 41 件，占餐饮服务总投诉量的 77.36%，投诉问题主要为应节食品配送不及时，影响消费者用餐安排。

（三）绿色化和智能化配送技术与设备的应用有待提升

目前，城市末端配送车辆以小型车、三轮车为主，有电动三轮车和电动冷藏三轮车等，投递主要依靠人力，造成电子商务物流效率不高，在订单量较大时不能及时送达。在城市配送技术与设备的应用方面，未来仍需加强新能源物流车和配送车辆、无人机、无人配送车辆、智能收寄设备等绿色化和智能化配送技术与设备的应用与推广。

（四）农产品冷链配送体系有待完善

目前，广东省农产品冷链物流体系尚不完善，每年有 30% 的蔬菜、20%~25%的水果在物流过程中腐烂变质，严重影响了相关的经济效益。在冷链基础设施方面，截至 2018 年底，广东拥有营运货车 6.4 万辆，冷链车 800 余辆，冷链企业共 21 家，示范园区共 3 个，冷库容量达 70 多万吨，人均库容量 600 万吨。大湾区农产品冷链配送存在的主要问题包括：缺乏完善的农产品冷链配送体系，规章制度不够完善；农产品流通标准化程度低，使用的周转筐、托盘、包装箱等设备型号各异，标准不一，浪费包装材料，影响周转效率，增加物流费用，造成农产品损耗；第三方物流发展滞后；冷链物流配送专业人才匮乏。

三　大湾区城市配送发展对策及展望

2021年是实施“十四五”规划的开局之年也是“碳中和”的开启元年，粤港澳大湾区经济在疫情期间表现出较强的韧性，交通运输和信息基础设施迅速发展，高质量发展格局逐步形成，居民消费水平持续提升，城市配送需求增加，尤其是大湾区的即时配送、快递配送需求增速位居全国前列。未来，粤港澳大湾区的城市配送规模将持续扩大，城市货运配送网络和组织模式更加完善，城市配送应持续在绿色化、精细化、专业化、融合发展等方面升级。

（一）完善城市配送网络和组织模式

大湾区将推动完善城市货运枢纽、配送中心、末端配送点三级配送网络，支持物流企业共建网点、共享运力、共同优化配送线路，打造都市圈共同配送平台，推进配送网点与智慧城市深度融合，建造“外集内配”的高效城市配送体系。推动配送信息集约共享，鼓励企业开展统一配送、集中配送、共同配送、夜间配送等集约化运输组织模式，创新末端配送模式，加快办公楼、住宅区等物流配送集中区域智能快件箱、智能信包箱投放，发展末端自助配送。结合疫情期间的特殊情况，合理发展无接触式配送服务，采用无人机、无人配送车辆等智能化配送技术和设备。

（二）推动城市配送服务精细化管理

大湾区城市将优化配送业务，完善城市配送服务评价投诉体系，促进城市配送高质量发展；加强对快递配送人员的管理、安全教育、技能培训，保障道路安全和送达安全；综合运用物联网、云计算、大数据等智能化信息技术，解决订单需求波动和快递配送人员不匹配的问题，对配送路线进行规划；引导各地市制定货运配送车辆差异化管理政策，分类优化城市配送车辆通行区域和配送时间，实行分车型、分时段、分路段通行管控；支持在城市中心区建设绿色物流区，逐步扩大绿色物流区覆盖范围；提升城市配送标准化水平，推动城市配送标准化装载单元器具循环共用，引导城市配送统一车型标准、统一车辆外观、统一规范管理，提升城市配送品牌形象；鼓励企业加强城市货物配送领域信息化建设，促进城市货运配送领域降本增效。

（三）发挥城市绿色配送示范效应

大湾区将响应我国“双碳”相关政策，出台相应的规划及实施方案，为大湾区城市配送的绿色、低碳化发展提供政策保障。大湾区将继续推进佛山、珠海绿色货运配送示范工程，总结并推广广州、深圳、佛山、珠海等示范城市的成功经验，在大湾区、广东省乃至全国发挥引领和辐射作用，进一步推进大湾区其他有条件的城市创建绿色货运配送示范工程。进一步加强新能源物流车在城市配送、港口作业等领域的应用。

（四）提高物流企业专业化程度

大湾区将大力发展第三方物流和冷链物流，提高供应链管理水平。鼓励物流企业在自动化、信息化、智能化管理手段和设施设备方面进行投入和予以改进，发挥自身优势，打造品牌，提升核心竞争力。未来，大湾区将在城市配送的细分领域培养专业化特色凸显的物流示范企业，发展差异化服务，进一步做到行业细分，形成良性竞争，不断提升大湾区城市配送的效率和服务水平。

（五）商超企业、电子商务、快递企业融合发展

在“互联网+零售”模式下，大湾区城市将深度整合配送行业资源，构建适应电子商务发展趋势的快递物流服务体系，建立互利互惠的电商物流合作联盟，增强末端配送服务功能。此外，根据跨境电子商务综合试验区政策，进一步发展大湾区跨境电商物流业务，通过实施“快递出海”工程，支持企业建立信息共享平台，在通道网络、货物组织、航空运力等方面共建

共享，降低运输成本，提升物流效率；鼓励企业布局国际分拨网，以机场、铁路、港口为中心建设智能多式联运场站，提高分拨配送效率。

（六）农产品加工与冷链配送融合发展

随着粤港澳大湾区“菜篮子”、广东供销公共型农产品冷链物流基础设施骨干网的建设，形成“粤港澳大湾区中心库+冷链物流产地网、冷链物流销地网+冷链物流资源整合平台、冷链运输配送平台、公共型智慧冷链物流信息服务平台”（1 个中心+2 个区域网+3 个运营平台）。广东省积极推进农业农村现代化，推动农产品加工产业和农村商贸物流产业进一步融合发展，保障“菜篮子”生产供应，建成一批枢纽型农产品冷链物流园区、冷链物流区域配送中心，完善农产品冷链配送体系，整体上提升大湾区农业产业链现代化水平和农产品冷链配送效率。

第四章 粤港澳大湾区物流与供应链金融发展回顾与展望

金融作为促进经济发展的重要手段，通过与物流及供应链业务流程的融合，在粤港澳大湾区建设中发挥的作用日渐凸显。实体经济的发展必然催生金融需求，而金融也需要实体经济作为土壤。习近平总书记指出，金融活，经济活；金融稳，经济稳。经济兴，金融兴；经济强，金融强。因此，金融对物流与供应链发展的重要性不言而喻，以物流与供应链为基础的金融活动对于促进粤港澳大湾区经济高质量发展而言具有重要意义。

物流金融是基于供应链交易中的运输、仓储等物流环节开展的金融活动，而开展供应链金融的基础不仅包括物流环节，也包括贸易环节，是基于供应链上下游交易所形成的物流、商流、资金流、信息流等要素而开展的金融活动。当今市场竞争逐步从单一市场主体间的竞争转向整体供应链间的竞争，供应链金融在经济社会发展中的作用愈加重要。如果说物流金融是金融机构针对供应链上下游交易中的物流要素而提供相关金融产品和服务的一种业务模式，那么供应链金融是在物流金融的基础上发展而来的，是金融机构围绕核心企业将上下游中小微企业供应链作为一个整体，为之提供金融产品或服务的新模式。

供应链金融有助于降低供应链整体管理成本，保障核心企业与上下游的中小微企业之间的资金流顺畅，支持配套中小微企业的产业和科技创新。确切地说，供应链金融是在现代供应链管理的理念下，借助现代信息科技，在供应链生态中以闭合式资金运作的模式，针对上下游交易中流动性较差的资产，为成长型中小企业提供的一种新型融资模式。从早期的金融与物流、采购相融合到当前的金融借助科技手段深度融入产业供应链，物流与供应链金融已经成为驱动社会经济发展的新动力。大湾区拥有约300个各具特色的产业集群，有着发展物流与供应链金融的得天独厚的产业土壤。《粤港澳大湾区发展规划纲要》强调了金融在物流航运、跨境贸易、科技创新以及产业链协同等方面可发挥的作用。

一 粤港澳大湾区物流与供应链金融的相关政策

（一）中央高度重视以金融促进经济发展

近年来，中央高度重视金融对国民经济的促进作用。2017年10月国务院办公厅发布的《关于积极推进供应链创新与应用的指导意见》（国办发〔2017〕84号）将“积极稳妥发展供应链金融”作为六大重点任务之一，并提出要推动供应链金融服务于实体经济，鼓励商业银行、供应链核心企业等建立供应链金融服务平台，为供应链上下游的中小微企业提供高效便捷的融资渠道，推动金融机构、供应链核心企业建立债项评级和主体评级相结合的风险控制体系。

2018年4月，商务部、工信部、央行等八部门联合发布了《关于开展供应链创新与应用试点的通知》（商建函〔2018〕142号），强调要持续推动供应链金融实践，并将规范发展供应链金融服务实体经济列为试点城市的重点任务，将规范开展供应链金融业务列为试点企业的重点任务。同年9月，商务部等公布了《关于全国供应链创新与应用试点城市和企业评审结果的公示》，确定了55个试点城市和269家试点企业作为供应链金融的主要试点单位。

2019年2月，中共中央办公厅、国务院办公厅印发了《关于加强金融服务民营企业的若干意见》，对金融服务民营企业起到了推动作用。意见明确提出，商业银行要依托产业链核心企业信用、真实交易背景，以及物流、信息流、资金流闭环，为上下游企业提供无须抵押担保的订单融资、应收应付账款融资服务。在此基础上，同年2月，银保监会发布《关于进一步加强金融服务民营企业有关工作的通知》。这两个文件切实地提出了一些关乎供应链金融未来发展的重要意见，主要包括：①鼓励中型商业银行设立普惠金融事业部。②地方法人银行要坚持回归本源，继续下沉经营管理和服务重心。③继续深化联合授信试点工作。④抓紧建立“敢贷、愿贷、能贷”的长效机制。⑤设计个性化产品满足企业不同需求。⑥商业银行要坚持审核第一还款来源，减轻对抵押担保的过度依赖，为上下游企业提供无须抵押担保的订单融资、应收应付账款融资。⑦商业银行要积极运用金融科技手段加强对风险评估与信贷决策的支持，提高贷款需求响应速度和授信审批效率，提高信贷审批效率。⑧不盲目停贷、压贷，可提供必要的融资支持，帮助企业维持或恢复正常生产经营。⑨银保监会及派出机构要积极协调配合地方政府，进一步整合金融、税务、市场监管、社保、海关、司法等领域的企业信用信息，建设区域性的信用信息服务平台，加强数据信息的自动采集、查询和实时更新，推动实现跨层级、跨部门、跨地域的互联互通。

自2019年2月《粤港澳大湾区发展规划纲要》发布以来，粤港澳大湾区金融市场互联互通取得先行效应。2020年5月，中国人民银行、中国银行保险监督管理委员会、中国证券监督管理委员会、国家外汇管理局等四部门联合发布了《关于金融支持粤港澳大湾区建设的意见》，从促进粤港澳大湾区跨境贸易和投融资便利化、扩大金融业对外开放、促进金融市场和金融基础设施互联互通、提升粤港澳大湾区金融服务创新水平、切实防范跨境金融风险五个方面提出了30条具体措施（被称为“30条意见”）。

（二）广东省积极制定金融支持产业方案

2020年3月，广东省地方金融监督管理局印发《广东省以“监管沙盒”推进供应链金融平台创新试点实施方案》，开展供应链金融创新发展试点工作。试点工作由省地方金融监管局批准设立的“广东省供应链金融创新合规实验室”提供全流程支撑服务。该试点基于产业主导，充分调动产业端核心企业的积极性，通过发挥核心企业在产业链中的优势开展供应链金融创新试点，鼓励核心企业、金融科技公司、第三方交易平台、类金融机构等申报试点，经审核后在试点城市发起成立供应链金融服务支撑机构，进行创新模式探索。在新兴产业互联网和物联网建设的背景下，引导产业端和金融端一起致力于探索由数据和技术驱动的全新供应链金融服务模式。

2020 年 7 月，广东省地方金融监管局联合人民银行广州分行、广东银保监局、广东证监局、人民银行深圳市中心支行、深圳银保监局、深圳证监局共同印发了《关于贯彻落实金融支持粤港澳大湾区建设意见的实施方案》。该方案是广东省基于“30 条意见”提出的 80 条具体措施（被称为“80 条措施”），指出广东将按照坚持服务实体经济、合作互利共赢、市场化导向、防范系统性金融风险的总体原则，进一步推进金融开放创新，深化内地与港澳金融合作，加大金融支持粤港澳大湾区建设力度。“80 条措施”聚焦以下五个方面提供支撑：一是促进粤港澳大湾区跨境贸易和投融资便利化，二是扩大金融业对外开放，三是促进金融市场和金融基础设施互联互通，四是提升粤港澳大湾区金融服务创新水平，五是切实防范跨境金融风险。此后，广东省全面落实金融支持大湾区建设的“30 条意见”和“80 条措施”，实施更高水平的金融开放，促进大湾区内金融要素更高效地配置，推进深交所注册制改革，以重点平台建设为抓手，推进金融改革创新，推动金融开放迈向更高水平。

2021 年 8 月发布的《广东省金融改革发展“十四五”规划》强调，鼓励商业保理公司围绕小微企业应收账款融资完善相应的产品和服务，大力发展供应链金融业务。加快发展供应链金融，鼓励建设合规发展的供应链金融服务平台，探索供应链金融服务新模式，加快推进依托供应链的票据、订单、应收账款等动产融资。同时还强调加强供应链大数据分析应用，确保借贷资金基于真实交易，通过跨界融合、搭建供应链金融服务平台、建立产业链生态体系等，为供应链上下游企业提供高效便捷的融资渠道，提高信贷资金周转效率，解决供应链资金配置失衡等问题。

此外，2021 年 9 月实施的《广东省数字经济促进条例》首次提出金融数字化智能化转型的方式路径，今后将基于 5G 通信、物联网、大数据、云计算、区块链等新兴信息技术与金融服务、产业的深度融合，推动发展数字金融，优化移动支付应用，推进数字金融与产业链、供应链融合，将数字金融发展提升至新的战略高度。

（三）地方政府发挥金融的促进作用

2019 年以来，粤港澳大湾区重点城市把促进供应链金融的发展作为推动大湾区产业发展的重要途径。广州、深圳、珠海等主要城市纷纷出台相应的供应链金融政策。

1. 广州

2019 年 9 月，广州市地方金融监督管理局印发《广州市关于促进供应链金融发展的实施意见》，鼓励设立服务于供应链金融的特色小额贷款、融资担保、商业保理、融资租赁机构，将更多信贷资源向供应链核心企业的上下游中小微企业倾斜。

2021 年 9 月公布的《广州市金融发展“十四五”规划》强调了供应链金融对于实体经济发展的重要作用，并明确以下内容：①鼓励供应链核心企业、金融机构、金融资产交易中心、金融科技类公司等各方主体加强信息共享，探索推动供应链金融服务子平台建设，构建多元化、多层次、全方位的金融服务生态。②鼓励银行保险机构加强对供应链上下游小微企业、民营企业的金融支持，提高金融服务的覆盖面、可得性和便利性，合理确定贷款期限，努力降低企业融资成本。③加强配套金融基础设施建设，加快应收账款融资服务平台、动产融资统一登记公示系统推广应用，积极利用财政资金引导激励供应链核心企业使用中征应收账款融资服务平台。④支持金融机构、供应链核心企业、科技类公司、数据平台、支付机构、征信公司等主体加强沟通协商，在客户拓展、信息共享、业务培训等方面开展合作，协同加强全面风险管理。

2021 年 10 月发布的《广州市“十四五”供应链体系建设规划》中将推动金融服务升级、强化供应链金融支持作为未来的明确任务，包括支持建设供应链金融综合服务平台和特色行业子平台、广州供应链金融特色行业子平台、绿色供应链金融平台，以及推进供应链金融创新研究工作。广州供应链金融综合服务平台是为在供应链系统上开展业务的各类中小微企业提供融资服务，为各类金融机构提供从获客、授信、贷后管理到风险处置等综合服务的平台。公共服务平台功能包括数字资产交易、监管、大数据风控、征信服务、纠纷化解等，关键是设立供应链数字资产交易平台。

另外，在绿色供应链金融方面，2020 年 9 月广东金融学会绿色金融专业委员会发布了《大湾区绿色供应链金融服务指南——汽车制造业》，推动绿色供应链融资率先在广东落地。该指南贯彻了广东省“80 条措施”的要求，是大湾区首份关于绿色供应链金融的服务指南，展现了供应链金融支持产业链绿色转型发展的框架模式。目前，该指南以汽车制造业为切入点，研究明确了绿色供应链金融模式和操作流程，并制定了以整车企业为核心的绿色供应链管理评价体系及白名单管理制度，为金融支持汽车产业链上下游企业的绿色转型提供指引。该指南发布以来，多家汽车上下游企业获得金融机构的授信，有力地推动了汽车产业的绿色转型。今后，广东绿金委将在绿色供应链金融支持汽车制造业的基础上，逐步拓展至家电、电子等广东传统优势行业，全面促进大湾区产业绿色转型。

2. 深圳

深圳不仅拥有一大批积极开展供应链金融业务的金融机构，还有全国80%以上的供应链管理服务企业，以及数量众多、类型丰富的实体企业。各类供应链相关主体在深圳已经形成生态集聚，具备供应链金融发展的产业基础和强劲需求。

2019 年 1 月深圳市金融办发布了《关于促进深圳市供应链金融发展的意见》，提出支持信用良好、产业链成熟的供应链核心企业，发起设立或参股民营银行、保险公司、企业集团财务公司、小额贷款公司、融资租赁公司等机构，开展供应链金融业务。该意见不仅覆盖了供应链金融的各类主体，还覆盖了供应链金融的全链条、全周期，具体体现在：①明确了供应链金融是多方参与的金融活动，包括金融机构、核心企业、配套服务机构等，供应链金融是以融资为主的综合金融服务。②将“供应链金融企业”定义为经国家或地方金融监管部门批准设立，围绕实体经济供应链提供各类供应链金融产品和服务的机构，强调了供应链金融必须合规持牌经营，其他企业则被称为供应链金融配套服务机构。

该意见不仅为每一类企业都给出了指引，还全面覆盖了供应链金融相关企业发展中遇到的一系列痛点，包括风险数据信息及黑名单的披露与共享、资金的对接、非标资产转让交易与再融资、人才的引进与培养、政策与监管风险的防范、基础设施的对接、财政支持与政策扶持等方面。此后，为保障供应链金融的健康有序发展，2019 年 7 月由深圳市金融监督管理局主导，平安银行、腾讯、怡亚通、深圳中核集团等 38 家当地的金融机构、核心企业自愿发起成立了深圳市供应链金融协会。

2020 年 12 月，深圳市供应链金融协会搭建的深圳市供应链金融公共服务平台上线，致力于完善供应链金融五大业态，包括供应链综合服务业态、产业供应链转型业态、资金供应链服务业态、科技赋能服务业态和基础设施服务业态，激活供应链金融商业生态。该平台基于“增信、运营、风控和处置”等能力，向供应链金融各节点企业和金融机构赋能，提供信息展示、资产整理等服务，实现供应链金融资产的快速流转（包括非标资产的交易、标准化资产的流通）和盘活。其底层应用区块链、大数据、云计算技术，打通国家基础设施（如动产和权利担保统一登记平台、票交所），连接基础工具供应商和金融资源，接入政府服务及配合政府治理、接入司法仲裁基础服务，进而为生态中各类主体提供信用能力赋能、运营能力赋能、风险管理能力赋能、处置能力赋能。

2022 年 1 月，深圳市地方金融监督管理局发布的《深圳市金融业高质量发展“十四五”规划》提出，鼓励金融机构依托供应链核心企业开发个性化、特色化的供应链金融产品和服务，支持供应链核心企业发起或参股设立金融机构，开展供应链金融业务。鼓励供应链金融配套服务机构利用物联网、区块链、大数据、人工智能等技术，实现供应链交易及信用生态的可视、可感、可控。支持供应链金融企业通过深交所发行资产证券化（ABS）产品，支持设立供应链金融 Pre-ABS 产业基金，盘活优质供应链金融资产。

支持金融机构与人民银行认可的供应链票据平台对接，支持核心企业签发供应链票据，鼓励金融机构通过供应链票据贴现等方式提供融资服务。支持设立供应链金融公共服务平台，鼓励供应链金融企业依法依规对接工商、税务、司法、人民银行等数据库，合理利用数据资源，有效防控金融风险。

3. 珠海

2019 年 7 月，珠海市横琴新区管委会印发的《横琴新区关于促进供应链金融发展的扶持办法》覆盖了供应链金融的各类相关主体，并鼓励商业银行、供应链核心企业等主体建立供应链金融服务平台，奖励在推进供应链金融产品、业务模式创新和金融服务地方社会经济发展等方面有突出贡献的相关主体。

2022 年 6 月，珠海市金融工作局为加强金融支持供应链纾困解难、降低工业企业票据贴现融资成本，印发了《珠海市助力企业纾困支持供应链票据融资实施细则》。实施细则有效期至 2023 年 1 月 31 日，企业可在此之前申请该项补贴，单个企业最高可申请贴现补贴 50 万元。实施细则共二十条，主要围绕办理补贴相关条件、补贴申领流程、标准监督和管理等方面，指引工业企业申报贴现补贴，推动合作银行做好补贴申领工作，进一步减轻市场主体负担，促进困难行业恢复发展。

4. 东莞

2020 年 4 月，东莞市人民政府出台了《东莞市关于促进外贸稳定发展的实施意见》，强调推动供应链金融服务平台体系建设等内容，明确指出要围绕东莞市产业特色和供应链创新方向，依托六方联盟等平台，积极推进供应链金融平台创新试点，支持设立供应链金融公司，推动供应链金融服务平台体系建设。同时，鼓励生产型企业通过融资租赁直租方式购入设备，按融资额的 5%给予一年期贴息。

2021 年 12 月，东莞市人民政府发布了《东莞市金融业发展“十四五”规划》，指出创新产业链供应链金融服务，鼓励金融机构依托产业链核心企业，积极开展仓单质押贷款、应收账款质押贷款、票据贴现、保理、国际国内信用证等金融业务，对产业链上下游小微企业批量授信。鼓励制造业核心企业、金融机构与人民银行应收账款融资服务平台进行对接，开发全流程、高效率的线上应收账款融资模式。支持银行机构依托数据共享平台，对重点产业链形成风险画像和信用评价，加大对小微企业首贷、续贷和信用贷款的投放力度。稳步推进供应链金融平台建设，创新应用区块链、智能合约等技术，为供应链上下游企业提供一揽子综合金融服务。推动制造业核心企业在银行间市场注册发行供应链融资票据，推动融资租赁、商业保理公司规范开展供应链金融业务。

5. 佛山

2018 年 12 月，佛山市人民政府印发《佛山市金融促进民营经济高质量发展的若干政策措施》，提出了多项广东省领先的金融政策，包括创新科技支行管理体制、政策性小额贷款等一系列金融支持政策。

为推进供应链金融创新，广东省地方金融监管局选取了 7 个具有较强产业优势和金融基础的城市开展试点，探索构建供应链金融平台服务新模式。在该政策的推动下，2021 年 8 月广东美的供应链金融有限公司在佛山高新区顺德园正式揭牌成立，这也是广东首批供应链金融“监管沙盒”试点企业之一。

6. 惠州

2020 年，惠州市金融工作局积极响应《广东省以“监管沙盒”推进供应链金融平台创新试点实施方案》。作为全省首批供应链金融“监管沙盒”试点市，惠州大力推行供应链金融发展，以供应链金融发展为抓手促进惠州产融共赢。

2021 年，创新供应链金融服务模式首次被写入政府工作报告，惠州市通过聚焦现代产业集群打造核心竞争力、推进创新型城市建设激发新动力、筑牢安全底线增强城市发展韧性等多项政策工作部署，多措并举保障供应链金融重点工作的高质量落实。

2002 年 5 月惠州市人民政府发布的《惠州金融改革发展“十四五”规划》提出，要推动金融数字化智能化转型，积极开展省级供应链金融“监管沙盒”试点，有序推进各大企业集团供应链金融服务平台建设。严防打着“金融科技”旗号的金融违法犯罪活动，推动地方金融监管体系数字化、智能化，以监管科技赋能金融监管，增强金融风险防范能力。

7. 中山

2021 年 4 月中国人民银行中山市中心支行和中山市金融工作局、中山银保监分局共同印发了《中山市贯彻落实金融支持粤港澳大湾区建设意见的行动方案》，从促进跨境贸易和投融资便利化、深化中港澳金融合作、推进中港澳金融市场互联互通、进一步提升金融服务创新水平、切实防范跨境金融风险、确保措施落实等方面支持中山地区核心企业和银行机构大力发展供应链金融，推动全产业链金融服务，鼓励发展订单、仓单、存货、应收账款融资等供应链金融产品。同时，推动国有企业、核心企业率先与各类供应链金融信息服务平台合作对接，引导关联企业依托该平台在线开展相关融资业务，充分发挥供应链融资的示范、带动效应，并且鼓励保险机构积极融入供应链环节，增加营业中断险、仓单财产保险等供应链保险产品供给，提供抵质押、纯信用等多种形式的保证保险业务，做好供应链保险理赔服务。

2022 年 2 月中山市人民政府发布了《中山市金融业发展“十四五”规划》，提出发挥供应链核心企业的关键支撑作用。鼓励金融机构加强与本地核心企业合作，发展基于真实交易背景的票据、应收账款、存货、预付款项融资等供应链金融服务，并鼓励核心企业加强与境外金融机构的合作，优化对供应链的汇率风险管理。搭建供应链金融公共服务平台，推动政府信用信息平台、商业银行、供应链核心企业和其他供应链参与主体有序共享公共信息。支持供应链金融专业化经营，引导银行机构创新供应链信贷产品和服务模式，提升供应链金融风控水平，引导供应链核心企业将应收应付、仓单货单等担保权益信息统一在动产和权利担保登记公示系统进行登记。

8. 江门

2022 年 4 月，江门市金融局、人民银行江门市中心支行、江门银保监分局联合制定了《江门市金融系统“惠民强企　促富共裕”三年行动方案》。行动方案分为机构治理、创新引领、普惠金融、惠民便民、港澳融合、平安金融六大重点任务，从产业金融、普惠金融、乡村金融、民生金融等方面推出50项举措，尤其重视对战略性产业集群及产业链上下游企业的资金倾斜，强调创新供应链融资模式，依托制造业产业链核心企业，积极开展仓单质押贷款、应收账款质押贷款、票据贴现等各种形式的产业链金融业务。

9. 肇庆

2019年12月肇庆市人民政府办公室印发了《肇庆市金融促进民营经济高质量发展若干政策措施》，力争从十大方面发挥金融促进民营经济高质量发展的积极作用。其中强调鼓励辖内优质企业接入中征应收账款融资服务平台，支持优质企业成为帮助中小微企业实现应收账款融资的供应链核心企业。同时，推动政府采购信息与中征应收账款融资服务平台对接，探索金融科技在供应链融资服务中的应用，加强大数据、云计算、区块链等前沿科技在供应链融资服务中的应用。

（四）大湾区内金融合作初见成效

粤港澳大湾区金融合作创新多点开花，已形成从横琴粤澳深度合作区、前海深港现代服务业合作区、南沙粤港澳全面合作示范区到广东自贸试验区，再到粤港澳大湾区和深圳中国特色社会主义先行示范区“多层次、多梯度”的金融开放大格局。同时，形成联动粤港澳三地金融市场的“金融通道”，跨境资本融通渠道更加顺畅。

早在2019年珠海横琴新区就出台了《横琴新区关于促进供应链金融发展的扶持办法》，鼓励供应链金融相关机构在横琴新区落地，丰富科技创新、特色金融、医疗健康与中医药、会展文旅、商贸物流、专业服务等主导产业内容，并为这些产业企业提供优质供应链金融服务，落地场景包括：商贸物流企业及物流产业园区的供应链金融、电子商务平台的供应链金融、金融科技平台的供应链金融、供应链管理平台的供应链金融等，同时推进澳门产业多元化发展，发挥中葡商贸合作服务平台的窗口作用。

2021 年，广东开展跨国公司本外币一体化资金池试点，有效扩大“深港通”交易标的和基金互认范围，推出“跨境理财通”试点，扩大合格境内投资者跨境投资（QDLP）试点范围，并将 QDLP 试点审批权限向广州、珠海、横琴粤澳深度合作区等地拓展。另外，广东省进一步便利港澳金融机构准入，大幅简化大湾区银行保险业机构设立准入程序，将分支机构设立等一批审批事项转为备案事项，推动设立“港澳保险售后服务中心”，探索跨境金融服务新模式。

供应链金融的目的是助力成长型中小企业发展。截至 2021 年 11 月末，广东科技型中小企业获贷率为 48.8%，贷款余额 1723 亿元，比年初增长 25.9%；高新技术企业获贷率为 54.1%，贷款余额 1.38 万亿元，比年初增长 20.1%；专精特新“小巨人”企业贷款获贷率为 74.4%，贷款余额 249 亿元，比年初增长 43.0%，比各项贷款增速高 30.6 个百分点。

广东银行金融机构持续优化账户管理和服务，小微企业和个体工商户支付手续费降低。2022 年一季度全省金融机构共计减免支付手续费 4.7 亿元，惠及小微企业和个体工商户 800 万家。同时，小微企业贷款利率持续下降。一季度，科技型中小企业获贷率为 48.9%，贷款余额 7058 亿元，同比增长 32.1%；高新技术企业获贷率为 55.8%，贷款余额 1.58 万亿元，同比增长 24.0%；专精特新“小巨人”企业获贷率为 75.6%，贷款余额 324 亿元，同比增长 70.1%。

二　粤港澳大湾区物流与供应链金融的行业结构

物流与供应链金融是在供应链上下游的真实交易场景下，依托交易中的物流、商流、资金流和信息流开展的融资活动，主要融资模式包括动产质押融资、仓单质押融资、保兑仓融资、汇票质押/贴现、保理、应收账款质押融资、订单融资、买方信贷等。

供应链交易流程中涉及的主体包括上下游交易的企业（其中包括核心企业和中小微企业）、物流公司、交易平台、科技服务以及各类金融机构，这些主体共同组成了供应链金融的商业生态。粤港澳大湾区聚集了大量的产业集群，集中涵盖了数以万计的生产制造型企业，以及为这些企业提供物流、采购、贸易、科技、融资等生产性服务的社会主体，这些主体共同构成了大湾区内物流与供应链金融的行业生态。

（一）物流企业的存货监管与仓单服务

在当前大湾区内的物流与供应链融资活动中，物流企业主要承担基于运输和仓储功能的存货监管及质押仓单的开具/核实等相关业务。在早期的物流金融业务中，物流企业的主要业务模式包括代收货款、托收、融通仓，以及基于存货的授信融资等。近年来，随着信息科技的发展，越来越多的物流企业在供应链融资活动中的嵌入程度更深。

案例一：广州南储

广州南储公司作为物流服务商，承担着实体货物流转、物流信息传递以及真实交易确认的职责，是连接产业上下游以及资金方的纽带。因此，南储在供应链金融流程中的定位是通过为核心企业及其上下游提供闭环的物流服务，为企业提供货物流转服务及货物担保下的增信服务。

在服务层面，南储利用自有的仓储、运输、货代资源，通过全流程的货物管控，为核心企业及上下游企业提供闭环的物流服务，为企业提供货物流转服务以及货物担保下的增信服务；在科技层面，南储利用信息科技、物联网、大数据等手段搭建平台，形成了符合业务需求的智慧仓储体系，并通过该体系解决供应链融资物流环节的控货、过程不透明等问题，从而助力解决不同环节中小企业的融资问题。

南储主要利用其基于物联网信息技术的智仓平台和慧储系统，为供应链融资活动提供针对供应链全流程的担保存货管理服务，包括信息分析监控中心实时识别和处理风险、多技术实时监控担保存货情况、利用传感器监控仓库并实现安全管控升级、解决融资过程中价格波动带来的风险，以及解决供应链金融中货物权属争议。

（二）交易平台的信息传递与体系搭建

在供应链金融中，交易平台一般是为供应链上下游交易各方提供交易场景，通过电商平台将不同的交易方整合起来，并提供订单、票据等相关交易数据的传递。一些交易平台的头部企业还可以为客户提供虚拟生产服务，即通过将采购、物流、融资、加工等环节整合起来，构建完整的生产性服务体系，并在其中嵌入融资服务。

粤港澳大湾区内聚集了数万家供应链企业，这些企业大多都扮演着交易平台的角色，并基于自身平台留存的客户交易数据，通过互联网信息技术为客户开展供应链融资服务。

案例二：深圳天行云供应链

深圳天行云供应链有限公司旗下的“行云全球汇”电商平台是跨境进口货源分销平台，主营品类包括母婴用品、美妆个护、食品保健、生活用品、服装鞋帽等，向中国进口零售企业提供代采、分销及供应链融资解决方案的一站式供应链服务。基于平台上大量的进口贸易，天行云连接了供应链上下游及各参与方，包括核心企业、中小企业、银行、物流服务商等，实现了各方的信息交互和业务协同；并通过各方在交易中产生的物流、商流、资金流和信息流的整合，提供适于供应链全链条的在线融资服务。

天行云的供应链金融业务在上线之初分为应收账款质押融资和仓单质押融资，后来又增加了代理采购、优化贷前管理、优化放款流程以及优化贷后风险控制。在天行云的供应链金融产品标准化的进程中，除了搭建供应链金融平台系统以及线上风控模型，还拓宽了融资渠道。目前除了银行给予的综合授信外，天行云交易和金融平台的订单数据被平安银行引入其助力中小企业融资的KYB中小企业数据征信金融服务体系；

同时与很多大型企业形成金融合作关系，天行云为其提供线上客户风险管理服务。

（三）核心生产企业的生态整合与虚拟生产

早期由核心企业发起的供应链金融业务是其以确权、反向保理、担保等方式浅度参与，当前核心企业重视投入成立/收购供应链管理服务公司、产业互联网平台公司、科技公司、金融子公司。实际中，很多核心企业通常由财务部门来牵头组织供应链金融活动。财务供应链既可以视为优化供应链活动与协调供应链关系的工具，也可认为是数字供应链升级的组成部分。

核心企业天然拥有产业资源、供应链场景、政府资源、资金优势、信息优势，尤其是数字经济的发展，有力地支撑了核心企业与生态伙伴建立更高效、更紧密的产融一体化发展模式，数字化让核心企业产业资源优势、供应链场景优势、政府资源优势、资金优势、信息优势能更加充分地发挥，形成带动供应链整体、产业整体转型升级的独特能力。

近年来，国际供应链竞争、疫情等外部因素导致核心企业的生存与发展面临巨大的挑战，如供给中断、消费乏力、供需不匹配、成本高企、对变化响应迟钝、现金流恶化等挑战，特别是现金流的恶化。面对这些挑战，核心企业开始重视以金融撬动供应链的各方面升级，进而改善供应链的现金流状况。供应链金融对于核心企业的价值在于：①节省开支、降负债、自融；②降低采购成本；③增加销售额；④协同化，保障自身供应链稳定安全；⑤数字化，以金融撬动数字化有助于加速数字化进程；⑥服务化，推动产业链整体升级；⑦新的多元化盈利方式；⑧培育商业信用，从信用市场上获益；⑨提升资本市场估值；⑩高管业绩提升。

案例三：广州宝凯道融

宝凯道融作为广州立白科技集团的关联企业，依托于以立白为核心的产业供应链，纵向深耕产业投资、横向开展产业联动，搭建大消费产业生态金融服务平台，为核心企业生态圈提供定制化产品及金融服务。该企业凭借“立客融”数字化供应链金融平台，一方面为大消费产业核心企业上下游中小微企业提供高效、便捷的融资服务，另一方面以上下游企业的竞争力提升反向驱动核心企业的竞争力提升。

具体而言，宝凯道融通过搭建快消品内生（产业链数据）+外生（第三方征信数据）+主体（核心企业）的行业独特信用控制模型及经销商分层评价体系，帮助核心企业生态圈对接资金方，建立自身的供应链金融业务运营与风控体系。

在经销商信用评价标准方面，宝凯道融摆脱对传统的财务报表分析、货物房产抵押、核心企业增信的依赖，以贸易背景真实、融资用途和还款来源明确为风控原则，围绕供应链生态圈的外生风险、内生风险、主体风险，利用对产业链的深刻理解和产业信息优势，提取供应链关键数据信息，并结合国内头部征信服务商的信息，为核心企业及其经销商渠道搭建分层评级体系标准，便于核心企业从金融维度识别经销商经营和信用风险，实现对产业链内在风险的有效控制。

在与资金方对接方面，宝凯道融按各层经销商的信用及评级，智能匹配推荐给合适的资金方，提升经销商覆盖率及使用体验。在金融产品设计时结合行业产品淡旺季特征、核心企业的生产销售策略，以及上下游企业的盈利模式、经营特点、现金流动、融资需求和痛点等，制定建立在真实贸易背景和资金用途可控基础上的供应链金融产品，如采购贷、聚合收款、一键对账等综合供应链金融服务。在无须核心企业担保责任的前提下，将“主体信用”、“组织信用”及“数据信用”复制给下游经销商，帮助其更便捷、高效地获得融资。

（四）科技公司的信号传递与科技赋能

近年来，随着人工智能、区块链、云计算、大数据、物联网等信息科技的出现，供应链金融活动也开始呈现出与信息通信技术（ICT）高度融合趋势，使得基于供应链上下游交易的融资活动变得高效、智慧，从而催生了金融科技。因此，要促进企业和金融之间的信息畅通，就需要专业的机构来过滤、整合和传递与债权、存货融资相关的信号，这是金融科技公司存在的意义。

科技公司在供应链融资活动中担负着信号传递的作用，从而降低银企之间的信息不对称。粤港澳大湾区内聚集了大量的产业集群，基于这些产业集群的融资需求，区域内也存在大量的金融科技服务公司。

案例四：深圳宇商科技

深圳宇商科技有限公司就是专注于供应链金融的金融科技企业，依托于供应链交易中的大数据，凭借风险控制能力与金融机构合作，在供应链交易中为上下游中小微企业设计综合解决方案。其中，宇票通是宇商科技推出的商业承兑汇票融资产品，通过连接市场上的资金方，以票据保理和票据质押的形式，为中小微企业提供小额电子商业承兑汇票的线上融资撮合业务。

宇票通是基于供应商真实交易形成的商业票据，借用核心企业的信用进行低成本融资，促进资金向实体经济流通，从而减少供应链中的应收账款、缩短应收周期，加快企业的资金流转。宇票通在产品设计上运用了大数据匹配、OCR识别、自动审核客户贸易背景（发票+合同+商票+送货单+收货单等）等技术，辅助金融机构在融资前获取企业信息、人脸识别自动对比结果，以确保客户身份识别准确、意愿真实，以及贸易背景合法有效。另外，宇票通在商票主体授信的流程中，通过线上身份识别、签署电子合同等智能化操作，消除了持票人手续烦琐、异地贴票的困扰，提高和扩大了业务操作的效率和覆盖面。

（五）金融机构的深度融合与资金供应

金融机构是供应链融资活动的资金来源，包括商业银行、保理公司、融资租赁以及保险等相关主体。当前中小企业的自身融资成本普遍高于银行，因此在大湾区产业供应链的融资活动中，商业银行扮演了主要的资金提供方的角色。然而，商业银行等金融机构要开展供应链金融业务，需要充分了解上下游的真实交易背景，这也就决定了其供应链融资业务可能脱离供应链要素而独立存在。在粤港澳大湾区相对完备的商业生态背景下，很多商业银行为拓展各业务范围，也在积极探索供应链融资模式。

案例五：交通银行广东分行

交通银行广东分行针对制造业产业链上下游的深度合作趋势，围绕电力、医疗、建筑等重点行业特点，制定全链条行业专属解决方案，融合结算、融资、跨境等需求，提供“线上+线下”相结合的双线优质金融服务，保障核心企业与上下游企业的协同发展。

从具体落地案例看，南方电网作为交通银行广东分行的主要客户之一，也是电力行业的领军企业。交通银行广东省分行为南方电网推出了专属的“南票快易贴”线上模式，通过引入该集团财务公司，规范子公司到期兑付管理，确保业务风险可控、合法合规，解决了传统商票银企互通有限、容易伪造、流通不便、难以保存等难点痛点，为合法持有南方电网开立及承兑的电子商业汇票的上下游企业在线办理商票贴现融资业务，实现资金快速到账。自 2020 年 7 月落地首笔“南票快易贴”业务后，该模式也已陆续在广州、佛山、珠海、东莞等分支机构铺开。

交通银行广东分行利用信贷资金优势、网点辐射优势，可有效服务电力产业链条上遍布全国的中小企业，打通资金流断点，反哺集团链条上下游企业。另外在医疗行业，交通银行广东分行针对医药企业应收账款结算周期长的痛点，对接省市两级药品交易平台，推出药融通线上融资产品，以“直贴+转贴”“委托+代理”模式，消除票据市场价格壁垒、便利客户融资操作，为广大中小型医药经销商企业提供便捷的线上化融资服务。

三　粤港澳大湾区物流与供应链金融的制约因素

粤港澳大湾区同时兼具了产业集群、国际航运、金融服务的区位优势，并具有“一个国家、两个制度、三个关税区、四个核心城市”的特征。正是基于这种“一二三四”的特征，粤港澳大湾区在物流与供应链金融活动中面临较多的制约。香港的金融业非常发达，粤澳的金融发展稍显滞后；广东是金融资源大省，但不是金融资源配置强省。

然而，粤港澳大湾区有全国乃至全球最完善的产业体系，是国内制造业体系最完备的区域，然而发达的实体经济需要持续、精准、高效及多样化的供应链金融服务。粤港澳三地间物流与供应链金融活动的融合发展，无疑会为大湾区的实体经济发展打下坚实的基础。粤港澳大湾区物流与供应链金融活动的融合，涉及更多的是由治理、行政、立法和司法等根本制度而造成的法规、机制、文化等方面的差异。

（一）金融监管法规不同，融资渠道融合存在冲突

在由粤港澳三地金融监管法规不同造成的金融融合冲突中，最明显的是香港和内地的监管法规不同。香港金融业实行混业经营、分业监管，银行资金进出证券市场不受限制，内地金融业实行分业经营和分业监管，银行、证券、保险分开；香港对资本进出几乎没有任何管制，内地实行结售汇制度；香港实行联系汇率制，内地实行有管理的浮动汇率制；香港和澳门金融业自律性组织较为完善，其金融监管市场化程度较高。

（二）资产登记托管系统存在差异，资产交易受到限制

内地采用大小额支付清算系统分开清算机制，香港则采用不分大小额的支付清算工具中央结算系统 CMU。另外，粤港澳三地支付结算规则、网络制式等差异较大，广东的互联网支付、移动支付工具非常发达，港澳则发展相对滞后，进而限制了三地金融基础设施的融合。广东拥有丰富的金融科技

应用场景，金融科技发展迅猛，而港澳虽然拥有较丰富的应用场景，但监管及规则完善程度不同，对金融科技的发展和监管较为谨慎，三地在金融科技方面的融合面临较大挑战。

（三）信用体系和制度完善程度不同，金融衔接存在障碍

港澳经过上百年的现代信用体系和制度的建设，社会信用体系、制度及机制较为完善，广东九市的现代社会信用体系、制度机制则是新中国成立以后逐步开始构建的，受限于整体社会发展程度、法律法规及信用违约成本等，三地在这些方面的衔接尚存在一定的障碍。

（四）业内人员流动受限，金融体系建设活力不足

大湾区维持着强劲的人口净流入势头，但流入人口中物流与供应链金融人才相对较少。现有金融人才多集中分布在香港，广东的金融人才远不及北京、上海，且由于“一国两制”、法律法规等，粤港澳三地人员的流动尚存在一定限制。虽然通过 CEPA 粤港澳三地人员流动日益便利，但“粤港澳人才合作示范区”“全国人才管理改革试验区”主要集中在广东自贸区域内，没有涉及全部广东九市，这将导致本就吸引力不强的其他城市更难以吸引到人才。

（五）征信信息暂未互通，征信基础发展不足

目前粤港澳三地各类实体企业信息、金融机构信息、公民信息等暂未互通，信息的共享存在诸多障碍，三地征信机构的跨境合作暂未开启，融资主体的信用风险管控仍存在隐患，其原因除三地制度、政策法规等不同外，还在于国家针对金融信息数据的管理法规、制度、机制等尚未完善，制约了大湾区征信基础设施的融合。此外，港澳两地由于缺乏如内地一样的庞大金融市场，征信基础设施不如内地完善，同样制约了大湾区征信基础设施的融合。

四　粤港澳大湾区供应链金融的发展建议

粤港澳大湾区是我国经济高质量发展的重要动力源，而金融则是动力源的重要促进因素。粤港澳大湾区三地的制度、法律和关税机制等不同，这就说明必须要以创新的方式来协调三地的发展，疏通人流、物流、信息流、资金流，其中金融的互联互通、深度融合非常关键。只有进一步加大区内金融融合力度，畅通资金流，才能优化资源配置，提升效率，进一步增强大湾区内金融服务实体经济的能力，促进大湾区发展出更多世界级产业集群，引领和支撑我国经济转型升级。

在粤港澳大湾区的供应链金融活动中，港澳的竞争优势在于其制度与内地的不同，这恰恰是粤港澳三地金融发展的优势。粤港澳大湾区供应链金融的融合发展应是“求同存异”。基于三地制度差异，通过制定融合发展机制，实现粤港澳三地供应链金融的融合发展。

（一）实施金融一体监管，构建统一监管机制

供应链金融的持续稳定发展需要有完善的制度规则，这不仅能够塑造公平公正的商业活动环境，为供应链金融的有序发展构筑起坚实的框架和基础，也能够引导供应链金融朝着有利于扶持中小微企业、服务实体经济的方向发展，真正促进供应链金融业务和产品的创新。因此，在加快出台符合我国国情的供应链金融监管法律法规及政策，明确融资活动相关参与主体的职责与义务，构建完整的顶层监管框架，使大湾区金融基础设施的统一监管有更明确的法规可依。制定粤港澳大湾区统一的金融统计和监管的标准与制度，建立金融基础设施的监管指引，包括机构准入、治理结构、业务规则、财务管理、风险控制、系统安全、信息披露、信息保存、审查评估、处罚和风险处置、认定和退出机制等，及早对金融基础设施进行全面监管，并根据实际情况调整监管策略。

同时，以宏观审慎为原则，央行进行宏观监管，将粤港澳大湾区的金融

监管职能赋予大湾区内金融监管机构，强调属地管理和市场化参与。加强粤港澳三地各实体企业、金融企业、居民等的信息共享，构建金融征信基础设施共享互通机制。同时，完善粤港澳三地金融科技的法律、规制和监管框架，增强粤港澳三地相关法律的协同性，并制定互认的金融科技行业标准，以金融科技完善供应链金融的基础设施。

（二）统一金融标准，建立运行机制

在制定一体化的监管框架和监管机制的基础上，制定明确的建设标准和运行机制，推进三地信息共享及传输机制的建设，加快数据合规跨境流动。以广东省 5G 建设的先进经验，加快推进粤港澳 5G 建设，推进 IPv6 的规模化部署，从而推进三地信息流通机制的互联互通。在此基础上，统一粤港澳三地支付清算系统的建设标准及运行机制，建立跨境支付清算机制及流动性管理互换机制。

建立和完善粤港澳大湾区数据跨境流动安全评估机制，建立数据保护能力认证、数据流通备份审查、跨境数据流动和交易风险评估等数据安全管理机制，并构建粤港澳三地金融基础设施防火墙，构建支付结算、资产委托登记、资产交易、征信系统等之间的防火墙，建设三地及各基础设施之间纵向和横向的防火墙网。

推动金融数据资产的商品化、证券化，探索数据资产的跨境交易模式，进一步拓宽三地产权的交易种类和范围，以数据资产交易推进金融数据的信息共享及传输机制的建设。同时，借助大湾区现有的人民币跨境支付清算优势，以数字人民币试点为契机，加快数字人民币支付清算的跨境架构与系统的建设，进一步推动三地支付清算系统的融合。

（三）扩大跨境转让资产类别，服务实体经济

从大湾区发展战略层面来看，大湾区的大型机械设备、先进制造业等的进口需求仍然很大，通过简化租赁资产的跨境交易，推动境内外汇租赁资产跨境转让的便利化，降低供应链的整体融资成本。此外，围绕中小企

业应收账款形成的保理资产、票据等，也可在物流及商流的基础上参照贸易融资，简化其外债备案与外债登记的相关手续，进一步增强信贷资产的流动性。

此外，可考虑进一步探索信贷资产打包转让方式，推动跨境资产流动规模的快速增长，从时间角度提升整体的供应链金融产品设计水平。通过特定的交易所进行登记、结算，以独立账户操作资金进出业务，强化监管，逐步将其构建为大湾区物流与供应链中基于债券和存货的融资发展平台。

（四）加快金融科技应用，提升监管的准确性

金融科技的发展推动了物流与供应链金融的快速发展，如区块链增强了应收债权的真实性，物联网实现了对担保存货的实时监控，人工智能大大提高了融资审核和放款的效率。目前，深圳已经成为全国区块链发展最为迅速的地区之一，由央行牵头建立的贸易金融区块链平台成果显著，未来将进一步打造为全国性债权融资交易平台，并参照“债券通”模式，逐步向香港、澳门等地区开放，完善相关登记、托管、结算等制度，经大湾区的供应链融资活动从非标逐步转标，为境内外投资者降低风险、简化手续，促进供应链金融中的资产跨境流动，推动供应链中企业间融资的便利化，同时在金融科技的支持下，对资产、资金流动的监管的准确性也将进一步提升。

（五）完善人员流动机制，拓宽人才合作范围

在物流与供应链融资活动中，综合性人才的储备和流动是关键要素，需要进一步完善粤港澳大湾区人员自由流动机制，如学历或专业资质互认机制、社保互认机制等，使三地学历、各专业资质、社保等能相互认可，无须办理就业证明，可凭劳动合同办理相关社保和居住等业务。

同时，将粤港澳人才合作示范区覆盖范围进一步拓展至广东九市，促进金融及科技人才在大湾区内自由流动。并且，制定财税、人才联合

培养等配套机制，全方位打通高端专业人才流动通道，形成人才集聚效应。此外，还可以通过联合办学、联合实验室等机制联合培养专业人才，如三地高校、研究机构等科研教育主体开展联合办学或共同运营实验室，进一步加快深圳光明科学城、广州南沙自贸区、珠海横琴自贸区等地的联合办学、联合创新实验室的建设步伐，加快三地高层次人才、专业人才的流动。

未来大湾区将凭借物流航运和跨境贸易优势，建设成为国际金融枢纽，发展以供应链金融为代表的特色金融产业，以先进制造业为纽带，有序推进物流、供应链与金融市场的互联互通，促进大湾区实现更高质量、更高水平的跨越式发展。

五　粤港澳大湾区供应链金融的发展展望

近年来，粤港澳大湾区的供应链金融在应用广度和创新深度上均有长足发展。同时，为减轻疫情对商业活动的影响，各地政府也采取了强有力的应对措施。然而，当前大湾区的中小微企业面临的资金困境并未得到根本性缓解，特别是受到全球疫情和贸易摩擦影响，宏观经济面临下行压力，中小微企业亟须得到更大力度的金融服务支持，各地的供应链金融发展仍然存在巨大的空间。

（一）从交易性资产向行为性资产扩展

传统供应链金融的基础是应收账款、应付账款，或者存货、仓单等交易性资产，借贷决策和风险管控都是基于这些交易性要素，但是往往因基于这些要素无法确认贸易的真实性而使得风险管控难以实现。特别是当产业交易关系复杂、供应链环节较多时，确认核实交易资产的真实性及其质量非常困难。供应链金融的目的不仅仅是依据交易性资产解决借款方的运营资金短缺问题，还包括通过供应链金融更好地将相关利益主体协同起来，服务于产业供应链，推动产业高质量发展。在信息交换技术不断发展的趋势下，供应链金融业务将从以往的存货、仓单、应收账款等交易性资产管理逐渐向交易数据、信用数据等行为性资产管理拓展。

因此，未来粤港澳大湾区的供应链金融将首先注重“可信物流链”的打造，即考虑供应链运营中的物流业务或资产是否真实可信，主要体现在以下三个方面：一是有关物流业务和资产要素的规范，如质押物的质量、形状、数量、装载、价值、运单、仓单等要素规范化；二是质押物“仓、配、运、转”的流程管理，包括仓储管理的数字化、重多级仓之间流程管理的数字化，货物调配的流程管理和质量管理，货物运输的起运、到达或中转港口码头的流程管理和质量管理等方面；三是物流枢纽网络的形成以及物流资源的获取。

另外，供应链金融还需要明确企业的商业行为和商业状态，主要体现在以下三个层面：一是对采购、技术、生产、营销等政策和行为要素的判断和管理，如当一个非电子行业的企业采购电子元器件时，其行为要素就要受到质疑；二是行为过程管理，即任何的交易和资产变化都需要判定因何事、出何处、在何时、做何为；三是需要充分调查了解供应链金融中的参与者行为发生的一致性、合规性，与环境的吻合性、与战略方向的契合性等。

（二）从资金借贷向综合性服务拓展

供应链金融的本质并非在于资金借贷，而是优化整个产业供应链现金流，促进资金在产业中顺利高效运转。因此，与借贷活动相比，供应链金融将更加重视基础性的金融服务，如帮助产业主体建立账户、实现业财融合、建立行之有效的支付体系及结算清分体系，以及保险服务等。

要实现这一目标，未来将需要解决两个层面的问题。一是交易管理要素的规范化，目前粤港澳大湾区供应链金融的发展依然任重道远，主要障碍在于行业级的标准和规范尚未广泛建立，这对金融活动的开展构成了挑战。因此，如何完善包括行业技术参数、合约、各类函证在内的标准和规范，是供应链金融从资金借贷服务向综合性金融服务拓展的重要基础；二是未来将逐渐促进交易流程知识的体系化，即如何在寻源、订单、交易（询价、条款、签约）、质保、履约、处置全过程形成全面的流程知识，并基于形成的流程客观、合理地评判经济主体之间交易的可行性。

此外，供应链金融的直接目的是解决中小企业短期资金缺口的融资问题，如今虽然国家制定了保障中小企业支付的规定，未来粤港澳大湾区的地方行政管理部门还将对应收账款进行政策及法规上的限定，明确应收账款账期以及超期的处罚措施。同时，严格限制大企业的垄断性贴现，并对供应链债务凭证的拆转融业务设定规范标准，确保拆分转让过程中交易的真实性，防止金融杠杆化，使供应链金融真正服务于实体产业。

（三）从基于核心企业向构建商业生态

当前供应链金融大多围绕核心企业展开，主要基于核心企业的信用以及供需关系开展金融业务，但这种模式具有较强的局限性。一是核心企业具有较强的议价能力，未必能很好地配合金融机构开展业务；二是核心企业面临较大的经营风险，无法完全消弭供应链金融运营中的风险。因此，未来的供应链金融业务将转变为依托生态开展供应链金融服务，即通过建立相互依存、相互协同、具有丰富业务场景的产业运营域来开展供应链金融服务。这种转变将使得服务的场景丰富、维度多元，更能促进金融业务与产业供应链的深度融合。这就需要形成稳态的交易网络和生态，即由供应商、渠道商、客户方、物流商、管理方所形成的交易网络是否具有生产力、稳健性和创造力，若没有形成健康的网络和生态，则很难确保交易关系的高质量。

在此基础上，未来粤港澳大湾区的供应链金融将更加倾向于以下四个产业生态场景：一是产业集群和地方产业平台；二是各行各业的腰部企业，即规模不大但是具有一定竞争力的企业；三是地方头部企业，即位于三、四线城市但是在行业中具有较高知名度和竞争力的企业；四是跨平台跨网络产业场景。

（四）从反应性业务向前摄性业务转变

反应性供应链金融是因应企业运营资金融资需求，基于已经产生的债权债务或抵质押资产开展的供应链金融业务。这种供应链金融活动固然能够解决一部分企业的运营资产问题，但是不能帮助企业获取和增强供应链战略资源和能力。在产业供应链建设过程中，一些战略供应商或战略客户是企业实现稳定发展的资源，此刻或许这些战略供应商与特定企业之间尚未开展交易，但是需要事先帮助战略供应商或客户获得资金，快速提升生产经营能力。因此，未来粤港澳大湾区的供应链金融将更侧重于前摄性供应链金融，即基于供应链能力判断或产业供应链知识，有效融通资金，提升产业竞争力。

然而，要实现前摄性供应链金融需要在两个方面突破创新：一是供应链金融开展的基础需要从原来对交易的关注延伸至对产业知识的深刻理解和把握，能够预判产业和企业的行为与发展趋势；二是供应链金融产品也需要不断创新，更多地关注信用融资、预付折扣、信用证融资等新型供应链金融业务。

（五）从商业领域向绿色低碳领域延伸

供应链金融不仅仅可以解决商业活动中的运营资金问题，也是促进企业绿色、可持续发展的战略手段和工具，特别是在农产品领域以及“双碳”目标实现过程中，供应链金融可以激励相关参与方按照社会可持续发展的方向作为，推动建立可持续体系。

当前，已有大湾区外的大型能源企业在“双碳”政策实施过程中，通过金融产品激励供应商建立碳账户，并通过碳评价体系鼓励供应商降低碳排放，积累碳积分，做到了用供应链金融推动碳减排，同时又借助于企业碳表现关联供应链金融业务。粤港澳大湾区作为新世纪国家改革开放的前沿和拉动国民经济发展的重要源头之一，未来将使供应链金融越来越多地在绿色低碳领域大有作为，也是供应链金融真正促进产业持续发展的体现。

第五章
粤港澳大湾区跨境物流发展回顾与展望

粤港澳大湾区是我国重要的进出口中心，拥有得天独厚的跨境物流优势。粤港澳大湾区拥有世界级的港口群和机场群、良好的跨境铁路网络和四通八达的高速公路，还拥有香港、澳门这样的国际窗口，使物流业更容易与世界接轨，在我国构建国内国际双循环新发展格局中具有重要的地位。2019年2月中共中央、国务院印发《粤港澳大湾区发展规划纲要》，强调了粤港澳大湾区在新时代国家发展大局中的重要地位，标志着粤港澳大湾区建设已被纳入国家战略规划。这一纲要为粤港澳大湾区至2035年的合作发展规划做出纲领性指导。同年，广东省委、省政府发布《关于贯彻落实〈粤港澳大湾区发展规划纲要〉的实施意见》，广东省推进粤港澳大湾区建设领导小组印发《广东省推进粤港澳大湾区建设三年行动计划（2018—2020年）》（以下简称《三年行动计划》）。2020年3月30日《珠海市关于加快现代物流业发展的政策措施》提出利用港珠澳大桥的引流作用，鼓励发展跨境物流，明确对包括跨境物流业务在内的七个方面予以扶持。

一　粤港澳大湾区跨境物流发展现状

（一）粤港澳大湾区对外贸易

粤港澳大湾区具有强大的制造业基础和世界级分销网络，在对外贸易上一直具有较明显的竞争优势，近年来外贸持续发展，为构建国内国际双循环新发展格局奠定了基础。

2018 年大湾区对外贸易稳定发展。全年广东九市外贸进出口总值为 6.86 万亿元，香港地区外贸进出口总值为 7.5 万亿元，澳门地区外贸进出口总值为 1023 亿澳门元，其中，广东九市对香港地区的进出口总值为 1.13 万亿元。大湾区进出口贸易方式以一般贸易为主，进出口产品则以机电产品为主。从进出口贸易对象来看，除了广东九市与香港地区、澳门地区之间的进出口关系外，大湾区主要对外贸易伙伴为美国、欧盟、东盟，其次是日本、韩国和中国台湾地区等。总的来说，2018 年大湾区内部贸易水平不断提升，对外贸易亦稳定发展。

2019 年大湾区外贸逆势上扬，全年广东九市外贸进出口总值为 65885.34 亿元，香港地区外贸进出口总值为 1114.3 亿美元，澳门地区外贸进出口总值为 12.9 亿美元，一般贸易占比持续提高，重点出口产品的技术含量提高，重点进口产品侧重于工业原材料、能源和提高生活品质的商品。

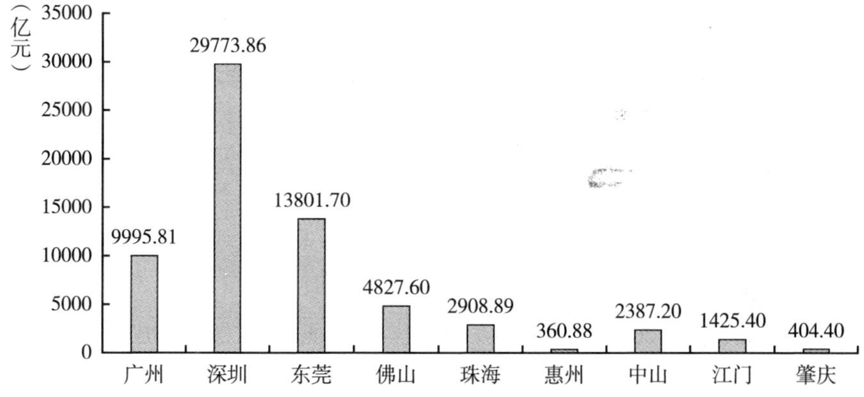

图 1　2019 年大湾区广东九市外贸进出口情况

资料来源：广东省人民政府门户网站。

新冠疫情给全球经济带来了巨大的冲击，再加上中美贸易摩擦等因素，粤港澳大湾区的发展面临前所未有的困难和风险。大湾区通过积极开拓"一带一路"重点市场、自贸试验区改革等途径，克服了重重困难，展现出较强的抗风险能力。2020 年大湾区广东九市外贸进出口总额达到 9810.41 亿美元，香港地区外贸进出口总值为 10577.16 亿美元，澳门地区外贸进出口总值为129.37亿美元。其中，深圳外贸总额排全国内地城市第二名，东莞则排全国内地城市第五名。大湾区进出口贸易方式仍以一般贸易为主。

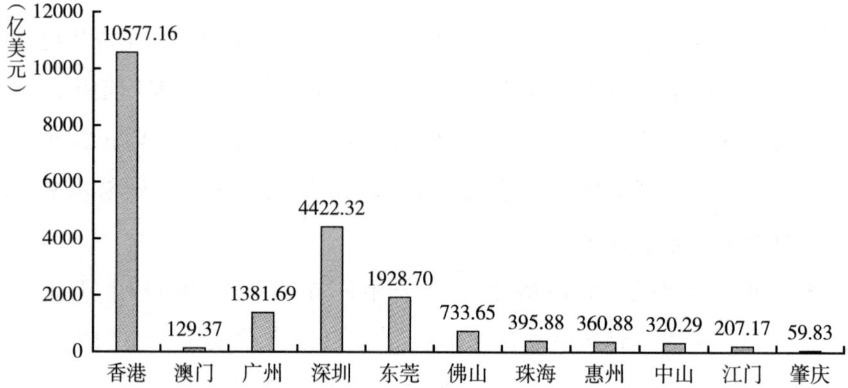

图2　2020年粤港澳大湾区各城市外贸进出口情况

数据来源：《粤港澳大湾区建设报告（2020—2021）》。

2021年广东省外贸整体呈快速增长态势，贸易结构持续优化。根据广东省人民政府门户网站发布的数据，前三季度，广东外贸进出口总额6.03万亿元，同比增长18.6%，持续两位数增长态势。其中，出口3.68万亿元，同比增长19.3%；进口2.35万亿元，同比增长17.5%。9月广东省进出口总量创历史新高，全省进出口0.78万亿元，同比增长12.1%。其中，出口0.49万亿元，增长20.6%；进口0.29万亿元，增长0.2%。2021年前三季度，广州市外贸进出口总值8160.10亿元，同比增长16.3%，其中，进口3336.4亿元，同比增长10.7%，出口4823.7亿元，同比增长20.5%，出口结构持续优化，机电产品出口同比增长20.6%，占出口总值的比重为49.5%，高新技术产品出口同比增长31.5%。深圳市进出口总额25107.51亿元，同比增长15.2%，其中，出口13501.46亿元，同比增长13.5%，进口11606.05亿元，同比增长17.2%，机电产品出口同比增长21.5%，占出口总额的比重为79.9%，一般贸易进出口增长14.5%，占进出口总额的比重为50.4%，民营企业进出口增长16.9%，占进出口总额的比重为61.3%。

佛山市外贸进出口总值 4757.9 亿元，同比增长 37.6%，其中出口额 3927.4 亿元，同比增长 40.1%，进口额 830.5 亿元，同比增长 27.2%。珠海市完成外贸进出口总额 2505.76 亿元，同比增长 24.3%。其中出口总额 1439.33 亿元，增长 18.8%，进口总额 1066.43 亿元，增长 32.5%。惠州市外贸进出口总额 2222.53 亿元，同比增长 27.4%，其中出口 1533.10 亿元，增长 29.1%，进口 689.43 亿元，增长 23.9%。中山市进出口总额 1948.3 亿元，同比增长 22.5%，其中，出口 1605.1 亿元，同比增长 23.7%，进口 343.2 亿元，增长 16.9%。江门市进出口总额 1293.1 亿元，同比增长 27.3%，其中，进口 233.7 亿元，增长 9.1%，出口 1059.4 亿元，增长 32.1%。肇庆市完成外贸进出口总额 295.4 亿元，同比增长 6%，其中，出口 201.6 亿元，同比增长 2.5%，进口 93.8 亿元，同比增长 14.3%。

总的来看，2021 年前三季度广东省经济持续稳定恢复，但受新冠疫情的影响，企业面临海运费用上涨、国外海港堵塞等挑战，经济恢复动能减弱，还需进一步均衡调整。

（二）粤港澳大湾区跨境电商

粤港澳大湾区作为我国经济及国际贸易的重要载体，跨境电商占全国的 40%以上，是我国跨境电商最前沿、最核心的聚集地。2016 年 1 月 6 日，广州、深圳获批设立跨境电子商务综合试验区。2018 年 7 月 24 日，珠海、东莞获批设立跨境电子商务综合试验区。2019 年 12 月 15 日，佛山获批设立跨境电子商务综合试验区。2020 年 4 月 27 日，中山、惠州、江门、肇庆获批设立跨境电子商务综合试验区。商务部、海关总署、税务总局等部门出台了一系列支持跨境电商综合试验区发展的政策措施，在多个跨境电商综合试验区的带动下，2020 年广东省跨境电商货物贸易收支达到 310 亿美元，逆势上升 31.9%。

随着互联网技术的进步，全球互联网普及率日益提高。新冠疫情冲击下，电商以独特的“免接触”模式迅速成为全球消费者的主要购物渠道。在后疫情时代，跨境电商发展将进一步加速。据海关统计，2021 年 1~6 月，我国跨境电商贸易额同比增长 28.6%，其中出口贸易增长 44.1%，明显高于外贸整体增速。

2021 年 12 月，广东省人民政府办公厅印发《关于推进跨境电商高质量发展的若干政策措施》，强调培育跨境电商龙头企业，加强跨境电商产业园区建设，开展“产业集群+跨境电商”试点，提升仓储物流效率，支持跨境电商海外仓建设，提高跨境电商通关便利化水平，优化跨境电商税收政策，加强对跨境电商企业的金融支持，引进培育高层次跨境电商人才，提高跨境电商企业海外风险防范能力。

整体来看，大湾区跨境电商将继续处于快速发展期，但国际经济、贸易形势复杂多变，既面临前所未有的发展机遇，也可能伴随各种不确定性。后疫情时代下跨境电商的发展对大湾区港口、航空、铁路运输的整合能力、服务能力以及应急处理能力均提出了更高的要求，也将促进国际物流枢纽、供应链管理服务中心等的形成与发展。

（三）粤港澳大湾区港口跨境物流

粤港澳大湾区港口群由广州港、深圳港、香港港、澳门港、珠海港、佛山港、东莞港、中山港、惠州港、江门港、肇庆港组成，具有通达全球的能力，是全球通过能力最强、水深条件最好的港口群之一。粤港澳大湾区拥有世界上最繁忙的十大港口中的 3 个，集结了 5 个亿吨大港。粤港澳大湾区在航运上拥有良好的基础设施，2019 年广东省共完成港口投资 99.61 亿元，其中，珠三角地区共完成港口投资 53.93 亿元，占全省总投资的 54.1%。大湾区港口群的货物吞吐量和集装箱吞吐量均具有极强的竞争优势。在 2020 年全球港口集装箱吞吐量排名中，深圳港排名第 4，广州港排名第 5，香港港排名第 9。

2018 年，香港港进出口货物吞吐量为 25854.1 万吨，进出口集装箱吞吐量为 1959.6 万 TEU；澳门港进出口货物吞吐量为 386 万吨，进出口集装箱吞吐量为 14 万 TEU；广州港货物吞吐量为 61313.30 万吨，其中进出口货物吞吐量 13941.05 万吨，进出口集装箱吞吐量 793.66 万 TEU；深圳港货物吞吐量为 25126.72 万吨，其中进出口货物吞吐量 18727.94 万吨，进出口集装箱吞吐量 2416. 23 万 TEU；珠海港货物吞吐量为 13798. 69 万吨，其中进出口货物吞吐量 2922. 37 万吨，进出口集装箱吞吐量 55. 93 万 TEU；佛山港货物吞吐量为 8973. 08 万吨，其中进出口货物吞吐量 2349. 62 万吨，进出口集装箱吞吐量 235. 61 万 TEU；惠州港货物吞吐量为 8757. 37 万吨，其中进出口货物吞吐量 3588. 36 万吨，进出口集装箱吞吐量 0. 61 万 TEU；东莞港货物吞吐量为 16417. 13 万吨，其中进出口货物吞吐量 3349. 02 万吨，进出口集装箱吞吐量 24. 28 万 TEU；中山港货物吞吐量为 11965. 39 万吨，其中进出口货物吞吐量 734. 23 万吨，进出口集装箱吞吐量 116. 93 万 TEU；江门港货物吞吐量为 9368. 83 万吨，其中进出口货物吞吐量 703. 18 万吨，进出口集装箱吞吐量 73. 59 万 TEU；肇庆港货物吞吐量为 3921. 31 万吨，其中进出口货物吞吐量 279. 86 万吨，进出口集装箱吞吐量 22. 13 万 TEU 。

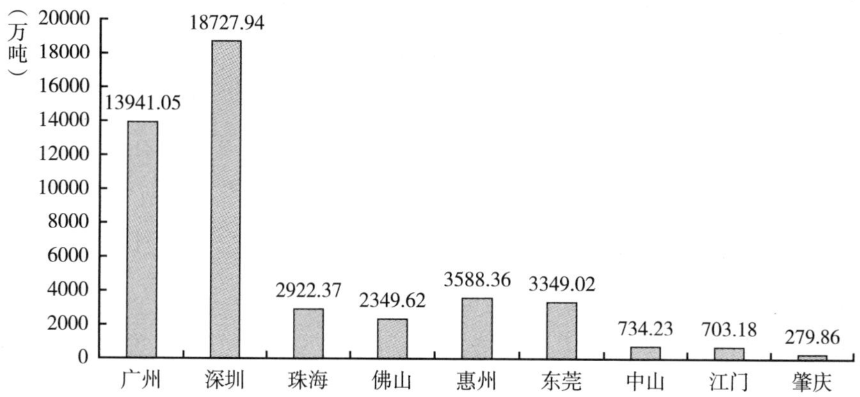

图 3　2018 年大湾区广东九市进出口货物吞吐量

数据来源：广东省交通厅。

2019 年香港港进出口货物吞吐量 26331. 5 万吨，进出口集装箱吞吐量 1830. 3 万 TEU；广州港货物吞吐量为 62687. 31 万吨，其中进出口货物吞吐量 14401. 02 万吨，进出口集装箱吞吐量 873. 57 万 TEU；深圳港货物吞吐量为 25785. 32 万吨，其中进出口货物吞吐量 17828. 82 万吨，进出口集装箱吞

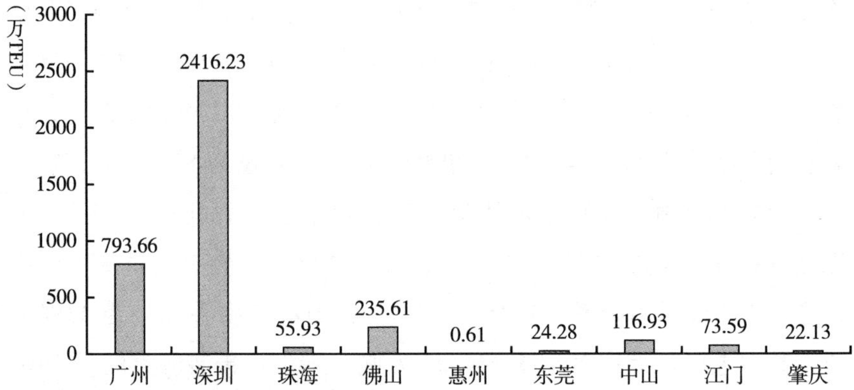

图4　2018年大湾区广东九市进出口集装箱吞吐量

数据来源：广东省交通厅。

吐量2382.28万TEU；珠海港货物吞吐量为13837.77万吨，其中进出口货物吞吐量3014.38万吨，进出口集装箱吞吐量53.17万TEU；佛山港货物吞吐量为9636.27万吨，其中进出口货物吞吐量2318.41万吨，进出口集装箱吞吐量239.35万TEU；惠州港货物吞吐量为8955.96万吨，其中进出口货物吞吐量3628.52万吨，进出口集装箱吞吐量0.49万TEU；东莞港货物吞吐量为19807.96万吨，其中进出口货物吞吐量3537.56万吨，进出口集装箱吞吐量25.57万TEU；中山港货物吞吐量为1547.32万吨，其中进出口货物吞吐量578.19万吨，进出口集装箱吞吐量100.59万TEU；江门港货物吞吐量为6832.03万吨，其中进出口货物吞吐量700.66万吨，进出口集装箱吞吐量69.22万TEU；肇庆港货物吞吐量为4057.39万吨，其中进出口货物吞吐量210.50万吨，进出口集装箱吞吐量16.31万TEU。

2020年新冠疫情对跨境贸易和国际海运造成了重大影响，全球港口航运业发展受到较大冲击。且整个行业的运价都持续上涨，海运运价较疫情前上涨了8~10倍。得益于我国强大的抗疫能力和防疫物资供应的快速恢复，大湾区广东九市港口进出口货物吞吐总量与2019年相比略有上升。全年香港港进出口货物吞吐量24928.6万吨，进出口集装箱吞吐量1796.9万TEU；广州港货物吞吐量为63643.22万吨，其中进出口货物吞吐量14360.73万

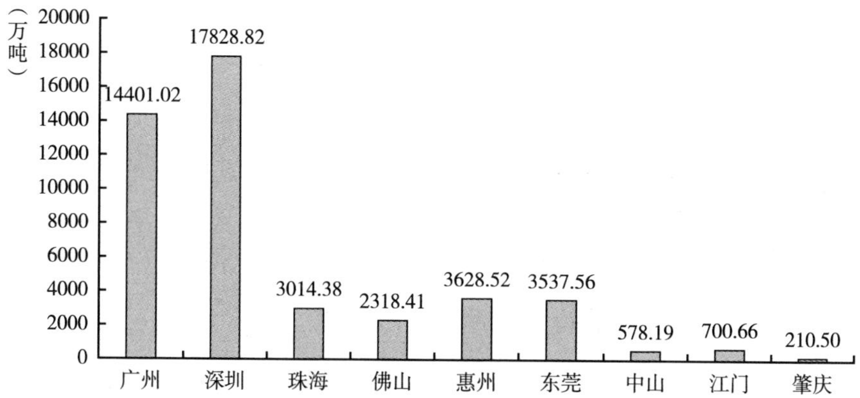

图 5　2019 年大湾区广东九市进出口货物吞吐量

数据来源：广东省交通厅。

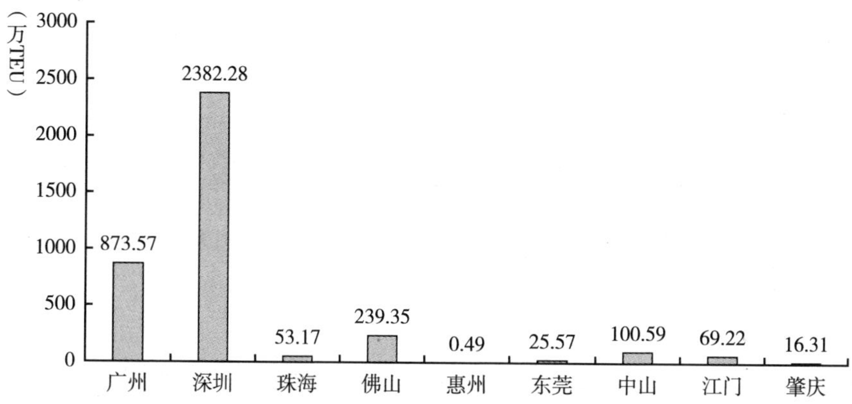

图 6　2019 年大湾区广东九市进出口集装箱吞吐量

数据来源：广东省交通厅。

吨，进出口集装箱吞吐量 905. 08 万 TEU；深圳港货物吞吐量为 26505. 67 万吨，其中进出口货物吞吐量 18896. 56 万吨，进出口集装箱吞吐量 2436. 42 万 TEU；珠海港货物吞吐量为 13367. 00 万吨，其中进出口货物吞吐量 3459. 12 万吨，进出口集装箱吞吐量 48. 85 万 TEU；佛山港货物吞吐量为 9284. 68 万吨，其中进出口货物吞吐量 2055. 65 万吨，进出口集装箱吞吐量 228. 17 万 TEU；惠州港货物吞吐量为 9636. 44 万吨，其中进出口货物吞吐量 4094.43 万吨，进出口集装箱吞吐量 0.80 万 TEU；东莞港货物吞吐量为 19856.57 万吨，其中进出口货物吞吐量 3324.55 万吨，进出口集装箱吞吐量 27.69 万 TEU；中山港货物吞吐量为 1311.55 万吨，其中进出口货物吞吐量 568.06 万吨，进出口集装箱吞吐量 98.44 万 TEU；江门港货物吞吐量为 10698.20 万吨，其中进出口货物吞吐量 848.39 万吨，进出口集装箱吞吐量 65.90 万 TEU；肇庆港货物吞吐量为 4789.14 万吨，其中进出口货物吞吐量 225.96 万吨，进出口集装箱吞吐量 16.30 万 TEU。

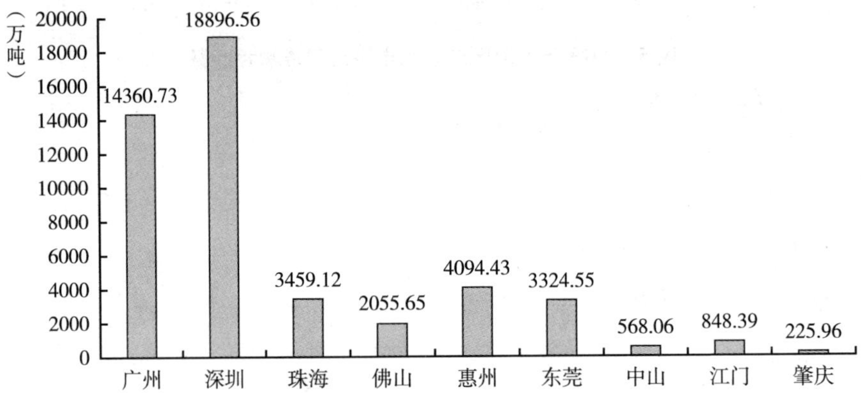

图 7　2020 年大湾区广东九市进出口货物吞吐量

数据来源：广东省交通厅。

2021 年大湾区外贸持续好转，港口外贸货物吞吐量明显增长。前三季度，广东港口货物吞吐量增长 6.7%，其中进出口货物吞吐量增长 13.4%。2021 年 1~11 月全国港口进出口货物吞吐量 25 强中，深圳排名第 7（进出口货物吞吐量 19004 万吨）、广州排名第 11（进出口货物吞吐量 14551 万吨）、惠州排名第 22（进出口货物吞吐量 3809 万吨）、珠海排名第 24（进出口货物吞吐量 3505 万吨）、东莞排名第 25（进出口吞吐量 3323 万吨）。

（四）大湾区航空货运

目前粤港澳大湾区拥有七个民航运输机场：香港国际机场、澳门国际机场、广州白云国际机场、深圳宝安国际机场、珠海金湾机场、惠州平潭机场

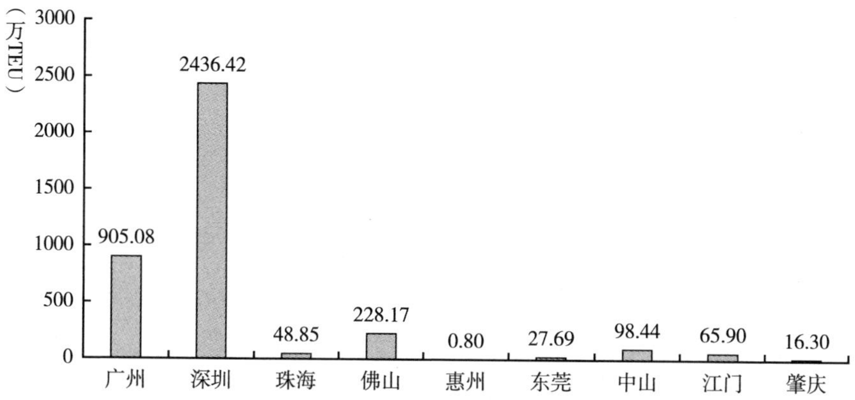

图 8 2020 年大湾区广东九市进出口集装箱吞吐量

数据来源：广东省交通厅。

和佛山沙堤机场，其中前四个为国际机场，香港、广州、深圳机场均定位为国际航空枢纽，引领大湾区航空港发展。

2019 年大湾区货邮吞吐量接近 810 万吨，其中香港国际机场货邮吞吐量约 480 万吨，广州白云国际机场货邮吞吐量约 192 万吨，深圳宝安国际机场货邮吞吐量约 128 万吨。2019 年大湾区各机场货邮吞吐量见图 9。虽然大湾区货邮吞吐量居全球各大湾区机场运输量之首，但大湾区内各机场之间实力悬殊，发展不平衡，且由于管理主体各不相同，难以协同发展。

受新冠疫情影响，2020 年货邮运输量呈断崖式下跌，其后因疫情防控形势向好而逐渐上升。2020 年全国航空货邮吞吐量为 676.6 万吨，同比下降 10.2%，其中国际航线货邮吞吐量为 223.1 万吨。与 2019 年相比 2020 年大湾区货邮吞吐量有所下降，为 771.17 万吨。其中，香港国际机场货邮吞吐量为 447.30 万吨，广州白云国际机场货邮吞吐量为 175.93 万吨，深圳宝安国际机场货邮吞吐量为 139.88 万吨。2020 年大湾区各机场货邮吞吐量见图 10。从货邮吞吐量来看，大湾区机场群在全国四大机场群（京津冀机场群、长三角机场群、粤港澳大湾区机场群、成渝机场群）中位列第一。

随着国内新冠疫情防控形势向好，国际航空货运的医疗设备、防疫物资等需求明显增加。

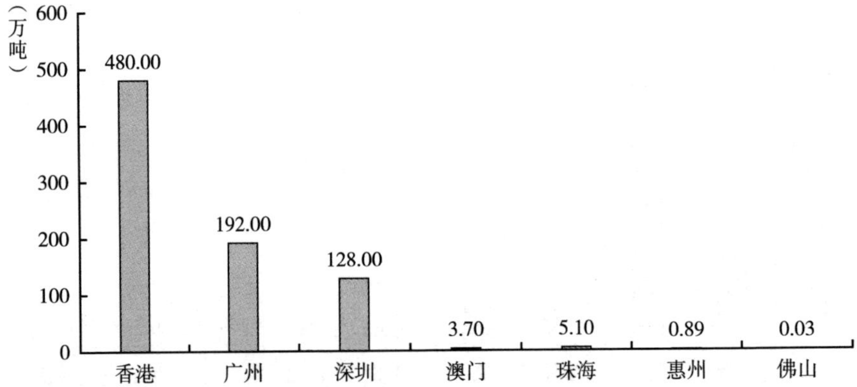

图 9　2019 年大湾区各机场货邮吞吐量

数据来源：《粤港澳大湾区建设报告（2020—2021）》。

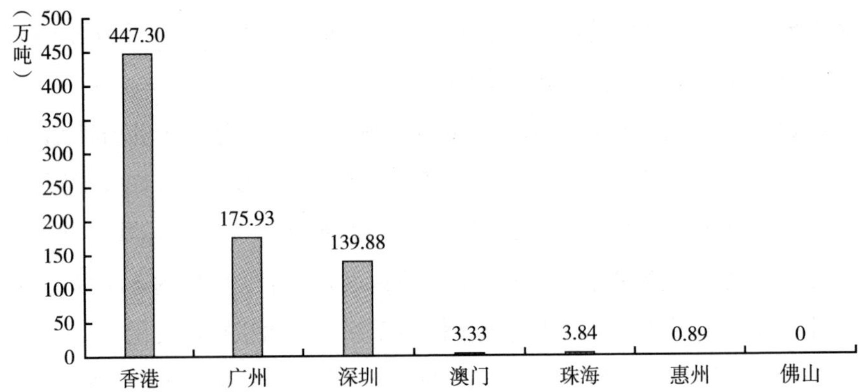

图 10　2020 年大湾区各机场货邮吞吐量

数据来源：《2021 年粤港澳大湾区航空机场市场发展现状分析　政策鼓励粤港澳大湾区机场群发展》，前瞻经济学人，2021 年 8 月 13 日。

（五）大湾区跨境铁路运输

2013 年，全国首趟“粤新欧”国际铁路联运专列于石龙站试点运行。

2015 年，广铁集团打通“粤满俄”新通道，将“粤货”通过满洲里口岸出境运往俄罗斯，增加两国物资运输新渠道。

2016 年 8 月 28 日，广东首趟统一品牌“中欧班列”正式发车，标志着广州至欧洲的中欧班列正式开通运行，弥补了广州在航空和航运枢纽之外的空白。珠三角生产的通信设备、皮具鞋服及小家电等通过中欧班列送至俄罗斯、德国、波兰、乌兹别克斯坦等国家。

2017 年 8 月 9 日，国内首列中越班列从广州大朗开往越南河内，全程 1200 公里。货物主要包括电子产品、通信设备和百货等。

在广东省海关的全力支持下，广东省国际货运班列持续高质量发展。新冠疫情期间，外贸企业面临国际航线停飞、公路受阻、海运拥堵等困境，广州（广物）中欧班列在做好防疫措施的前提下，助力外贸企业货物出口，并通过快装快运方式运送防疫物资到俄罗斯、德国及其他国家。广州、深圳、东莞作为粤港澳大湾区中欧班列的中心站，已将运输大通道延伸至多个“一带一路”沿线国家和地区。2021 年，据海关总署广东分署统计，广东省共开行中欧班列 426 列，同比增长近六成。同时，通过重点引入“铁路快速通关”模式，每列班列通关时间可节约近 3 小时。

2020 年 10 月 6 日，首批来自乌兹别克斯坦的集装箱货物——重约 1113 吨的钾肥，经大朗至南沙，在南沙港区综保区完成铁路集装箱到海运集装箱的转换，发往印度尼西亚。广东中亚班列首次以“铁路—驳船运输—海运”的铁水联运方式走出国门，打通“中亚—广州—东南亚”出海物流通道，实现了“丝绸之路经济带”和“21 世纪海上丝绸之路”的无缝联运。

2021 年 12 月 3 日，首班广州至老挝万象的中老铁路国际货运班列从广州增城西站开往老挝万象，班列共载 72 个标准集装箱，主要运输货物为机械设备、光伏材料、日用百货等，货重 608 吨，货值约 1500 万元人民币。同日，另一列中老国际班列（深圳—老挝）满载 35 个集装箱出口货物自平湖南站发往老挝万象，货值 732 万元人民币，主要是运输来自大湾区周边省市的灯具、电饭锅、电热水壶等电器产品、轻工类跨境电商类货物。

国际班列已然成为联通粤港澳大湾区和欧洲、东盟等国家的重要运输通道。

二　粤港澳大湾区跨境物流发展存在的问题

粤港澳大湾区拥有世界级港口群、机场群和较完善的铁路网络，在跨境物流方面具有较大的区位优势，但同时也存在一些发展上的问题。

（一）大湾区港口发展不均衡，协调性不足

粤港澳大湾区港口群吞吐量规模在全球已首屈一指，在国际集装箱班轮运输中也起到枢纽作用。但各港口之间地理位置临近，在货源上存在较强的竞争性。各港口为了吸引货源，纷纷加大投资进而可能存在浪费资源的情况。此外，由于复杂的资本结构、多元的投资主体和制度差异等因素，大湾区内各港口发展不均衡，港口间资源整合还存在一定难度，各港口信息也缺乏互联与共享。

（二）国际航空货运网络不完善

《"十四五"航空物流发展专项规划》指出我国航空物流企业全货机规模偏小，专业化、全链条服务滞后，海外服务保障支撑不足，国际全货运网络尚未实现自主可控，不能较好地满足跨境电商、冷链运输等新兴消费需求，与先进制造业等的协同联动性不足。航空货运代理企业在货源组织能力、服务质量等方面与国际水平相比存在较大差距。长期以来我国航空货运发展都滞后于客运，粤港澳大湾区航空货运发展水平虽然在全国领先，但仍然存在货运网络不完善等问题。

（三）"一国两制"框架下，大湾区跨境物流存在政策壁垒

从合作机制来看，粤港澳大湾区最大的特点是一个国家、两种制度、三个法律体系。经济体制的差异性有利于在合作中产生制度互补收益，使香港、澳门在国家对外开放和经济发展中发挥其他城市无法替代的作用，但同时也会产生摩擦和成本，给大湾区发展带来一定的困难。由于粤港澳大湾区

内政策体制的差异，粤、港、澳三地在物流通关、供应链金融、物流业准入等方面也均存在差异。此外，大湾区内还缺乏物流信息共享和大数据平台支撑。香港和澳门拥有独立的数据安全法律制度，在这种“一国两制”、三个法律体系的情况下，大湾区三地涉及跨境数据传输的要求和标准难以协同，形成了一定的壁垒。

三 粤港澳大湾区跨境物流发展建议

为了促进粤港澳大湾区跨境物流更好地发展，未来可从以下思路进一步建设。

（一）加强各港口之间的合作，建立优势互补、协调发展的竞合体系

粤港澳大湾区各港口间需建立优势互补、差异化发展的竞合机制，以广州港、深圳港、香港港为核心，其他港口为两翼，统筹规划，形成良性竞争和发展。大湾区港口各具优势，深圳港集装箱吞吐量居第一，国际集装箱班轮航线占广东省的近 2/3，有通往 100 多个国家和地区的 300 多个港口，全球超过 1 万标箱以上的集装箱船舶 80%靠泊深圳港；广州港货物吞吐量和营业收入最高，旗下的南沙港是华南地区功能最全、规模最大、辐射范围最广的综合性主枢纽港和集装箱干线港；香港港有便利的通关政策，侧重于国际中转货物；香港港、广州港、深圳港和珠海港是海上丝绸之路与路上丝绸之路的重要连接枢纽；东莞港和佛山港货物吞吐量大，是大湾区重要的交通枢纽；中山港与肇庆港能与中欧班列等接驳。应利用大湾区各港口的优势，建立协调发展的竞合体系。

（二）完善各路航线网络，促进粤港澳大湾区航空货运的高质量发展

《粤港澳大湾区发展规划纲要》明确提出，要巩固提升香港国际航空枢纽地位，依托香港物流优势，发展高增值货运等；提升广州和深圳机场国

际枢纽竞争力，增强澳门、珠海等机场功能。2020 年 7 月，为贯彻落实《粤港澳大湾区发展规划纲要》，民航局印发《民航局关于支持粤港澳大湾区民航协同发展的实施意见》，提出以打造更高质量、更加协调、更可持续、更具国际竞争力的世界级机场群为目标，以构建统筹有力、竞争有序、共建共享、深度融合的民航协同发展新格局为保障，着力推进改革创新，不断深化互利合作，努力将粤港澳大湾区建设成为民航深化改革开放的排头兵和新时代民航强国建设的先行区，为建设世界一流湾区提供有力支撑。

2021 年 2 月，中共中央、国务院印发了《国家综合立体交通网规划纲要》，提出重点建设京津冀、长三角、粤港澳大湾区、成渝四大世界级机场群。在国务院新闻办举行的落实《国家综合立体交通网规划纲要》精神、加快建设交通强国新闻发布会上，中国民用航空局副局长董志毅表示未来将加速构建完善的现代化国家机场体系和航空运输网络体系，进一步发挥民航在交通运输领域中的比较优势。除了在机场网方面加快建成世界级机场群外，还有在航路网方面：一是要加快与机场网的协同，着力提升世界级机场群以及繁忙机场空域的运行容量；二是要推动主要机场群之间构建基于大容量通道、平行航路和单向循环等先进运行方式的高空航路航线网络；三是推动我国航路网与亚太航路网的高效衔接，构建结构清晰、衔接顺畅的国际航路航线网络；四是要统筹运输航空和通用航空的发展需求，构建适应各类航空用户需求的中低空航路航线网络。

（三）加快国际性综合交通枢纽建设，整合粤港澳大湾区内公路、水路、铁路、民航等基础设施资源，促进多式联运发展

粤港澳大湾区要建设面向世界的国际性交通枢纽，必须衔接海陆空运输，推进交通一体化建设。依托公铁联运、铁水联运、陆空联运、空水联运等国际陆海空联运，大湾区可实现“一带一路”的互联互通，建成衔接“一带一路”的水铁联运大通道。在广东省人民政府办公厅发布的《关于推进跨境电商高质量发展的若干政策措施》的助力下，大湾区将提高跨境电

商通关便利化水平，更好地发展“海陆空铁”多式联运。

2021 年 12 月国务院办公厅发布了《推进多式联运发展优化调整运输结构工作方案（2021—2025 年）》，指出应提升多式联运承载能力和衔接水平，加快长三角地区、粤港澳大湾区铁水联运、江海联运发展，并提出工作目标：到 2025 年，多式联运发展水平明显提升，基本形成大宗货物及集装箱中长距离运输以铁路和水路为主的发展格局，全国铁路和水路货运量比 2020 年分别增长 10%和 12%左右，集装箱铁水联运量年均增长 15%以上。重点区域运输结构显著优化，京津冀及周边地区、长三角地区、粤港澳大湾区等沿海主要港口利用疏港铁路、水路、封闭式皮带廊道、新能源汽车运输大宗货物的比例力争达到 80%。

香港机场管理局积极发展香港国际机场与大湾区其他城市的海空货物联运，在东莞设立上游“香港国际机场物流园”，在香港机场设立“空侧海空联运货运码头”，首创跨关境安检前置。可参考莞港合作模式，发展多式联运，进一步促进大湾区跨境物流的协同发展。

（四）“一国两制”框架下促进粤港澳大湾区跨境物流协同发展

“一国两制”、三个关税区、三个法律体系是粤港澳大湾区的特点乃至优点，但跨区域与跨制度的协同机制有待完善。在“一国两制”条件下，如何让大湾区内各城市跨境物流协调发展，构建跨境物流综合体系，进一步实现物流资源的合理和优化配置，是未来的发展方向之一。这需要发挥政府的规划和协调作用，促进市场在区域资源配置中发挥基础作用，加强大湾区合作模式和合作制度的创新。莞港合作的香港国际机场物流园暨空侧海空联运货运码头项目和珠澳合作的“鹤洲清关+澳门头程”跨境电商物流组合模式，都是大湾区跨境物流协同发展的新模式，将会对大湾区经济发展起到极大的促进作用。

第六章
粤港澳大湾区快递物流发展报告

快递物流业是现代流通体系的重要组成部分，在稳定产业供应链、服务乡村振兴、助力构建新发展格局等方面发挥了重要作用，是促进消费、便利生活、畅通循环、服务生产的现代化先导产业。快递业具有带动产业领域广、吸纳就业人数多、经济附加值高、技术特征显著等特点，能将信息传递、物品递送、资金流通和文化传播等多种功能融合在一起，关联生产、流通、消费、投资和金融等多个领域，是现代社会不可替代的基础产业。从当下国内环境看，电子商务多元发展，农业现代流通体系加速构建，制造业升级优化，快递发展需求不断扩大、使用场景更趋丰富，为提升快递服务供给能力赋予机会。与此同时，从国际环境看，世界正面临百年未有之变局，新冠疫情冲击全球产业链，国际政治格局深刻变化，线上线下消费不断调整，快递物流业在权益保障、服务创新、绿色发展等领域面临更大压力。粤港澳大湾区快递物流业正处于重要的战略窗口期。

一　粤港澳大湾区快递物流发展现状

（一）粤港澳大湾区快递业发展政策概况

2021 年是我国“十四五”规划的开局之年，也是我国快递物流业由高速增长转向高质量发展的关键一年。

2021 年 1 月，广东省修订了《广东省快递市场管理办法》，落实了机构改革的最新成果，调整了快递业务经营许可有关内容，规范了快递服务质量相关要求，完善了快递安全监管有关规定。广东省人社厅、省财政厅、省税务局出台了《关于单位从业的超过法定退休年龄劳动者等特定人员参加工伤保险的办法（试行）》，首次将快递、网约车、外卖等新业态从业人员纳入工伤保险参保范围。快递从业人员由所在组织自愿选择为其单项参加工伤保险、缴纳工伤保险费，参保人员可按规定享受工伤保险基金支付的各项工伤保险待遇。3 月，施行《邮件快件包装管理办法》，明确邮件快件包装管理总体要求和包装选用要求，细化了包装操作要求。4 月，出台《关于加快推进快递包装绿色转型的意见》，强化快递包装绿色治理，加强电商快递规范管理，增加绿色产品供给。5 月，印发《关于推进广东省邮政快递业高质量发展的实施方案》，坚持邮政快递业数字化、智能化、绿色化、国际化发展方向，打造大湾区世界级寄递枢纽。7 月，国家发展改革委印发《国家物流枢纽网络建设实施方案（2021—2025 年）》，指出"十四五"期间将聚焦打造"通道+枢纽+网络"现代物流运行体系，支撑构建以国内大循环为主体、国内国际双循环相互促进的新发展格局。9 月，广东省邮政管理局和省发展改革委、省交通厅联合颁布实施《广东省邮政业发展"十四五"规划》，落实《粤港澳大湾区发展规划纲要》和《关于促进粤港澳大湾区邮政业发展的实施意见》，促进粤港澳大湾区邮政业发展，鼓励粤港澳邮政快递企业加强合作。11 月发布《广东省邮政业"十四五"基础设施专项规划》，将邮政快递基础设施建设布局纳入粤港澳大湾区城市规划，加快构建国际集散能力强、国内辐射范围广、区域联通水平高的大湾区寄递网络。12 月，国家邮政局出台了《"十四五"快递业发展规划》，快递物流行业由价格竞争转向高质量发展的特征进一步清晰。广东省人民政府办公厅印发《关于推进跨境电商高质量发展的若干政策措施》，"快递出海"得到政策支持，提出要提升仓储物流效率，提高跨境电商通关便利化水平，并支持南沙粤港澳大湾区共享国际货运中心、前海离港空运服务中心和香港国际机场物流园暨空侧海空联运货运码头等项目建设。

2022 年 1 月，国家邮政局公布《现行邮政业标准发布目录》。4 月，国家邮政局、公安部、国家互联网信息办公室联合部署，开展为期半年的邮政快递领域个人信息安全治理专项行动。5 月，住房和城乡建设部办公厅、国家邮政局办公室发布了《关于做好疫情防控期间寄送服务保障工作的通知》，提出保障邮政快递民生服务畅通运行，完善骨干节点和网点管理。广东省工业和信息化厅印发《2022 年广东省数字经济工作要点》，提出要加快邮政快递业升级，推动县域城乡寄递物流运输的无人化、绿色化和智能化，有效构建公共集约、便民高效、辐射全国、覆盖城乡的物流网络。6 月，商务部、国家邮政局等八部门出台《关于加快贯通县乡村电子商务体系和快递物流配送体系有关工作的通知》，升级改造一批县级物流配送中心，促进县城快递物流资源整合，建设一批农村电商快递协同发展示范区，提升公共寄递物流服务能力。农业农村部办公厅、财政部办公厅发布《关于做好2022 年农产品产地冷藏保鲜设施建设工作的通知》，依托产地冷藏保鲜设施，鼓励引导邮政快递、供销合作社、电子商务、商贸流通等主体利用既有流通网络优势，推动冷链物流服务网络向农村延伸。7 月，国家邮政局办公厅发布了《关于进一步做好疫情期间邮政快递业保通保畅工作的指导意见》，统筹疫情防控和服务经济社会发展，切实保障邮政快递业运行畅通。11 月，交通运输部印发《公路水路进口冷链食品物流新冠病毒防控和消毒技术指南（第六版）》的通知，进一步强化公路、水路进口冷链食品物流疫情防控工作。12 月，交通运输部印发《道路货运车辆、从业人员及场站新冠肺炎疫情防控工作指南（第七版）》的通知，取消了查验健康码、实施“落地检”有关要求。国务院物流保通保畅工作领导小组印发《关于进一步畅通邮政快递服务保障民生物资运输的通知》，发挥骨干邮政快递企业作用，落实邮政快递疫情防控措施，做好邮政快递保通保畅工作。

（二）粤港澳大湾区快递业务的城市情况

国家邮政局公布的邮政行业运行情况数据显示，2021 年我国快递服务企业业务量完成 1083 亿件，同比增长 29.9%；业务收入累计完成 10332.3 亿元，同比增长 17.5%。其中，来自广东的快递包裹占比超过 1/4。而 2022 年 1~11 月，我国快递行业经受住疫情带来的冲击，快递业务收入累计完成 9569.8 亿元，同比增长 1.6%；快递业务量累计完成 1002.1 亿件，同比增长 2.2%。

广东省邮政管理局公布的数据显示，2021 年，广东省快递服务企业业务量累计完成 294.6 亿件，同比增长 33.4%；业务收入累计完成 2454.3 亿元，同比增长 12.5%。其中，同城业务量累计完成 38.9 亿件，同比增长 15.8%；异地业务量累计完成 244.0 亿件，同比增长 38.2%；国际/港澳台业务量累计完成 11.6 亿件，同比增长 9.9%。广东省快递行业业务总量、业务收入和快递业务收入占全国比重均超过 1/5，快递业务量占全国比重超过 1/4，四项指标均居全国第一。而 2022 年 1~11 月，广东省快递服务企业业务量累计完成 275.5 亿件，同比增长 3.3%；业务收入累计完成 2277.7 亿元，同比增长 1.6%。其中，同城快递业务量累计完成 31.0 亿件，同比下降 11.8%；异地快递业务量累计完成 234.3 亿件，同比增长 6.1%；国际/港澳台业务量累计完成 10.1 亿件，同比下降 5.1%。

1. 广州

广州是广东省省会，是全省政治、经济、科技、教育和文化中心，是泛珠江三角洲经济区和粤港澳大湾区的中心城市以及“一带一路”的交通枢纽。

广州市邮政管理局公布的广州市邮政行业运行情况数据显示，2021 年广州市快递服务企业业务量累计完成 106.78 亿件，同比增长 40.21%；业务收入累计完成 817.19 亿元，同比增长 17.74%。依照城市排名，广州居全国第二位。细分业务类别来看，2021 年广州市同城业务量累计完成 15.83 亿件，同比增长 41.98%；异地业务量累计完成 89.57 亿件，同比增长 40.91%；国际/港澳台业务量累计完成 1.38 亿件，同比下降 4.35%。从业务量和业务收入占比来看，2021 年广州市同城、异地、国际/港澳台快递业务量分别占全部快递业务量的 14.83%、83.88%、1.29%，业务收入分别占全部快递收入的 9.57%、63.84%、15.26%。与上一年同期相比，同城快递业务量的比重下降 10.99 个百分点；异地快递业务量的比重上升 21.71 个百分点；国际/港澳台业务量的比重下降 10.72 个百分点。

2022 年 1~11 月，广州快递服务企业业务量累计完成 93.51 亿件，同比下降2.8%；业务收入累计完成770.79亿元，同比增长3.25%。其中，同城、异地、国际/港澳台快递业务量分别占全部快递业务量的14.35%、84.72%、0.92%，业务收入分别占全部快递收入的7.68%、60.45%、17.69%。与上年同期相比，同城快递业务量的比重下降0.36个百分点，异地快递业务量的比重上升0.78个百分点，国际/港澳台业务量的比重下降0.42个百分点。

2. 深圳

深圳是全国经济中心城市、科技创新中心、区域金融中心、商贸物流中心，是连接香港和中国内地的纽带与桥梁，也是中国第一个经济特区。

深圳市邮政管理局公布的邮政行业运行情况数据显示，2021年深圳市快递服务企业业务量累计完成59.8亿件，同比增长11.3%；业务收入累计完成648.9亿元，同比下降1.26%。按照城市排名，深圳居全国第三位。细分业务类别来看，2021年，深圳市同城业务量累计完成11.8亿件，同比增长10.6%；异地业务量累计完成40.0亿件，同比增长10.9%；国际/港澳台业务量累计完成8.1亿件，同比增长14.7%。就业务量和业务收入来看，2021年，深圳市同城、异地、国际/港澳台快递业务量分别占全部快递业务量的19.7%、66.8%、13.5%，业务收入分别占全部快递收入的9.3%、41.3%、40.7%。与上一年同期相比，同城快递业务量的比重下降0.1个百分点，异地快递业务量的比重下降0.3个百分点，国际/港澳台业务量的比重上升0.4个百分点。

2022年1~11月，深圳市快递服务企业业务量累计完成52.7亿件，同比下降2.7%；业务收入累计完成543.3亿元，同比下降8.0%。其中，同城、异地、国际/港澳台快递业务量分别占全部快递业务量的15.2%、70.5%、14.3%，业务收入分别占全部快递收入的7.9%、40.7%、41.4%。与上年同期相比，同城快递业务量的比重下降4.6个百分点，异地快递业务量的比重上升4.0个百分点，国际/港澳台业务量的比重上升0.6个百分点。

3. 珠海

珠海区位优越，濒临南海。港珠澳大桥竣工后，珠海成为内地唯一与香港、澳门同时陆路相连的城市，亦是仅次于深圳的中国第二大口岸城市。

珠海市邮政管理局发布的邮政快递业运行情况数据显示，2021 年珠海市居民收寄快递总计 4. 67 亿件，其中寄件为 1. 56 亿件，收件为 3. 11 亿件。2021 年，珠海市快递服务企业业务量累计完成 15642. 01 万件，较上一年增长 26. 14%；业务收入累计完成 22. 41 亿元，同比增长 12. 07%。其中，珠海快递企业同城业务量累计完成 1979. 31 万件，同比增长 22. 74%；异地业务量累计完成 12503. 38 万件，同比增长 32. 75%；国际/港澳台业务量累计完成 1159. 33 万件，同比下降 15. 32%。

2022 年 1～11 月，珠海市快递服务企业业务量累计完成 1. 54 亿件，同比增长 8. 89%；业务收入累计完成 20. 57 亿元，同比下降 4. 93%。其中，同城、异地、国际/港澳台快递业务量分别占全市快递业务量的 7. 44%、91. 37%、1. 19%，快递业务收入分别占全市快递收入的 3. 89%、61. 67%、18. 22%。与上年同期相比，同城快递业务量的比重下降 5. 58 个百分点，异地快递业务量的比重上升 12. 03 个百分点，国际/港澳台业务量的比重下降 6. 45 个百分点。

4. 佛山

佛山历史文化底蕴深厚，是国家历史文化名城，地处珠江三角洲腹地，是中国重要的制造业基地、珠三角地区西翼经贸中心和综合交通枢纽。

佛山市邮政管理局发布的邮政快递业运行情况数据显示，2021 年佛山市快递业务量 14. 24 亿件，同比增长 49. 15%；业务收入 159. 71 亿元，同比增长 30. 62%。其中，国内同城快递业务 2. 23 亿件，同比增长 68. 76%；国内异地快递业务 11. 80 亿件，同比增长 46. 84%；国际/港澳台业务 2138. 37 万件，同比增长 11. 11%。2021 年，佛山市同城、异地、国际/港澳台快递业务量分别占全部快递业务量的 15. 62%、82. 87%、1. 50%，业务收入分别占全部快递收入的 16. 17%、62. 97%、12. 21%。与上一年同期相比，同城快递业务量的比重上升 1. 81 个百分点，异地快递业务量的比重下降 1. 31 个百分点，国际/港澳台业务量的比重下降 0. 52 个百分点。

2022 年 1～11 月，佛山市快递业务量 14. 39 亿件，同比增长 11. 34%；业务收入 156. 63 亿元，同比增长 7. 40%。其中，同城、异地、国际/港澳台快递业务量分别占全部快递业务量的 14.75%、84.00%、1.24%，业务收入分别占全部快递收入的 6.92%、61.50%、11.14%。与上年同期相比，同城快递业务量的比重下降 0.9 个百分点，异地快递业务量的比重上升 1.2 个百分点，国际/港澳台业务量的比重下降 0.31 个百分点。

5. 惠州

惠州市是历史文化名城，资源丰富，生态优美，设有大亚湾经济技术开发区和仲恺高新技术产业开发区两个国家级开发区。

惠州市邮政管理局发布的邮政快递业运行情况数据显示，2021 年惠州市快递服务企业业务量累计完成 49100.87 万件，同比增长 26.80%；业务收入累计完成 51.56 亿元，同比增长 20.33%。其中，同城快递业务量 5963.30 万件，同比增长 8.63%；国内异地快递业务量 42793.31 万件，同比增长 29.97%；国际/港澳台快递业务量 344.25 万件，同比增长 12.34%。2021 年，惠州市同城、异地、国际/港澳台快递业务量分别占全部快递业务量的 12.15%、87.15%、0.70%，业务收入分别占全部快递收入的 57.38%、17.96%、17.07%。与上一年同期相比，同城快递业务量的比重下降 2.03 个百分点，异地快递业务量的比重上升 2.12 个百分点，国际/港澳台业务量的比重下降 0.09 个百分点。

2022 年 1~11 月，惠州市快递服务企业业务量累计完成 51011.32 万件，同比增长 14.21%；业务收入累计完成 47.61 亿元，同比增长 2.02%。其中，同城、异地、国际/港澳台快递业务量分别占全部快递业务量的 10.94%、88.50%、0.56%，业务收入分别占全部快递收入的 7.05%、56.93%、17.46%。与上年同期相比，同城快递业务量的比重下降 1.27 个百分点，异地快递业务量的比重上升 1.42 个百分点，国际/港澳台业务量的比重下降 0.15 个百分点。

6. 东莞

东莞是岭南文明的重要发源地，制造业重点行业包括电子信息、电气机械及设备、纺织服装、食品饮料、造纸及纸制品五大支柱产业。

东莞市邮政管理局发布的邮政快递业运行情况数据显示，2021 年东莞市快递服务企业业务量累计完成 268421. 28 万件，同比增长 26. 80%；业务收入累计完成 281. 07 亿元，同比增长 12. 35%。按照城市排名，东莞居全国第七位。其中，同城业务量累计完成 42562. 81 万件，同比下降 17. 08%；异地业务量累计完成 209198. 55 万件，同比增长 44. 94%；国际/港澳台业务量累计完成 16659. 92 万件，同比增长 3. 95%。2021 年，东莞市同城、异地、国际/港澳台业务量分别占全部快递业务量的 15. 86%、77. 94%、6. 21%，业务收入分别占全部快递收入的 8. 73%、52. 20%、27. 31%。与上一年同期相比，同城业务量的比重下降 8. 39 个百分点，异地业务量的比重上升 9. 76 个百分点，国际/港澳台业务量的比重下降 1. 36 个百分点。

2022 年 1~11 月，东莞市快递服务企业业务量累计完成 260177. 10 万件，同比增长 7. 14%；业务收入累计完成 260. 43 亿元，同比增长 1. 32%。其中，同城、异地、国际/港澳台业务量分别占全部快递业务量的 13. 65%、80. 92%、5. 43%，业务收入分别占全部快递收入的 6. 99%、50. 94%、28. 49%。与上年同期相比，同城业务量的比重下降 2. 3 个百分点，异地业务量的比重上升 3. 15 个百分点，国际/港澳台业务量的比重下降 0. 85 个百分点。

7. 中山

中山市是先进制造业基地和现代化服务业基地，拥有国家高新区火炬开发区、大湾区重要平台翠亨新区。

中山市邮政管理局发布的邮政快递业运行情况数据显示，2021 年中山市快递服务企业业务量累计完 72558. 80 万件，同比增长 18. 96%；业务收入累计完成 67. 26 亿元，同比增长 4. 19%。其中，同城业务量累计完成 5796. 41 万件，同比下降 37. 03%；异地业务量累计完成 66256. 18 万件，同比增长 29%；国际/港澳台业务量累计完成 506. 21 万件，同比增长 18. 12%。2021 年，同城、异地、国际/港澳台快递业务量分别占全部快递业务量的 7. 99%、91. 31%、0. 70%，业务收入分别占全部快递收入的 5. 46%、66. 13%、14. 94%。与上一年同期相比，同城快递业务量的比重下降 7. 1 个百分点，异地快递业务量的比重上升 7. 1 个百分点，国际/港澳台业务量的比重与上年持平。

2022年1~11月，中山市快递服务企业业务量累计完成78571.4万件，同比增长20.48%；业务收入累计完成66.37亿元，同比增长7.95%。其中，同城、异地、国际/港澳台快递业务量分别占全部快递业务量的7.04%、92.53%、0.43%，业务收入分别占全部快递收入的3.86%、64.79%、12.72%。与上年同期相比，同城快递业务量的比重下降1.1个百分点，异地快递业务量的比重上升1.37个百分点，国际/港澳台业务量的比重下降0.27个百分点。

8.江门

江门市是粤港澳大湾区的重要节点城市、珠三角及港澳地区与粤西连接的重要交通枢纽，新兴产业发展迅速，着力打造成为粤港澳大湾区先进制造业城市。

江门市邮政管理局发布的邮政快递业运行情况数据显示，2021年，江门市快递服务企业业务量累计完成18493.93万件，同比增长45.87%；业务收入累计完成23.35亿元，同比增长29.51%。其中，同城业务量累计完成2737.68万件，同比增长20.13%；异地业务量累计完成15591.89万件，同比增长52.57%；国际/港澳台业务量累计完成164.36万件，同比下降8.83%。2021年江门同城、异地、国际/港澳台快递业务量分别占全部快递业务量的14.08%、84.31%、0.89%，业务收入分别占全部快递收入的8.10%、54.99%、15.76%。与上一年同期相比，同城快递业务量的比重下降3.17个百分点，异地快递业务量的比重上升3.7个百分点，国际/港澳台业务量的比重下降0.53个百分点。

2022年1~11月，江门市快递服务企业业务量累计完成17032.99万件，同比增长2.14%；业务收入累计完成22.20亿元，同比增长5.02%。其中，同城、异地、国际/港澳台快递业务量分别占全部快递业务量的12.66%、86.46%、0.88%，业务收入分别占全部快递收入的6.76%、55.11%、16.85%。与上年同期相比，同城快递业务量的比重下降2.13个百分点，异地快递业务量的比重上升2.17个百分点，国际/港澳台业务量的比重下降

0.04个百分点。

9. 肇庆

肇庆市历史悠久、旅游资源丰富，是中国历史文化名城和首批中国优秀旅游城市，拥有黄金、玉石等50多种矿产资源，被誉为广东的“黄金之乡”“中国砚都”。

肇庆市邮政管理局发布的邮政快递业运行情况数据显示，2021年肇庆市快递服务企业业务量累计完成17085.88万件，同比增长33.89%；业务收入累计完成16.39亿元，同比上升28.05%。其中，同城业务量累计完成1009.84万件，同比上升4.86%；异地业务量累计完成16022.70万件，同比增长36.71%；国际/港澳台业务量累计完成53.34万件，同比下降31.19%。2021年肇庆市同城、异地、国际/港澳台快递业务量分别占全部快递业务量的5.91%、93.78%、0.31%，业务收入分别占全部快递收入的3.82%、59.16%、5.28%。与上一年同期相比，同城快递业务量比重下降了1.64个百分点，异地快递业务量比重上升了1.93个百分点，国际/港澳台业务量下降了0.3个百分点。

2022年1~11月，肇庆市快递服务企业业务量累计完成16742.30万件，同比增长10.81%；业务收入累计完成16.31亿元，同比增长10.85%。其中，同城、异地、国际/港澳台快递业务量分别占全部快递业务量的4.18%、95.48%、0.34%，业务收入分别占全部快递收入的3.15%、58.43%、8.53%。与上年同期相比，同城快递业务量比重下降1.82个百分点，异地快递业务量比重上升了1.81个百分点，国际/港澳台业务量比重上升0.02个百分比。

10. 香港和澳门

香港是全球第三大金融中心，重要的国际金融、贸易、航运中心和国际创新科技中心，也是全球最自由经济体和最具竞争力的城市之一。而澳门是国际自由港、世界旅游休闲中心、世界四大赌城之一，也是世界人口密度最高的地区之一。受疫情限制，粤港澳往来快递数量减少。但香港和澳门在构建国内国际“双循环”经济架构中的优势明显，既能成为国家参与国际循环的“中介人”，也能透过在内地发展专业服务参与内循环，是国内大循环的参与者和国内国际“双循环”的促成者。

2021 年我国国际/港澳台快递业务量达 21 亿件，较 2020 年增加了 2.60 亿件，同比增长 14.13%。随着快递业务量的增加，业务收入也在增长。2021 年我国国际/港澳台快递业务收入达 1167.5 亿元，较 2020 年增加了 94.15 亿元，同比增长 8.77%。2022 年 1~11 月，我国国际/港澳台业务量累计完成 17.8 亿件。

（三）粤港澳大湾区九市快递服务企业业务量和业务收入情况

2021 年我国快递行业实现业务量 1083 亿件，业务收入完成 10332.3 亿元，稳居全球第一大快递市场的地位。盘点粤港澳大湾区快递业务城市情况，可以得到 2021 年全年和 2022 年 1~11 月粤港澳大湾区九市快递服务企业业务量和业务收入情况，具体如表 1 和表 2 所示。

表 1　2021 年粤港澳大湾区九市快递服务企业业务量和业务收入情况

城市	快递业务量累计（万件）	同比增长（%）	快递收入累计（万元）	同比增长（%）
广州	1067831.25	40.21	8171900.08	17.74
深圳	597984.35	11.31	6489185.10	-1.26
珠海	15642.01	26.14	224111.20	12.07
佛山	142372.94	49.15	1597063.04	30.62
惠州	49100.87	26.80	515598.52	20.33
东莞	268421.28	26.80	2810693.4	12.35
中山	72558.80	18.96	672571.51	4.19
江门	18493.93	45.87	233488.61	29.51
肇庆	17085.88	33.89	163922.32	28.05

整体来看，具有鲜明的外向型经济发展特征的粤港澳地区作为国家核心湾区城市集群，城市间经济关联度高。虽受到疫情的影响，但粤港澳大湾区快递整体业务保持了向好的发展态势。

表 2　2022 年 1~11 月粤港澳大湾区九市快递服务企业业务量和业务收入情况

城市	快递业务量累计（万件）	同比增长（%）	快递收入累计（万元）	同比增长（%）
广州	935123.56	-2.80	7707895.61	3.25
深圳	527312.34	-2.72	5432230.46	-8.03
珠海	15398.59	8.89	205706.66	-4.93
佛山	143929.40	11.34	1566251.55	7.40
惠州	51011.32	14.21	476149.99	2.02
东莞	260177.10	7.14	2604304.22	1.32
中山	78571.40	20.48	663668.04	7.95
江门	17032.99	2.14	222003.58	5.02
肇庆	16742.30	10.81	163110.32	10.85

疫情期间，居家倡议及无接触经济的发展，对快递产业发展形成了持续推力。粤港澳大湾区快递产业集中分布在广州、深圳、东莞三地。广州和深圳两座核心城市的快递业务量占六成。东莞、佛山、珠海、中山、惠州、江门等城市不断吸收着从广州、深圳溢出的人口、产业等资源，不论是快递业务量还是人口、GDP 增速均有所增长。高度开放的营商环境、良好的经济发展势头、快速的人口增长、稳定增加的消费和不断释放的政策利好，叠加出口导向型经济发展带来的旺盛的进出口需求，共同推动着粤港澳大湾区快递物流市场持续发展。

二　粤港澳大湾区快递物流发展问题

（一）快递市场竞争加剧，产业组织聚集度不高

从上文所述的粤港澳大湾区快递物流发展现状来看，即使 2021 年以来承受疫情压力，但实体经济的复苏给快递物流带来了强大支撑。我国快递业务量突破了千亿大关。

2021 年 1 月，中国邮政集团有限公司相关负责人表示，中国邮政寄递

业务处理能力已突破1亿件/天，中国邮政寄递业务能力建设实现了“三级跳”。数据显示，2018年为5000万件/天，2019年为7600万件/天，2020年突破1亿件/天。国家邮政局监测数据显示，2021年“双11”期间（11月1~16日），全国邮政、快递企业共揽收快递包裹68亿件，同比增长18.2%；共投递快递包裹63亿件，同比增长16.2%。其中，第一个高峰日出现在11月1日，当日全国共揽收快递包裹5.69亿件，同比增长28.5%，超过当年前9个月日均业务量1倍以上；第二个高峰是11月11日，当天全国共揽收快递包裹6.96亿件，稳中有升，再创历史新高。

在快递业务量创新高的环境下，越来越多的快递企业进入百强榜。2021年9月在中国民营企业500强峰会上全国工商联发布了《2021年中国民营企业500强报告》。在邮政快递行业，顺丰、中通、圆通、韵达、百世和德邦等六家快递企业入围中国民营企业500强。其中，顺丰排名第40位，中通排名第210位，圆通排名第300位，韵达排名第312位，百世排名第361位，德邦排名第399位。2022年《财富》中国500强榜单发布，具体到快递领域，上市快递企业全部上榜。顺丰以2071亿元营收排名第61位，圆通以451亿元营收排名第279位，韵达以417亿元营收排名第299位，德邦以313亿元营收排名第385位，中通以304亿元营收排名第396位，申通以252亿元营收排名第455位。

快递业务迅速增长的同时，快递物流竞争进一步加剧。快递市场复燃“价格战”，以价换量的态势再度显现。2021年，极兔速递在全国各地低价倾销，给老牌的快递企业带来了极大的压力和挑战。2021年4月，极兔、百世两家快递公司由于低价倾销，被当地邮政局处罚停运整顿。2021年7月，国家市场监督管理总局发布了《价格违法行为行政处罚规定（修订征求意见稿）》，监管快递行业的“价格战”等市场乱象。2021年10月，百世集团宣布把国内快递业务出售给极兔速递，作价68亿元人民币，包括国内快递相关公司的股权、资产、网点、转运中心、人员、技术、系统等。

快递物流“价格战”的背后，其实是快递物流“小而散、多而弱”的行业现状。粤港澳大湾区定位为国际一流湾区和全球物流枢纽，同时还依托于“一带一路”倡议、深圳中国特色社会主义先行示范区等政策，但大湾区尚未出现全球性物流龙头企业，快递物流产业组织聚集度不高。

作为粤港澳大湾区快递物流龙头企业的顺丰控股，规模大、实力强，在我国快递市场具有较强竞争力。2021 年 2 月，顺丰控股宣布拟部分要约收购嘉里物流 51.8%的股权。嘉里物流是以亚洲为基地，拥有高度多元化业务及强大亚洲网络覆盖的国际第三方物流服务供应商，业务涵盖一系列供应链解决方案，包括综合物流、国际货代、工业项目物流、跨境电子商务，以及“最后一里”派送和基建投资等。顺丰收购嘉里物流股权，对其拓展国际网络和优化产品结构起到了极大的作用，有利于加速向综合物流服务商转型。2021 年 12 月，顺丰同城在香港联交所主板挂牌上市，成为港股即时配送第一股。根据顺丰同城招股说明书，顺丰同城订单总数 2018 年为 0.798 亿笔、2019 年为 2.111 亿笔、2020 年为 7.609 亿笔，复合年均增长率为 208.7%。顺丰同城覆盖了新消费时代的四大主要场景：本地餐饮、同城零售、近场电商和近场服务，不仅能够提供一日三餐的即时配送服务，也能提供商超、生鲜、医药、蛋糕/甜品等，以及鞋服箱包、美妆、数码 3C 等电商渗透率较高的品种的配送服务。2022 年 7 月，顺丰航空第 73 架全货机投入运行。顺丰目前拥有中国最大、全球前列的货运航空公司，且为中国航空货运最大货主，但其全球物流网络覆盖、技术及管理水平与全球快递物流龙头企业相比还是存在一定差距。

除顺丰外，京东物流也加快了在资本市场的布局。2021 年 2 月，京东物流正式向香港联交所递交招股申请。招股文件指出，京东物流的服务主要包括仓配服务、快递快运服务、大件服务、冷链服务、跨境服务等。京东物流企业客户数已超过 19 万，包括安利、雀巢、小米等公司，其一体化供应链解决方案覆盖了快消、服装、家电、家具、3C、汽车、生鲜等多个行业。2021 年 5 月 28 日，京东物流如期上市，成为仅次于顺丰的中国市值第二的快递公司。2022 年 3 月，京东物流与德邦物流达成战略合作意向。公告显示，京东物流将收购德邦 66.49%的股份，双方将在快递快运、跨境、仓储与供应链等领域展开深度合作。德邦物流是一家联动快递、物流、跨境、仓储与供应链的综合性物流供应商，多年深耕快递快运领域。双方将基于各自优势领域展开深度合作，持续打造优质高效的一体化供应链物流服务，同时推动快递快运领域产品和服务的专业化、标准化、品质化，实现高质量发展。

民营快递市场竞争加剧的同时，国有物流企业发展也有新的态势。2021年12月，经国务院批准，中国物流集团有限公司成立，新组建的中国物流集团由原中国铁路物资集团有限公司与中国诚通控股集团有限公司物流板块的中国物资储运集团有限公司、华贸国际物流股份有限公司、中国物流股份有限公司、中国包装有限责任公司4家企业整合而成。同步引入中国东方航空集团有限公司、中国远洋海运集团有限公司、招商局集团有限公司作为战略投资者，形成紧密战略协同关系。集团注册资本为300亿元。这是国家层面对物流产业链的整合，对整个国内物流环境以及促进我国物流在国际社会地位的提升具有深远意义。

（二）技术研发投入不够，服务质量创新有限

技术促进生产力提高是学术理论界和企业实务界的共识。技术决定产业结构，产业结构决定物流发展之路。快递物流陷入“价格战”，产业聚集度不高，与技术创新在物流领域的投入不足高度相关。而物流技术创新是物流服务发展质量提升的关键。

2021年全球专利申请排名中，我国企业华为居第五位。作为粤港澳大湾区高新技术代表企业，华为受美国实体贸易清单限制，不能生产制造自有的麒麟芯片，作为5G技术领先企业，其推出的旗舰手机却只能使用4G芯片，这从另一个侧面反映了企业自主核心技术研发的重要性。快递物流看似是劳动密集型产业，劳动力占比大，以京东物流为例，2021年底京东物流一线员工就超30万人。但物流本质上是由技术驱动的产业，截至2021年12月31日，京东物流运营超1300个仓库，在全国33个城市运营43个“亚洲一号”自动化立体仓库。2021年京东物流持续加大研发投入，达28亿元，同比增长37%，持续提升快递物流软件、硬件及系统集成“三位一

体”的物流技术核心竞争力。

整体来看，像华为、京东这样看重技术研发投入的企业并不多，粤港澳大湾区特别是广东、澳门的产品价值不高，产业链处于全球价值链中低端。更普遍的情况是物流自动化、智能化甚至在某些区域或企业的机械化技术使用率偏低，人工、手工作业较多。而随着劳动力成本上涨，新冠疫情期间无接触服务加速发展，为了顺应物联网、云计算、人工智能等技术发展趋势，快递企业应逐步在条件允许情况下使用高效率的物流设施设备。粤港澳大湾区技术创新直接影响了快递物流业的发展质量。若企业技术研发投入不足，则容易导致物流成本高企、生产效率和经济效益低。物流服务质量创新有限，快递物流企业极易陷入“价格战”。

（三）持续发展构成挑战，绿色包装有待推广

粤港澳大湾区的广东的物流规模位居全国第一，快递物流废弃包装数量呈倍数级增长。快递包装垃圾往往以纸箱、纸张、塑料为主，原材料大多源于木材、石油。常用的透明胶带、塑料袋等材料的主要原料是聚氯乙烯，填埋处理需上百年才能降解，会对环境造成不可逆转的损害。目前废弃物处理的两种主要方式焚烧和填埋都容易造成资源浪费和二次污染，这与环境保护的宗旨和可持续发展目标相冲突。

2021 年 11 月，菜鸟驿站发放 750 万枚鸡蛋，用鸡蛋换纸箱，鼓励人们参与包装回收；申通快递全国范围设立包装回收点，建立绿色积分制，包装回收可换取免费寄递等服务。然而，与受欢迎的纸箱相比，快递包装所产生的塑料填充物、塑料袋、胶带等包装物无法进入废品回收链，而是混入生活垃圾进入填埋场或焚烧炉。

据国际环保组织绿色和平统计，在塑料类快递包装中，只有泡沫箱一类70%~80%被回收，而胶带、粘贴了胶带和运单的塑料袋等塑料包装材料回收困难，再生成本高、利润低，造成当前我国快递包装废塑料 99%（按质量计）被混入生活垃圾。综合填埋和焚烧处理的成本与效益，快递包装混入生活垃圾处理所造成的社会管理成本激增。据绿色和平估算，平均每吨快

递垃圾填埋所需的处理费用为705元，焚烧1吨快递垃圾所需费用511元。若不实施有效措施，2025年处理快递垃圾费用将超40亿元。

而推动快递包装绿色化和减量化，才能从源头上解决快递垃圾污染问题。2021年“双11”期间，京东物流平均每个包裹节约210克纸类包装材料、11克的一次性塑料和25厘米的胶带；中国邮政推行胶带“瘦身”计划，在不影响快件包装效果的前提下，将胶带宽度进行缩减；申通、中通、圆通等快递企业开始尝试可重复使用从20次到100次不等的带芯片的绿色环保周转带。虽然有企业在积极试点绿色包装，但对于绿色包装的推广和利用，仍面临缺乏顶层设计支持、执行模式缺乏标准和规范、消费者积极性不高等问题。

三　粤港澳大湾区快递物流发展对策

（一）拓展海外市场布局，快递出海进军国际

2021年中国经济规模稳居世界第二，占全球经济的比重预计超过18%，进出口贸易额居世界首位，对外往来愈加频繁。“一带一路”倡议更是为快递企业出海带来便利。各主流快递企业加快推进业务出海，海外加盟网络建设有利于推动海外中资快递品牌的树立。

2021年3月，阿里旗下数字物流公司菜鸟网络与香港航空子公司香港货运航空宣布建立合作伙伴关系，并合作开通了从香港到东南亚首个通过菜鸟香港eHub处理包裹的货运航班。出境货物可以直接转至位于机场附近的菜鸟eHub，有效提升了货物周转和处理时效，使得运往菲律宾、马来西亚和泰国的交付时间最快缩短了60%。2022年1月，菜鸟物流为泰国头部快递公司闪电达建成了东南亚地区规模最大的自动化仓储系统，在仓库规划和设计中应用了柔性自动化技术，让仓库产能可以根据实际单量进行调整，以应对未来业务发展和扩张的需要，帮助闪电达在物流仓储领域快速形成差异化的竞争力。菜鸟的物流科技伴随着自身的全球化进程，已在欧洲、美洲、东南亚、俄罗斯等地的eHub、海外仓、分拨中心、末端配送网络等物流场

景中落地并产生价值。2022年7月，菜鸟正式推出菜鸟国际快递快线产品，在国际快递方面重点覆盖欧美六国（英国、西班牙、法国、德国、美国等），最快5个工作日可将包裹送达海外消费者，并将持续进行全球物流基础设施建设、升级“端到端”履约服务。

2022年1月，极兔速递宣布开启针对阿联酋和沙特阿拉伯两国的快递网络运营，阿联酋和沙特阿拉伯是极兔速递在中东地区覆盖的首批国家。2月，极兔速递宣布正式进驻拉丁美洲市场，并在墨西哥顺利起网运营，配送网络基本覆盖墨西哥全部32个州的核心区域。5月，极兔速递在巴西正式起网运营，在巴西建立起全国性自有配送网络，覆盖巴西26个州和1个联邦区。2022年7月，极兔速递在越南发展迅速，已建立超过1900个网点，形成覆盖全越南的快递网络，为广大越南消费者提供服务。

（二）提升乡村振兴成效，快递进村助力共同富裕

随着国内经济双循环推进，乡村振兴成效显著提升，快递进村助力共同富裕加快实现。在政府相关部门的努力下，农村市场消费能力和农产品销售能力的提升加速了农村电商实物网购，快递进村的效率、服务水平将稳步提升。《中国互联网络发展状况统计报告》显示，2021年全国乡镇快递网点覆盖率达98%，农村每天有1亿件包裹，占包裹总量的1/3，为巩固脱贫成果和实施乡村振兴战略提供了有力支撑。

快递进村的关键是让消费品进得去，更让农产品出得来，畅通城乡、网上网下等多个双向循环。截至2021年12月底，广东省实现近2万个建制村3个以上品牌快递基本服务全覆盖，其中广州、珠海、佛山、东莞、中山等7个地市建制村全部实现4个以上快递品牌服务进村，完成了2021年品牌快递进村目标任务。“快递+现代农业”成效正日益显现。

2021年初，菜鸟尝试将自身相对成熟的物流自动化技术“下沉”到县乡，甚至村一级的快递网点，实现网点自动化，满足农村地区的物流和供应链需求。2022年“618”期间的数据显示，菜鸟的乡村物流自动化改造已推进至全国23个省份的110余个县乡。

2022年1月，顺丰以建设物流前端为核心，布局了航空重货、整车加落地配、冷链整车、定制城配及产地直达五大配送模式，设立专班跟进，实时监控快件状态，确保农产品运输的高速流转、保质到达；增设揽收点，开通绿色寄递通道，在采摘地设立固定揽收点，搭配快速流转的车辆接驳，实现从采摘到寄递的无缝对接，从物流上保障农产品质量，提升农户收入，保障黔货领“鲜”出山，带动农民增收、农业增效，助力乡村振兴。

2022年初，韵达深入全国各地农产品产业带，针对农产品物流痛点，为农产品商家提供个性化寄递服务解决方案。广东茂名是世界最大的荔枝生产基地，面积和产量均约占全球的1/5。5月，韵达茂名分拨中心正式启用，并推出了“智橙网+冷链”的荔枝寄递服务解决方案。韵达茂名分拨中心开通了8条冷链专线，冷链专线直达区域覆盖武汉、长沙、上海、杭州、重庆、成都、南昌、合肥等多地。所有荔枝快件搭乘冷链专车全程恒温运输，确保荔枝在最短时间内运达客户手中。韵达茂名荔枝项目运营顺畅、平稳，助力农户将优质农产品卖出好价钱的同时，也让消费者能享受到质优价廉的农产品。

2022年6月，国家邮政局邮政业安全中心、中国邮政集团有限公司以及顺丰、京东、中通、韵达、申通、极兔等快递企业签署《“快递进村”工程邮快合作数据对接协议》。以数据对接为牵引，深入有效推进邮快合作；以邮快合作为助力，持之以恒地完善农村寄递物流体系；截至5月底，邮快合作已经覆盖31个省份的2309个县区2.2万个乡镇24.9万个建制村。

（三）助力制造强国建设，快递进厂协同发展

快递企业嵌入制造企业采购、生产、流通和售后等环节的物流需求，为制造企业优化仓储、运输等资源配置，共建共用土地厂房、智能高效的物流设施，既能加快快递企业向综合物流运营商转型，又能有效提升制造企业整体水平，带动上下游产业协同发展，实现制造强国愿景。

2021年广东佛山培育快递服务制造业项目29个，项目完成快递业务量超过2450万件，收入超过4亿元。其中，“京东服务美的电器”“京东服务

小熊电器”获评2021年广东省快递服务先进制造业金牌项目。京东为美的、小熊电器等企业提供覆盖从工厂提货、区域仓、省仓、门店到终端消费者的端到端全链条、B2B2C的仓运配一体服务，实现了货物快速入库、日常售卖现货率提升、库存周转天数减少。京东与美的就厂内物流业务进行了合作，通过京东物流的数字化仓储管理、监控、运输及智能化决策等智能物流技术，依靠京东物流强大的仓储网络，为美的制造有效赋能。京东还为小熊电器提供安装、维修、清洗、保养、回收等高品质服务，有效解决小熊电器售后等问题，助力小熊电器减少运营成本，实现新增长。

2021年，中通快递在粤港澳大湾区快递业务量达66.5亿件。广东中通有广州、东莞、深圳、中山、佛山、潮汕六大转运中心。中山中通临近欧普照明中山工厂，为欧普照明提供完整的线上渠道快递配送方案，在生产工厂设立直发仓，商品直接从工厂出发，减少企业运输成本和人员成本，同时降低周转天数、提高现货率，并为企业配备16人专属服务团队，保障商品售前、售后服务，助力企业减少运营成本。中通在大湾区还拥有25个云仓及5个快运分拨中心。中通云仓在广东落地了多个仓配一体化项目，参与特步、半亩花田等国货产品的供应链转型项目。同时，中通也为美的、箭牌卫浴等广东省知名制造企业提供“快递进厂”服务，提供定制化运输、包装、出入库、售后等一揽子解决方案。

（四）推动快递绿色发展，实现碳达峰碳中和

随着物流市场规模的扩大，快递垃圾、资源浪费、环境污染等成为不可回避的现实问题。推进绿色物流，减少生产和流通过程中的资源消耗和污染物排放，已成为行业面临的刻不容缓的课题。绿色物流的概念正深入人心，逐绿而行，正成为社会与企业的自觉行动。

2021年3月，广东省人民政府办公厅印发《广东省推进“无废城市”建设试点工作方案》，提出要加快快递业绿色包装应用，到2023年底基本实现同城快递环境友好型包装材料全面应用。此外，2021年3月12日起，由交通运输部公布、国家邮政局牵头启动制定的《邮件快件包装管理办法》

正式施行，对快递包装做出了明确规定。

2021 年 11 月广东省人民政府印发了《广东省生态文明建设“十四五”规划》，提出要推进快递行业绿色发展。展望2035 年，规划提出要推动美丽广东和世界一流美丽大湾区基本建成。到 2025 年，要实现生态文明制度体系基本建成，绿色低碳循环发展经济体系基本建立，美丽广东建设取得显著成效。

2022 年 1 月，中通研究院发布《中通快递绿色发展蓝皮书》综合研究报告，从“双碳”背景方面着手，结合国家邮政局制定的《快递业温室气体排放测量方法》中的碳排放换算公式，对中通快递连续四年碳排放数据进行合理计算，中通快递碳排放强度呈下降趋势。报告详细阐述了中通快递在绿色宣传、绿色采购、绿色办公及绿色经营等方面的绿色发展实践。中通快递将继续推进包装绿色转型，加快形成绿色低碳交通运输方式，加强绿色基础设施建设，逐步强化新能源、智能化、数字化、轻量化交通装备，积极投身于“双碳”目标下的企业绿色低碳发展，助力实现交通运输领域的绿色未来。

2022 年 3 月，菜鸟云谷产业园获得了可持续景观场地 SITES 金级预认证。SITES 是国际上公认权威的综合评价可持续发展场地建设和运营认证体系，被 SITES 认证，意味着成为全球可持续景观场地示范案例。云谷项目作为菜鸟地网首个绿色全链路园区，从选址规划、方案设计、施工建设到后期运维，体现了人与自然和谐共生的绿色理念。除云谷产业园外，菜鸟地网通过绿色全链路基础设施建设，已在杭州、广州、上海、武汉、东莞布局光伏园区，在济南打造“一级绿色仓库”，持续输出绿色运营解决方案。

2022 年 3 月，京东“亚洲一号”智能产业园获得由北京绿色交易所和华测认证（CTI）颁发的碳中和认证双证书。此次碳中和认证由中国合格评定国家认可委员会（CNAS）授权的第三方认证机构深圳华测国际认证有限公司，按照国际通用标准 ISO14064 对园区温室气体排放进行核查。园区实现了仓储屋顶分布式光伏发电系统和储能系统的应用，自主中和部分温室气体排放，剩余排放量通过购买国家核证自愿减排量 CCER 进行抵消，实现

2021年度西安智能产业园区的碳中和，成为我国首个“零碳”物流园区。除西安“亚洲一号”智能产业园之外，江苏京东宿迁“亚洲一号”智能产业园也在积极推进分布式光伏及综合能源改造，计划2023年初再落成一个碳中和示范园区。在扎实推进绿色基础设施的同时，京东物流也在充分发挥5G、物联网、人工智能和区块链等智能化关键技术在减碳技术创新中的应用，在物流运输环节使用约20000辆新能源车覆盖全国七大区，每年减碳量达40万吨；在包装方面积极推进减量化包装和循环快递箱的使用；京东云新一代绿色数据中心通过使用绿电、产品创新、自主研发技术，实现了绿色高效计算。京东正全力推动绿色仓储、绿色运配、绿色包装、绿色协作的全链路可持续发展。

（五）改善服务质量标准，带动快递经营效能

快递业连接千城百业、联系千家万户、联通线上线下，服务生产生活、促进消费生产、畅通经济循环。快递行业发展迅猛且竞争加剧，服务质量已经成为快递公司的核心竞争力。商家、消费者和全社会对快递业的要求越来越高，对快递服务的质量标准和经营效能有着更高的期待。

2021年9月，商务部、市场监管总局联合印发通知，公布全国首批“国家级服务业标准化试点（商贸流通专项）”评审结果，确定15个商贸流通标准化专项试点城市和94家试点企业。服务业标准化试点是开展以建立和实施服务业标准体系为主要内容，以实现管理规范、服务质量良好、顾客满意度高为目标的探索性活动。苏宁物流、德邦、日日顺等多家企业均入选。

2022年1月圆通在抖音、菜鸟电子面单平台等渠道上线了“圆通达”。“圆通达”主要面向电商平台及品牌商家等客户，在揽、转、运、派、客服等全流程为客户提供升级服务，具有时效优先、送前电联、精准派送及全程直营客服跟单等特点，帮助客户解决时效不稳定、虚假签收等服务痛点。“圆通达”产品负责人表示，圆通借助数字化管控和成本管控能力的持续提升，实现时效和服务质量的改善。

2022年1月，韵达携手德邦组织了业务协同专题会议。韵达在小件领域有着优势，德邦在大件领域优势突出，双方结合各自优势，深度探讨了在服务产品、末端门店、运力资源、客群服务等方面的合作，结合前期经验，共同打造面向客户的差异化服务产品，并通过运力资源系统、分拨中心、末端门店的资源共享，进一步提升快件转运及揽派时效，提升客户体验。

2022年3月，申通快递数智化防疫项目组开发的“疫情拦截”功能在申通网点管家系统正式上线，可以为网点提供全网疫情暂发区域的实时查询、订单拦截等服务，帮助全网末端降低疫情影响，提升客户服务体验。6月，申通快递正式对外发布了网点智能客服系统“申小蜜”。作为申通自主研发的智能客服系统，“申小蜜”专门针对网点服务商家场景，实现7天24小时全天候、全渠道、全流程自动化处理，大幅提升网点客服响应速度和服务效率。“申小蜜”已深度打通申通内部业务系统，包括订单系统、轨迹系统、逆向系统、工单系统、问题件系统、留言系统、基础资料及理赔系统，具备95%的问题识别率和99%的准确率，可识别催件、退回、改地址、改信息等近20种物流售后需求。

2022年3月，韵达与阿里云签约，宣布成立“智慧物流数据库创新应用中心”，共同探索推进分布式数据库在智慧物流核心系统中的深度应用。这是韵达加速构建智慧物流服务体系，不断提升精益化运营和全面提升商家、企业和消费者服务体验的重要措施。数字化服务是企业未来发展的必经之路，也是快递物流业高质量发展的方向。韵达通过与阿里强强联合，加速推动数字化升级，充分发挥智慧物流能力，为广大商家、消费者提供全流程优质服务。

（六）发掘快递数据价值，打造科技创新产品

随着快递物流逐步转向高质量服务发展，数据对于快递业而言越来越重要。越来越多的快递企业，重视数据价值，借助数字技术，使用物流科技，提供差异化的产品和服务。

2022 年 1 月 4 日，申通快递总部完成了“开拓者号”无人驾驶快递物流车的场景内测。配送成本高是快递行业一直面临的问题，一方面劳动力短缺导致物流配送成本进一步上涨；另一方面受天气等因素影响，人力配送很难实现 7 天 24 小时服务，疫情期间部分区域封闭也使配送遇到困难。作为我国首款车规级无人驾驶快递物流车，“开拓者号”采用最新无人驾驶技术实现去安全员化，设计时速超过 70 公里，续航里程达 240 公里，每天可完成 3000 件以上的包裹配送目标。这种快递物流车未来将以完全“零载人”的方式在机动车道上行驶，穿梭在快递网点和快递驿站之间，助力快递物流行业解决“最后一公里”难题。

2022 年 1 月 20 日，韵达宣布新产品“韵重货”全网上线。该产品主要针对单票大于 68 公斤且泡重比（体积比重量）3000 以内的货品，将目标锁定在纯重货市场。韵达利用一系列数字化管理系统和工具，实现从揽收、中转到派送各环节的管理线上化、数据实时化，高效协同，高效运转。同时基于互联网技术使物流信息透明化，让用户获取更多的增值服务。此次推出的“韵重货”新产品，主要用于解决纯重货商家物流问题，通过产品创新，采取差异化的市场策略，盘活现有资源，实现与商家的共赢。

2022 年 1 月 25 日，顺丰旗下大型无人机公司丰鸟科技正式取得了中国民航局颁发的支线物流无人机试运行许可和经营许可，标志着丰鸟科技成为全国首家可在特定场景下开展长航时支线物流无人机商业试运行的企业，也成为全球首个运用特定场景运行风险评估方法获得监管方批准进入支线物流商业试运行的大型无人机企业。2022 年是支线物流无人机商业运行的元年，这项中国民航局开创性和突破性的举措对快递行业未来的发展而言具有重大意义。

2022 年 3 月，中通科技“区块链签收存证”系统上线测试，使用中通标快产品的用户，可在运单详情页点击“签收信息区块链存证”链接下载《区块链签收存证证书》。系统会将每一条快递签收记录保存到区块链节点上，自动完成一系列上链动作，并永久生成一张“证书”，以此来提升用户对快递产品和服务的信用度。证书包含区块链标识、快递运单号、签收人、签收时间等信息，数据可靠，且全程透明。中通凭借快递规模优势和生态业务的迅速发展，为新技术在快递物流领域的应用提供了丰富的场景和空间。

2022 年 3 月，深圳邮政首台智能无人驾驶配送车在龙岗赛格 ECO 园区投入试运行，主要负责园区内点对点的邮件配送，园区内市民只需凭邮件取件码自行在车厢内对应的位置领取邮件，实现无接触配送。无人车根据设定的路径和点位，可将邮件、快递以及其他物资等分别送到指定位置，并触发信息通知收件人领取，大大降低了防疫压力。

2022 年 4 月，圆通无人驾驶快递车入驻上海多个封控管理的居民社区和办公园区，负责区域内点对点快递及其他生活物资配送。园区内人员只需凭取件码自行在车厢内对应的位置领取即可，实现无接触配送。

2022 年 7 月，京东旗下的京东云首次展示数智供应链全景图，覆盖数智采购、协同研发、智能制造、全域链接、价值服务、供应链一体化等全链路的六大业务场景，旨在用数智化技术横向联结生产、流通、服务的各个环节，贯穿供应链全链条，从而降低社会成本、提高社会效率，助力城市、企业客户在数字化转型中提升韧性。

（七）关爱员工暖蜂行动，提升快递幸福指数

快递行业高质量发展的前提是人。升级物流管理水平，降低员工劳动强度，提供给员工行业有竞争力的薪酬和福利，提升员工的获得感和幸福感，是快递物流发展的前提。

2021 年 11 月，国家邮政局发出通知，要求全系统全行业深入贯彻落实习近平总书记“七一”重要讲话精神和关心关爱快递小哥重要指示精神，按照国家邮政局党组党史学习教育“我为群众办实事”实践活动关于“加强快递员群体合法权益保障”重点民生项目部署，在快递业务旺季期间持续深入推进关爱快递业“暖蜂行动”，打造“暖心旺季”。通知要求各级邮政管理部门要协调推动相关部门单位共同落实好《关于做好快递员群体合法权益保障工作的意见》，把党和政府的关怀关爱传递到广大一线快递从业

者，深入挖掘业务旺季期间涌现出的快递员先进典型，作为“最美快递员”等各类推选活动的重要推荐对象，增强快递员的荣誉感和获得感。

2021年春节，受疫情影响，在“就地过年”的倡导下，不少消费者留在工作地过年，由此产生大量网购需求，而快递员也积极响应“就地过年”，在春节期间提供正常的快递服务。12月14日，德邦快递率先宣布“春节不休”，12月26日，中通快递和韵达快递相继发布服务公告，宣布2022年“春节不打烊”，以满足节日期间的寄递需求，保障防疫和民生物资的畅通运输。

2022年1月26日，顺丰春节员工关怀方案正式出炉，包含多项激励，覆盖节前、节中、节后三个时段，设置了3亿元专属激励。除此之外，顺丰总裁王卫照例准备了2500万元的暖心红包，节日期间公司还将投入近2亿元在全国范围的基层网点组织开展年夜饭等一系列丰富多彩的暖心活动。除现金奖励和关爱活动外，顺丰员工关怀方案也触达家属，包括新春大礼包及感谢信。值得一提的是，顺丰还推出了“员工可持续发展保障计划”，预计覆盖超过20万名一、二线快递小哥及其家人，为他们技能学历提升、转岗转型培训和家属福利等提供支持。

2022年1月26日，菜鸟驿站新春年会上启动了“社区正能量”计划，对5名驿站站长进行表彰和奖励。据悉，菜鸟驿站“社区正能量”计划面向全国菜鸟驿站，对于仗义出手救人的站长们，将给予“社区正能量”的荣誉称号和奖励。“社区正能量”计划建立一整套的上报、评选、奖励机制，进行专项管理和把控。值得注意的是，在提升站长价值感和幸福感方面，除“社区正能量”外，菜鸟驿站还特别设立了“家庭关爱日”，让站长安心享受放假。

2022年2月，东莞市委“两新”工委、市邮政管理局等5个部门联合出台《东莞市快递员群体关心关爱成长成才共生共荣行动方案（2022—2024年）》，通过党建引领、发放补助、提供服务、开展竞赛等20条措施，进一步提升快递员技能，促进“快递小哥”在东莞成长成才，让快递业群体真正感受到组织的关怀和保障，为实现行业高质量发展提供人才支撑。

2022年3月，圆通快递企业推出多种措施，从资金扶持、物资统筹、减负保收、权益保障等方面帮扶网点稳工稳产和保障小哥合法权益，以帮助各网点做好疫情防控、保障人员和生产安全等工作，同时减轻网点经营压力，更好地保障网络稳定畅通，服务民生和经济。圆通还设立了3亿元抗疫基金。

2022年3月，中通快递为全网快递小哥继续购买“小哥宝—团意险”。“小哥宝—团意险”是中通携手中国太平洋财产保险股份有限公司推出的普惠型团体人身意外伤害保障方案，专为快递小哥设计“小哥宝—团意险”，帮助小哥获得快递工作、日常生活、上下班途中等全场景的意外保障，把关爱小哥权益的工作落到实处。事实上，2021年7月中通就成立了专项为快递服务员服务赋能的“蓝蜂”项目部，从快递小哥的社会保险、职业成长、权益保障等多方面加大投入，构建关爱快递小哥的综合保障体系。此外，中通全网陆续展开了倾听小哥心声、解答小哥问题的“小哥权益保障恳谈会”，并建立统一的业务员职业能力评价标准，通过与业务挂钩，对业务员进行激励，聚焦业务员的职业发展、专业素质培养。

2022年7月，申通快递发布《防暑应急指南》，针对不同工作环境、工作岗位、人群等制定了详细的《防暑应急手册》，强化全网要做好常态化疫情防控形势下的高温天气和高温作业员防暑降温工作，切实保障高温期间广大员工生命安全和身体健康。申通快递投入超过800万元开展“清凉至一线”活动，慰问一线高温作业员工并送上“清凉大礼包”。

第七章
粤港澳大湾区绿色物流发展回顾与展望

应对气候变化、践行绿色低碳发展已经成为全球关注的焦点和世界各国共识。2020 年 9 月，中国国家主席习近平在第七十五届联合国大会上向全世界做出“二氧化碳排放力争于 2030 年前达到峰值，努力争取 2060 年前实现碳中和”的庄严承诺。2021 年 10 月，《中共中央 国务院关于完整准确全面贯彻新发展理念做好碳达峰碳中和工作的意见》明确强调把碳达峰、碳中和纳入经济社会发展全局。由此可见，碳达峰、碳中和已然成为我国未来发展的长期战略。“十四五”时期是我国开启全面建设社会主义现代化国家新征程的第一个五年，是我国力争 2030 年前碳达峰的关键期、窗口期，中国各行各业都在积极探索科学、有效的绿色低碳发展路径。物流业作为国民经济发展的战略性、基础性、先导性产业，其绿色发展将有力带动上下游供应链企业与机构绿色低碳发展，是可持续发展的重要支撑。

一　绿色物流已上升为国家行动

从全球视角来看，能源和电力行业的二氧化碳排放量最大，达到 37%，交运物流行业紧随其后，占全球二氧化碳排放量的 21%，其中公路交通及货运领域在交通运输物流行业二氧化碳排放中所占份额最大。据相关统计，2020 年我国交通运输物流行业碳排放总量约为 9.9 亿吨，占中国碳排放总量的 10% 左右，其中道路运输占该领域排放的 84.1%，其次是水路运输（8.5%）、航空运输（6.1%）和铁路运输（1.2%）。因此，交通运输行业是节能减排的重点领域之一，是助力碳达峰、碳中和目标达成的重要领域之一。

根据《中华人民共和国国家标准物流术语（GB/T 18354-2021）》，绿色物流是指通过充分利用物流资源、采用先进的物流技术，合理规划和实施运输、储存、装卸、搬运、包装、流通加工、配送、信息处理等物流活动，降低物流活动对环境影响的过程。早在 2014 年国务院就通过《物流业发展中长期规划（2014—2020 年）》（国发〔2014〕42 号），确定将大力发展绿色物流作为未来物流业的七大发展任务之一。2021 年 10 月，《国务院关于印发 2030 年前碳达峰行动方案的通知》（国发〔2021〕23 号）明确提出交通运输绿色低碳行动为重点任务之一，将交通物流行业绿色低碳转型上升到国家战略层面。除此之外，国务院、国家发改委、交通运输部、国家邮政局、自然资源部、国家铁路局等相关部门陆续出台了一系列政策文件，针对不同的场景提出了物流行业绿色低碳转型的相关举措，具体包括优化运输结构，促进多式联运，加快推进快递包装绿色转型，构建绿色高效运输体系，加快绿色交通基础设施建设，推动运输工具装备低碳转型，加大推广绿色船舶示范应用力度，加快港口岸电设施建设，支持机场开展飞机辅助动力装置替代设备建设和应用，支持物流企业构建数字化运营平台，加快绿色仓储建设，鼓励建设绿色物流园区，加快标准化物流周转箱推广应用，推动民航绿色发展，推进交通污染深度治理，强化绿色交通科技支撑，完善绿色交通监管体系等具体措施。各政策具体内容如表 1 所示。

表 1　物流行业绿色发展相关政策梳理

时间	颁发部门	政策名称	相关内容
2019 年 9 月	国家发展改革委等五部门	关于加快推进铁路专用线建设的指导意见（发改基础〔2019〕1445 号）	优化调整运输结构，更好发挥铁路在综合交通运输体系中的骨干作用和绿色低碳优势
2020 年 6 月	国家邮政局	邮件快件绿色包装规范（国邮发〔2020〕47 号）	邮件快件绿色包装坚持标准化、减量化和可循环的工作目标，加强与上、下游协同，注意节约资源，杜绝过度包装，避免浪费和污染环境

续表

时间	颁发部门	政策名称	相关内容
2020 年 11 月	国家发展改革委、国家邮政局等八部门	关于加快推进快递包装绿色转型的意见(国办函〔2020〕115 号)	强化快递包装绿色治理,加强电商和快递规范管理,增加绿色产品供给,培育循环包装新型模式,加快建立与绿色理念相适应的法律、标准和政策体系,推进快递包装"绿色革命"
2021 年 10 月	国务院	2030 年前碳达峰行动方案(国发〔2021〕23 号)	加快形成绿色低碳运输方式,确保交通运输领域碳排放增长保持在合理区间
2021 年 2 月	国务院	关于加快建立健全绿色低碳循环发展经济体系的指导意见(国发〔2021〕4 号)	打造绿色物流:积极调整运输结构;加强物流运输组织管理;推广绿色低碳运输工具;加大推广绿色船舶示范应用力度等
2021 年 2 月	中共中央、国务院	国家综合立体交通网规划纲要	绿色集约是 2035 年的目标之一:综合运输通道资源利用集约化、综合化水平大幅提高。基本实现交通基础设施建设全过程、全周期绿色化。单位运输周转量能耗不断降低,二氧化碳排放强度比 2020 年显著下降,交通污染防治达到世界先进水平
2021 年 12 月	国务院	国务院关于印发"十四五"节能减排综合工作方案的通知(国发〔2021〕33 号)	实施节能减排重点工程之一——交通物流节能减排工程,推动绿色铁路、绿色公路、绿色港口、绿色航道、绿色机场建设,有序推进基础设施建设,提高物流车辆使用新能源汽车的比例,大力发展铁水、公铁、公水等多式联运
2021 年 12 月	国务院	"十四五"现代综合交通运输体系发展规划(国发〔2021〕27 号)	绿色转型,安全发展是基本原则之一。到 2025 年,交通运输领域绿色生产生活方式逐步形成,铁路、水运承担大宗货物和中长距离货物运输比例稳步上升,绿色出行比例明显提高,清洁低碳运输工具广泛应用,单位周转量能源消耗明显降低,交通基础设施绿色化建设比例显著提升,资源要素利用效率持续提高,碳排放强度稳步下降

续表

时间	颁发部门	政策名称	相关内容
2021 年 12 月	民航局	《“十四五”民航绿色发展专项规划》	到 2025 年，中国民航碳排放强度持续下降，低碳能源消费占比不断提升，民航资源利用效率稳步提高；到 2035 年，中国民航绿色低碳循环发展体系趋于完善，运输航空实现碳中性增长，机场二氧化碳排放逐步进入峰值平台期，我国成为全球民航可持续发展的重要引领者
2022 年 1 月	交通运输部	绿色交通“十四五”发展规划（交规划发〔2021〕104 号）	主要任务：优化空间布局，建设绿色交通基础设施；优化交通运输结构，提升综合运输能效；推广应用新能源，构建低碳交通运输体系；坚持标本兼治，推进交通污染深度治理；坚持创新驱动，强化绿色交通科技支撑；健全推进机制，完善绿色交通监管体系；完善合作机制，深化国际交流与合作

资料来源：笔者整理。

二　粤港澳大湾区绿色物流发展现状

（一）大湾区碳中和行动已初步展开

2020 年粤港澳大湾区（含港澳地区）经济总量达 11.5 万亿元（约 1.64 万亿美元），比 2017 年增加 1.4 万亿元。换言之，湾区城市以不到全国 0.6%的国土面积创造了全国 1/9 的经济总量。2021 年是“十四五”开局之年，“十四五”规划强调创新、协调、绿色、开放和共享的新发展理念，为大湾区未来的角色定位和发展方向提供了指引。大湾区不仅要带动中国经济增长，更要带动中国实现可持续的高质量增长。当前，大湾区碳中和行动已经初步展开。香港于 2014 年实现碳达峰，并宣布将于 2050 年前实现碳中和，近十年，香港政府拨款超过470亿元用于推行各项节能和可再生能源措施，人均温室气体排放量和碳强度近年来稳中有降，如表2所示。《澳门特别行政区经济和社会发展第二个五年规划（2021—2025年）》明确强调，将制定《澳门环境保护规划（2021—2025）》，认真做好碳达峰碳中和工作，逐步实现清洁能源替代，并争取在2030年或之前实现碳达峰，制定相关的行动方案。2021年4月，广东省人民政府印发《广东省国民经济和社会发展第十四个五年规划和2030年远景目标纲要》，明确提出以碳达峰为牵引，促进经济社会发展全面绿色转型，并强调全省范围内要深化碳交易试点，积极推动形成粤港澳大湾区碳市场，建立健全粤港澳大湾区生态环境保护协作机制等。低碳试点城市广州、深圳、中山分别提出了于2020年、2020~2022年、2023~2025年达到碳排放峰值的目标，明显超前于国家部署，广东省的单位GDP能耗整体呈下降趋势（见表3）。

表2 香港温室气体排放量及碳强度

年份	温室气体排放总量（千吨二氧化碳当量）	人均排放量（吨二氧化碳当量）	碳强度（千克二氧化碳当量/港元本地生产总值）
2016	41400	5.6	0.015
2017	40500	5.5	0.014
2018	40900	5.5	0.014
2019	40100	5.3	0.014

数据来源：香港特别行政区政府统计处。

表3 广东省能源消耗量及单位GDP能耗变化

单位：万吨标准煤，%

年份	能源消耗总量	单位GDP能耗变化
2016	31240.75	-3.62
2017	32309.32	-3.74
2018	33330.30	-3.42
2019	34141.89	-3.52
2020	34502.92	-1.16

数据来源：《广东统计年鉴》。

（二）粤港澳大湾区绿色物流相关政策分析

大湾区中心城市交通物流部门已经成为碳排放规模最大的行业部门。根据广东省统计数据，广东省能源消耗总量近年来呈逐年增加趋势，其中交通运输、仓储及邮政业的能源消耗量占比相对较高，2016~2019 年一直维持在 11%左右，2020 年受疫情等影响，占比降为 9. 84%，如图 1 所示。香港约 2/3 的温室气体排放源于发电，其次是运输和废弃物，分别占 18%和 7%。因此，交通运输部门绿色转型对大湾区整体脱碳而言意义重大。

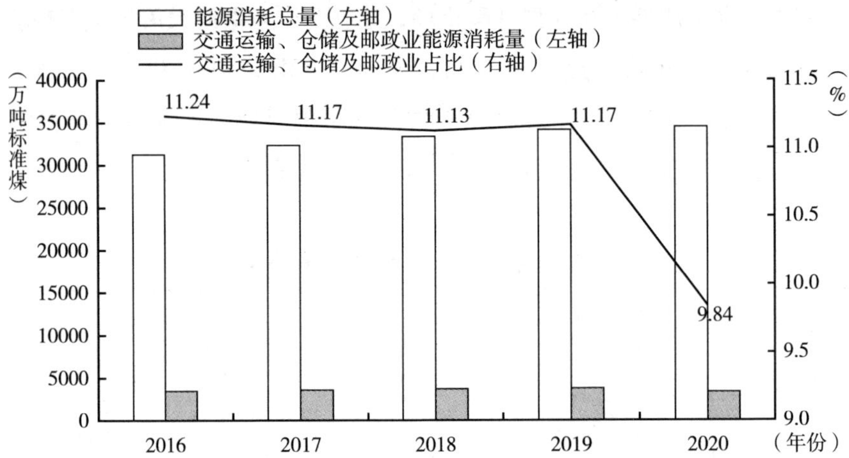

图 1　广东省能源消耗总量及交通运输、仓储及邮政行业占比情况

数据来源：《广东统计年鉴》。

近年来，广东省人民政府及各相关部门陆续出台相关政策推进粤港澳大湾区物流业的绿色发展。《粤港澳大湾区发展规划纲要》将构建现代化的综合交通运输体系确立为支持大湾区社会经济发展的重要支撑之一。2021 年 9 月，《广东省综合交通运输体系“十四五”发展规划》强调改革创新、安全绿色是基本原则之一，提出到 2025 年实现“发展更加绿色安全”的目标，运输能耗水平和二氧化碳排放强度明显下降，同时营运车辆单位运输周转量能耗、二氧化碳排放下降率分别达到 4. 0%、3. 5%，同时加快运输结构调整，加强节能减排和污染防治，推进资源节约集约利用，加强生态环境保护等，发展生态友好的绿色交通。2021 年 12 月，广东省人民政府发布《关于加快建立健全绿色低碳循环发展经济体系的实施意见》，提出生态优先、绿色发展是五大原则之一，强调健全绿色低碳循环发展的流通体系和加快基础设施绿色升级的主要任务，其中绿色物流和构建绿色低碳高效综合运输体系分别是以上两个任务的具体子任务之一。海运方面，2020 年 6 月，交通运输部发布《关于推进海事服务粤港澳大湾区发展的意见》，将坚持绿色发展作为基本原则之一，强调协同港澳海事管理机构加强船舶污染联防联治，推动大湾区航运绿色可持续发展。2022 年 1 月，交通运输部发布《珠江航运“十四五”发展规划》，提出到 2025 年，安全、便捷、高效、绿色、经济的珠江航运体系初步形成，并强调促进航运绿色发展是主要任务之一，包括加强船舶污染防治、推进绿色航道和绿色港口建设。陆运方面，2020 年 12 月，国家邮政局等五部门联合发布的《关于促进粤港澳大湾区邮政业发展的实施意见》提出，到 2025 年绿色低碳的用邮方式和企业运营模式基本确立，到 2035 年全面建成创新驱动、便捷高效、绿色共享、开放融合的粤港澳大湾区寄递服务体系，并重点强调推进绿色低碳循环发展。空运方面，2020 年 7 月，《民航局关于支持粤港澳大湾区民航协同发展的实施意见》提出，打造更高质量、更加协调、更可持续、更具国际竞争力的世界级机场群。综上所述，交通物流行业的绿色转型已经被各政府部门提升至战略高度。

（三）粤港澳大湾区龙头企业绿色物流最佳实践

1. 顺丰：业内首个“零碳未来”计划

为应对全球气候变化，作为负责任的物流行业领军者——顺丰响应国家“双碳”政策号召，于 2021 年发起业内首个“零碳未来”计划。顺丰承诺，将善用科技力量，推动绿色低碳变革，在 2030 年实现自身碳效率相较于 2021 年提升 55%；同时，为打造气候友好型快递，顺丰将在 2030 年实现每个快件包裹的碳足迹相较于 2021 年降低 70%。

2021～2030 年顺丰碳减排行动路线如图 2 所示，用能结构调整将贡献 68%的碳减排，包括采取可再生能源解决方案，在合适的产业园投建光伏，并逐步增加新能源车辆的应用，转变能源使用类型等；减碳科技应用将降低12%的碳排放，包括构建碳排放管理平台，运用人工智能、大数据、物联网等领先科技实现低碳智慧运营；运输及业务模式升级将降低11%的碳排放，通过逐步推进多式联运，利用货运航空枢纽优化航线，使用绿色低碳包装，开展智慧化管理，以及向客户提供 All Green 绿色供应链解决方案等，以提升运营效率和减少碳排。除此之外，针对无法避免的其他碳排放，顺丰采用种植“顺丰碳中和林”及购买碳补偿额度等方式予以抵消。

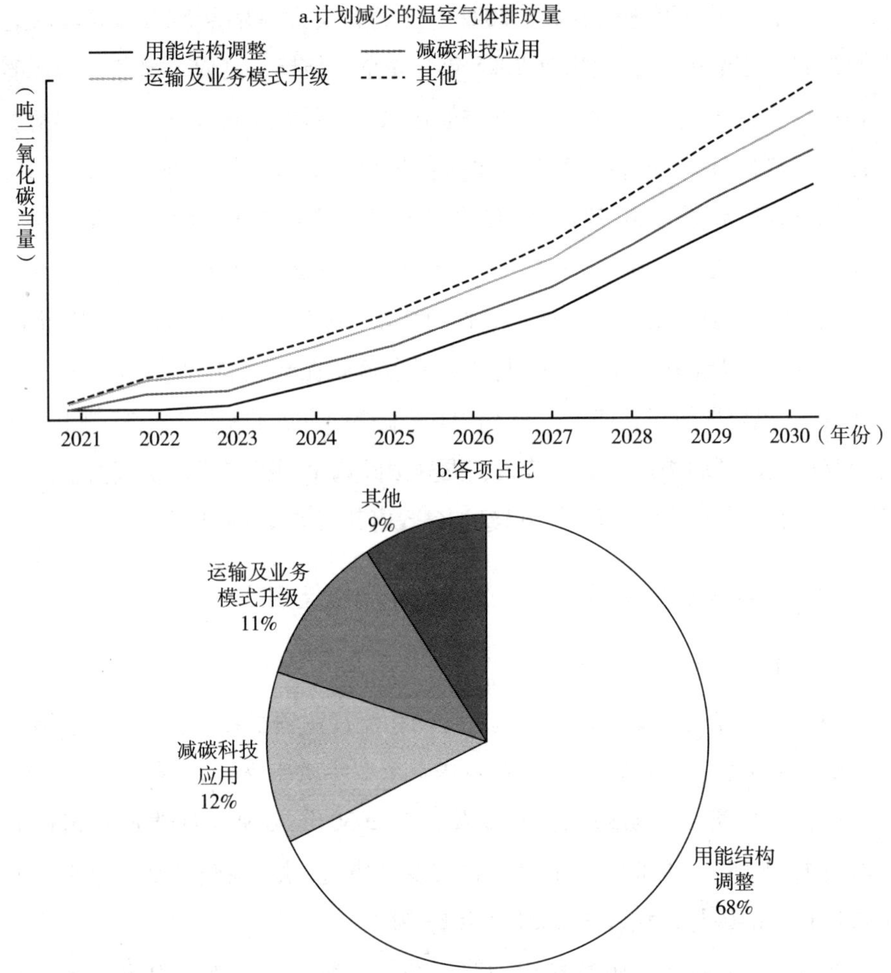

图 2　2021～2030 年顺丰减碳行动

资料来源：顺丰控股碳目标白皮书。

以科技助力低碳快件。顺丰通过业务积累和技术创新，将物联网、大数据算法、人工智能等技术融入实际业务场景，将科技力量注入每个快件的全生命周期，助力“收—转—运—派”全流程的提质增效和低碳减排。在“收”环节，顺丰自研大型/小型无人机，运用智能无人机技术扩大业务范围，提供高效率、高经济性、低碳的物流服务；开发绿色包装，推广安全包装，提供场景化包装方案。在“转”环节，基于大数据最优配置仓储资源，提升仓储和转运环节的效率，降低过程能耗；引进全自动化分拣和相关场地管理系统，提升运营效率，降低出错率；摄像头与人工智能技术相结合，实现物流网络的标准化业务管理，为智慧物流和节能减碳打下基础。在“运”环节，顺丰通过逻辑算法，结合快件产品时效、距离等因素，以最优的路径对运输线路进行规划，减少运输能耗；依托大数据分析和深度学习技术，整合货运线路和运力资源，提升陆地运输效率，实现车辆与货物的精准匹配；基于地理信息大数据提醒司机改变驾驶习惯；利用预见性导航与节油算法，减少运输能耗。在“派”环节，顺丰智能穿戴设备（SF Wear）相比手持设备更加便携，内嵌物流地图使收派件路径规划一目了然、全程可视化，提高收件效率；通过软硬件交互达成系统实现智能化监控管理，实现末端物流服务的全时段覆盖，为客户提供高品质服务的同时实现降本增效。

绿色包装循环生态圈。顺丰联合各利益相关方打造快递包装循环生态圈，积极与上、下游产业链合作，从包材制造商到物流企业、从消费者到回收企业，通过打通各个环节，推动绿色包装在全社会循环利用，践行循环包装全生命周期的绿色研发和绿色运营，如图3所示。

在包装设计环节，顺丰贴合中转及仓配业务场景，创新开发满足全场景、多功能应用需求的包装容器，实现容器与载具之间单元化适配。同时，在快递行业首创“无墨印刷”纸箱（即采用激光雕刻工艺替代传统油墨印刷），并与供应商联合开发新型绿色可降解胶带、可降解胶袋、二次使用文件封、纸浆模塑缓冲材等环保包装材料。在生产供应环节，顺丰搭建原料生产、产品供应、快递员回收、废料返厂再生的循环生产模式；通过顺启和绿色包装技术研发中心，为各个行业的物流网络及客户提供定制化解决方案。

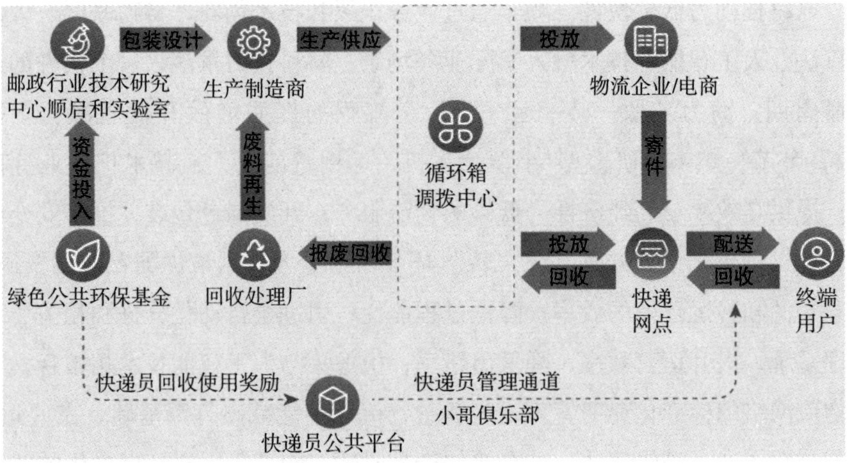

图 3　顺丰绿色包装循环生态圈

资料来源：顺丰控股碳目标白皮书。

在调拨环节，顺丰设立智能循环容器调拨维养中心，开发智能化管理运营平台，实现数据全链条采集，跟踪容器的在途在库和报损报废，以可视化方式进行实时运营监控，有效连接用户、网点和快递员，以智慧化手段提高管理与运作效率。针对末端回收环节，顺丰通过研发可循环包装、搭建顺丰循环运营平台进行数据管理，实现包装材料的多次回收再利用。顺丰的“快递标准循环箱”有高达 50 次的使用寿命，并为快递员的回收行为提供基金激励，以进一步提高包装回收率，将绿色可循环理念贯穿于全流程。

绿色航空。2021 年，顺丰航空成立碳排放工作组，编制各部门能源管理方案，并在各能耗部门设置固定接口人，负责考核评价节能降耗执行情况。依据中国民用航空局颁布的《民用航空飞行活动二氧化碳排放监测、报告和核查管理暂行办法》，顺丰于每年 4 月 30 日前向民航局提交上一年度经核查的温室气体排放报告。为保证数据的真实可靠性，自 2020 年起，顺丰每年邀请第三方核查机构对顺丰航空的温室气体排放数据进行核查，并出具核查报告。顺丰通过优化机型构成、应用节油技术、线上燃油管理、严防维修污染、优化地面车队及开展节能宣传等提升航空运输的绿色化水平。除此之外，顺丰在参与建设的湖北鄂州花湖机场项目中引入了智慧能源管控平台。机场投入运营后，该平台可以实现从源端到末端的全程能源管控，利用算法模型实现不同能源形式（光伏、充电桩、能源站、外购电力等）的能源协调和优化，预计可将机场综合能耗效率提高10%。机场可再生能源率达25.6%，光伏发电设施每年可提供电能3531万千瓦时，地源热泵装机负荷12362千瓦时，大幅度降低化石能源消耗，减少温室气体排放量。

零碳路上的合作伙伴。在管理自身运营中的碳排放的基础上，顺丰积极推进业务模式革新和战略转型升级，为各行业提供端到端、一体化供应链解决方案，将自身科技积累和运营经验进行推广，为全社会迈向低碳未来提供有力支持。顺丰的绿色供应链行动计划从1.0逐步演进到3.0。绿色供应链1.0：提升物流碳排放透明度。针对仓储、包装、运输、派送等端到端供应链全环节建立碳排放计算模型，帮助客户了解运输和物流相关活动中的温室气体排放量，提升供应链物流的碳排放数据的透明度，对高排放环节进行分析和优化，实现运营过程中的有效识别与管控。绿色供应链2.0：塑造All Green物流。向B端客户提供All Green服务方案，通过顺丰在仓储、包装、运输、派送等环节的碳减排措施，降低客户碳排放，帮助客户创造绿色价值。顺丰将在低碳产品上标记“绿行”标识，使客户了解所享用的低碳服务，并便于向外展示其保护环境的承诺。向C端客户提供面向个人客户的低碳服务，倡导客户使用可持续包装及回收纸箱，并实施激励机制，通过量化减碳效果生成相应的“碳积分”。客户可使用碳积分兑换“顺丰券”，或兑换“顺丰碳中和林”新树种植。顺丰亦计划推出“零碳”快件服务选项，帮助客户减少寄送快件过程中的碳足迹。绿色供应链3.0：共建零碳商业社会。在实现全球碳中和的蓝图中，建设零碳的商业社会至关重要。顺丰将与商业合作伙伴分享自身的碳管理经验，参与建立物流行业的碳排放核查、碳资产管理相关标准，推动碳交易金融化。顺丰将依据绿色投资原则，在低碳技术方面进行布局，创造可持续发展价值。

2. 南方物流：标杆性低碳物流示范园区

广东南方物流集团是国家第二批“AAAAA级综合物流”企业，经过三十年的砥砺前行，围绕企业传统产业基因，将“互联网+”、大数据作为企业发展创新的核心动力，以打造“仓储泛产业链全覆盖平台”为企业发展战略，实现与新零售商家端、物流端的深度融合，并与工业4.0高精尖制造业的产业链合作，形成集电子商务、数据中心、高效物流、智能制造于一体的综合性硬件载体平台及完善的供应链运营管理服务。

零碳物流园区是指在园区规划、管理、运营等方面全面、系统地融入“双碳”理念，精准规划碳中和目标设定与实践路径，依托数字化手段实现节能降碳目标，以智慧管理促进产业低碳转型、资源循环利用，创建碳排放平衡的新型产业园区。南方物流集团打造的状元谷被评为“广东净零碳排放示范园区”“广东省低碳生态建设示范园区”，总建筑面积逾40万平方米，是商务部首批国家电子商务示范基地、全国示范物流园。配套建设有生态商务办公区、娱乐休闲生活区、公共服务区等，吸引了亚马逊、京东商城、苏宁易购、酒仙网、捷普电子等国内外知名企业入驻。

南方物流集团倾力打造的状元谷绿色低碳物流示范园区，重视低碳发展，实施了多项低碳行动。建设之初，为满足亚马逊的138项建设标准要求，涉及温度、湿度、通风、噪声、粉尘、烟雾、气味、震动、节能低排等，状元谷完全按照国际一流电商物流园标准建设，建设成本至少高出其他电商物流产业园的30%。在功能布局和空间利用上，始终贯彻“集约使用土地、综合使用空间”的理念，一期工程在土地使用率上，以2.5~3.0的容积率（是一般物流园区建设容积率的5倍）建设多层仓库，采用组合式建筑结构，充分考虑生态、采光、通风、能耗、舒适度等维度，建设立体货仓、仓库连桥、组合装卸位、空中花园办公区等，有效利用空间，彻底改变物流园区单层仓库、大堆场、大停车场等浪费空间的情况。在绿色低碳技术应用方面，一是首次在我国亚热带地区大型仓储建筑物中成功运用了蒸发冷却降温设施。采用水帘蒸发冷却新风设备和风压降温循环系统，实现建筑降温节能率达80%。二是全面安装光伏太阳能发电系统。园区照明均使用无极灯、LED灯等节能灯，并配有自动感应节能控制系统，将自然光引入建筑物作为照明能源。三是建设能耗云平台，实现能源的智慧监测和精细化管理，对能源消费情况进行动态监测，并进行综合能源消费量分析、实时能耗分析、阶段性能耗分析等，形成节能降耗的管控一体化系统。四是建设无负压节能集中供水系统、水循环处理系统和雨水收集系统，收集雨水用于消防、灌溉、水流景观、洗车等。绿化灌溉采用喷灌、微灌、滴灌、低压管灌等节水灌溉方式。

状元谷园区按照高标准、高要求、高定位精心设计，全方位打造低碳、节能、绿色、环保的生态园区。每栋建筑、每个设施、每处细节都最大化地采取低碳节能措施和工艺。以长远的战略眼光来看待环境保护问题。通过开展低碳服务，进行低碳管理，使服务低能耗、高环保，积极满足低碳消费需求，进而增强企业的低碳竞争力，促进物流行业转型升级。

3. 海格物流：LNG 重卡实现节能减排

海格物流深耕物流行业 20 余年，持续打造“物流、商流、信息流、资金流”“四流合一”全链全渠道的供应链服务能力。长期以来，以柴油为燃料的重卡是我国空气污染的主要来源之一。据统计，全国柴油重卡虽然数量仅占所有机动车保有量的 7.9%，但其排放的氮氧化物和颗粒物分别占全国机动车排放总量的 60.0% 和 84.6%。重卡治污减排正成为交通领域大气治污与绿色低碳发展的迫切需求。海格物流顺应绿色重卡和陆运的发展趋势，抓住深圳市和周边区域环保运输的契机，于 2015 年开始投放 LNG 动力车辆。

据罗戈研究的《2022 中国低碳供应链 & 物流创新发展报告》，相比于传统的柴油重卡，LNG 重型卡车在成本、环保、安全、社会效益等方面具有明显的综合优势。在成本方面，按照目前的油价和 LNG 价格，使用 LNG 清洁能源比使用柴油节约 40%~60%的燃料费用。在环保方面，LNG 动力装置及发电机组装置在重卡上的推广应用能大大减少尾气对环境造成的污染。在安全方面，LNG 属于低温液体，即使发生泄漏事故时也会很快自然气化，但在加入特殊嗅剂后，天然气泄漏可及时被发现。在社会效益方面，LNG 动力重卡所使用的燃气轮机的机体辐射和结构噪声要比柴油机小，双燃料发动机的氮氧化物排放量也更低。

4. 大湾区港口的绿色智慧

（1）蛇口妈湾港：大湾区首个5G绿色低碳智慧港口

2021年11月14日，粤港澳大湾区首个5G绿色低碳智慧港口深圳蛇口妈湾港正式开港。妈湾智慧港是我国首个由传统码头升级改造成的自动化码头，依托人工智能、5G应用、北斗系统、区块链等科技元素，将原海星码头4个泊位升级改造为全新的自动化集装箱港区，与现MCT港区一体化运营，形成年吞吐量约250万标箱的现代化智慧港口。改造后的妈湾港在全球首创全域、全时、全工况、多要素的传统集装箱码头升级整体方案，是目前全国最大的“5G+自动驾驶应用示范”港区。安装于港区灯塔上的5G基站，实现港区5G信号全面覆盖，38辆5G+自动驾驶集卡全部实现单车无人自动驾驶操作。港口改造后，码头作业效率显著提升，其中堆场提升45.4%，闸口提升50%，减少操作人员约93人。妈湾智慧港采用绿色低碳系统，实现了港口全方位绿色发展，经估算，妈湾智慧港每年能减少二氧化氮排放约1350吨，减少一氧化碳排放约450吨，减少二氧化硫排放约15吨；潜在环境效益方面，减少二氧化氮排放约49500吨，减少一氧化碳排放约16500吨，减少二氧化硫排放约550吨，为深圳建设“全球海洋中心枢纽城市”和“交通强国试点城市”提供重要的支撑。

（2）深圳港：港口船舶节能减排智慧

自“十三五”以来，深圳市交通运输局每年开展“绿色港口排放清单”相关研究工作，对深圳港全港的大气排放进行全面调研统计，分析港口重点排放源头，有效推动港口船舶节能减排。2015年，全球7家国际航运企业涉及66艘集装箱船舶在深圳签订《深圳港绿色公约》，标志着深圳港成为国内首个实施集装箱船舶靠港时自愿转用低硫燃油的港口。随后深圳根据交通运输部关于排放控制区的统一部署，积极制定低硫燃油有关政策，大力引导船舶使用低硫燃油，减少大气污染排放，并取得明显成效。统计数据显示，2015年至2021年10月，超过57000艘次船舶停靠深圳港期间使用低硫燃油，各类污染物减排超4万吨。2019年至2021年10月，31374艘次船舶进入排放控制区期间使用硫含量≤0.5%m/m的低硫燃油，其中2723艘次船舶使用硫含量≤0.1%m/m 的低硫燃油。

以 LNG 代替传统重油，也是减少船舶污染排放的有效手段。2020 年 6 月 3 日，深圳海上国际 LNG 加注中心建设项目签约，标志着国内首个海上国际 LNG 加注中心正式落户深圳。深圳港成为世界 LNG 加注中心建设先行者之一。目前，LNG 加注码头改造项目前期工作已经启动，计划于 2023 年投产。未来，深圳港将可为国际航行船舶提供保税液化天然气加注业务，打造水上绿色综合服务区。

（3）盐田港：环保基础设施建设和节能设备改造实践

深圳市盐田港集团有限公司成立于 1985 年，由深圳市人民政府国有资产监督管理委员会持有 100%的股权。“十三五”期间，盐田港开展了岸电系统建设、龙门吊“油改电”“油改混”、安装新型节能 LED 灯具、建设 LNG 加注中心、使用低硫燃油等工作，持续推进环保基础设施建设和节能设备改造。2021 年，盐田港率先完成龙门吊起重机的“油改电”，减少二氧化碳排放，大型器械的“油改混合动力”能平均节省 30%～50%的柴油消耗。此外，盐田港还完成了码头拖车“油改气”，成为第一个使用液化天然气拖车的中国港口企业。盐田港的绿色治理、低碳化发展将朝更高标准的数字化、智能化方向迈进。2022 年 7 月初，深圳盐田港集团与华为签署合作协议，华为将以技术创新为港口客户提供数字化转型解决方案和产品，帮助港口生产经营智能化、数字化、低碳化，加速综合型港口数字化转型。

5. 国际机场减碳实践

（1）香港国际机场：2050 年底前实现净零碳排放

2021 年 12 月，香港机场管理局提出 2050 年前香港国际机场达到净零碳排放的目标，同时明确了中期目标，以 2018 年为基准，到 2035 年减少实际排放量 55%。机场的净零碳排放目标，不仅符合我国“双碳”目标，也有助于建设为碳管理领先机场。

为实现中期目标，机管局制定了碳管理行动计划，旨在减少机场的直接碳排放以及使用电力和煤气而产生的间接碳排放。机管局采取多项减少直接碳排放的措施，包括推动机场禁区车辆及设备电动化、实施地勤设备共用计划，以及使用可再生柴油等。机管局也采取多项节能措施以减少间接碳排放，包括安装发光二极管（LED）照明装置及节能制冷机，以及制定电池储能系统创新能源管理方案等。机管局与主要航空相关业务伙伴的碳排放共约占机场碳排放总量的90%，机管局已经与合作伙伴共同作出承诺，致力于实现目标。为支持业务伙伴实现净零碳排放目标，机管局将实施“业务伙伴减碳支援计划”，包括投放2000万港元成立“绿色创新和技术基金”，支持试验新技术。机管局与商界环保协会合作推出技能提升计划，协助机场同业增强碳管理的必要技能；同时成立技术工作小组，加强机管局与业务伙伴之间的合作。除此之外，机管局也支持使用可持续航空燃料，在机场设置了相关的燃料基础设施，供航空公司接收、储存及采用预先混合的可持续航空燃料。

（2）白云国际机场：打造民航绿色标杆

广州白云国际机场始终秉持“绿色低碳，可持续发展”的理念，构建能源、环境、碳排放、安全和质量“五位一体”管理体系，致力于为民航业的节能减排、绿色发展树立标杆。

主要减碳措施：①100%配置APU替代设施，保持100%实现全场靠桥飞机“零排放”。四年多来，APU替代设施的使用累计节省航空燃油7.01万吨，减少二氧化碳排放11万吨。②能源结构优化，新能源汽车占比大幅提升。2018~2020年，新能源车辆占比大幅提升，全场车辆燃油消耗量同比分别下降5.3%、27.9%、7.06%，累计减少二氧化碳排放11380吨。③污染末端治理，车辆尾气改造成效显著。截至2021年12月，白云机场地区完成2736辆“国三”及以下车辆尾气改造或报废更新，全场车辆尾气排放100%达标。此外，白云机场还积极创新更换车辆动力系统的“油改电”方式，将燃油动力系统更换为电力动力系统，实现资源集约节约，彻底解决车辆尾气排放问题。④基础设施推进，新能源充电桩全面覆盖。2021年底，白云机场已建成充电桩232个，车桩比达到1.7∶1，满足飞行区保障车辆的充电需求。此外，白云机场建设的首个“光伏+车棚”发电项目在P6停车场于2022年1月正式投产运行，可同时服务158辆车辆充电，是广州市最大规模的公共快充站。⑤自主研发五大智能化、一体化监测平台，创新节能减排模式。⑥全过程覆盖机场运行可能产生的所有碳排放活动，有效地实现地区协同减排。⑦建设绿色机场，开展节能优化工作。

6. 新能源汽车企业赋能制造企业绿色物流变革

作为全球新能源汽车引领者，得益于强大的研发实力以及新能源汽车电池、电机、电控和芯片等全产业链的核心技术，比亚迪于 2012 年开始研发纯电动卡车，是全球最早一批投入新能源卡车研发的企业。2015 年，比亚迪发布城市商品物流电动化解决方案，致力于推动物流行业可持续发展，引领全球绿色物流新风尚。

2021 年 4 月，比亚迪与百威（中国）集团在深圳坪山比亚迪全球总部正式签署战略合作协议，百威将率先采购首批比亚迪纯电动牵引车 Q3，而后陆续投运佛山、唐山、武汉等多地园区。作为比亚迪主打工业园区、港口以及中短距离物流运输领域的 Q 系纯电动牵引车，具有零排放、无污染、高效率等优点。早在 2017 年首支纯电动牵引车队就在比亚迪深汕工业园区内实现批量运营，单车最高行驶里程超过 21 万公里，经受住了市场的严苛检验。

比亚迪携手百威将零排放、无污染的新能源技术应用于啤酒运输，以国际化企业的社会责任感与担当汇聚可持续发展的强大合力，共同推动全球绿色物流运输体系建设，促进行业乃至整个社会的绿色低碳发展。此次合作，比亚迪将在商品运输等环节为百威提供更多绿色、优质且不间断的零排放物流服务，不仅对提升其产品质量和实现中国啤酒行业更高水准目标而言意义重大，更是合双方之力，以实际行动为可持续发展注入强大的正向推动力，引领全球物流运输电动化浪潮。

（四）行业协会促进大湾区绿色物流发展

2021 年 9 月，广东省粤港澳大湾区交通物流发展促进会成立，并审议通过了《广东省粤港澳大湾区交通物流发展促进会章程草案》《广东省粤港澳大湾区交通物流发展促进会选举办法》等，选举产生了促进会第一届理事会和监事会成员。促进会就如何整合各方资源共同推进粤港澳大湾区交通设施互联互通水平的提高、绿色低碳物流发展等问题进行了讨论，并强调作为政府与企业之间的桥梁和纽带，促进会要充分发挥好行业团结引领作用，积极推动会员企业履行交通物流从业者的社会责任，提升交通运输供给效率和品质，抓住粤港澳大湾区建设的重大历史机遇，筑牢交通物流发展基石。同时，促进会还将积极应对当前交通物流业发展中存在的挑战和考验，认真思考在全球经济和贸易发展新格局下如何把握交通物流行业高质量发展的方向，还要研究在国内国际双循环和完成“双碳”目标背景下，如何实现交通运输行业绿色化与可持续发展等问题。促进会的成立将有利于促进交通物流领域人才、资本、信息、技术等创新要素在粤港澳大湾区跨境流动，有利于促进三地交通物流创新融合发展。

三　粤港澳大湾区绿色物流发展展望

（一）低碳交通成为粤港澳大湾区投资新机遇

粤港澳大湾区重大项目投资以基础设施和重点产业为主，其中基础设施投资重点在交通运输领域。从规模看，基础设施和重点产业项目投资额最大，其中交通运输项目为基础设施投资的重点，占比约为60%。从结构看，新基建、生态环保和民生保障项目占比由2011年的15%提高到2020年的31%，民生类项目逐步成为基建投资的重点。广东省“十四五”规划的重大建设项目预计总投资5万亿元人民币（折合约7769亿美元），其中绿色基础设施投资不少于2990亿美元，包括轨道交通、风力发电、现代水利、等。香港《行政长官2020年施政报告》指出，香港特区政府在未来五年计划每年在基础设施领域投入1000亿港元（折合约129亿美元）。澳门特区政府已于2020年启动410多个公共建设项目，单个项目价值达100000澳门元（折合约125313美元）或以上，总价值为142亿澳门元（折合约17亿美元）。

低碳交通方面，大湾区在铁路（客运和货运）和公共交通系统（包括地铁、轻轨、快速公交和有轨电车）等领域有诸多投资机遇。国家发改委于2020年7月批复了《粤港澳大湾区城际铁路建设规划》，旨在打造“轨道上的大湾区”，推动大湾区内城际铁路与高铁、普速铁路、市域（郊）铁路等轨道网络的融合，构建大湾区主要城市间1小时通达、主要城市至广东省内地级城市2小时通达、主要城市至相邻省会城市3小时通达的交通圈，完善现代综合交通运输体系。根据该规划设定的目标：近期到2025年，大湾区铁路网络运营及在建里程达到4700公里，全面覆盖大湾区中心城市、节点城市，以及广州、深圳等重点都市圈；远期到2035年，大湾区铁路网络运营及在建里程达到5700公里，全面覆盖大湾区县级以上城市。在与港澳口岸衔接方面，深圳与香港已通过京九铁路、广深港高铁实现互联互通。珠海与澳门在珠海站、横琴站实现了高铁、城际铁路与澳门轻轨衔接。广东省在“十四五”期间计划投资8800亿元人民币（折合约1350亿美元）用于轨道交通项目建设。香港特区政府计划投资250亿港元（折合约32.3亿美元）建设4个基础设施项目，包括新增一条地铁线路，以提升城市现代化水平、推动经济发展。《澳门特别行政区城市总体规划（2020—2040）》强调优化城市交通运输体系，落实推行绿色、以人为本的交通政策，构建融合慢行系统、轻轨和公共巴士等公共交通工具的交通运输网络。

（二）粤港澳大湾区一体化协作水平进一步增强

大湾区汇集了广东省的九个城市和两个特别行政区（香港和澳门），广东与港澳在管理制度上有明显的差异，比如，在物品流通方面，粤港澳关税制度和技术标准不同。尤其是检验检疫、报关等程序，在过关时存在由标准不一造成的货物滞留，增加了货物的跨境时间成本和烦琐程度。同时，大湾区内部缺乏统一的数字信息平台，各类信息平台就如“数据孤岛”，不能满足物流产业跨部门协作需求。大湾区具有绿色转型的先行优势，但是尚未形成整体的生态环境治理顶层设计、碳排放控制制度和目标体系以及三地协同治理机制，其绿色转型面临挑战。目前生态环境治理呈现“碎片化”“属地化”状态，治理工作被纵向分为香港、澳门、广东三地及其下辖的市级、区级、镇级等多个区域，在同一城市又被横向划归于不同部门。

基于此，粤港澳大湾区应该增强协同联动能力。首先，三地应制定统一的碳排放制度及目标体系，在最大程度上方便粤港澳三地的交流。其次，深圳、香港和广州是当前粤港澳大湾区的联动核心，在此基础上，通过立体完善的交通物流网络，以及5G通信、数据中心等创新基础设施，开发大数据系统和信息平台，使各部门各城市之间物流信息有效对接，提升物流运行效率。再次，不同区域之间形成有效的合作机制，强化物流一体化运营，解决由关境政策、关税制度、技术标准等造成的效率不高问题。最后，香港的国际物流和转口贸易管理水平较高，同时具有供应链管理等方面的经验和技术优势；与香港物流产业的国际化程度较高的特点比起来，广东物流产业发展更偏向于辐射珠三角各城市及国内腹地，在国内的货源组织上更具有优势。然而很多物流企业局限于自身领域的发展，物流市场互联互通水平有待进一步提升。粤港澳大湾区内城市间应加强交流学习，优势互补。

（三）交通运输结构进一步优化调整

公路交通及货运的二氧化碳排放在交通运输行业中所占比重最大。2019年公路货运和民用航空能耗强度分别是铁路的4.4倍和72.3倍，分别是水路运输的6.7倍和109.7倍，因此调整运输组织模式、优化货物运输结构、提高低能耗的铁路和水路运输比重是推动绿色物流发展的核心。目前大湾区的运输结构有待优化。表4显示了广东省2016~2020年各种货物运输方式的货运量，可以看出，铁路运输占比最低，而公路运输占比最高，其次是水路运输；澳门的港口货物运输占比最高，其次是空运和陆路运输（见图4）；香港的航空运输及航空运输辅助服务活动的行业增加值最高，水路运输和陆运货运水平相当（见图5）。

表 4　2016~2020 年广东省各种货物运输方式的货运量统计

单位：万吨

年份	铁路	公路	水路
2016	8380. 31	272826. 07	85632. 56
2017	7254. 00	288904. 00	94871. 00
2018	7616. 61	304743. 12	102351. 69
2019	8185. 31	319278. 88	108371. 37
2020	7845. 00	231171. 00	103759. 00

数据来源：《广东统计年鉴》。

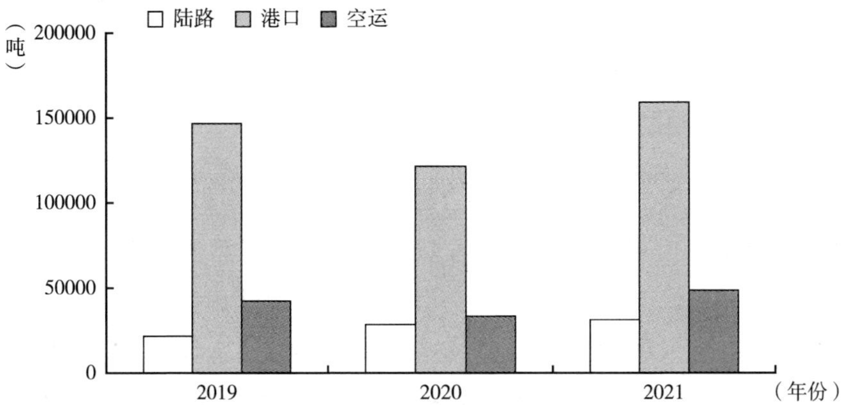

图 4　澳门各种货物运输方式的货物量占比

数据来源：澳门特别行政区统计暨普查局。

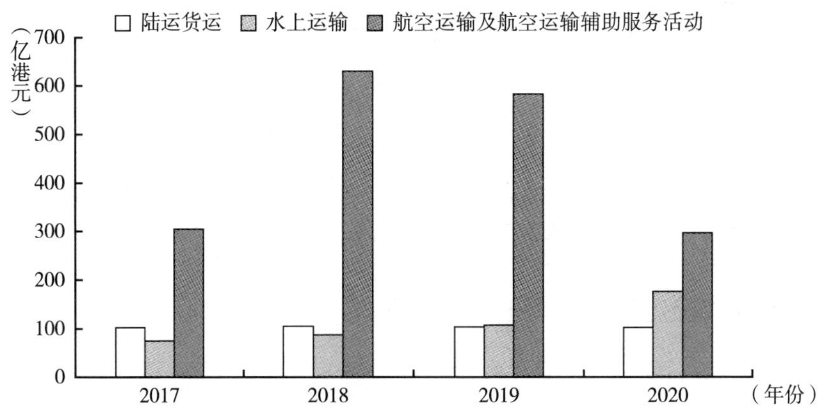

图 5　香港主要运输行业增加值统计

数据来源：香港特别行政区政府统计处。

《中共中央 国务院关于完整准确全面贯彻新发展理念做好碳达峰碳中和工作的意见》和《2030年前碳达峰行动方案》都强调优化交通运输结构对于推进低碳交通运输体系建设的重要性，要求大力发展多式联运，提高铁路、水路在综合运输中的占比，持续降低运输能耗和二氧化碳排放强度。《绿色交通“十四五”发展规划》进一步明确持续优化调整运输结构。《广东省综合交通运输体系“十四五”发展规划》强调加快运输结构调整，充分发挥铁路、水路和城市公共交通的运输优势，积极引导大宗货物运输“公转铁”“公转水”，推动交通运输结构性节能减排。基于此，粤港澳大湾区应该优化交通运输结构，提升综合运输能效。

（四）数字化赋能物流业绿色转型

近期大湾区多地发布或通过各自的数字化转型规划和方案，全面拥抱数字经济，比如，广东发布《广东省制造业数字化转型实施方案（2021—2025年）》和《广东省制造业数字化转型若干政策措施》，《广州市建设国家数字经济创新发展试验区实施方案》获审议通过，深圳推出《深圳经济特区数据条例》，佛山印发《佛山市推动数字经济发展实施方案》。大湾区拥有较完备的数字产业链，众多数字化服务提供商将支持客户零碳转型作为业务增长点。比如，2022年5月，作为国内领先的充电物联网和能源管理服务商，云快充与国内领先的快递物流综合服务商——顺丰速运达成合作意向。云快充将基于平台近20万充电终端的服务网络以及成熟的桩联网数据服务能力，为顺丰在全国的新能源货运车辆提供智能充电服务，助力顺丰实现货运物流的绿色低碳转型。未来数字服务提供商可以与更多的物流企业合作赋能助力其实现绿色低碳转型。

（五）物流电气化水平进一步提升

在碳中和目标下，交通部门预计排放量于2025～2035年达到峰值，到2050年碳排放量相对于2015年减少80%。通过在基础设施和交通工具中广泛应用大数据、5G、人工智能、区块链和超级计算机等创新技术，推动构建电气化、智能化和共享的交通系统；加强交通需求管理（TDM）的政策创新，大力发展智能交通，完善交通能效相结合的交通规划，实现综合管理，提升交通系统效能。“物流电动化”是我国实现“3060”目标的重要举措。近年来，先有工信部提出“到 2035 年我国公共领域用车实现全面电动化”，后有国家发展改革委、国家能源局等 10 部门联合发布《关于进一步推进电能替代的指导意见》，明确要“深入推进交通领域电气化”，在物流配送、城市公交、出租等领域优先使用新能源汽车。粤港澳大湾区交通部门碳排放增长速度依然较快，在中心城市已经成为排放量最大的行业部门。交通部门脱碳面临巨大挑战，也将带动大量新技术应用。

（六）绿色物流标准化体系建设进一步加快

绿色物流涉及运输、储存、装卸、搬运、包装、流通加工、配送、信息处理等，如何衡量不同活动的绿色程度，如何定义低碳？基于粤港澳大湾区的一个国家、两种制度、三个关税区的格局，目前还未形成绿色物流的统一标准，不利于大湾区内绿色物流活动的推进。未来政府、行业协会、龙头企业等需要加快湾区绿色物流标准化建设进程，逐步形成统一、科学的绿色物流标准体系。

第八章
粤港澳大湾区智慧物流发展现状与路径

一　粤港澳大湾区智慧物流发展形势

物流行业作为国民经济的支柱产业，已经成为我国社会经济发展的重要基础设施行业。当下，以大数据、云计算、移动互联网等新一代信息技术为代表的科技革命风起云涌，以前所未有的力量，全新定义着人类的思维、生产、生活和学习方式等。在智能化变革的背景下，物流行业应摆脱过去的以设备和人工为基础的劳动密集型产业特征，升级为与智能技术和开放协同策略相结合的资本密集型产业，在产业升级中获取新发展空间。

物流与智能技术相结合会产生新的行业转型机遇——智慧物流。智慧物流采用供应链全链条服务、多层级仓网布局、集约化管控、大数据管理分析等，在减少搬运和周转次数、精准预测需求提前备货等方面发挥着重要的作用，帮助社会和企业降低物流成本，提高行业运营效率和服务水平，增加企业销售额，并且在帮助厂家作出生产和备货决策方面也有出色的表现。

粤港澳大湾区“9+2”城市包括港澳和广深珠中佛等城市，在未来有望发展为世界级城市群和国际一流湾区。本章将从区域物流产业发展视角出发，深入分析大湾区各城市智慧物流定位、智慧物流发展现状，分析大湾区智慧物流创新策略及未来发展趋势，实现大湾区物流产业链上、下游的融合发展，重塑产业价值链。

粤港澳大湾区地处我国沿海开放前沿，以泛珠三角区域为发展腹地，在“一带一路”建设中处于重要的地位。大湾区地理位置条件优越，拥有香港国际航运中心和吞吐量位居世界前列的广州、深圳等重要港口，以及香港、广州、深圳等具有国际影响力的航空枢纽。便利的交通使得大湾区成为中国制造业最为活跃的地区之一，如图 1 所示，粤港澳大湾区 2015~2019 年的货运总量持续增长，2020 年受疫情影响出现下降，但仍远超广东省其他市总量，如图 2 所示。大湾区对仓储、干线运输、末端配送、安装服务等各类产品物流有着强烈的需求，有利于形成便捷高效的现代综合物流体系。

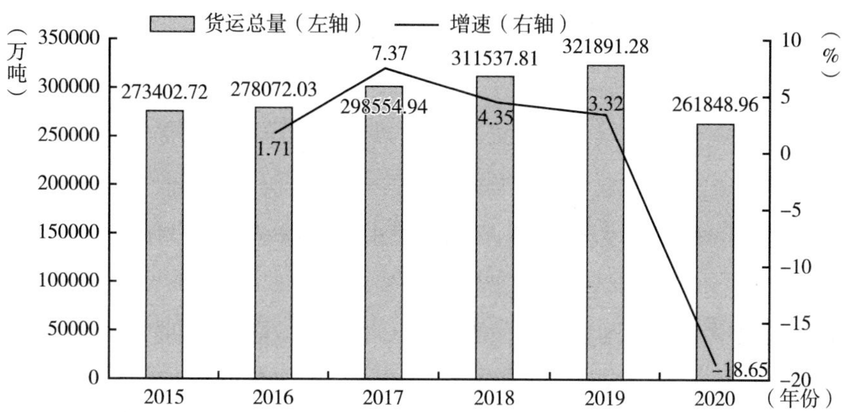

图 1　粤港澳大湾区货运总量及增速

根据中共中央、国务院印发的《粤港澳大湾区发展规划纲要》，大湾区是具有全球影响力的国际科技创新中心。大湾区瞄准世界科技和产业发展前沿，加强智慧物流平台建设，大力发展新技术、新产业、新业态、新模式，加快形成以创新为主要动力和支撑的物流体系，力求建成全球智慧物流新高地。

自建成以来大湾区的物流服务能力显著提高，逐步建成公路交通基础设施、港口和航空货运设施，全区物流运输网络日趋完善。2016~2020 年，大湾区物流总费用与 GDP 的比值由 17.2%下降至 14.5%，但与其他湾区物流费用与 GDP 的比值约 10%相比还有很大差距。从大湾区物流运输条件来看，货运主要依靠高速公路，仍未形成有效的陆海空联运系统等；从物流企业角度来看，部分企业存在货物包装标准与产品规格和物流设施不兼容等问题，而且使用具有标准接口的信息技术物流系统的物流企业数量较少，致使大湾

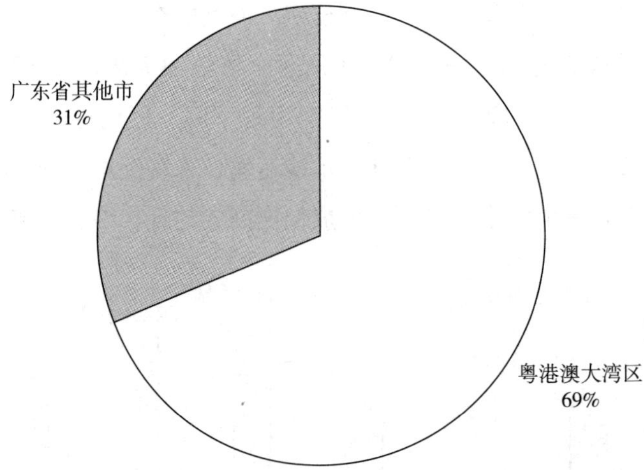

图 2 2020 年粤港澳大湾区与广东省其他市货运总量对比

区物流配送中心出现大量货物存放在仓库中、物流运输周期较长、货物物流效率较低、物流成本居高不下等问题。当前，中国是世界上第二大贸易经济体，中美贸易摩擦使进出口货运代理业务受到一定程度的影响，而大湾区又是中国对外贸易最重要的区域之一。2020 年，大湾区进出口总值 7.9 万亿元，同比增长 6%，占全国的 23.9%，已经发展成为全球最领先的消费品和先进制造业生产基地，全链条式的智能运输、智能仓储、智能装卸、智能搬运、智能流通及加工、智能包装、智能配送、智能信息处理平台、智慧物流供应链管理等数字物流产业，远优于世界上大多数其他类似区域物流中心片区的产业集群。

随着信息技术的快速发展，线上消费交易额比例逐渐增大，提高物流效率、降低物流成本成为政府、物流企业与其客户力争实现的目标。为改变物流效率不高的状况，大湾区鼓励物流企业将大数据、云计算、人工智能、物联网、区块链等先进信息技术应用于物流整体供应链运营管理系统中，对传统物流业进行优化升级。这就要求物流公司升级为技术公司、数据公司，前者重点发力人工智能、物联网、云计算等前沿技术，机器人“货到人”的方案可以有效提升物流作业效率、减轻人工劳动强度；后者通过处理、分析物流大数据，挖掘对企业运营管理有价值的信息，从而科学合理地进行管理决策，主要应用于销售预测、网络规划、库存部署等典型场景。

二　粤港澳大湾区各地市智慧物流发展趋势

粤港澳大湾区“9+2”城市包括广州、深圳、珠海、佛山、惠州、东莞、中山、江门、肇庆和香港、澳门，发展定位是国际一流湾区和世界级城市群。2019 年 2 月，中共中央、国务院发布《粤港澳大湾区发展规划纲要》，作为指导粤港澳大湾区建设的纲领性文件，明确香港、澳门、广州、深圳四大中心城市及其他节点城市不同的定位和要求。香港定位是国际金融、航运、贸易中心，香港的物流产业拥有广泛的国际贸易和商业服务网络，具备丰富的供应链管理经验，通过与湾区九市上、下游产业链企业的合作，运用全球综合供应链管理系统及区域智能物流设施，可以缓解湾区整体物流成本抬升及物流效率不高的困境。

澳门的定位是世界级旅游休闲中心，伴随着港珠澳大桥的开通，该区域物流产业加快发展，形成全新的智慧物流产业格局，彻底改变了港澳与珠海等城市的物流交互结构，从过去以海运为主变成以陆运为主、海运为辅，增强了跨区域的立体物流交叉运输能力。从珠海、中山到港澳的进出口货物的流转时间已经从 3 天缩短到 0.5 天，珠海洪湾片区通关中心的建成，将使通关中心与港珠澳大桥实现无缝连接，港珠澳大桥经济辐射区域内将实现与港澳进出口货物 2 小时内快速周转，大湾区物流产业的战略价值逐步显现。

广州作为国际商贸中心、区域综合交通枢纽中心，现代物流业已经成为其产业升级的重要内容，继北京、上海后成为中国的三大互联网核心节点城市。高速发展的物联网产业已成为广州现代物流业的催化剂，使其向更智能、更智慧的物流供应链管理方向发展。

深圳是中国的经济特区和国家创新型城市。现代物流业是深圳的战略性产业，深圳也连续多年在国内外转口贸易中位居全国之首。未来几年，临深城市经济圈（珠中莞惠）将发展为以深圳为中心引擎城市的核心节点城市群，结合当下飞速发展的大数据、云计算、物联网等物流产业涉及的核心技术，成为未来深圳实现现代智慧物流中心城市发展战略目标的重要抓手。

珠海作为与港澳唯一路桥相连的城市，是建设大湾区的桥头堡和创新资源承接地，尤其是港珠澳大桥的开通、未来深珠通道的投入使用将促使该区域物流产业驶入快车道并实现弯道超车。中山、佛山、东莞、惠州、江门具备雄厚的制造业基础，发达的产业市镇乡域经济促使现代物流产业基础交通设施网络日趋完善。未来将整合大湾区内水铁、公铁、空铁、江河海等多式联运资源，实现大湾区物流产业资源的优势互补与协同发展。

三　粤港澳大湾区智慧物流的技术进展

（一）宏观层面

1. 物联网技术

物联网是基于计算机和互联网，能通过感知、定位和射频识别技术等通信手段，并采用传感设备实现物物相联的技术。物联网以将网络中的信息运用至物品之间的方式来实现信息的交换和共享。因此，物联网具有以下特点。

物联网广泛应用各种感知技术。多种类型的传感器被部署在物联网的各个网点，不同类型的传感器传送内容和格式不同的信息，构成不同的信息源，从而形成关于物体及其所处环境等的较为全面的信息。同时，传感器按一定的频率周期性地采集环境信息，从而不间断地更新数据，使获得的数据具有实时性。

物联网是一种基于互联网的泛在网络。互联网是物联网技术的重要基础和核心。在物联网中，各种有线和无线网络与互联网融合，从而达到将物体的信息准确、快速地传递出去的目的。基于网络传感器定时采集的信息才能够被传输。由于数量极其庞大，形成了海量信息，在传输过程中，必须适应各种异构网络和协议以保障数据传输的准确和及时。物联网不仅通过连接传感器来传送实时的信息，其本身也具备一定的智能处理能力，按照要求对物体进行智能控制。

大湾区的物流公司将物联网运用于物流业，极大地提高了传统物流的效率，相当于使物流管理有了“智慧的头脑”。物联网在仓储环节运用智能的仓储管理，通过自行感应获取并分析货物数据，实现配送及时、精准，并且能够按照实际情况及时进行处理和调整，生成信息报表。在运输环节，能通过物联网实时定位监测运输的车辆及车内环境，包括运输过程中货物的状态和存储条件，从而避免或减少因运输而产生的损失。在未来的物流分拨中心，物联网与人工智能的结合能够更新物流运营模式，从而提高物流运营的精准性和高效性。除此之外，物联网与5G技术相结合将大大提高电子信息计算速率，实现大容量、非结构化数据的实时传输和处理，从而大幅增强信息处理、远程车辆监测能力。

2. 区块链技术

区块链是按照时间顺序将数据区块相连并组合成链式数据结构，基于密码学形成分布式账本，是分布式数据存储、点对点传输、共识机制、加密算法等计算机技术在互联网时代的创新应用，具有以下主要特点。

（1）去中心化。如今许多管理系统以一个总部和若干个分部的方式进行分布，即中心化。与之不同的是，区块链通过点对点网络技术，使各个机构节点拥有相同的地位，具有去中心化特点。

（2）不可篡改。当发生活动时，根据时间戳技术，区块链将所发生的活动形成带有时间印记的数据储存在不同的区块中，区块与区块之间通过时间顺序连在一起，从而形成一条条储存数据的区块链，而更改区块信息则需要重构所有的交易记录和密码学证明。这种机制有效防止了信息被篡改的可能，同时随着区块链长度的增加，区块链中的信息就越难以被更改。

（3）集体维护。在区块链分布式系统，所有节点都可以进行数据区块的验证，同时拥有分享数据的权利和义务。

（4）信息透明。在区块链上，通过所有节点都可以看到其他节点发生的活动和记录在区块中的所有信息，信息具有透明和共享的特点。

基于以上特点，区块链在大湾区物流领域可以有以下应用。

（1）构建物流信息平台。大部分供应链还未建立物流公共信息服务平台，还未充分使用区块链、云计算、互联网及物联网等相关技术，无法共享企业之间的信息，导致信息孤岛现象普遍存在，低效的信息传递使得整个物流系统低效。基于区块链技术而构建的物流供应链上下游信息服务平台将真实记录物流在生产、运输、仓储和销售等环节的信息，实时反映货物在物流过程中的状态，实现供应链上下游的信息共享，大大提高物流效率，减少交易和人工成本，以及由信息不对称造成的时间延误，从而降低企业的运营成本。

（2）食品溯源。食品安全及相关的责任追究一直是难题。由于当前的供应链并未形成一个紧密的整体，上下游各企业的业务相对独立以及信息共享程度低，各供应链环节所进行的工作复杂度难辨识，当出现食品安全问题时往往无法进行源头追踪和责任追究。结合物联网技术，运用区块链技术跟踪食品生产、加工、包装、运输和销售等环节的状态，实时记录、上传并播报食品在整个物流过程中各个方面的情况，使得供应链的上、下游企业和监管机构能够实时掌握食品的信息。

（3）物流智能合约。交易行为伴随着物流活动而产生，纸质单据的运送和审核、交易义务的监督等使得传统交易的时间长、效率低、成本高。运用区块链技术记录交易双方的协议和合作条件并检测合作协议的完成情况。区块链的不可篡改性大大增强了数据和信息的安全性，避免因违约和抵赖行为而导致交易成本增加；同时数字化验证的应用也提高了供应链运行的效率。

（4）供应链金融。通过区块链技术整合、实时监督并更新供应链节点企业融资方面的信息，记录真实有效的企业诚信、实力、会计和具备价值的质押物等维度的信息，为银行构建安全的供应链金融信息和征信平台，在对具有融资需求的企业进行核算时提供真实的依据，降低针对中小企业的征信成本；银行的融资条件降低则提高了中小企业获得融资的可能性，从而促进物流发展。

3. 人工智能技术

人工智能技术推动粤港澳大湾区智慧物流发展主要体现在港口建设和物流配送等方面。依托于人工智能技术，连同5G应用、北斗系统、区块链等科技技术，深圳蛇口妈湾港从传统散杂货码头升级为现代化智慧港口，是大湾区首个5G绿色低碳智慧港口。此次的智慧化改造将蛇口妈湾港的原海星码头4个泊位升级为全新的自动化集装箱港区，与现MCT港区一体化运营。妈湾智慧化港口的创新如下：革新登临作业方式，实现国际航行船舶的5G智能检疫，从而提高船舶登临检疫效率和海运监管效能；协同创新码头作业模式、海关通关模式和查验模式，实现货物在码头闸口的智能分流；创新实行常态化进口“船边直提”、出口“抵港直装”运营模式，极大地提升通关效率和堆场周装效率，大幅降低企业通关成本和码头作业成本，从而进一步提升跨境贸易便利化水平。

在大湾区智能快递配送发展中，人工智能技术发挥了很大的作用，京东物流与广州市花都区在2021年12月21日达成战略合作意向，率先将花都区建设为末端物流自动驾驶无人配送示范区。在合作战略中，涉及花都区区政府、企事业单位和个人等的不同类型末端配送业务均使用京东物流提供的智能快递车。该快递车基于自动驾驶等多种技术实现无接触式末端配送。该智能配送实践为探索无接触城市末端配送积累了技术、运营和管理等方面的经验，从而有助于加快形成城市级无人配送管理标准，并进一步向其他区域和城市推广应用，成为智慧城市的一部分。该实践也将为人工智能技术的发展提供车联网应用场景支撑，有助于城市构建开放融合、创新发展的产业生态。

4. 5G

得益于信息通信技术的跨越式发展，以及国家相关政策的支持与推动，大湾区的三大运营商正对通信基础设施进行升级，推动5G技术在大湾区的应用。在5G网络实现初步的商用部署之后，三大运营商于2020年做出更大规模的部署。在不久的将来，5G基础设施的完善和技术的应用将极大地推动大湾区智慧物流的发展。

在香港，大面积覆盖的5G信号已基本与内地“接轨”。香港户外的5G覆盖率已达近九成，包括地铁车站。香港使用的5G信号频谱基本与内地实现接轨。在澳门，5G技术成为经济复苏中的新亮点。建成智慧城市是澳门特区政府的发展目标，5G技术将在电子政务、智慧交通、智慧旅游等方面注入新动能。在广东，5G技术也被应用于远输电线路的巡查领域。粤港澳大湾区海关通关检查也应用了5G技术。目前拱北口岸已经部署了5G单兵设备和5G AR眼镜设备，一线工作人员可通过眼镜扫描过关旅客信息，判定其身体健康状况等，大幅提高管理效率。大湾区有规模超万亿元的电子信息产业集群，还有先进的工业制造企业，已经形成了集研发、生产、应用于一体的完整的5G产业链。未来粤港澳大湾区将建设为万亿元级5G产业聚集区。

（二）产业层面

在物联网、区块链、人工智能、5G与大数据等技术的助力下，大湾区智慧物流也催生了以下产业。

1. 智慧仓储

智慧仓储兼顾了传统的仓储车间现场、位置分散的人员和杂乱的信息，是智慧物流的重要组成部分，有助于企业平稳、高效地运转。在智慧仓储中，楼库式存储替代了传统的高库架存储，柔性高、维护成本低；仓储中的传统设备则被更为可靠的设备所取代，不易出现单点故障；传统中结构复杂且维护专业度高的设备更新升级为智能化设备，结构更为简单，有智能控制、维护简便等优点。

三维移动机器人货到人立库系统是大湾区智慧仓储的代表性技术之一，以京东物流自主研发的“天地狼”——三维移动机器人货到人系统为例，“天地狼”首次实现了移动机器人的三维移动功能，突破了传统机器人行走空间二维的限制。与传统系统以升降机、输送机或其他任何结构为动力不同，“天地狼”的唯一动力单元是移动机器人。移动机器人会根据调度系统的指令，移动到任意位置，实现单机同时在地面与货架多重空间行走的功能。该系统不需要考虑小车和其他设备间的能力平衡，实现了模块化管理，从而大幅提升了整体系统的灵活性。同时，该系统的立库存储和柔性搬运功能可实现3~20米的高密度立体存储，具有高灵活性、高柔性和高可靠性，能够满足密集存储与柔性布局、中低流量货到工位与货到人模式的需求，适用于3C、服饰、零售等多种行业。

2. 智能快递柜

智能快递柜依托于大数据、物联网与人工智能等技术，在快递配送服务的“最后一公里”为用户提供快递代收代发和物品临时寄存服务。与外形相似的超市自助储物柜不同，智能快递柜由一个控制柜和两个副柜构成，副柜上不同尺寸的数十个格口能满足不同尺寸的快递存储空间需求，控制柜上设有键盘区和扫描区并与周围的监控系统相连以保证快递的安全。智能快递柜所应用的技术具有以下优点：一是减少了二次配送的次数，提升了快递的投递效率；二是快递的代收代发与物品临时寄存的自助服务节省了用户的时间，提高了服务体验；三是智能柜周围配备的监控系统及取件寄件的相关安全设置，为企业减少了劳工成本。

3. 智慧供应链

智慧供应链是供应链管理与物联网理论和技术相结合的管理集成系统，能够实现企业间、企业内的供应链网络化、智能化和自动化。与传统供应链管理相比，智慧供应链背景下，负责供应链管理的相关运营人员、管理人员等会主动学习人工智能、物联网等技术，并将其应用于供应链管理。智慧供应链的技术渗透性强，对相关人员的素质要求更高；智慧供应链采取可视化方式展现数据，实现访问数据移动化，移动化与可视化的特征显著；基于AI、物联网和互联网等技术，智慧供应链拥有良好的人机协调性，通过人性化技术和管理，更具科学性地解决运行过程中产生的相关问题。

4. 智能化军事物流

智能化军事物流以物联网、云计算、大数据等信息技术为支撑，可以模仿学习、推理和判断等人特有的思维能力，能够自行解决物流中产生的某些问题。目前大湾区智能化军事物流发展中采用了智能传送分拨系统、无人驾驶车辆、配送机器人、无人机、无人仓、智慧供应链等许多智能物流新技术，军事物流向自动化、可控化、智能化和网络化方向发展。

5. 智能应用

大湾区智能应用以平台化和各方协作化为特点。粤港澳大湾区“菜篮子”信息平台试运行启动于2019年8月28日。平台以质量安全溯源、电子商务、仓储物流、进出口管理为四大子系统，实现产品线上线下“一品一码”管理，智能监控产品从生产到流通的全过程。通过扫描商品二维码，消费者能够轻松获取产品的相关信息，包括生产企业的产地溯源、产品的质量安全监测和行政处罚记录、企业资质信息等。消费者和监管部门的深度参与能够督促相关企业重视并加强产品质量监管制度建设。该平台通过实现产品信息在企业、监管部门和消费者之间的共享，形成大湾区“菜篮子”产品源头可追溯、流向可跟踪、产销信息可查询、供求无缝对接、产业结构均衡发展的格局。

菜鸟与中国航空、圆通速递共同投资的数字物流中心于2018年6月7日宣布建设，项目投资额约为15亿美元。该项目计划通过投建eHub节点，构建国家智能物流骨干网络。eHub节点不仅具有物流枢纽的功能，也能使物流与电商、金融、云计算等生态业务紧密协同，因此数字国家智能物流骨干网络的目标包括以下两个方面：一方面是在国内打造24小时货运必达的网络，另一方面通过共建“一带一路”实现全球范围内的物流72小时到达。国家智能物流骨干网络的数字中枢是位于大湾区内的香港国际机场的超级eHub项目，其他全球首批eHub节点分别位于杭州、吉隆坡、迪拜、莫斯科、列日（比利时），因此该项目也将成为大湾区的重要物流枢纽，成为电商、金融、物流服务的综合体。

（三）企业层面

随着粤港澳大湾区的国际化发展，物流市场的需求日益增长。受益于科学技术进步，物联网、人工智能等技术应运而生，为智慧物流的发展增添了新活力。当前，发展智慧技术已然成为物流企业的竞争重点。粤港澳大湾区位于我国东南沿海地带，经济繁荣，对外贸易频繁，是物流企业的竞争焦点。以京东物流为代表的科技物流企业，着力于推动科技应用，使物流业进一步降本增效，在助力大湾区产业升级的同时，向世界展示中国企业在智慧物流领域的应用成果，打造中国乃至全球智慧物流的“新样本”。

1. 京东物流

京东集团从 2007 年开始自建物流，于 2017 年 4 月正式成立京东物流集团。经过十余年的积累，京东物流建立了完善、高度协同的物流体系，借助智慧技术，实现仓储、分拣、运输、配送、客服全供应链环节的无人化。当前，京东物流在技术研发、场景应用等方面走在全国乃至世界前列。

作为一家技术驱动型公司，京东在大湾区的智慧物流建设中发挥了积极的作用。早在 2014 年 6 月，京东集团就在位于大湾区城市之一的东莞市麻涌镇螺村东环路的易商物流园内建立了京东麻涌分拣中心。物流的分拣是一项非常繁重的工作，物流配送中心需要根据物品的品种、配送要求和收货地址对货件进行分类，以方便后续配送工作。采用人力分拣方式，需要员工先识别出货物上的订单信息，再进行分类、收集，这就要求分拣员工保持清晰的头脑，但是毕竟人的精力有限，连续长时间地工作导致错误不可避免，为顾客带来不好的收货体验，也为公司带来负面影响。这对注重用户体验的京东来说是不能容忍的，分拣机器人的引入成为必然的需求。

京东在麻涌分拣中心投入分拣机器人“小黄人”后，分拣环节从 6 个减少到 3 个，仅 1 个小时就能够处理 12000 件货物，分拣员工从 300 多人减少到 40 多人，大大提高了货物的分拣效率，降低了出错的风险，同时也节省了人力成本。依托机器人的高新技术，麻涌分拣中心成为京东在亚洲范围内规模最大、自动化程度最高的现代化智能物流项目之一，也是全国首个拥有全自动机器人设备的分拣中心。目前麻涌分拣中心通过使用京东物流投入的第一批全自动分拣机器人，成为京东智能物流的重要组成部分。2020 年“618”期间，京东智慧物流体系全面落地，同时无人仓、无人机、配送机器人均投入运营。

京东物流拥有十余年的物流经验。京东物流公布了无人仓建设的世界级标准——“三极”、“五自”和“一优”原则。这标志着中国物流的无人仓智能控制技术日渐成熟，并逐步探索全球智慧物流的未来。

2. 顺丰科技

顺丰速运成立于1993年，是国内物流综合服务商，并于2009年正式成立顺丰科技有限公司，位于深圳市，专注于物流信息技术研发，主要涉及云计算、人工智能和物联网等相关技术在物流领域的运用。

2018年在上海世界人工智能大会上顺丰自主研制的无人机MantaRay首次公开亮相。MantaRay翼展3.5米，机身长2米，高0.8米，起飞重量为30~35公斤，最大载重10公斤，最大飞行速度为每小时80公里，续航时间可达90分钟，是顺丰为城市运送设计的物流无人机。顺丰的物流无人机MantaRay完全自研，囊括120余项专利技术。2018年3月27日，顺丰旗下的顺途科技获颁国内首张无人机航空运营（试点）许可证。目前，MantaRay承接赣州地区的无人机配送任务，不仅帮助当地农户运送生鲜，同时也负责医药等高附加值物品的物流工作。

顺丰致力于计算机在物流领域的应用。2019年，顺丰发布AI Argus慧眼神瞳，力争让人工智能读懂物流。AI Argus视频结构化分析平台是国内首创的IVA品牌产品，可以自动监测预警各个场所的违规操作情况，具有跟踪、计数、运力检测、时序理解和三维感知等多项功能，能够为大数据分析和智能化决策提供数据支撑。目前，AI Argus已经在全国20个城市有所应用，能够提供7×24小时的服务。

IoT（物联网）技术同样是顺丰科技的研发领域。最早IoT技术被应用于识别包裹。2018年5月在智能物流高峰论坛上，顺丰科技向公众展示了IoT机器人。顺丰积极布局物联网，以先进技术为支撑，在物流的运输、仓储、包装、装卸搬运、分拣、配送等环节实现系统感知，提供全数字化物流体验，以期实现触手可及的万物互联。

同时顺丰科技建设的大数据整体生态系统，具有数据采集与同步、数据存储与整合、机器学习等功能，成为顺丰天网、地网、信息网的“黏合剂”。顺丰科技自主研发的一站式大数据平台基于业内主流技术，提供从数据接入到数据服务的大数据管理平台，不仅能为用户提供数据采集、存储、计算、搜索、管理、治理等功能，还能帮助企业提升智能管理能力。

随着业务量和数据量的迅猛增长，顺丰科技在大数据、移动互联网等领域深入发展，并通过技术研究与应用，为顺丰集团的高速发展提供强力的技术保障。秉承“科技改变物流”的理念，顺丰科技坚持自主创新，致力于通过科技改变人们的生活方式，构建“物流互联网”，推动整个物流行业的进步。

3. 菜鸟网络科技

2013 年 5 月 28 日，阿里、顺丰、申通、圆通、中通、韵达等公司共同组建“菜鸟网络科技有限公司”。菜鸟网络努力建设遍布全国的开放式、社会化物流基础设施，完善中国智能骨干网络。同时，利用先进的互联网技术，建立开放、透明、共享的数据应用平台，为各类物流企业提供优质的服务，用技术支撑物流行业的发展。

菜鸟基于数智化技术设计了具备称重、实名认证摄像头、交互屏、面单打印、语音提示、包材盒等功能的满足用户所有寄快递需求的菜鸟裹裹寄件柜，优化了快递员的工作流程，同时还能优化配送路径，在包裹产生时便能计算出最优路线，大大减少资源浪费，提高包裹的配送速度。

数据显示，2019 年上半年，菜鸟平台上包裹的平均时效较上年同期快了近 5 个小时。菜鸟裹裹成为深受消费者喜欢的包裹查寄取一站式平台，承担起阿里巴巴中国零售平台超过 1/3 的寄收包裹任务，帮助快递行业解决了“最后一公里”配送问题。

四　粤港澳大湾区智慧物流发展路径

（一）优化智慧物流发展规划，扩大智慧物流产业规模

智慧物流是粤港澳大湾区未来物流产业的主要方向，其发展水平决定了物流业发展的深度和广度，也会对整个大湾区产生深远的影响。

《粤港澳大湾区发展规划纲要》提出，加快基础设施互联互通，构建现代化的综合交通运输体系，加快智能交通系统建设，推进物联网、云计算、大数据等信息技术在交通运输领域的创新集成应用。粤港澳大湾区各城市应当进一步健全区域智慧物流的发展规划，出台支持智慧物流业发展的相关政策，加大资金对物流业的扶持力度，重点培育智慧物流的领军企业并形成示范效应。物流行业应当加强内部交流，积极开展合作，共同推动智慧物流技术的研究与应用，提升智慧物流的标准化水平。物流企业要根据自身经营情况，积极推进智慧物流发展战略规划的落地与实施，抢占智慧物流发展先机。政府、物流行业与物流企业应形成协同效应，积极推动物流产业结构调整、物流企业业务重组，优化智慧物流发展规划，提升粤港澳大湾区智慧物流产业所占比重，形成规模效应，降低智慧物流建设成本，引导智慧物流步入良性循环。

（二）充分利用港澳广深航空枢纽设施地缘利好，提前布局物流供应链管理中的“黑科技”

粤港澳大湾区是我国经济活力最强的区域之一，拥有各类优势产业。湾区九市正在探索各产业的转型升级，通过转向附加值较高的业务，开发高技术含量、高精度的电子产品、精密零部件、医疗器械、生物制药等产品，增强区域内产业的国际竞争力。大湾区发达的产业离不开先进的物流业支撑。这些高价值的物品通过航空运输被送至全国乃至全球各地，推动了大湾区航空物流的发展。随着大数据、云计算、人工智能、物联网技术的广泛应用，智能物流设备、物流大数据信息处理平台、智慧供应链+区块链双链价值融合的智慧物流的新业态以新技术为载体不断浮现。

（三）利用湾区九市“政产学研资”优势，嫁接港澳国际金融资本，促进物流供应链价值再造

大湾区的物流企业加强与高等院校、国家级智库和研究机构、港澳第三方物流服务供应商的合作，利用港澳发达的金融、贸易来强化供应链中的资

本要素流动管理，拓宽物流金融业务渠道，提高流通服务质量，减少物资积压与消耗，加快宏观货币回笼周转，为供应链的企业提供物流和金融方面的集成式服务，以应对可能出现的流动资金不足问题，加速物流和资金流的运转，进而提升大湾区的金融和物流整体绩效。

（四）升级冷链物流服务、促进跨境电商产业发展，构建全新物流供应链生态闭环系统

随着消费者对鲜活食品的需求不断增长，物流产业积极拓展冷链物流业务。粤港澳大湾区的内地九市，如东莞、肇庆等的加工食品饮料产业和深圳、广州的生物医药产业发达，其对冷链运输有着迫切的需求。物流企业急需制定先进的冷链物流一体化解决方案，以提升整体运营效率，基于港澳合作伙伴的管理经验，运用大数据、云计算、物联网、区块链等新一代信息技术集成管理系统，建设冷链运输骨干网络，加强冷链运输的监控，优化货物的存储、转运、装卸、配送过程，提高配送速度，减少生鲜、医药产品在运输过程中的损耗。全面提升冷链服务质量，满足市场需求，促进粤港澳大湾区的生鲜、医药等产业健康发展，构建湾区智慧冷链物流系统。

粤港澳大湾区“9+2”城市间的合作体制日益完善，产业优势互补，互动交流频繁，立体交通网络逐步形成，交通基础设施趋于完善。2018 年，港珠澳大桥正式开通运营，连通香港、澳门和广东珠海，最快通过时间仅需 40 分钟左右，大湾区的物流运作效率进一步提升，物流周转时间缩短。粤港澳大湾区的物流行业应围绕“港澳所需”，聚焦“湾区所向”，发挥“物流所能”，切实肩负起大湾区物流产业及供应链管理深度合作示范区的责任担当，整合“9+2”城市的产业优势，以精细、动态、科学的管理，实现物流的自动化、可视化、可控化、智能化、网络化，从而提高资源利用率和生产力。打造承载智慧物流的产业和第三方物流服务的企业，实现智慧化的物流技术与共享化的物流机制相互衔接，为物流产业智慧化、数字化奠定基础，以更好地指导大湾区未来新兴产业的导入和明星物流企业的培育，拓展大湾区物流经济发展的广度和深度。

行 业 篇

第九章 粤港澳大湾区制造业物流发展回顾与展望

作为中国开放程度最高、经济活力最强的区域之一，粤港澳大湾区具有区位优势明显、经济实力雄厚、创新要素集聚、国际化水平领先等得天独厚的发展基础，在国家发展大局中具有重要的战略地位。建设粤港澳大湾区，是习近平总书记亲自谋划部署的国家战略，在我国深入推进供给侧改革、迈向高质量发展进程中具有特殊的历史使命与战略担当。

2019 年 2 月，中共中央、国务院印发《粤港澳大湾区发展规划纲要》，明确指出要把粤港澳大湾区建成充满活力的世界级城市群、具有全球影响力的国际科技创新中心、“一带一路”建设的重要支撑、内地与港澳深度合作示范区、宜居宜业宜游的优质生活圈。2021 年 3 月，《中华人民共和国国民经济和社会发展第十四个五年规划和 2035 年远景目标纲要》（以下简称“十四五”规划）正式发布，指出要加强粤港澳产学研协同发展，完善广深港、广珠澳科技创新走廊和深港河套、粤澳横琴科技创新极点“两廊两点”架构体系，推进综合性国家科学中心建设。粤港澳大湾区建设，既是新时代推动全面开放新格局形成的新举措，也是推进“一国两制”事业发展的新尝试。

近年来，贸易逆全球化、新冠疫情蔓延和乌克兰危机等因素使得全球经济发展形势愈发严峻，各国家和地区的经济发展都遭受不同程度的冲击。作为我国经济发展风向标的物流业遭遇了前所未有的重大冲击。其中，制造业物流所受影响较为明显，但在“六稳”、“六保”、供给侧结构性改革等政策的带动下，我国制造业物流整体上仍保持平稳增长态势。当前，粤港澳大湾区正在加快基础设施建设，推进现代化综合交通运输体系建成，着力扩大国际经济合作，推动经济高质量发展。

作为推动第一产业与第二产业流通，且本身作为生产性服务业和消费性服务业并存的大行业，物流业是全国经济发展的风向标，更是国民经济高质量发展的重要力量。而作为物流业的一大重要分支，制造业物流在粤港澳大湾区的发展中有着举足轻重的作用。因此，应重视粤港澳大湾区制造业物流的发展。下文就粤港澳大湾区制造业物流的发展形势进行回顾与展望。

一　粤港澳大湾区制造业物流发展现状

（一）粤港澳大湾区制造业发展主要特点

1. 工业、制造业保持稳健发展，整体稳中向好

近年来，全球经济下行，新冠疫情蔓延更使得各国家和地区的经济都遭受了不同程度的冲击。根据广东统计局数据，2020 年粤港澳大湾区规模以上工业增加值增长率仅为 2.4%，而 2019 年规模以上工业增加值增长率为 4.2%，增速呈现放缓趋势。作为湾区两大核心城市，广州和深圳 2020 年规模以上工业增加值增长率分别仅为 2.5%和 2.0%。但自 2020 年第四季度以来，大湾区工业增加值持续稳健增长，2021 年大湾区规模以上工业增加值增长率高达 12.4%。其中，大多数城市规模以上工业增加值增速达到两位数，惠州、江门等城市的增速更是超过 15%。目前，工业、制造业已恢复到疫情前水平并保持较快增长，2020 年和 2021 年大湾区的规模以上工业增加值两年平均增速达到 7.2%，说明大湾区内工业、制造业保持稳健发展态

势。以湾区核心城市之一——广州为例，2021 年，广州的高技术制造业保持良好增势，其中，电子及通信设备制造业、医药制造业增加值同比增长分别为 36.1%、22.9%；新能源汽车、多功能乘用车产量同比增长分别为 81.9%、44.8%；信息技术产品产量增势较好，服务器、集成电路、光电子器件、显示器产量同比增长分别为 100%、60.5%、51.2%、44.6%。

从规模以上工业企业的资产及营业水平来看，2020 年，大湾区规模以上工业企业的资产总计为 13.1 万亿元，同比增长 8.9%，其中广州和深圳起到了带头作用，二者规模以上工业企业的资产总计分别为 2.0 万亿元和 3.7 万亿元；湾区规模以上工业企业的营业收入为 12.8 万亿元，同比增长 2.4%；湾区规模以上工业企业的利润总额为 8306.4 亿元，同比增长 30.1%。江门制造业利润总额增速更是达到 15.5%，表现出极强的增长势头。上述数据表明，尽管面对新冠疫情和复杂多变的国际形势，粤港澳大湾区仍能够牢牢把握住稳中求进的工作总基调，统筹推进疫情防控和经济发展，使得工业经济不断恢复前行，增长态势好于预期，在 2020 年下半年以及 2021 年全年实现了持续稳健增长，交出了亮眼的答卷。

2. 现代服务业与先进制造业的产业集聚优势持续显现

香港作为世界上数一数二的航运中心、国际自由贸易港和国际金融中心，拥有高度发达的金融保险业、物流业、商务贸易服务业等现代服务业。根据国家统计局数据，2016~2020 年，香港工业生产总值总体呈现下降趋势，2020 年工业生产总值仅为 1653.8 亿港元，较 2016 年工业生产总值降低 12.9%。其中，2020 年制造业生产总值仅为 276.5 亿港元，较 2016 年制造业生产总值降低 3.9%。相比之下，香港服务业总体呈现平稳发展态势，2020 年香港服务业总值为 23908.8 亿港元，其制造业生产总值仅相当于服务业生产总值的 1.1%。澳门作为世界三大赌城之一，是全球知名的旅游目的地，旅游业、娱乐业、博彩业发展势头强劲，制造业发展则后劲不足。根据国家统计局数据，2019 年澳门第二产业生产总值和第三产业生产总值分别为 188.4 亿澳门元和 4185.9 亿澳门元，其中澳门制造业生产总值仅相当于服务业的 0.6%。自 2016 年以来，澳门的第二产业生产总值呈现下降趋势，服务业生产总值则呈现稳定增长的势头。上述数据表明，香港与澳门作为发达的服务中心城市，其制造业占比不断下降、服务业占比不断增加。港澳地区稳定增长的现代服务业能够为大湾区珠三角九市的制造业发展提供良好的支撑。

相比之下，大湾区珠三角九市是全国乃至全球最大的制造业基地之一，其支柱产业仍是制造业。近年来，尽管面对复杂的国际形势，珠三角地区的制造业仍表现喜人，生产总值保持稳健增长态势。其中，2020~2021 年，九市工业增加值两年平均增速达 7.2%，2020 年规模以上工业企业资产总计达 13.1 万亿元，这表明珠三角九市的制造业仍保持强劲的增长势头。此外，珠三角九市具有发展先进制造业的坚实基础。2020 年，大湾区规模以上高技术制造业增加值达 1.2 万亿元、规模以上先进制造业增加值达 1.7 万亿元，汽车制造、电子信息、绿色石化以及机器人等优势产业也表现出明显的集群优势，形成了制造业高质量发展生态。上述表明，珠三角地区制造业科技含量不断提升，逐渐形成了知识密集型和技术密集型产业集群，为粤港澳大湾区发展先进制造业提供了良好的产业基础。

粤港澳大湾区持续发挥着现代服务业与先进制造业集聚优势，高度重视珠三角九市制造业的发展价值，持续推进制造业转型升级，不断发挥制造业对服务业发展的促进作用，夯实服务业的发展基础。此外，大湾区正在强化港澳地区服务业发达的优势，积极学习国外服务业的先进经验，推进商务交易制度创新，巩固港澳地区作为国际金融中心和国际旅游中心的地位，从而使得港澳地区的现代服务业为湾区制造业发展提供强大的助推力。

3. 城市发展定位不同，制造业优化升级存在差异

粤港澳大湾区各城市的制造业发展定位各有侧重，深圳、广州以人工智能、新能源汽车、生物医药、电子信息等高新技术制造业和新兴制造业为主，中山、珠海、佛山、肇庆等城市以灯具制造、纺织服装、白色家电、电器机械等传统制造业为主，香港、澳门则以金融、商贸、旅游等现代服务业为主、弱化制造业发展。当前，粤港澳大湾区各城市的制造业正处于优化升级阶段，而由于湾区内各城市制造业发展水平各有不同，其制造业优化升级方向也有所差异。

根据广东统计局数据，2021 年 1~11 月，深圳市通用设备制造业、电器机械和器材制造业、仪器仪表制造业增加值同比增长分别为 17.3%、14.6%、14.6%，其高技术产品的产量也大幅增长，智能手机、集成电路和电子元器件同比增长分别为 32.7%、32.8%、28.4%，这表明深圳高度重视发展高新技术制造业与新兴制造业，其先进制造业和高技术制造业仍然处于高速发展阶段。依托于丰富的教育资源、前沿的科研水平以及完善的产业体系，广州正在逐步升级先进制造业。同时，广州政府着力于加快生物制药、医药科技、信息软件等新兴高技术产业发展。根据广东统计局数据，2021 年 1~11 月，广州市电子及通信设备制造业、医药制造业增加值同比增长分别为 36.1%、22.9%，这表明广州新兴制造业依旧保持着良好的增长态势。东莞、佛山等地则凭借自身的劳动力成本优势在劳动密集型制造业的发展中表现突出，其中，2021 年 1~11 月，佛山市电气机械和器材制造业增长 13.8%、金属制品业增长 19.0%、非金属矿物制品业增长 15.5%，前三大支柱行业的增速均超过两位数。2021 年 1~11 月，东莞市纺织服装鞋帽制造业增长 7.1%、食品饮料加工制造业增长 10.5%、造纸及纸制品业增长 5.2%，保持稳定增长态势。2016~2021 年，港澳地区的服务业尤其是高端服务业发展较快，根据《中国统计年鉴 2021》，2019 年澳门金融保险、不动产、租赁与商业服务等行业占第三产业的 21%，同比增长 16%，仅次于公共行政服务、社会服务及个人服务；2020 年香港金融保险、地产与商业服务行业占第三产业的 36%，同比增长 9%。

各城市制造业发展水平不同，其转型升级基础也各有不同，这就需要粤港澳三地深入分析自身发展特点与优势产业，针对性地制定合适的制造业升级政策。当前，粤港澳大湾区的整体建设思路是在核心城市打造资本密集型制造业和技术密集型制造业，在非核心城市发展特色制造业和承接核心城市的产业扩散与产业转移，以此形成合作紧密、结构完善、韧性十足的粤港澳大湾区制造业体系。因此，各城市也正在进行着不同的优化升级。一类是以广州和深圳为代表的引领型结构升级，这类城市拥有雄厚的制造业实力，掌握着先进的制造业技术，其升级重点集中在附加值较高的资本密集型制造业和技术密集型制造业；另一类是以东莞和佛山为代表的滞后型结构升级，这类城市虽然制造业规模不断扩大，但其发展水平较低，仍属于中低端制造业，其升级重点集中在丰富产业配套、承接产业转移与产业扩散。

4. 信息技术与制造业深度结合，助推制造业高质量发展

近年来，广东省陆续出台了《广东省智能制造试点示范项目实施方案》《广东省深化“互联网+先进制造业”发展工业互联网的实施方案》等行动指南，发布了一系列政策计划，包括《广东省培育智能机器人战略性新兴产业集群行动计划（2021—2025 年）》《广东省智能制造生态合作伙伴行动计划（2021 年）》等，为推进大湾区制造业高质量发展提供政策指导。在已有制造业产业基础上，外加新一轮的政策指引，大湾区内各城市结合自身发展优势，持续推进先进制造业和高技术制造业高质量发展。广东统计局数据显示，2015~2020 年，大湾区规模以上工业增加值从 2. 4 万亿元增长至 2. 8 万亿元，年均增长 19. 9%。其中，先进制造业和高技术制造业增加值分别从 12562. 2 亿元和 7115. 9 亿元增长至 16886. 6 亿元和 11566. 4 亿元，年均复合增长率分别为 6. 1%和 10. 2%，分别占 2020 年广东省工业增加值的 51. 1%和 35. 0%。这表明，大湾区内制造业呈现强劲增长势头，且以先进制造业和高技术制造业尤为突出。信息技术与制造业的深度融合，为制造业高质量发展提供了强力的支撑。

从行业应用情况来看，智能制造推动大湾区内优势行业快速发展。粤港澳大湾区优势行业主要集中为机械、家电、家居、石化化工、电子信息、医药等行业。近几年，大湾区的优势行业中出现了一批具有智能技术示范性智能化企业。例如，在汽车制造业领域，广汽新能源智能化生态工厂为实现不同车型自动柔性切换而建设了总拼生产线、为缩短现场调试时间而将数字化仿真与虚拟调制技术应用于生产工序、利用大数据智能分析预知生产设备故障等，这一智能化车间在行业内处于领先地位；在家电制造领域，美的着手推动全产业链智能化，其中包括提高装配设备自动化水平、打造生产供应智能化物流、利用大数据优化管理与决策、开展产品个性化定制等；在电子信息制造领域，深圳富士康旗下企业工业富联则完成了全自动化制造流程，基本实现无人自主作业。2019 年世界经济论坛宣布工业富联“柔性装配作业智能工厂”入选“制造业灯塔工厂”。这些具有核心技术的智能化企业有效地将信息技术与制造业结合，促进了制造业高质量发展。

此外，大湾区致力于建立和完善智能制造生态，打造企业与科研创新中心融合发展的产学研一体化合作体系。目前大湾区内已成立了 20 所制造业科研创新中心，主要覆盖先进装备、信息技术、新材料、生物医药和新能源等领域。与此同时，大湾区已拥有 22 个国家智能制造试点示范项目、330 个省级智能制造试点示范项目，且具有示范性的智能制造企业工厂数量也在不断增加，这使得大湾区制造业智能制造的发展能力持续增强。上述数据表明，大湾区在不断推动信息技术与制造业的深度融合，促进制造业高质量发展。大湾区各城市也在不断完善工业互联网，提高信息基础设施覆盖率，推动智能制造领域中生产工厂、系统解决方案供应商、信息共享平台等产业要素不断聚集，形成完善的智能制造创新生态体系。

（二）粤港澳大湾区制造业物流发展主要特点

1. 工业物流总体平稳增长，发展增速放缓

近年来，全球经济形势严峻，经济下行和新冠疫情使得各国家和地区的经济都遭受不同程度的冲击。作为我国经济发展的风向标，物流业遭遇了前所未有的重大冲击。其中，制造业物流所受影响较为明显，但在“六稳”、“六保”、供给侧结构性改革等政策的带动下，我国制造业物流整体上仍保持平稳增长态势。面对新冠疫情冲击，我国采取了科学有效的疫情防控策略，有效控制住了疫情的扩散，物流运行在 2020 年末总体接近上年水平。当前，物流业继续沿着复苏轨迹前行，工业物流持续发展，物流运行增速放缓、稳中向好。

2018~2019 年，全球经济增速持续放缓，经济下行压力加大。2018 年和 2019 年的全国社会物流总额分别为 283.1 万亿元和 298.0 万亿元，同比增长分别为 6.4%和 5.9%，总体上仍然保持增长趋势。新冠疫情突袭而至，

宏观经济遭受前所未有的严峻挑战，社会物流总额在2020年上半年呈现负增长，为-7.3%。而在2020年下半年，物流运行实现逆势回升，使得2020年整年的物流规模再上新台阶，全国社会物流总额跨越300万亿元大关，达300.1万亿元，同比增长2.8%。粤港澳大湾区的物流业发展趋势与全国同步，物流发展稳中向好。广东方面，据广东省物流行业协会统计，2018年广东省社会物流总额达23.9万亿元，占全国的9.2%，物流规模居全国第一；2019年全省港口货物吞吐量达191819万吨，全省外贸物流约占全国的1/4；2019年广东省快递量为168.0亿件，居全国首位；2020年，全省完成货运量35.7亿吨、完成货物周转量27575.11亿吨公里，同比分别下降4.8%、0.2%；2021年，广东完成货运量39.9亿吨，同比增长11.9%，两年平均增长3.1%，完成货物周转量28388.0亿吨公里，同比增长2.9%，两年平均增长1.4%，其中，铁路、公路完成货运量同比增长分别为26.4%、15.7%。香港方面，根据香港政府统计处数据，2017~2020年，物流增加值从817亿港元增加到828亿港元，2020年物流增加值占本地生产总值的3.2%，同比增长0.3%。这表明，即使面临内外多重压力冲击，香港物流仍能保持平稳增长态势，持续助力大湾区制造业物流快速发展。当前，正处在“十四五”规划的开局阶段，大湾区仍然面临着经济全球化逆流、新冠疫情等诸多不利因素的冲击，但得益于充分的政策支持、雄厚的资金支持、先进的技术基础设施和完备的供应链，以及我国强大的防疫能力，物流业总体上仍保持着稳步增长、持续向好的态势。

2. 物流基础设施建设加快，现代综合交通运输体系初步建成

制造业物流的发展依托于物流基础设施建设，近年来，大湾区核心城市积极推进物流基础设施建设，充分发挥铁路、公路、机场、港口等交通枢纽的带头作用，提升内部联通水平，加快建设高效的制造业物流网络。目前，大湾区内各城市的物流基础设施正处于全面发展时期，现代综合交通运输体系初步建成。

在水运建设上，粤港澳大湾区坐拥广州、深圳、香港、东莞、珠海和中山等6个“亿吨级”世界港口。根据交通运输部数据，2020年，广州港货物吞吐量达6.1亿吨，集装箱吞吐量达2317万标箱，分别同比增长1%和1.5%；深圳港货物吞吐量达2.7亿吨，集装箱吞吐量达2655万标箱，分别同比增长2.8%和3%；而香港港集装箱吞吐量达1796万标箱，同比下降1.9%。此外，大湾区港口吞吐量不仅在全国位前列，放眼世界，也遥遥领先。英国《劳氏日报》发布了“2020全球100大集装箱港口排行榜”，其中，深圳港、广州港和香港港冲进全球前10，分别列第4位、第5位和第8位。2020年，广东省交通运输厅颁布了《广东省航道发展规划（2020—2035年）》，指出将构建以“八通、两横、一网、三连、四线”为主骨架的航道总体布局，进一步推动粤港澳大湾区发展成为世界级港口群，进而提升港口群整体竞争力，有效促进粤港澳大湾区制造业物流发展。

在陆路建设上，粤港澳大湾区不仅陆续开通了以港珠澳大桥和南沙大桥为代表的跨海、跨江通道，而且开通了惠清高速、深圳外环高速一期等高速公路，显著提升了湾区内城市间互联互通效率。2020年，广东省高速公路通车总里程已超过1万公里，全省高速公路省际通道数高达28条，部分重要通道已成为粤港澳大湾区的主通道。当前，全省已初步形成以广州为中心、连通粤港澳大湾区和粤东西北、辐射华东中南西南地区的放射型路网格局。2020年，广东省交通运输厅颁布了《广东省高速公路网规划（2020—2035年）》，指出将构建以“十二纵、八横、两环、十六射”为主骨架的高速公路网，推动大湾区内城市间深度合作。

在航空建设上，粤港澳大湾区拥有深圳宝安机场、广州白云机场、香港国际机场、澳门国际机场及珠海金湾机场等五大机场加快提升基础设施保障能力，加速构建世界级机场群。其中，深圳宝安机场正在全面推进三跑道、卫星厅等新一轮扩建工程；广州白云机场正在积极推进第四、五跑道和三号航站楼建设；珠海金湾机场正在积极推进航站楼改扩建工程；香港国际机场正在加快推进三跑道系统建设；澳门国际机场正在积极联同各方推动编制填海建设方案及项目环评工作。2020年，广州白云国际机场旅客吞吐量达4376.8万人次，货邮吞吐量达175.4万吨，共完成航班起降37.3万架次；深圳宝安机场旅客吞吐量达3791.6万人次，同比下降28.4%，货邮吞吐量达 139.9 万吨，同比增长 9.0%；香港国际机场旅客吞吐量达 880 万人次，航班起降量为 16.0 万架次，同比分别下降 87.7%与 61.7%，而货运航班同比增加 18.3%，多达 6.8 万架次。此外，五大机场也正在推进扩建工程，未来将进一步提升吞吐量和运输效率。

3. 政策正向作用充分显现，现代物流体系建设加快推进

从 2014 年深圳市首次提出“打造湾区经济”开始，到 2015 年广东省正式提出“粤港澳大湾区”概念，再到 2017 年政府工作报告明确将“粤港澳大湾区”上升到国家战略层面，党中央和国务院一直高度重视并大力支持粤港澳大湾区的发展，出台了多项政策对其进行规划引导，为粤港澳大湾区的发展提供了充足的政策保障。政府网站公开数据显示，2019 年 2 月至 2021 年 4 月，中央和地方各级政府已陆续颁布了 231 项与粤港澳大湾区相关的政策文件。其中，由国务院层面颁布的政策文件达 19 项，由国务院部门颁布的政策文件达 36 项，由省级政府层面颁布的政策文件达 66 项，而由珠三角九市政府颁布的政策文件则多达 110 项，这些政策共同构建起推动粤港澳大湾区高效、快速发展的完备政策体系，为其发展提供了良好的机制保障。

中央和地方各级政府高度重视并支持粤港澳大湾区制造业物流建设，纷纷出台了相关政策文件推动粤港澳大湾区物流业高质量发展。2017 年 7 月 1 日，在党中央的指导下，国家发展和改革委员会、广东省人民政府、香港特别行政区政府、澳门特别行政区政府共同签署了《深化粤港澳合作推进大湾区建设框架协议》，高度重视物流业发展，强调要推进基础设施互联互通，加强大湾区港口群和空港群建设、强化湾区城市内外交通建设、推进区域重点项目建设，打造区域内便捷交通圈。2019 年 2 月，中共中央、国务院印发了《粤港澳大湾区发展规划纲要》。这是指导粤港澳大湾区当前与今后合作发展的纲领性文件，主要内容包括规划背景、总体要求、空间布局、建设国际科技创新中心与加快基础设施互联互通等，清晰划分了大湾区九市二区的功能定位，以广州、深圳、香港和澳门为中心城市，辐射带动周边城市发展，打造“惠佛珠”等节点城市，优化大湾区整体物流网络空间布局，提升大湾区物流连接流通效率，为大湾区制造业物流的发展提供政策保障。2019 年 2 月 26 日，国家发展改革委、交通运输部等 24 个部门联合发布《关于推动物流高质量发展促进形成强大国内市场的意见》，旨在巩固物流降本增效成果，提升行业效率，增强物流企业活力，畅通物流全链条运行。其中，重点指出要围绕“一带一路”建设、粤港澳大湾区建设等重大国家战略，培育运营模式先进、资源整合能力强的枢纽运营企业，推动构建高质量物流基础设施网络体系。

上述政策使得粤港澳大湾区市场准入更为方便，拓展了内地产业的开放深度，促进了物流运输和人才流动，为各种要素在粤港澳大湾区内充分自由流动提供了坚实的政策保障。此外，为进一步推进产业融合、加强湾区内城市协作，解决制度规定衔接等问题，《关于贯彻落实〈粤港澳大湾区发展规划纲要〉的实施意见》《广东省推进粤港澳大湾区建设三年行动计划（2018—2020 年）》《关于支持深圳建设中国特色社会主义先行示范区的意见》等重要政策文件也相继出台。这些文件在推动物流业转型升级、打破粤港澳三地政策壁垒、促进生产要素自由分配等多方面发挥了积极的规划引导作用，促使大湾区内各城市加强互联互通，实现优势互补，齐力共建现代物流体系。

4. 优质物流企业不断涌现，制造业物流服务能力提升显著

粤港澳大湾区建设提速带动了物流基础设施加速完善，为大湾区物流企业的发展带来了新机遇。近年来，大湾区涌现出了大批优质物流企业。据全国第四次经济普查，粤港澳大湾区珠三角地区九大城市的交通运输类企业法人达 6.4 万人，占广东省的 88.5%；据广东省物流行业协会统计，截至 2021 年 3 月，广东省 5A 级物流企业总数达 35 家，居全国首位，而深圳市 5A 级物流企业总数达 19 家，占据了全省 5A 级物流企业总数的一半以上，居全省首位；《2019 胡润中国 500 强民营企业》榜单显示，广东省上榜 117 家企业，排名全国第一，其中有 113 家企业来自粤港澳大湾区。此外，粤港澳大湾区通过培育、引进、合资等方式，不仅集聚了中远、马士基、中外运、宝供物流等一大批航运业与物流业的龙头企业，而且发展出了顺丰、菜

鸟等物流领域的巨头民营企业。以粤港澳大湾区典型物流企业——顺丰为例，其 2022 年年报显示，营收达 2072 亿元，同比上升 34.5%；全年旅客吞吐量达 105.5 亿人次，同比增加 29.7%。

而在服务能力层面，各物流企业纷纷通过专注自身服务定位、提高服务技术水平来提升自身服务能力。在服务定位方面，各大物流巨头聚焦自身核心业务以强化物流服务竞争力。例如，澳门纵横物流公司专注于以澳门为中心，为澳门地区提供干线运输、配送等服务；广州广日物流专注于提供仓储、运输、包装等服务，并为客户量身定制个性化供应链优化方案与物流解决方案；广东时捷物流有限公司则是搭建了第三方信息网络化平台，加速物流信息化升级与应用，提升了物流作业效率。在服务技术水平方面，粤港澳大湾区物流企业不断进行转型升级，采用新型信息技术，实现技术与物流环节充分融合。例如，京东研发的“亚洲一号”一体化智能物流中心于 2019 年 12 月正式启用，并且在麻涌分拣中心投入分拣机器人“小黄人”，分拣环节从 6 个减少到了 3 个，一小时能够处理 12000 件货物，分拣员工从 300 多人减少到 40 多人，减少了 86%的人力；淘宝也加速智能物流建设，使互联网技术与传统物流相结合，优化配送路径，提升运输效率，帮助快递行业解决了“最后一公里”配送问题。

粤港澳大湾区优良扎实的物流基础和充足多样的物流资源为物流企业的发展提供了良好的契机，而大量技术先进、功能强大的物流企业聚集在一起又形成了优势互补、协同发展的物流园区。例如，2019 年 5 月，位于“广州—深圳—香港”中轴点的东莞成立了清溪保税物流中心，引进多家物流企业，实现了物流企业集群化，成为粤港澳大湾区的主要物流节点；2021 年 8 月，中山市商务局发布《中山市现代物流产业发展“十四五”规划》，指出要高标准推进现代物流业平台建设，引进和培育一批技术先进、功能强大、管理领先的物流园区和第三方物流企业。此外，还有深圳盐田物流园区、广州黄埔物流园区、惠州金泽物流园等一众高效物流园区。

物流园区是粤港澳大湾区制造业物流发展中的重要载体、国内具有对外贸易物流特色的重要区域。在粤港澳大湾区各市政府的积极号召下，大湾区内地九市已建立了450多个大型物流园区。物流园区内功能定位不同、服务水平差异化发展的企业协调发展，最终形成以综合性物流企业为引领、功能性物流企业为支撑的物流业态格局，显著提升了粤港澳大湾区制造业物流的服务能力与发展潜力。

5. 高新技术助力制造业物流数字化、网络化、智能化升级

在2019年全国两会期间，政府工作报告提出要打造工业互联网平台，推动粤港澳大湾区物流业进行“数字化、网络化与智能化”升级转型，不断提高大湾区智能化水平，为大湾区物流业发展创造更多的想象空间。近年来，粤港澳大湾区不断强化区域创新与推动科技发展，已初步构建起以智能仓储、智能装卸、智能运输等流程为核心的智能供应链，并以此为基础构建新型智慧物流体系，这大大提高了物流效率，为粤港澳大湾区协同发展充分赋能。

随着大数据时代的到来，粤港澳大湾区制造业物流开始探索“数字物流”。数字物流被称为“第五方物流”，其运用GPD和GIS等先进信息技术实时整合网络信息系统，具有响应速度快、效率高、可跨部门与跨区域应用的特点，多用于提供综合物流服务。数字物流不仅可以实现传统制造业物流的转型升级、实现物流科技化与信息化，而且能通过大数据、云计算、5G技术等高新技术降低物流行业的碳排放，实现物流绿色化。当前，粤港澳大湾区的数字经济发展速度居全国第一，并且有很多由实体经济需求带动的应用场景。在未来，粤港澳大湾区的数字物流业也将引领全国物流业的科技化改革。

此外，粤港澳大湾区制造业物流正加速朝智慧物流方向发展。2019年3月，物联网科技公司G7发布了搭载“量方”功能的“数字货舱”智能挂车，通过高精度传感器与AI算法，对舱内货物进行三维图像建模，智能调配装车流程与装车空间，以3D方式使货物装载可视化；2019年6月，招商局在深圳市创建的5G智慧港口创新实验室，是粤港澳大湾区首个依托于5G技术的智慧物流项目；2019年8月，粤港澳大湾区“菜篮子”信息平台开

始试运行，实现了粤港澳大湾区货物流向的可跟踪；2019 年 12 月，京东物流自建的“东莞亚洲一号”一体化智能物流中心正式启用，大湾区订单日处理量提升至 160 万单，其自动立体仓库可同时存储商品数超过 2000 万件。2020 年 6 月，交通运输部办公厅联合广东省人民政府办公厅等五部门发布《关于珠江水运助力粤港澳大湾区建设的实施意见》，强调推进粤港澳智慧港口、智能船舶和智慧海事等建设，进一步推动大湾区港口物流与对外贸易协同发展。而智能引导车 IGV、港区全自动方案、港航设施自动化岸桥等新型技术的发展和应用，也使得大湾区物流的发展更加智能化。2021 年 6 月，粤港澳大湾区首个全自动化集装箱码头——广州港南沙四期工程实船联合调试成功。该码头集全球新一代物联网感知、大数据、云计算、5G 等先进技术于一体，打造全球首个“单小车自动化岸桥、北斗导航无人驾驶智能集卡、堆场水平码头布置、港区自动化”模式。该码头开通后将与南沙自贸区境内的客货双线铁路、南沙港铁路构建港口、铁路、公路多式联运的立体运输网络。

粤港澳大湾区在商务贸易、物流运输等方面具有得天独厚的优势，其区域科技创新能力也尤为突出，大湾区内部已有不少功能强大、技术先进的第三方物流企业和物流园区。得益于高新技术的迅猛发展，粤港澳大湾区的物流业正朝数字化、网络化、智能化方向转型，智慧物流体系构建的步伐也不断加快。而随着智慧物流的发展，物流供应链的协同运作效率不断提高，有效推动了物流企业的降本增效，提升了大湾区物流行业的经济效益，进而促使粤港澳大湾区物流业高质量发展。

二　粤港澳大湾区制造业物流发展中存在的问题

（一）地区间制造业发展不均衡，产业同质化较为明显

大湾区内各城市制造业的发展阶段和发展水平都存在较大差异，使得其未来发展定位各有侧重。其中，深圳、广州以高新技术制造业和新兴制造业

为主，东莞、惠州、佛山、肇庆等城市以传统制造业为主，香港、澳门则以现代服务业为主、弱化制造业发展。当前，大湾区内各城市制造业发展不均衡，核心城市的辐射带动作用有待进一步增强。例如，深圳先进制造业和高技术制造业仍然处于高速发展阶段，广州新兴制造业保持着良好的增势，而肇庆和江门等非核心城市的高新技术制造业所占比重较低，新业态缺乏创新活力，且与大湾区核心城市相比差距进一步扩大。此外，各城市发展定位不够清晰，产业同质化较为明显，城市间合作关系较为松散。例如，东莞、佛山、惠州和中山等制造型城市在机电装备产业、化工产业、金属加工等方面存在较高的同质性，没有充分发挥各城市自身发展优势，导致竞争激烈、资源配置低效，无法充分发挥制造业协作发展优势，城市间合作与竞争关系也有待改善。

（二）存在经贸逆全球化、疫情冲击、制造业外流等发展阻力

在经济贸易逆全球化、贸易保护主义抬头以及疫情反复冲击全球经济的大环境下，粤港澳大湾区制造业在一段时间内供应链中断严重，外贸陷入低迷。同时，在全球疫情反弹的影响下，粤港澳大湾区制造业物流的整体运力大幅下降，造成了原材料供应短缺、下游企业生产中断、供需匹配存在时间差等发展障碍。不仅如此，粤港澳大湾区制造业也面临着严重的外部挤压问题，既要面临发达国家的高端制造业回流，也要面临东南亚发展中国家的中低端制造业分流。例如，日本松下的“再工业化”计划将把企业所属的家电制造业回迁至本国，美国近年来也不断加快将部分中高端电子产品生产基地回迁至本国；而以越南、印度为首的发展中国家也凭借着自身的劳动力成本优势，迅速取代大湾区原有劳动密集型产业，已有大量制造工厂迁往越南、印度等地。此外，全球经济疲软且世界多国频繁发生灾害，国际物流需求低迷、全球物流贸易总量持续降低。而当前我国人口红利下降、税务压力、营商环境限制等众多因素也使得粤港澳大湾区制造业物流发展面临严峻的挑战。

（三）制造业物流多式联运比重低，缺乏互联互通的公共信息平台

目前，大湾区内各城市的物流基础设施正处于全面发展时期，水运建设、陆路建设、航空建设都取得较大进展。在铁路运输方面，大湾区拥有广深港高铁、京广高铁等交通网络；在航空运输方面，大湾区拥有香港机场、白云机场、宝安机场等航空枢纽；在陆运方面，珠江三角洲拥有较为发达的交通网络。虽然粤港澳大湾区拥有较为完善的交通网络体系，但是大部分交通设施主要还是集中在原先的城市交通体系中，未能形成整体互联互通布局，使得当前大湾区制造业物流的多式联运发展水平不高，大湾区制造业物流的互联互通水平仍有待进一步提升。此外，大湾区缺乏互联互通的公共信息平台。虽然粤港澳地区已有一些由企业或政府建立的物流信息平台，但这些平台的可靠性与有效性仍有待提高，依旧难以满足大湾区制造业物流发展的实际需求。粤港澳三地的制造业物流信息难以实现共通共享，城市间物流信息不对称、物流效率较低、物流运输成本增加，从而导致大湾区整体资源流动与配置效益较低。

（四）体制差异阻碍生产要素自由流动，制造业物流资源配置受阻

在“一国两制”基本国策下，香港特别行政区、澳门特别行政区与广东省的社会制度不同，分属不同关税地区，其法律制度也不同，这是粤港澳大湾区制造业物流体系建设中的难点之一。“两种制度”的存在使得粤港澳三地存在明显的区域政策壁垒，存在一定的贸易制度冲突，在制造业物流业准入、供应链金融政策、物流通关政策、物流管理制度等方面都存在不小的差异，进而导致粤港澳三地制造业物流发展水平存在较大差距。同时，这也使得粤港澳大湾区内人流、资金流、技术流等生产要素难以自由流动，导致粤港澳大湾区当前尚未形成各生产要素高效流动的发展局面，严重阻碍了大湾区制造业物流发展。虽然当前正在建设广东自由贸易试验区，设计了一定的物流业贸易投资便利化措施，但仅仅停留在流程优化、投资门槛降低和部分浅表性改革层面，相关制度性方面的改革创新还较少。此外，当前粤港澳

大湾区有关三地协作的基础性法律文件只有 CEPA 协议，缺乏其他相关协议，使得物流标准难以统一，先进的物流技术难以全面推广，对大湾区整体的物流资源配置带来了挑战。

（五）制造业物流智能化程度有待提升，智慧物流生态尚未形成

粤港澳大湾区物流业的增长速度显著快于制造业的增长速度，但其制造业物流专业化水平仍有待提升。粤港澳大湾区聚集了我国过半的物流企业，是国内物流企业最密集的区域。虽然粤港澳大湾区制造业物流已开始向数字化、网络化方向转型升级，但其整体智能化水平仍然不高，这与大湾区内自营物流企业占比高有关。大湾区内大多数自营物流企业规模较小，资本实力较弱，获取稀缺核心物流资源的能力相对较弱，在一定程度上限制了自身发展。目前大湾区内大多数自营物流企业仍采用传统物流运作模式，投入使用的先进技术设施设备较少，与先进制造业的联动发展作用不明显，制造业物流自动化、智能化与专业化程度有待进一步提升。同时，大湾区龙头物流企业的带动作用较弱，较难实现物流企业整体水平的提升。此外，当前物流系统的基本构成要素已由过去的传统企业主体转变为物流设施设备与仓储配送中心等多方面的物流资源，这些资源是构成智慧物流生态系统的重要基础。而现阶段大湾区对智慧物流的研究主要集中在物流配送中心建设等子环节的信息化转型，缺乏对智慧物流生态圈的顶层规划。

（六）先进制造业专业型人才匮乏，智慧物流人才供给不足

随着先进制造业的日益发展，制造企业对专业型人才的需求也快速增加，但粤港澳大湾区仍未制定符合先进制造业发展的职业人才培育计划，导致相关专业技术型人才存在较大缺口，尤其是缺乏兼具组织能力与技术能力的复合型人才。同时，要想促进智慧物流与先进制造业协同发展，就必须有一大批具备专业知识与专业技能的综合型人才为其提供强有力支撑，先进制造业的发展需要与之匹配的供应链管理人才、智能配送管理人才、智能仓储管理人才及智慧物流顶层规划设计人才等高层次复合型物流人才的深度参

与。但粤港澳大湾区智慧物流人才存在较为明显的结构性供给不足问题，而高素质、高层次的复合型物流人才更是严重不足。由于智慧物流理论体系形成较晚，高校相关专业与配套课程体系均不够完善，智慧物流人才供给仍然依靠外部输入。此外，粤港澳大湾区区域共存两种不同的经济制度，其关税法律也不一致，对人才的认证各有不同，在一定程度上降低了人才流动的积极性。

三　粤港澳大湾区制造业物流发展优化路径与展望

（一）优化制造业物流整体布局，构建协同发展体系

《粤港澳大湾区发展规划纲要》提出，支持珠三角九市挖掘各自优势，发展城市间特色合作平台，与港澳地区共建各类合作园区，拓展区域内经济活动合作空间，形成大湾区多赢局面。在纲要指引下，粤港澳大湾区倡导建立区域内城市间制造业物流协同合作和错位发展机制，积极将物流产业融合观念落实，优化制造业物流整体布局，进一步构建大湾区物流生态体系。通过有效的城际合作和物流产业融合，加快解决粤港澳大湾区城市中制造业发展不平衡问题，从而保证各种要素在区域内充分自由流动。要把粤港澳大湾区制造业的发展作为整体进行布局规划，各城市应依托于自身的资源禀赋和产业优势，进行差异化定位，推进各城市产业链式发展、协同发展、互补发展，进一步强化产业合作和功能分工的能力，推动粤港澳大湾区的总体产业结构升级，逐步形成地区产业集聚发展格局与协同发展体系，实现粤港澳大湾区制造业高质量发展。

目前，粤港澳大湾区制造业的整体规划思路是在深圳、广州等核心城市群打造具有资本密集型特征与研发密集型特征的产业，如高端装备制造、信息技术软件开发建设、先进生物医药研发、全链条服务业等；制造业集群则重点聚集轻工业先进制造、（新能源）车辆制造、电子信息制造等产业。肇庆、江门等湾区外圈城市主要发展化工产业、特色制造业、现代生态农业等

产业，负责丰富产业配套和承接产业转移，以此形成产业结构完善、产业合作密切、产业联络紧密、产业韧性十足的粤港澳大湾区产业协同发展体系。

未来，粤港澳大湾区将科学发展各城市优势产业，互补有无、扬长避短，充分发挥协同效应。当前，粤港澳大湾区正借助港澳发达的生产性服务业和金融资本优势，加快推进珠江西岸先进装备制造产业带建设，重点发展市场前景好、科技含量高、关联带动性强的先进制造业集群、电子信息产业集群、临港工业产业集群和海洋产业集群等，着力培育新一代生物技术、信息技术、高端装备、节能环保、新材料、新能源等战略性新兴产业集群，加快推动珠三角地区由“制造业大区”向“制造业强区”转变。此外，粤港澳大湾区将通过建立粤港澳高层会晤机制、具体项目合作机制以及推动签署粤港澳内部合作协议等方式，加强粤港澳合作平台建设，推进港澳地区和珠三角九市的全方位深度合作，促使湾区内外打通，实现湾区城市的协同发展。

（二）持续丰富产业链组成，完善供应链体系，增强制造业优势

为了减轻经贸逆全球化、疫情冲击、制造业外流等对制造业的影响，粤港澳大湾区持续丰富产业链，大力发展新材料、新一代移动通信、跨境电商、在线医疗、在线教育等新兴产业，推动实现产业高级化和产业链现代化。同时，粤港澳大湾区持续完善现有供应链体系，不断加强自身制造业优势。

产业链方面，粤港澳大湾区持续延伸产业链，大力发展新材料、新能源汽车等新兴产业，现已覆盖金融保险业、制造业、现代服务业、休闲旅游业等多项产业。同时，随着移动互联网的飞速发展，粤港澳大湾区也不断发展以网络支付、跨境电商、在线教育等为代表的新兴服务业。此外，大湾区拥有庞大的产业集群，已形成近 300 个细分品类产业集群，包括 2 个万亿级产业集群、20 个千亿级产业集群以及多个百亿级产业集群。庞大的产业集群拓宽了粤港澳大湾区产业的厚度与宽度，增强了大湾区产业链的韧性与弹性。供应链方面，粤港澳大湾区不断完善供应链体系，优化传统资源配置能

力，提升国内国际供应链服务能力。从原材料加工到生产再到商品销售，大湾区内有着大量的供应链上下游企业。完备的供应链使得大湾区成为世界上数一数二的制造业生产基地。粤港澳大湾区完善的产业链和完备的供应链，使其在全球经济放缓等不利因素的影响下，仍展现出强大的市场活力与国际竞争力。

根据广东统计局数据，2020 年外贸规模达 7.1 万亿元，仍与疫情前的外贸规模保持在同一水平。此外，2021 年的外贸规模再创新高，达 8.3 万亿元，连续 36 年外贸规模位居全国第一，较 2020 年增长 16.7%，一年净增额高达 1.2 万亿元。与此同时，大湾区的贸易结构也进一步优化，外贸新业态发展迅猛，市场采购规模、跨境电商均突破 3000 亿元。即使面对复杂的国际形势和突袭而至的新冠疫情，粤港澳大湾区的外贸规模仍持续增长，质量稳步提升，这得益于大湾区内完善的产业链和完备的供应链。

（三）加快多式联运枢纽建设，优化提升信息基础设施

2021 年 12 月，国务院办公厅印发了《推进多式联运发展优化调整运输结构工作方案（2021—2025 年）》，指出粤港澳大湾区要充分发展多式联运。为了进一步完善现代综合交通运输体系，促进多式联运发展，粤港澳大湾区在未来将持续加快多式联运枢纽建设。陆运方面，到 2025 年，大湾区铁路网络运营里程将达到 4700 公里，覆盖粤港澳大湾区全部节点城市；远期到 2035 年，大湾区将铺设达 5700 公里的铁路网络运营里程，100%覆盖县级以上城市。水运方面，粤港澳大湾区 6 个“亿吨级”世界大港（广州、深圳、东莞、珠海、中山和香港）将持续加大港口容纳量。航运方面，粤港澳大湾区将在湾区五大机场（广州白云机场、香港国际机场、深圳宝安机场、澳门国际机场及珠海金湾机场）的基础上，加速建立世界级机场群。

除了加快多式联运枢纽建设外，信息基础设施也将得到充分优化。通过建立物流信息共享平台，能够有效衔接不同的运输方式、提高制造业物流运输效率、降低制造业物流成本、促进粤港澳大湾区的协同发展。运输资源方面，建立物流信息共享平台可以实现大湾区内货物流动与铁路、公路、水

路、航空等运输资源的有效匹配，提高运输装备装载率；大湾区城际协作方面，建立物流信息共享平台可以使得各城市结合自身制造业产业特色找准自身定位，充分发挥城市基础设施资源优势，加强城际协作；物流体系构建方面，建立物流信息共享平台可以将各地商流、物流、信息流和资金流深度融合，做到信息互通，确保信息交流途径顺畅，推动构建粤港澳大湾区高效稳定的物流体系。通过建立物流信息共享平台可有效加强地区间产业合作与信息交流、促进区域物流资源高效利用、提高湾区物流资源空间配置效率，从真正意义上突破城际限制、实现互联互通。

此外，粤港澳大湾区在未来也应注重发展智能交通，充分运用云计算、物联网、自动控制、人工智能等现代电子信息技术开发面向交通运输的信息服务系统，考虑各种交通方式的特点与使用场景，有效聚合粤港澳大湾区各重要联运枢纽，实现多种交通方式间精准对接，推动多式联运发展。

（四）不断优化粤港澳三地制造业物流协作能力，减少互联互通阻力

为了有效减少粤港澳三地互联互通的阻力，粤港澳大湾区在跨境基础设施建设、通关模式创新和物流信息流动优化等方面多举措并行，显著提升了粤港澳三地制造业物流的协作能力。近年来，粤港澳大湾区城市间合作不断深化，合作成效显著，已形成了“多层次、全方位”的合作格局。

跨境基础设施建设方面，城际铁路、高速铁路和高等级公路等陆续推进，新过江通道和跨海大桥正式启用，新口岸通道也正式开通，多式联运得到进一步完善。2018 年 9 月，广深港高铁香港段正式通车，“一地两检”等多举措并行简化通关流程，加快粤港两地跨境流动；2018 年 10 月，港珠澳大桥正式启用，大大缩短港珠澳三地通行时间，有效促使生产要素高效流动；2020 年 8 月，莲塘/香园围口岸正式开通，为深港通关格局打下坚实基础，加快粤港澳大湾区“一小时生活圈”布局。

通关模式创新方面，通关政策适时调整，报关环节得到优化，通关流程愈发便捷简化。例如，东莞凤岗海关在原通关流程基础上，充分考虑企业报关诉求，优化相关报关环节，实施“先出区、后报关”的一体化通关政策，

这种高效便捷的通关模式，使得物流模式由多环节串联转变为多环节并联，实现了“一次申报、一次录入、一次放行”，这极大地提高了货物流转率。同时，广东省口岸经营服务企业基于出口企业诉求，优化货物通航、报关与通关等流程，加强建设“单一窗口”，逐步实现船舶全天候通航、企业全天候报关、口岸全天候通关，显著提高了货物通关的便捷性。此外，香港海关“跨境一锁”清关网络拓展至珠海、深圳口岸开设车辆“一站式”通关系统等举措，也极大地减少了重复检查，货物清关转关效率提升显著。

物流信息流动优化方面，互联互通公共信息平台初步搭建，粤港澳物流与供应链创新联盟正式成立，可有效整合共享三地制造业物流信息。2018 年 11 月 27 日，粤港澳大湾区首个智慧物流信息平台——运易通在深圳蛇口正式对外发布，该平台以粤港澳大湾区为中心，优化报关流程，整合并可视化物流信息，促进跨境物流发展；2019 年 1 月 18 日，由澳门科技大学牵头，与香港理工大学、华南理工大学、广东省物流行业协会、香港运输物流学会、澳门运输物流学会五家机构联合发起的“粤港澳大湾区物流与供应链创新联盟”正式成立。该联盟旨在推动大湾区交通、物流与供应链等方面的快速发展，联合高校与专业机构，整合大湾区实力雄厚高校的学术资源和龙头企业的行业优势，助力大湾区建设。物流信息互联互通，为大湾区物流业的发展注入了数字化动力，进一步加强粤港澳三地的互联互通。

（五）建设智慧物流新生态，推动制造业物流与高新技术深度融合

目前，粤港澳大湾区正在着力培育发展制造业物流新业态、新模式，大力推进产业转型升级和优化发展，加快发展先进制造业和现代服务业，推进信息技术与制造业物流融合发展。近年来，先进制造业的快速发展带来了更加多样化的物流需求和更广阔的供应链服务范围。这使得大湾区内物流企业大力发展智慧物流，陆续将自动化技术、RFID 射频识别技术、传感技术等信息技术与先进制造业工艺流程紧密结合，实现生产过程的智能化、自动化。智慧物流可以提供弹性化、柔性化、智能化服务，为先进制造业提供科学有效的管理决策和具体措施。智慧物流依靠着物流运营过程中流畅的信息

能力和柔性的响应机制，可达到与先进制造业相匹配的物流水平。先进制造业可有效推动智慧物流发展，智慧物流也可高效促进先进制造业要素集聚，两者相辅相成、相互促进。

随着移动互联网的发展与大数据时代的到来，人工填写订单、客户信息、人工分拣等传统物流手段被逐渐淘汰，5G、大数据、互联网等技术在物流行业中的应用不断深入，数字化经济正逐步引领物流行业发展。数字化正深入渗透到传统物流行业中的各个环节，物流运输过程中的每个重要节点都可以通过数字化手段进行优化。物流企业可以通过与外部公司合作，让数字化技术在物流实际运营场景中落地，如无人驾驶汽车、无人叉车、智能量房等新型物流技术在物流行业中的应用。此外，物流企业可以利用数字化技术发展数字物流平台，使得物流服务更加高效、智能，在降本增效的同时不断提升自身核心竞争力。

大湾区将持续加快信息基础设施建设，实现智慧物流与先进制造业运营数据和信息的互联互通。例如，未来将借助信息共享平台，整理和收集供应链上节点企业的商务信息和作业信息，形成企业大数据库，通过大数据技术，将贸易企业、生产企业和供应商等供应链节点合理组织起来，统筹规划供应链上的资源，实现物流资源和制造业资源的有效配置。同时，大湾区将不断推进制造业物流业两业与人工智能、大数据等数字化技术深度融合，将数字经济与制造业物流深度结合，显著增强两业之间的协作配合能力，形成相辅相成的协作升级发展模式，共同提升自身行业实力，加快构建具有国际竞争力的现代产业体系，实现粤港澳大湾区的战略发展目标。

（六）构建制造业物流技术创新人才供给体系，实现湾区人才合作共享

国内外严峻的贸易形势和生产不确定性正在促使大湾区更加重视前沿科技动向、完善制造业物流技术创新人才供给体系，加大对智慧物流与先进制造业综合人才的培养力度，强化制造业物流人才队伍建设。

近年来，在国内外形势严峻的大背景下，大湾区已经出台了一系列关于

建立制造业创新中心的政策。2016~2019 年，粤港澳大湾区以广东省为主体先后筹建了 20 家省级制造业创新中心，其中一家已升格为国家级制造业创新中心。一方面，制造业创新中心能够很好地把握行业技术新动向、对接国内外优质资源、获取雄厚的科研资金支持；另一方面，通过建立拥有良好科研环境和优质资源的制造业创新中心，能够吸引和培养更多优秀的物流综合人才，实现人才的有序供给，完善物流技术创新人才供给体系。创新中心培养出的人才资源，往往高度贴近技术前沿、符合市场需求、能全面了解智慧物流业和先进制造业的现状和趋势，能够做到即使在面对高度不确定的国际环境下，仍然可以稳定满足大湾区内物流日益增长的需求。

同时，粤港澳大湾区应整合教育资源，借鉴海内外高层次人才培养经验，鼓励粤港澳三地高校互设分校、共建优势学科，鼓励校企共建研究院或科研中心，推进粤港澳三地制造业物流人才培训基地建设，积极培养物流技术创新人才。粤港澳大湾区要加快搭建人才综合管理平台，鼓励大湾区各城市根据自身发展特点与发展需求，采取积极措施大力引进发展所需的专业型人才与创新型人才，推动大湾区成为国际人才聚集的“智慧高地”。此外，粤港澳三地政府要构建大湾区人才制度体系，出台相关人才补贴政策，建立人才双向合作交流机制，充分保障其跨地区、跨体制的有效联动，实现湾区人才合作共享。

第十章
粤港澳大湾区电商物流发展回顾与展望

随着信息技术的迅猛发展及互联网经济的发展，越来越多的消费者通过网络购物，促使电子商务及快递行业的飞速发展，电子商务物流也成为经济发展的重要推动力。新冠疫情反复、宏观经济波动等增加了零售行业发展的不确定性。国家统计局《2021 年国民经济和社会发展统计公报》显示，2021 年全国实物商品网上零售额达到 108042 亿元，按可比口径计算，比 2020 年增长 12.0%，占社会消费品零售总额的比重为 24.5%。2021 年香港零售业销货价值为 3529.48 亿港元。澳门受新冠疫情影响，零售业销售额有所下降。2020 年全年澳门零售业收入同比下降 39.9%至 476.4 亿澳门元。受疫情影响，线下消费受到抑制，而线上消费需求激增，直播电商、社区电商等新业态迅速发展，有效满足了不同消费者的需求。

一　粤港澳大湾区电商物流发展背景

（一）数字经济蓬勃发展

我国数字经济正处于蓬勃发展阶段，2021 年，互联网相关的大数据、云计算、人工智能等技术加速创新，数字经济正在成为重组生产生活要素资源、重塑社会经济结构、改变全球竞争格局的关键力量，进一步推进网民增长。中国互联网络信息中心（CNNIC）发布的第 49 次《中国互联网络发展状况统计报告》显示，截至 2021 年 12 月，我国网民规模达 10.32 亿，其中网络购物用户规模达 8.42 亿，较 2020 年 12 月增长 5969 万，占网民整体的81.6%。

随着电子商务普及和人们生活方式的改变，快递业务量逐年递增。快递企业、电商平台也开始深化数字化转型。在信息化基础上，圆通快递公司2020年起提出全面深化数字化转型战略。借助数字化管理工具，推进智能设备升级与管理系统优化，缩短中转时长；优化覆盖全网车辆、驾驶员的监控系统，减少快件中转次数，改善干线运输时效；强化转运中心与末端网点的联动管控，提升末端网点揽派时效；全面应用转运中心创新管理模式和数字化管控工具，精准管控岗位人均效能；优化设备效能，提高中转效率与分拣精度，减少快件分拣次数，降低分拣差错率；通过信息化系统和数字化工具赋能加盟网络，实现全网数字化、一体化管理。

新冠肺炎疫情反复带来了很多不确定性，履约交付能力成为影响消费者网上复购的重要指标。基于此，菜鸟基于覆盖全国的仓网资源，结合大数据能力，给商家提供科学合理的分仓方案，结合不同行业推出了相应的保障发货解决方案，助力商家平稳发货。

（二）乡村快递发展迅猛

作为乡村振兴的基础设施，乡村快递发展迅猛。国家邮政局数据显示，每天全国的快件量达3亿件，其中有1亿包裹是到农村的，为巩固脱贫成果和实施乡村振兴战略提供了有力支撑。目前，菜鸟已经构建起一张县、乡、村三级物流网络，支持日均千万级规模的县域单量，科技下乡在提升进村物流效率、降低进村物流成本等方面提供了切实可行的解决方案。据悉，在许多县域，菜鸟结合精确的地址解析能力、自动化分拨系统能够将包裹根据村级收件地址进行智能分拨，甚至是乡村地区需要送货上门的包裹，也能自动分拨到对应的格口中。菜鸟在农产品进城“最先一公里”和快递下乡“最后一公里”方面持续发力。截至2022年3月，菜鸟乡村共配中心自动化改造已服务全国25个省份的150余个区县，而智能产地仓也将深度服务30个以上的县域，推动农业产业升级，帮助农民增收。

（三）网购个人信息安全逐渐引起重视

随着网络购物的发展成熟，快递量不断增长，快递面单上的个人信息，使得个人隐私或敏感信息易被侵犯，也带来电信诈骗等风险，用户信息风险逐渐引起重视。为了保障用户信息安全，电商平台和快递公司均采取了相关举措。早在2017年顺丰、京东、中通等多家企业就推出了隐私面单，对收寄件用户的姓名、电话、地址等信息进行加密处理。2022年，中通快递与抖音电商达成共同推进消费者个人信息保护合作意向，中通快递将为使用抖音电子面单的消费者提供隐私面单服务，对快递面单上的消费者个人信息进行脱敏处理，使用星号符号代替消费者手机号中的部分数段。

（四）粤港澳大湾区电商、物流业表现

改革开放以来，粤港澳大湾区地理区位优势突出，经济规模相对较大，经济实力、区域竞争力显著增强，电子商务物流质量和服务水平不断提高，行业处理能力提高为电子商务的发展提供了有力保障。根据第七次全国人口普查结果，珠三角九市总人口达7800万人，占全国总人口的5.5%。2021年，珠三角九市GDP占全国的8.8%，快递业务量占全国的21%。

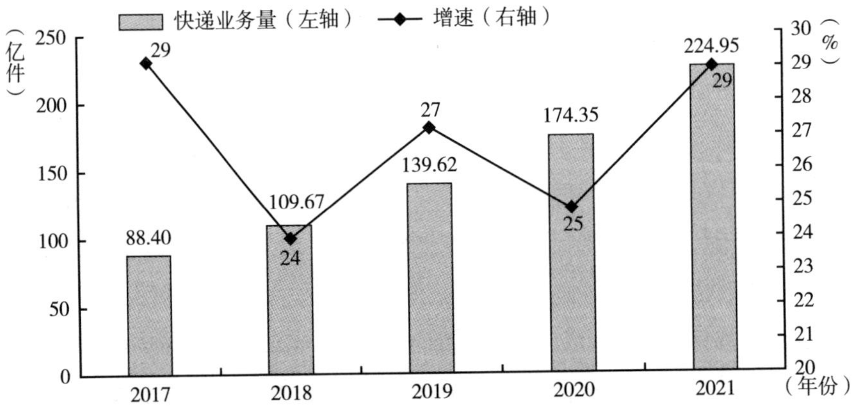

图1　2017~2021年珠三角九市快递业务量及增速

资料来源：物流快递。

根据国家邮政局统计，2021 年全国快递业务量完成 1083 亿件，同比增长 29.9%，国际/港澳台业务量累计完成 21 亿件，同比增长 14.6%。粤港澳大湾区中，广州市、深圳市、东莞市、佛山市、中山市、惠州市进入全国快递业务量和快递业务收入前 50 城市。其中，广州在业务量、增长速度、揽投比等方面都表现优异，是典型的外向输出型城市，且增长态势良好。2021 年，广州、深圳、东莞、佛山业务量排名珠三角九市前 4 位，占比超过 90%。其中，广州、深圳、东莞业务量分别排全国的第 2 位、第 3 位和第 7 位，将大量的电子产品、服装、家具、玩具、食品等运往全国各地。根据《中国城市物流竞争力报告（2020）》，广州和深圳分别排名第 2 和第 3 名，东莞、佛山、珠海、惠州、肇庆也进入物流竞争力百强榜。粤港澳大湾区物流竞争力雄厚，为电子商务的发展奠定了厚实的基础。

2021 年，香港 GDP 超过 2 万亿元，在深圳、广州之后，排名粤港澳大湾区第 3 位；澳门 GDP 为 1929 亿元，同比增长 18%，增幅排名粤港澳大湾区第一位。2020~2021 年度，香港邮政营运收入为 50.06 亿港元（约合人民币 42.5 亿元），共处理邮件近 9.8 亿件，每日平均邮件处理量约 268 万件，其中本地邮件量超 7.6 亿件，国际邮件中空邮比例超七成，主要海外目的地为欧洲、亚洲和亚太区、南美洲。据中国快递大数据平台监测发现，近年来，国内主要快递企业在香港、澳门的业务量基本呈递增趋势。尤其是 2020 年，国内主要快递企业在香港、澳门的揽收量较 2019 年出现大幅增长，增幅超过 100%，投递量同比增长超过 40%；2021 年，揽收量同比增长约 40%，投递量同比增长约 10%，增幅超过珠三角九市。

贸易及物流业是香港的支柱行业之一，对经济增长和就业扩大的带动作用巨大，贡献了香港两成的就业岗位和本地生产总值。然而相比于内地电商市场，香港的电商行业发展相对滞后，快递配送速度有待提升。为提升香港邮政服务智能化水平，香港邮政设置了 100 余家“智邮站”设施，还开通了“投递易”“邮件报关易”等线上邮件收寄操作业务，助力香港电商业务发展。为配合大湾区邮政业的长远发展和提升空邮中心的转运力，香港特区政府于 2021 年 5 月宣布，计划于 2027 年完成机场空邮中心重建。

（五）粤港澳大湾区电商、物流业交流不断深入

粤港澳大湾区电商、物流业交流不断深入，2020 年 12 月，为落实《粤港澳大湾区发展规划纲要》相关部署，国家邮政局、国家发展改革委等 5 部门联合印发《关于促进粤港澳大湾区邮政业发展的实施意见》，要求充分发挥中国（广东）自由贸易试验区的示范带动作用，努力将粤港澳大湾区建设成为全国邮政业创新发展引领区、融合发展示范区、绿色发展样板区、开放发展试验区，推动粤港澳三地邮政加强航空邮件进出口运输和处理优势互补，借助粤港澳大湾区的快速物流网络，巩固香港作为国际航空货运枢纽的地位，协助跨境电商拓展进出口业务。到 2035 年，全面建成创新驱动、便捷高效、绿色共享、开放融合的粤港澳大湾区寄递服务体系，推进绿色低碳循环发展。

1. 香港与珠三角九市的快递业务往来情况

香港与珠三角九市业务往来密切，快递企业不断加快在香港的业务布局。2010 年，中通快递在香港开展业务，为客户提供大陆和香港之间的快递服务。同年，圆通速递在香港设立全资子公司（以下简称“香港圆通”）。从国际快递、货运到本地仓储、配送，香港圆通已能够为国内外电商及广大客户提供仓、干、关、配一体化的国际快递供应链解决方案。2020 年以来，仅中国邮政深圳分公司与香港往来快件就达 654.89 万件，其中香港进境快件 611.77 万件。从国内主要快递企业看，香港流向珠三角九市的业务总量占比为 24%，珠三角九市流向香港的业务总量占比为 69%。其中，深圳、广州、东莞与香港业务联动最明显。深圳与香港地理位置最近，是近年来香港特色产品的主要中转城市，香港流向深圳的业务量占比超过香港流入珠三角九市业务量的 1/3。东莞凭借衣服、鞋帽、家具等多种商品，是珠三角九市向香港输入快件最多的城市。

在电子商务方面，2021 年 5 月 3 日，阿里巴巴旗下“天猫香港”上线试营业。2022 年 7 月 22 日，阿里巴巴旗下香港本地网购平台“天猫香港”在网站发布公告称，基于业务策略调整，将于 2022 年 10 月 31 日正式关闭入口。

2. 澳门与珠三角九市的快递业务往来情况

从国内主要快递企业看，从澳门流向珠三角九市的业务总量占比为 22%，从珠三角九市流入澳门的业务总量占比为 62%。广州和深圳是澳门快件流向的主要城市，占比超过 50%；流向澳门的快件以深圳、东莞、广州为主。

3. 广东自贸试验区推动粤港澳服务贸易自由化

内地与港澳服务业在运行规则、管理体制上存在较大差异。以往，港澳服务业进入内地面临着一些体制机制障碍。广东自贸试验区积极探索与港澳规则制度的对接，自 2015 年成立以来，累计形成 584 项制度创新成果。据统计，广东自贸试验区已累计设立港澳资企业 2 万多家，实际吸引港澳资超过 400 亿美元，目前，港澳企业基本实现广东与港澳服务贸易自由化。在此基础上，广东推动设立广东自贸试验区联动发展区。目前，广东省政府已批准在广州、深圳、珠海、汕头、佛山、韶关、惠州、汕尾、东莞、中山、阳江、湛江、茂名 13 个地市设立广东自贸试验区联动发展区。粤港澳三地在贸易自由化、投资便利化、金融开放等各方面都形成了一系列的制度创新成果，大湾区开放合作水平和国际影响力显著提升。

（六）跨境电商领衔外贸新业态

作为数字贸易的重要发展形式之一，近年来跨境电商快速发展。跨境电商提升了全球贸易的便利化程度，成为新的贸易增长点。跨境电商进口拉动国内消费，跨境电商出口则成为促进外贸保稳提质的重要力量。粤港澳大湾区是跨境电商的发展重地，截至 2020 年底，广东地区跨境电商以出口为主，全国 70%以上的跨境电商出口商品通过珠三角地区销往世界各地。粤港澳大湾区发展跨境电商有着独特的优势和支撑，传统制造和水陆运交通较发达，而香港作为重要的物流枢纽以及国际金融中心，是内地电商企业的首选离岸业务中心，可成为连接大湾区企业与全球市场的重要枢纽。

1. 持续性的支持政策

广东省于 2021 年 5 月发布《广东省人民政府关于加快数字化发展的意见》，提出构建世界数字贸易重要节点。2021 年 4 月，广东省印发实施《关于推进贸易高质量发展的行动方案》，为未来广东省贸易高质量发展擘画了蓝图。2021 年 12 月 2 日，广东省政府发布《关于推进跨境电商高质量发展的若干政策措施》，提出要加大政策扶持力度，培育跨境电商龙头企业；提升仓储物流效率，到 2025 年，争取快递网络企业主营业务 500 亿元以上的 3 家、1000 亿元以上的 2 家；提高跨境电商通关便利化水平，支持南沙粤港澳大湾区机场共享国际货运中心、前海离港空运服务中心和香港国际机场物流园暨空侧海空联运码头等项目建设，配套关务、检验检疫、航空安检、集散分拨等基础设施，发展“海陆空铁”多式联运，推动实现粤港澳大湾区内各大关区和机场的安检、清关、物流信息互联互通互认，提高通关效率；优化跨境电商税收政策。持续性的支持政策，有助于加快推进广东省跨境电商高质量发展，提升跨境电商物流效率。

2021 年，广州市黄埔区、广州开发区印发《关于进一步促进广州市黄埔区、广州开发区跨境电子商务产业发展若干措施》，从支持跨境电商主体发展、扶持跨境电子商务载体发展等方面给予跨境电商产业扶持。

持续性的支持政策，为跨境电商企业提供了稳定的发展预期，而拥有“创新+制造+物流+金融服务”等多重优势的粤港澳大湾区，在跨境电商领域仍将迎来很长一段时间的发展期。

2. 交流合作的平台支撑

2021 年 3 月，香港电商联会联同大湾区各大电商协会宣布，粤港澳大湾区跨境电商资源中心成立。该中心由香港电商联会联合大湾区，包括澳门，以及广东省之广州、深圳、珠海、佛山、惠州、东莞、中山、江门、肇庆等九市电商协会共同成立，为大湾区跨境电商企业及相关企业提供交流合作的经贸平台，从而推动大湾区跨境电商行业发展。

随着大湾区两年多来在基础设施互联互通、三地规则衔接、广深港澳科技创新走廊等多个方面的全面开花，香港和内地的联系更加紧密，跨境电商也为香港科创企业带来新机遇。

3. 金融机构提升跨境贸易服务效率

随着粤港澳大湾区经济的融合发展，区内商贸往来更趋频繁密切，数字贸易、跨境贸易蓬勃发展，企业对跨境支付、贸易融资等金融服务的需求显著增长。

为了更好地为区内企业拓展数字贸易提供支持，大湾区三地政府和金融机构正进一步加大对大数据、人工智能、区块链等创新技术的投入，希望借助金融科技联通三地金融市场，进一步提升大湾区跨境贸易便利化程度。

2020 年 6 月，国家外汇管理局跨境金融区块链服务平台在广东上线，港澳大湾区内银行首次实现了跨境金融区块链服务平台直联。该平台提供“出口应收账款融资”报关单信息核验和“企业跨境和信用信息授权查证”服务，提升了中小企业跨境融资效率。不断提升的跨境金融服务效率为粤港澳大湾区跨境电商发展提供了切实的便利和支撑。

二　粤港澳大湾区电商物流发展状况

（一）直播电商、社区电商崛起，在疫情期间加速发展

2020 年，新冠疫情使得传统线下行业受到了较大冲击。粤港澳大湾区在发展传统电商的基础上，直播电商、社区电商等新零售模式加速发展，给电商模式注入了新的活力，带来了新的增长点。

直播带货是自 2016 年兴起的互联网销售模式，可以帮助消费者提升消费体验，随着直播新模式的持续发力，直播电商促进了消费的新增长，给电商物流带来了新的增量。相较于传统电商模式，直播电商颠覆了“人”“货”“场”的关系，使供应链展现出新的特点。传统电商模式下，商户需要先备货，再通过平台销售给顾客。而直播电商下，可以先有粉丝群体，再找到合适的货物进行销售。这种销售模式由真实需求驱动，可以减少冗余库存，其供应链具有柔性和敏捷等特征。

2020 年以来，粤港澳大湾区许多实体店商家通过直播卖货来实现疫情期间的自救，直播电商加速发展。在此背景下，快递业从服务传统电商向服务直播电商拓展，支撑商品的网上零售，电商物流一体化趋势更加明显。

粤港澳大湾区直播电商的发展拥有独特的产业链优势。根据《直播电商

区域发展指数研究报告》，直播电商百强地区中广东省有18个，其中属于粤港澳大湾区的有16个，广州市白云区和天河区进入直播地区前十强。大湾区城市群拥有老牌电商强区，制造业较为发达，拥有完善的物流与供应链基础及直播生态。例如广州的服装行业，货源多，性价比高。佛山的直播电商产品则以家装为主，东莞以大码女装为主。粤港澳大湾区有扎实的产业基础，区位优势突出，物流竞争力突出，为直播电商的快速发展奠定了基础。

随着直播电商经济热潮掀起，粤港澳大湾区中广州市和深圳市在2020年出台了直播电商的相关扶持政策（见表1）。2020年3月，广州市商务局印发了《广州市直播电商发展行动方案（2020—2022年）》，提出要将广州打造为全国著名的直播电商之都，从打造直播电商产业集群、构建电商人才支撑体系等多方面予以政策支持。在此政策背景及相关市场环境下，粤港澳直播电商青年创业孵化基地应运而生，为直播电商的发展提供了人才储备。

表1　2020年广州、深圳出台的直播电商扶持政策

省份	发文单位	时间	政策	目标
广东省	广州市	3月	广州市直播电商发展行动方案(2020—2022年)	打造为全国著名的直播电商之都
	广州—越秀区	4月	“越秀区促进直播电商行业发展”新闻通气会暨直播电商行业交流会上公布支持政策	鼓励直播电商相关主体在越秀落地,助力打造广州“越秀”直播电商之都
	广州—从化区	6月	广州市从化区扶持直播电商发展的若干措施(试行)	打造超百亿级直播电商产业集群区
	广州—花都区	6月	广州市花都区扶持直播电商发展办法(2020—2022)	建成十大在国内有影响力的直播电商基地,实现全区电商网络零售额超1000亿元
	深圳市	7月	深圳市关于进一步激发消费活力促进消费增长的若干措施	鼓励发展网红直播消费,推动直播电商赋能优势产业、专业市场和特色商圈

资料来源：直播电商区域发展指数研究报告。

在疫情影响下，为了响应国家相关防疫政策，社区电商迅速发展。居家隔离推动了粤港澳大湾区社区电商的发展。互联网巨头纷纷入场，便利店门店也开始向社区型门店拓展，传统供给渠道得以拓展。社区电商所提供的商品品类集中，商品集采集配，缩短分拣时间和供应链环节，降低生鲜品损耗，节约物流配送成本。疫情期间，O2O 成为不少消费者的选择，快速消费品销售额在 2020 年增长 50%以上。在后疫情阶段，人们的消费习惯正在重构。

（二）绿色电商物流成为新趋势

随着国家主席习近平提出碳中和目标，为保障人民生活、应对气候变化带来的影响，国家注重建立健全绿色低碳循环发展体系。2021 年 2 月，国务院发布《关于加快建立健全绿色低碳循环发展经济体系的指导意见》，提出构建绿色供应链、绿色物流，促进绿色产品消费。在国家“双碳”目标的战略规划下，目前粤港澳大湾区提升生态环境质量是最迫切的需求。

根据中共中央、国务院印发的《粤港澳大湾区发展规划纲要》，要大力推进生态文明建设，树立绿色发展理念，坚持节约资源和保护环境的基本国策，推动形成绿色低碳的生产生活方式，促进大湾区可持续发展。这为粤港澳大湾区绿色电商物流的发展提供了基本路线和发展方向。

从企业层面来说，越来越多的企业开始关注其社会责任，在很多公司披露的企业社会责任报告中都会涉及环保方面的贡献。从个人层面来说，在国家的大力宣传下，消费者的环保理念越来越强，愿意购买低污染、绿色的产品。目前，互联网正在成为绿色消费领域新的主战场。根据阿里研究院发布的《2016 年度中国绿色消费者报告》，截至 2015 年底，中国在线绿色消费者群体已经达到 6500 万人，2015 年全年阿里网络零售平台累计减少二氧化碳排放约 3000 万吨。京东发布的《2019 绿色消费趋势发展报告》显示，在京东平台上 2019 年绿色消费相关商品总体销量同比增速较全站增速高出 18 个百分点。作为绿色物流的重要环节，企业也开始在粤港澳大湾区布局绿色配送。

近年来，随着电子商务、快递、外卖等行业在粤港澳居民生活中的渗透率越来越高，快递和快餐包装的使用和不当处置导致塑料垃圾污染已成为亟待解决的问题。2016年《电子商务“十三五”发展规划》首次提出绿色电子商务的概念。强调要探索建立有利于环境保护和可持续发展的电子商务法规、标准、制度和模式，降低车辆排放与能源消耗，宣传倡导绿色包装、运输、仓储、快递理念；改善城市网购交付环境，鼓励发展绿色网购模式，化解网络消费新增的环保问题；依托电子商务促进再生资源的回收利用，发挥电子商务对“循环经济、低碳经济”的促进作用。为了节约能源、提高效率，快递企业使用电子面单替代传统手写单据。电子面单是一种高效环保的信息化面单。它的普及对提升快递行业的标准化程度，促进快递行业的良性发展具有重要意义。对于网店商家来说，电子面单的应用大大提高了运营效率。顾客下单之后，电子面单可以利用机器打印，不仅打印成本较低，而且比传统面单靠人力手写速度更快且准确性更高。电子面单的运用能提高电子商务物流在运输方面的效率，免去了快件录单环节，订单下达即完成运单号的匹配，大大降低出错率，同时也提高了分拣效率。

（三）无人车助力末端配送

疫情期间，多地管控举措升级，导致“最后100米”末端派送受阻。为配合防疫要求，减少人群聚集感染风险，减轻人工配送压力，物流企业和电商平台不断投放无人车，助力末端配送。2021年11月，顺丰无人车开始在广州个别高校应用，助力末端配送的同时，通过物流路径的合理优化，有效减少碳排放。2022年，菜鸟无人车小蛮驴也入驻广东省10所高校，不仅让高校师生省时省力地取快递，也通过无接触配送最大限度地减少人群聚集。截至2022年3月31日，小蛮驴配送物流订单超过1000万件，刷新国内末端无人配送纪录。

（四）跨境电商物流支撑“一带一路”建设

2014年以来，伴随着利好政策的出台，特别是“一带一路”倡议的提出，跨境电商快速发展。新冠疫情以来，国际贸易加速数字化转型，数字贸易、跨境电子商务成为连接本地制造与全球消费的重要方式。数据显示，2020 年我国跨境电商进出口额达 1.69 万亿元，增长 31.1%，跨境电商规模 5 年增长近 10 倍。有市场分析预计，到 2035 年将有 50%的外贸额有望通过跨境电商来完成。

粤港澳大湾区地处我国沿海开放前沿，中心城市包括香港、澳门、广州和深圳，汇聚了世界级的金融服务、科技创新和高端制造业中心，开放程度高，经济活力强，产业发展基础良好，交通条件便利，是跨境电商的发展重地。粤港澳大湾区拥有独特的区位优势，在“一带一路”建设中具有重要地位。根据中共中央、国务院印发的《粤港澳大湾区发展规划纲要》，以“一带一路”建设为重点，对接高标准贸易投资规则，加快培育国际合作和竞争新优势。充分发挥港澳独特优势，创新完善各领域开放合作体制机制。这为粤港澳大湾区跨境电商物流发展提供了利好条件。此外，大湾区重点发展人工智能、物联网等先进产业，为跨境电商提供了重要保障。

粤港澳大湾区在进一步扩大开放与深化合作的背景下，正在成为引领全球贸易数字化转型的重要力量。随着港珠澳大桥的开通使用，粤港澳大湾区的跨境电商进入高速发展期。粤港澳大湾区作为“一带一路”海上丝绸之路的重要枢纽，目前拥有香港港、深圳港和广州港三大世界前十的集装箱港口。依托大湾区经济融合发展、国家“一带一路”政策的推进，大湾区贸易迎来新的发展良机。

2020 年粤港澳大湾区的国际贸易总额超过 14 万亿元，居全球各湾区之首，贸易基础雄厚，发展前景巨大。电子商务贸易是粤港澳大湾区对外贸易增长的重要部分，截至 2020 年底，广东地区跨境电商以出口为主，全国 70%以上的跨境电商出口商品通过珠三角地区销往世界各地。2020 年阿里国际站出口额排前五的城市分别是深圳、广州、金华（含义乌）、宁波和东莞，粤港澳大湾区城市占 3 席。2020 年 4 月，国务院常务会议决定，在已设立 59 个跨境电商综合试验区的基础上，再新设 46 个跨境电商综合试验区，其中，梅州、惠州、中山、江门、湛江、茂名、肇庆入选。此前，广东已有广州、深圳、东莞、珠海、汕头、佛山入选，至此，粤港澳大湾区内地9个城市已全部入选跨境电商综合试验区。

跨境电商产品的旺盛需求也带动了中欧班列的快速发展。当前，粤港澳大湾区中欧班列开行方向已达17条，货源品类多达700余种，这条泛欧运输大通道已延伸覆盖到多个“一带一路”沿线国家和地区，越来越多的国家加入了粤港澳大湾区中欧班列的“朋友圈”。中国铁路广州局集团有限公司的数据显示，截至2022年11月初，粤港澳大湾区中欧班列开行数量已超过上年全年开行总数262列，同比增幅高达77.6%。

作为跨境电商发展的重要配套支持，跨境电商物流在粤港澳大湾区迎来新的发展机遇，国际供应链网络也日益完善。从跨境电商进口的交付模式来看，粤港澳大湾区的主流模式是保税备货模式和海外直邮模式。根据智慧物流研究院发布的《改革开放40年——粤港澳大湾区电商物流发展洞察》，以京东物流大湾区保税仓为例，2015~2017年大湾区跨境进口商品占全国的40%以上，南沙保税仓2015~2017年订单年均增速183%，香港仓2017年订单同比增长168%。保税仓的建立，使得国际供应链网络日益完善，也促进了跨境电商发展。跨境供应链包括商品采购、物流仓储、报关清关、分销零售等环节，依托于跨境电商行业也发展迅猛。以京东物流香港仓为例，沃尔玛、莎莎、屈臣氏等品牌将香港仓作为主要集散地，进行统一存储、调拨、分拣，将商品送往内地，也可以使欧美来的商品通过香港仓转运发送至东南亚等地，形成国际供应链网络。2022年5月，菜鸟国际正式推出“进口保税专送服务”，对进口供应链进行仓配一体化服务升级。使用升级物流服务的商家的货物从菜鸟保税仓发出后，将由菜鸟直送进行送货上门，全面提升“618”大促期间商家和消费者的物流体验。目前，菜鸟国际“进口保税仓专送服务”已经覆盖全国近30个保税仓，并在主要省区市持续推广中。

（五）农村电商提升粤港澳各地产品的知名度

自2014年以来，农村电商得到广泛的关注，从中央到地方政府都把焦点投向农村，投向农村电子商务，把农村电商列入国家和各地发展的重点。自此，电子商务进入了全面发展新时期。在乡村振兴背景下，农村电商已经成为乡村可持续发展的新引擎。政府对基础设施的投入、对人才的培训和资金的扶持、对产业园和农产品品牌的打造，极大地促进了农村电商的全面崛起和发展，农村电商也成为拉动农村消费的重要渠道。

农村电商包括“上行”和“下行”两部分。商务部数据显示，2019 年全国农产品网络零售额达到 3975 亿元，比 2016 年增长 1.5 倍。在生鲜电商、网络直播、原产地直销等模式的推动下，快递业务发展动能进一步释放。农村地区收投快递超过 150 亿件，占全国快递业务总量的 20%以上。2020 年 4 月 24 日，人民网新电商研究院发布《中国农村电商物流发展报告》，指出农村电商主体主要有阿里系、拼多多、京东等头部电商企业，农村地区年收投快件量达到 120 亿件，电商带动农产品进城和工业品下乡总销售额超过 7000 亿元。

粤港澳大湾区的城市群有各具特色的农产品，如广州增城盛产荔枝，江门新会主打陈皮，肇庆市则注重传统农产品、中药的深度开发。近年来，新会陈皮产业发展迅速，全产业链产值达 60 亿元，新会陈皮品牌价值约 89 亿元。农村电商的应用，把分散的市场通过网络组织起来，形成一个覆盖整体的市场平台，从而提升粤港澳各地产品的知名度和市场竞争力。

（六）外卖市场展现出强劲的经济活力

“懒人经济”和“生活快节奏”促使快递、外卖行业加快发展，疫情期间，餐饮行业面临发展困境，消费者习惯也改变了，越来越多的商户加速转型，积极开拓外卖市场，满足用户新需求。根据中国互联网络信息中心（CNNIC）发布的第 49 次《中国互联网络发展状况统计报告》，截至 2021 年 12 月，我国网上外卖用户规模达 5.44 亿，较 2020 年 12 月增长 1.25 亿，占网民整体的 52.7%。在消费升级趋势下，人们对外卖配送服务的要求越来越高，这也促使网络外卖平台不断提高以配送为核心的服务体系。对于外卖行业而言，配送是一个至关重要的环节，关乎用户体验，因此配送水平在一定程度上决定了外卖 O2O 平台的成败。自营配送、外卖平台配送、合作加盟配送及众包物流配送是目前外卖平台的主要配送模式。

根据美团外卖《2021 年外卖新势力城市榜单》，2021 年 9~11 月，美团外卖上同比新增商家数量最多的 TOP5 城市为广州、重庆、深圳、东莞、上海，成都、北京、武汉、佛山、苏州分列第 6 至第 10 位。粤港澳大湾区城市“十占其四”，展现出强劲的经济活力。据统计，外卖夜间订单量前十的城市为广州、深圳、北京、上海、成都、杭州、重庆、苏州、东莞、武汉，粤港澳大湾区城市群也占据三个名额，可见粤港澳大湾区晚间配送订单较多。

三　粤港澳大湾区电商物流发展存在的问题及分析

（一）新冠疫情给行业带来巨大的挑战与压力

新冠疫情给粤港澳大湾区产业及经济发展带来了较大冲击，也使得供应链不确定性增加。线下消费受到抑制的同时，电子商务迎来新的发展热潮，消费者线上需求激增，物流发展面临挑战。因此，粤港澳大湾区各市需继续深入研判后疫情时代电商物流的发展趋势，充分预估新冠疫情给行业带来的挑战与压力，抓住“双循环”新发展格局的契机，挖掘行业发展的新内涵。

（二）粤港澳各地区电商物流发展不平衡

粤港澳各地区电商物流发展不平衡问题亟待解决，缺乏整体的规划与协调。需要进一步协调各市电商物流发展，协同资源共享。粤港澳大湾区电商物流企业应加强合作，推动行业高质量发展，发挥电商物流在服务大湾区生产、对外贸易、服务乡村振兴中的作用。与内地相比，香港的电商产业仍存在较大发展空间。加强内地与香港的电商往来，带动香港跨境电商及直播电商等新业态的发展。

（三）相关制度及政策不完善，制约了农村电商的创新发展

粤港澳大湾区各区域经济发展不平衡、制度及政策不完善，制约了农村电商的创新发展。农村电子商务的发展需要借助技术、法律法规的支撑，才能获得更多的发展力量。数字乡村视角下，农村电子商务与物流配送需要协同发展。

推进农村电商发展，需要进一步完善制度及政策，强化政府职能，加快市场引导，加快各种电商、物流制度的建立健全，保障电商、物流行业的有效运作；在税收、融资、场地等方面采取优惠政策，调动相关企业的积极性。引进农业科技创新，加强对农业生产、产品加工、市场准入、流通销售等重点领域的监管，推动农业生产标准化建设；推动粤港澳大湾区经济一体化建设，通过“快递进村”助力乡村经济振兴，推动城乡一体化发展，为粤港澳大湾区发展中的农村电商营造更好的市场环境；完善农村电商物流网络，推动物流服务向乡村方向发展，加速物流企业市场整合，带动双向流通，让更多的人能够享受到网上购物的便捷；以品牌建设为抓手，按照统一标准进行生产组织、监督管理、质量认证，实现产品可追溯、质量有保证、附加值有提升；推动城市企业和农村的资源合作，实现优势资源的整合。

四 粤港澳大湾区电商物流发展建议与展望

（一）结合区域发展特点，引导传统实体产业拓展线上销售渠道

粤港澳各地需要结合区域发展特点，引导传统实体产业拓展销售渠道，实现线上线下融合发展，发挥同城即时配送在末端配送中的作用，满足消费者的需求，推动电商与物流的协调发展。后疫情阶段，传统线下门店应加速拓展线上销售渠道，进行线上与线下的业务融合，向全渠道发展，增强风险抵御能力，打造更适合电商销售的产品，加速数字化运营，提高供应链效

率。同时，加快引导快递企业与相关电商开展合资合作，提升专业化的综合供应链服务能力。

（二）打造直播电商产业集群

直播电商的快速发展，给行业监管、市场规范带来新的挑战。电商物流市场秩序有待进一步规范，应完善监管及配套措施，发挥政府的引领带头作用，确保直播电商的稳定健康发展。粤港澳大湾区城市群应继续出台直播电商扶持政策，做好政策引导工作。吸引更多的优质直播企业入驻，打造直播电商产业集群。培育粤港澳大湾区本土电商企业，做好直播人才培训。借助数字化手段创新，利用直播销售模式，增强本土品牌效应，提升物流速度与配送质量，提高消费者满意度。目前，社交电商、直播电商平台作为消费者信息掌握者和快递面单的源头方，尚缺乏保护消费者信息的意识，应联合快递企业提供隐私面单服务，确保网购信息安全。

（三）加强绿色环保宣传，建设绿色低碳湾区

在供应链管理、电子商务物流的实践中，绿色环保是未来的发展趋势和方向。推动电商物流行业绿色发展，需要政府相关部门、电商、快递企业等产业链条上各个主体的共同协作。由于缺乏具体的政策法规引导，目前粤港澳大湾区绿色电商物流发展还面临不少困难。

政府应加快健全电子商务物流相关的绿色包装及配送等政策法规体系，规范电子商务物流发展，促进环境保护和可持续发展；完善绿色物流基础设施，推广应用节能物流车，加快绿色环保技术在快递包装、仓储及配送中的应用；顺应现代物流业发展新趋势，降低能耗和排放水平，推广绿色智慧节能低碳的生产生活方式；完善环境保护合作机制，打造大湾区绿色低碳物流发展示范区，发展粤港澳大湾区绿色电商物流，建设绿色低碳湾区，更好地促进粤港澳大湾区电子商务的可持续发展。然而绿色电商物流的运行成本相对较高，为了加速电商物流的绿色发展，需要财政金融的支持与辅助。

在低碳经济发展模式下，政府应引导电商物流企业增强节能环保意识，

推动绿色、可回收包装的研发，使用符合环保标准的包装或再生包装，提高包装箱回收率，应用绿色环保的物流技术及装备，推动逆向物流和循环供应链的发展，推动快递产业高质量发展，带动上下游企业延伸绿色供应链。鼓励粤港澳大湾区企业加强合作，全面推广电子面单，开展绿色包装、绿色仓储和绿色配送，降低碳排放。在消费者方面，宣传环保理念，培育消费者的环保意识，继续推动绿色消费，倡导绿色回收。将互联网平台上涌现的绿色消费需求快速传导到产业链上游，推动港澳大湾区绿色产业升级。

在新的绿色发展目标下，粤港澳大湾区企业应对绿色发展面临的挑战做好准备，着力补齐短板。电商物流企业应把握机遇，完善优化相关设备，促进电子面单与大数据技术结合，既能精确派送和合理分配资源又能快速揽收和取货，增强安全性，同时提供更加快速、优质的寄送服务。提高包裹送达时效，提升整体物流效率，从而减少能源消耗和碳排放，同时提高消费者的满意度。

1. 提升跨境电商物流服务质量，助力数字贸易高质量发展

后疫情时代，全球数字经济发展驶入快车道，“数字贸易”作为数字经济的重要组成部分，正成为全球贸易发展的重要趋势，也成为经济发展和国际经贸合作的新亮点。在以国内大循环为主体、国内国际双循环相互促进的新发展格局逐步形成的大背景下，跨境电商势必还将迎来很长一段时间的发展期。作为改革开放的前沿和对外贸易的重要窗口，粤港澳大湾区已成为“一带一路”建设中的重要部分。粤港澳大湾区在跨境电商物流发展上取得了一定成绩，但仍有很大的潜力。港珠澳大桥的建成通车，使得粤港澳大湾区城市群的交通更为便利，应继续深化粤港澳大湾区电商物流领域的合作，完善物流配套服务。作为连接世界的自由贸易港，香港特别行政区需要结合自身优势，运用好国家政策，加快发展跨境电商。促进粤港澳大湾区各地优势互补、互惠共赢，形成协调发展的物流服务体系，支撑粤港澳大湾区跨境电商发展。

加强政府的宏观调控，完善扶持政策，推动相关政策落地。引导跨境电商企业的发展，鼓励跨境电商与传统产业集群的融合，鼓励跨境电商企业打造兼具知名度和美誉度的国际品牌。进一步简化跨境电商所涉及的工作环节，对跨境电商通关条件加以完善，推动通关便利化；构建跨境电商物流海外仓，完善跨境物流基础设施；促进报关、跨境保税仓储、物流配送等各环节的协调；建立与之匹配的跨境电商物流网络，完善跨境电商物流流程，提升粤港澳大湾区跨境电商物流的服务质量，更好地服务于跨境电商的发展，更好地发挥港澳在国家对外开放中的功能和作用，提高珠三角九市开放型经济发展水平，为“一带一路”建设提供重要支撑。

2. 推动粤港澳城乡一体化发展

农产品具有时效性强、季节性强、存储难度大等特点。建立仓储、包装、物流体系，特别是冷链物流体系，有利于保障农产品的销售，形成品牌效应，为农村电商持续发展提供有效保障。推动建设粤港澳大湾区农产品冷链快递物流基地，加快农业生产标准化，打造品牌。生产标准化是农产品质量和安全的保证，是现代农业品牌建设的重要手段。现在消费者越来越重视产品质量，想要推动农村电商可持续发展，就需要制定科学合理的农业生产标准，实现产品可追溯、质量有保证。突出特色农产品的品牌建设，并在全国范围予以推广，为消费者提供优质的产品。

引导电商巨头的投入，关注各种电商渠道，解决农产品滞销问题；带动农村消费，推动农民就业和创业，提高农民收入；加快农村电商人才队伍建设，建立粤港澳大湾区电子商务人才培训基地，提高农民利用网络渠道销售农产品的能力；重视农村电商经营环节中所需要的产品策划、质量标准制定、品牌包装、宣传推广，以及销售、物流、售后等方面的人才。

3. 利用电商消费数据，推动反向定制模式发展

近年来，反向定制产品显示出强大的市场潜力。借助电子商务的用户评价和相关数据，可以更好地指导生产，发挥电商供应链对生产销售的反向促进作用。粤港澳大湾区企业应借助原有的制造优势，推动本土自有品牌的建设，通过电商消费数据指导产品设计和生产，分析用户偏好，推动网络零售反向定制模式的发展，提升产品设计和质量，更好地满足消费者需求。

通过用户评价和检测数据对上游供应商伙伴、生产者进行实时品质倒逼

改善，即根据消费者反馈不断完善产品，通过消费数据为制造企业的产品设计和销售提供支撑，努力使产品更加符合市场需求，不仅能够保证产品质量，还能提升用户体验，更好地满足消费者需求，从而提升供应链管理效率。

4. 加大电商物流扶持力度，重视人才引进和培育

粤港澳大湾区城市群应结合当前电商环境，从宏观层面出台更多优惠政策，以及细则和配套政策，并确保政策的落实。充分发挥政府的引领带头作用，引导、鼓励传统企业进行渠道转型，充分利用全渠道开展业务，并做好物流配套工作。高度重视粤港澳大湾区人才战略部署，加大对电商及物流人才的引入力度，重视人才资源培育。继续完善电商物流发展的相关基础设施，解决电商企业发展瓶颈，为粤港澳大湾区电商物流产业发展创造有利的环境。

5. 依托信息技术促进电商物流供应链转型

采用人工智能、自动化、大数据、区块链、物联网、5G 技术等，提高信息化水平，驱动供应链的数字化转型，实现复杂数据的处理与数智化场景的应用，更好地服务于电子商务的发展。如利用区块链技术，构建粤港澳大湾区溯源电商平台；推进物联网、云计算、大数据等信息技术在电商物流领域的应用，支持粤港澳大湾区物流信息共享，驱动智慧物流发展，提升电商服务质量；采用 AR 技术，增强线上消费体验；利用 5G 技术引领粤港澳大湾区直播电商的发展，提高消费者体验；推广虚拟安全号码、隐私面单等技术的应用，保障用户信息安全；以用户为中心，在技术支撑下，提高供应链的运营效率，助力物流科技变革，提升电商、快递服务质量。

第十一章
粤港澳大湾区医药物流发展现状

根据大湾区医药物流发展相关数据，2021 年第一季度，我国医药物流受到新冠疫情影响增速放缓，自第二季度开始恢复增长，全年增速趋稳。2021 年全年疫苗、血液制品、生物制品继续保持增长趋势。2021 年医药制造业规模以上工业增加值同比增长 5.9%。2021 年前三季度，医药工业累计实现营业收入 20000 亿元，同比增长 1.6%；累计实现利润额 25000 亿元，同比增长 8.2%。医药工业整体发展趋势平稳，2021 年上半年受疫情影响，收入端和利润端同比小幅下滑，第三季度后恢复增长，利润端比收入端增长更快。2021 年前三季度，医药商业保持平稳增长，全年呈增长态势。SW 医药商业板块实现营业总收入 5400 亿元，同比增长 2.2%；实现归属于母公司股东的净利润 143 亿元，同比增长 9.95%。细分板块中，第三季度医药零售业绩保持快速增长，医药批发业绩增速环比明显回升。

回顾与展望我国医药制造业物流发展，随着市场需求的增长以及相关政策的出台，我国医药冷链行业发展与技术创新明显加快，但依然在冷链物流体系建设、基础设施设备与信息化、运营效率和管理水平、行业规范化和标准化等方面存在短板，医药冷链物流发展任重而道远。

一　基础设施建设及设备投入持续增加

随着国家医改的深入推进和各项行业政策、标准的出台，我国医药物流产业以每年 5%的速度增长，市场规模进一步扩大，基础设施及设备投入持续增加，医药物流呈现出良好的发展趋势。新版 GSP 的实施使医药流通企业和医药物流企业加大在物流中心的改造建设、物流设备的信息化、冷链软硬件等方面的投资，物联网电商巨头的进驻势必会让传统的医药物流企业迎来变革，进一步健全的相关法律法规与政策使得第三方医药物流得以良性发展，医药物流的信息化加速，医药物流技术应用水平进一步提升。

1. 疫苗市场潜力依旧巨大

基于我国的人口数量，我国既是全球最大的疫苗生产国，也是全球最大的疫苗使用国，疫苗的年产量超过 10 亿人份。其中用于预防白喉、百日咳、破伤风、麻疹、乙肝、脊髓灰质炎的儿科常见病疫苗生产量达到 5 亿人份，并全部纳入计划免疫接种。

新冠疫情以来，我国新冠病毒疫苗上市推动疫苗市场持续爆发式增长。根据签发量来看，近年来我国每年疫苗批签发总数维持在 6 亿支左右。2020 年前三季度达到 5. 18 亿支，同比增长 93%，主要原因包括流感疫苗、九价 HPV 疫苗、狂犬疫苗等在内的疫苗快速放量。随着疫苗行业监管逐渐规范，整体批签发量仍会呈现上升的趋势。

根据不完全统计推算，2020 年大湾区医药物流总费用为 677. 71 亿元，较 2019 年增长 10. 39%。受新冠疫情的持续影响，2021 年整体上呈稳步上升的趋势，大湾区医药物流费用初步预测为 730 亿元，同比增长率为 8%。

随着药品市场规模的不断扩大，第三方物流的开放，药品集中带量采购、一票制等政策的落实等，医药物流行业已进入重要的市场布局阶段，医药物流硬件投入最近几年持续增加。

2. 医药物流仓储规模稳步增长

医药物流仓储是物流业中的重要组成部分，扩大医药物流仓储规模是促进医药物流行业发展、衔接供应链上下游的关键措施，医药物流行业的高效运转必须以充足的仓储为基础。近年来，粤港澳大湾区在医药物流仓储建设方面紧跟时代发展趋势，积极创新、探索高效率物流运作模式。

根据不完全统计，截至 2020 年底，大湾区物流仓储面积为 2066. 87 万平方米，较 2019 年增长 17. 13%。2021 年医药物流仓储面积初步预测同比增长率为10%左右。

据物联云仓数据统计，2019年广东省的冷库面积排全国第五，冷库面积达399267平方米，冷库主要分布在广州、佛山、东莞、深圳四地，其中广州冷库最为集中；次之，江门、珠海、中山冷库集中一部分；最后肇庆、惠州和两个行政区冷库分布较少。位于港澳两冷库地交界处，冷库的分布是较为集中的，数量也是可观的，未来可能满足珠三角九市与大湾区冷链物流往来的基本供需。

据2019年物联云仓在线冷库数据，在全国有代表性的城市冷库租金和空置率方面，广州与北京、上海等地的冷库租金均高于100元/米^3，广州冷库空置率3.98%；东莞地区冷库租金也不低，为96.67元/米^3，冷库空置率较高，达到6.57%；[①] 从全国有代表性的城市冷库来看，受地价、城市发展水平等因素影响，位于大湾区的冷库租金会比普通地区偏高些，租金的季节性变化不大，并且冷库的空置率相对较低。

同时，广东省冷链物流企业不断加强冷链设施装备和冷链技术的升级改造，冷藏、冷冻、冷运能力不断增强。从区域规模看，近年粤东西北地区加快了冷库建设速度，布局建设了一批新冷库，广东省冷库建设向农产品产地集中区密集布局。粤东西北冷库容量的扩张速度快于珠三角九市。珠三角、粤东西北地区占全省冷库容量的比例趋于一致，全省冷链物流基础设施空间分布更加均衡。

二　由我国医药冷链快速发展到大湾区医药冷链快速发展

中国是世界上医药消费增长最快的地区之一，中国的医药市场也已成为全球第二大医药市场。近年来，疫苗、生物制品、血液制品、IVD等需要低温储存和运输的医药冷链产品的销售在我国药品销售中占比呈逐年上升趋

① 物联云仓发布的《2019全国冷库市场现状及发展趋势分析报告》。

势。受新冠疫情的影响，疫苗类冷链产品的储运规模的增长尤其明显。此外，国家也不断出台政策提升医药冷链产品的要求，我国医药冷链在技术创新、企业运营、行业发展等方面均有明显提升。

（一）我国医药冷链运输快速发展

1. 利好政策支持医药冷链物流能力建设

随着人们医疗预防意识的增强和国家疫苗安全保障政策的出台和完善，我国疫苗冷链物流市场规模持续扩大，市场前景广阔。《2020中国医药冷链物流发展报告》显示，2019年我国医药冷链市场规模达3395亿元，同比增长20.1%，2020年突破4000亿元。其中疫苗在医药冷链市场中的份额为13%。基于当前物流冷链技术的提高和利好的国家政策环境，疫苗冷链物流发展势不可挡，预计到2025年我国疫苗冷链物流市场规模将增加一倍。加之当前我国处于互联网迅速发展和成熟的时代，疫苗冷链物流也乘着互联网的东风迎来全新的发展机遇。

国家政府一直以来高度重视医药安全问题，不断出台各种政策推动我国医药冷链物流行业的规范化发展。2010年，修订了GMP《药品生产质量管理规范》，积极看齐国际药品生产标准；2015年，新版GSP《药品经营质量管理规范》进一步规范了我国医药流通企业运营管理标准；2016年，受疫苗案件的影响，国家高度重视医药冷链物流行业的发展，并取消了第三方药品物流业务批准；2018年，全面落实两票制，减少了医药物流过程中的中间商，使得医药冷链物流运作更加高效。2020年7月，《财政部　国家卫生健康委 国家中医药局关于下达2020年公共卫生体系建设和重大疫情防控救治体系建设补助资金预算的通知》明确加强疫苗冷链物流能力建设，提出资金预算支持和冷链设施设备数量要求，备受关注的疫苗冷链物流体系建设迎来利好。

2. 医药冷链运输基础设施不断完善

从行业基础建设来看，根据中物联医药物流分析会资料，截至2019年底，我国医药冷藏库面积为80.6万平方米，约占医药物流行业总仓储面积的3.9%，同比增长约47%；截至2019年底，我国医药物流仓储面积为2066.87万平方米，较2018年增长17.13%，其中，阴凉库占比最大，为69.0%。常温库和冷藏库面积占比分别为23.90%和3.90%。与2018年相比，冷库面积同比增长22%，增幅较大，反映出国内医药冷链仓库基础设施不断完善。

2019年我国医药冷链自有冷藏车8146辆，占行业自有车辆总数的23.62%，同比增长61.96%。经初步测算，2020年冷藏库面积增长约10%，冷藏车数量增长约30%。在2019年我国医药物流自有车辆中，冷藏车为8146辆，占比为23.62%，同比增长61.96%。整体来看，国内医药冷链物流基础设施逐步完善。

近年来广东省冷链物流呈快速发展态势，冷链物流设施设备类型逐渐丰富，冷库、冷藏车等发展规模逐步扩大。据统计，2016年全省拥有各类型大小冷库1700多座，其中85%为低温库，15%为高温库；冷库总容量300万吨，遍布全省各地。已建成的冷链物流仓储设施成为粤港澳大湾区医药冷链物流进一步发展的坚实基础。

3.我国医药冷链运输形成“公路为主、航空为辅”模式

众所周知，医药物流的时效性至关重要，对人民生命健康具有重大影响。随着新医改政策的不断实施，医药仓储物流企业也在追求更高效、快速的医药物流配送服务。为满足国内医药冷链运输行业的高速发展要求，我国医药冷链运输方式不断创新，医药仓储物流企业也在不断创新服务方式。

目前，国内疫苗冷链运输以公路为主、航空为辅。公路运输模式是符合疫苗冷链运输特点的主流运输方式。在疫苗公路运输中，使用较多的冷藏车有4.2米、7.6米、9.6米车型，当前全国冷藏车改装厂产能约为5万台/年，可以根据需求进一步扩大产能。

冷链物流行业具有时效性，我国冷链运输以公路运输为主，运输量占比接近90%。我国公路基础设施完善，高速公路网基本实现全国覆盖。公路运输经过多年发展已形成设施齐全、制度完善、技术成熟的运输体系，促成目前国内医药冷链运输以“公路为主”的局面。

另外，我国冷链运输车产业高速发展。根据中物联冷链委统计，截至 2020 年，全国冷藏车市场保有量增长至 27.5 万辆，同比增长 28.1%。根据合格证数据，截至 2020 年底，我国公告内冷链运输车生产企业（含冷藏车和疫苗冷链车）共有 202 家，其中 2020 年具备产量的企业占比达 60%。2020 年，我国冷链运输车总产量达 77411 辆，同比增长 40.2%，为近 5 年的最高增速。

2020 年，我国医药企业自有配送车辆中，专业冷链车辆约为 11000 辆，同比增长了 24%左右。根据行业数据分析，医药冷链市场中使用比例高的车型集中为 4.2～9.6 米车型，尤其是 7.6～9.6 米车型的市场使用率接近 50%。

截至 2021 年 3 月 4 日，21 家企业共有用于新冠疫苗运输的冷藏车 1399 辆，4.2 米以下冷藏车车型占比约 9%；4.2 米冷藏车车型占比约 52%；4.2 米以上冷藏车车型（主要为 5.2 米、6.8 米、7.6 米、9.6 米）占比约 39%，其中干线业务中使用率较高的 6.8 米、7.6 米等冷藏车车型占比约 20%。

此外，冷藏箱、蓄冷制冷技术、温湿度记录仪等已经广泛应用于疫苗冷链运输。针对超低温环境下疫苗的运输技术，我国已有一些企业研发超低温冷箱并投入使用，能够提供相应的运输解决方案。

2019 年 6 月 13 日，发改委等七部门印发《绿色高效制冷行动方案》，实施冷链物流绿色改造工程，各领域冷链物流龙头企业集中更换绿色高效冰箱、商用冷柜、冷藏车、冷库等制冷设备和设施；在部分省区市，对于药企建设低能耗的冷藏库也会给予一定的补贴。随着我国经济发展和医疗保障水平的提高，对医药产品的物流要求也逐步提高，尤其是医药冷藏品市场发展较快，医药冷链物流蕴含的巨大发展潜力将进一步释放，从而推进医疗冷链物流车快速发展，并提升专业化、一体化、标准化水平。

在航空建设方面，目前我国已在京津冀、长三角、珠三角地区建立了超大规模机场群，在华中、西南地区主要城市建立了综合空港枢纽。近年来我国航空货物运输量不断提升，航空物流运输在我国也进入高增长时期，国内航空运输能力基本能够满足医药冷链物流的长距离运输需要。

4. 交通运输部主导制定系列政策保障新冠病毒疫苗运输有序开展

2020 年 8 月，交通运输部举行新闻发布会，宣布到 2020 年我国初步形成全程监控、标准规范、运行高效、绿色安全的冷链物流服务体系，基本解决“断链”问题，全面提升冷链物流服务品质，有效保障食品药品流通安全。《交通运输部关于加快发展冷链物流保障食品安全促进消费升级的实施意见》重点围绕设施设备、运输组织、信息化、行业监管、配套政策等核心要素，明确交通运输促进冷链物流发展的任务。

新冠疫情严重影响我国的经济生产与人民的生命健康安全，幸运的是，中国率先研发出新冠病毒灭活疫苗并投入使用。相关专家测算，新冠病毒灭活疫苗的国内需求量在 25 亿剂以上，极大的疫苗冷链市场体量使得作为供应链下游的疫苗冷链物流市场规模快速扩大，同时国家对疫苗冷链物流基础设施和技术都有了更严格的要求，相关部门出台系列政策有效保障新冠病毒疫苗运输。

2021 年 1 月 26 日，交通运输部等四部门联合印发《新冠病毒疫苗货物道路运输技术指南》，为新冠病毒疫苗上市许可持有人、生产企业、配送单位等运行主体开展道路运输提供参考。

为了推动新冠病毒疫苗货物运输供需对接，交通运输部组织中国物流与采购联合会、疫苗研发生产企业，遴选了 28 家道路运输企业，作为新冠病毒疫苗道路运输重点联系企业。

2021 年 2 月 18 日，交通运输部印发《交通运输部关于做好新冠病毒疫苗货物运输车辆免费不停车便捷通行服务工作的通知》，服务新冠病毒疫苗运输车辆高效便捷通行，免收收费公路车辆通行费。

交通运输部关于印发《公路、水路进口冷链食品物流新冠病毒防控和消毒技术指南（第二版）》的通知，为新冠病毒疫苗配送车辆的安全提供保障。

（二）大湾区医药冷链运输快速发展现状

1. 利好政策支持医药冷链物流能力建设

近年来，我国医药冷链物流发展迅速。数据显示，2019 年中国医药冷链销售总额约为3395.03亿元，同比增长20.09%。根据中物联医药物流分会预估，2022年底销售规模达到4500亿元。

2019年，中共中央、国务院印发《粤港澳大湾区发展规划纲要》，提出推进粤港澳物流合作发展，大力发展第三方物流和冷链物流，提高供应链管理水平，建设国际物流枢纽。粤港澳大湾区在国际贸易制度和运营环境方面相比其他地区具有相对的优势，产业基础设施体系相对完善，人均消费能力强，冷链市场需求大。

粤港澳大湾区包括香港特别行政区、澳门特别行政区和广东省广州市、深圳市、珠海市、佛山市、惠州市、东莞市、中山市、江门市、肇庆市。近年来，我国致力于推动粤港澳三地合作发展，2017年粤港澳三地达成合作意识，并成功签署《深化粤港澳合作　推进大湾区建设框架协议》，为粤港澳大湾区冷链仓储发展奠定了基础。2019年2月，中共中央、国务院发布《粤港澳大湾区发展规划纲要》，明确提出要推进粤港澳物流合作发展，大力发展第三方物流和冷链物流，提高供应链管理水平，建设国际物流枢纽。粤港澳大湾区冷链仓储行业政策发展历程如图1所示。

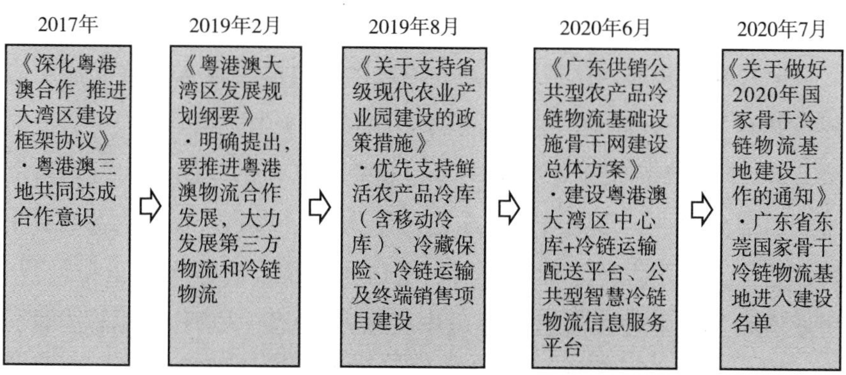

图1　粤港澳大湾区冷链仓储行业政策发展历程

注：上述内容分析参考前瞻产业研究院《中国冷链物流行业市场前瞻与投资战略规划分析报告》。

2. 交通网建设

截至2020年底，广东省高速公路总里程突破10000公里，连续7年位居全国第一，全省现共有28条高速公路省际通道，特别是大潮高速、汕湛高速汕头至揭西段等分布在粤东西北地区的重大通道开通，连通粤港澳大湾区形成多条主通道。全省已初步形成以广州为中心、连通粤港澳大湾区和粤东西北、辐射华东中南西南地区的放射型路网格局。粤港澳大湾区内新增添了深圳外环高速一期、惠清高速等高速公路，核心区高速公路密度达每百平方公里8.9公里，是全国高速公路网密度最高的地区之一。2020年，广东省交通运输厅出台了《广东省高速公路网规划（2020—2035年）》，提出到2035年广东省将新增高速公路47条，形成“十二纵八横两环十六射”主架骨高速公路网，总里程达到1.5万公里，支撑粤港澳大湾区深度合作发展。跨海、跨江通道建设方面，珠江口除了原有的虎门大桥、深圳湾大桥、黄埔大桥外，港珠澳大桥、南沙大桥已建成通车，在建的深中通道、黄茅海跨海通道和莲花山过江通道预计在2024~2025年建成通车，新增的狮子洋通道项目预计在2027年建成通车，该跨江通道将采用双层桥梁结构，上层接入高速公路网络，下层接入城市干线、公路网络。粤港澳大湾区跨海跨江通道群正在加速形成，有利于进一步促进城际与城内交通良性互动、立体互联。

目前大湾区交通网络较为发达，湾区区域内已建投入运营或在建的铁路线路共有20条，高速公路有38条，机场有8个，港口有16个，大型桥梁有26座，城市轨道交通有16条。横跨珠江口的线路是大湾区网络中最重要的部分之一，影响着珠江东西两岸的交通效率。现在大湾区共有8条跨江通道，虎门大桥、黄埔大桥、港珠澳大桥、南沙大桥正在运营中，深中通道和莲花山过江通道在建设中，预计2024~2025年通车；狮子洋通道、深珠通道处于前期论证与规划中。已通车的港珠澳大桥，实现了珠海、澳门、香港三地陆路交通的贯通，让珠江东西两岸真正地连在一起，提升了大湾区交通效率，在一定程度上缩短了港珠澳三地的冷链流通运输时间。目前，港澳两地多数口岸已实现24小时通关，便利三地间人员货物往来。

表 1　广东高速公路主骨架组成

单位：公里

序号	路线名称	组成路段	规划里程
纵线部分			
1	梅州大埔至潮州饶平	大潮高速公路（粤高速 S11）	128
2	梅州蕉岭至汕头龙湖	长深高速公路（国家高速 G25）蕉岭—梅州段	219
		汕昆高速公路（国家高速 G78）汕头—梅州段	
并行	揭阳揭东至惠来	揭普惠高速公路（粤高速 S17）	91
3	梅州平远至汕尾红海湾	济广高速公路（国家高速 G35）平远—梅州段	254
		梅汕高速公路（粤高速 S19）五华—汕尾段	
4	河源龙川至深汕特别合作区	龙河高速公路（国家高速 $G45_{11}$）广东段	193
		长深高速公路（国家高速 G25）河源—深圳段	
5	河源和平至深圳龙岗	广河高速公路（粤高速 S2）和平—河源段	263
		长深高速公路（国家高速 $G04_{22}$）河源—深圳段	
6	韶关仁化至深圳盐田港	武深高速公路（国家高速 $G04_{22}$）广东段	371
7	韶关乐昌至深圳福田	京港澳高速公路（国家高速 G4）乐昌—广州段	442
并行	广州黄埔至珠海斗门	广澳高速公路（国家高速 $G04_{25}$）	114
8	清远清新至珠海金湾	许广高速公路（国家高速 $G04_{21}$）清远—广州段	264
		广佛江珠高速公路（粤高速 S47）	
9	清远连州至江门台山	二广高速公路（国家高速 G55）连州—四会段	413
		珠三角环线高速公路（国家高速 G94）四会—鹤山段	
		沈海高速公路（国家高速 G15）鹤山—新会段	
		新台高速公路（粤高速 S49）	
10	肇庆怀集至阳江海陵岛	怀郁高速公路（粤高速 S59）	326
		广昆高速公路（国家高速 G80）云浮—郁南段	
		肇阳高速公路（粤高速 S51）云浮—阳江段	
11	茂名信宜至电白	包茂高速公路（国家高速 G65）广东段	127
12	湛江廉江至东海岛	玉湛高速公路广东段（粤高速 S63）	122
横线部分			
1	韶关南雄至清远连山	南韶高速公路（国家高速 $G60_{11}$）广东段	308
		乐广高速公路（国家高速 $G04_{23}$）韶关—英德段	
		汕昆高速公路（国家高速 G78）英德—怀集段	
		二广高速公路（国家高速 G55）连山—怀集段	

续表

序号	路线名称	组成路段	规划里程
2	梅州大埔至肇庆怀集	梅大高速公路（粤高速 S11）	573
		长深高速公路（国家高速 G25）梅州—河源段	
		汕昆高速公路（国家高速 G78）河源—怀集段	
3	汕头濠江至湛江廉江	汕湛高速公路（粤高速 S14）	862
4	惠州惠城至肇庆封开	广惠高速公路小金口—赤砂段（粤高速 S21）	306
		济广高速公路（国家高速 G35）惠州—广州段	
		广佛肇高速公路（粤高速 S8）	
5	惠州惠东至云浮郁南	广龙高速公路（粤高速 S6）广州—惠州段	441
		广州绕城高速公路（国家高速 $G15_{08}$）南环段	
		广昆高速公路（国家高速 G80）广东段	
6	潮州饶平至云浮罗定	甬莞高速公路（国家高速 $G15_{23}$）广东段	710
		莞佛高速公路（国家高速 $G94_{11}$）东莞—中山段	
		深岑高速公路（国家高速 $G25_{18}$）中山—罗定段	
7	潮州饶平至茂名信宜	甬莞高速公路（国家高速 $G15_{23}$）广东段	777
		莞中高速公路（粤高速 S24）	
		中阳高速公路（粤高速 S26）	
		肇阳高速公路（粤高速 S51）罗定—阳春段	
		罗信高速公路（粤高速 S40）	
8	深汕合作区至湛江徐闻	沈海高速公路（国家高速 G15）广东段	653
射线部分			
1	广州天河至清远连州（粤湘界）	许广高速公路（国家高速 $G04_{2}$）广东段	277
2	广州白云至韶关乐昌（粤湘界）	乐广高速公路（国家高速 $G04_{23}$）广东段	305
3	广州黄埔至河源连平（粤赣界）	广河高速公路（粤高速 S2）	256
4	广州天河至惠州博罗	济广高速公路（国家高速 G35）博罗—广州段	146
5	广州南沙至河源龙川	广龙高速公路（粤高速 S6）	353
6	广州黄埔至深圳南山	广深沿江高速公路（粤高速 S3）	97
7	广州海珠至南沙港	南沙港快速路（粤高速 S73）	65
8	广州荔湾至珠海横琴	珠三角环线高速公路（国家高速 G94）广州—珠海段	120
9	佛山顺德至珠海香洲	广珠西线高速公路（粤高速 S43）	107
10	广州白云至阳江江城	沈海高速公路（国家高速 G15）广州—阳江段	181

续表

序号	路线名称	组成路段	规划里程
11	广州番禺至珠海横琴	广澳高速公路（国家高速 $G04_{25}$）番禺—珠海段	229
12	广州番禺至佛山高明	广台高速公路（粤高速 S5）广州—高明段	119
13	广州荔湾至茂名高州（粤桂界）	—	294
14	广州黄埔至肇庆封开（粤桂界）	广佛肇高速公路（粤高速 S8）	254
15	广州荔湾至肇庆怀集（粤桂界）	二广高速公路（国家高速 G55）广东段	208
16	广州白云至清远连州（粤湘界）	广连高速公路（粤高速 S1）	290
环线部分			
1	广州绕城高速	广州绕城高速公路（国家高速 $G15_{08}$）	198
2	珠三角地区环线高速	珠三角环线高速公路（国家高速 G94）	447

数据来源：《广东省高速公路网规划（2019—2035）环境影响报告书》。

表 2　粤港澳大湾区跨境口岸基本情况

口岸名称	开通年份	开放时间	类型/运输服务
粤港跨境口岸			
陆路口岸			
罗湖	1950	06:30~24:00	旅检口岸
文锦渡	1978	07:00~22:00	旅货检口岸
笋岗	1979	06:45~23:15	旅检口岸，铁路
沙头角	1984	07:00~22:00	旅货检口岸
皇岗（落马洲）	1985	00:00~24:00	旅货检口岸
深圳湾	2007	客运:06:30~24:00 货运:00:00~24:00	旅检货检口岸
福田（落马洲支线）	2007	06:30~22:30	旅检口岸
港珠澳大桥香港段	2017	00:00~24:00	旅检货检口岸
广深港高铁西九龙站	2018	06:30~23:30	旅检口岸，铁路
莲塘	2020	07:00~22:00	旅货检口岸
港口口岸			
港澳码头	1985	00:00~24:00	香港—澳门、香港—珠海往来航线

续表

口岸名称	开通年份	开放时间	类型/运输服务
屯门码头	1986	07:00~22:00	屯门至大澳、东涌航线，往来珠海九洲港及深圳蛇口的跨境渡轮服务
中国客运码头	1988	06:00~24:00	往来香港、广东及澳门的高速客轮服务
启德邮轮码头	2013	06:00~23:00	提供停泊，世界上最大型邮轮两个泊位
航空口岸			
香港国际机场	1998	00:00~24:00	旅货检口岸
粤澳跨境口岸			
陆路口岸			
拱北	1887	06:00~次日01:00	旅货检口岸
横琴	1999	00:00~24:00	旅货检口岸
珠澳跨境工业区	2006	00:00~24:00	持园区通行证（步行出入境的在澳内地劳务人员、在澳内地/外地学生及澳门居民出入境时间为00:00~07:00）
港珠澳大桥澳门段	2017	00:00~24:00	珠澳车道（港澳车道，06:00~22:00；珠澳旅检大厅，08:00~22:00；港澳旅检大厅，10:00~20:00）
港口口岸			
仔码头	2007	00:00~24:00	开通往来澳门、香港及珠三角的航线
外港码头	1993	00:00~24:00	开通往来澳门、香港及广东的航线，提供往来港澳的直升机服务
内港及游艇码头	—	07:00~22:00	承担港澳货运和来往内地的客货运
航空口岸			
澳门国际机场	1995	00:00~24:00	旅货检口岸

数据来源：根据广东、香港和澳门各政府官网公布的资料整理而得。

3. 冷链技术的更新

基于国际 HACCP 体系的认证，我国不断引进 GMP、WMS、TMS、虚拟仓储等先进技术，冷链物流涉及的冷库新建、冷藏箱、冷藏车、生鲜食品加工、低温冷链处理等技术应用水平明显提高，近年受食品安全问题影响，冷链溯源及全程监控等技术不断进步。随着 RFID、3S 等信息化技术在冷链物流行业的应用水平不断提升，大湾区一定规模以上的冷链企业在仓储、温控、视频监控等信息化系统应用程度也不断提高，从而提高自身冷链水平。

在医药冷链设备研发领域，相关企业积极创新，如适用于低温冷链环境的冷藏车、保温箱、叉车、货架等装备与技术有所突破。中集集团旗下青岛中集特种冷藏设备有限公司宣布，自主研发的中国第一款“主动式温控航空集装箱”正式通过中国民航局适航认证，并成功打破航空冷链运输设备被欧美企业长期垄断的局面。据了解，该款产品采用蓄电池供电，通过制冷机组实现集装箱内的温度控制，可以在温度设定范围 0℃～25℃ 内实现精确控温，能够满足疫苗、医药等对温度敏感货物的航空冷链运输需求。雪人股份研制的 RefComp 一体机，可以保证冷链药品在运输过程中保持低温、恒温状态。格力自主研发的集成式智能冷凝机组，采用高效率制冷压缩机，具有高性能、高可靠性、易维护性及结构紧凑等特点，采用智能联动模式控温、电子膨胀阀精准控温、智能联动化霜模式等控制方式，可保障疫苗库的恒温稳定。

4. 大湾区冷链物流企业发展模式多样

广东省冷链物流企业的发展模式存在多种类型，主导业务分为生产加工主导型、连锁经营主导型、批发市场主导型、电子商务主导型、供应链一体化主导型、第三方冷链物流主导型等。生产加工主导型是以生产加工为主导业务的企业，通过整合自有物流资源，自建或联合建设冷库、物流配送中心，配备冷链车辆，或者联合第三方冷链物流企业构建起产品冷链物流系统，实现冷链物流向原料供应商、门店或经销商的延伸，形成“产供销一体化”的冷链物流模式，如康美药业、温氏集团。连锁经营主导型是指大型连锁经营企业向冷链物流上、下游延伸，上游与大规模农产品稳定货源或基地的生产商建立长期合作关系，下游自营冷链物流或与第三方冷链物流企业合作同城配送，如钱大妈、盒马鲜生。批发市场主导型是指通过依附大型农产品批发市场，形成产品生产、收购、加工、储运、配送和提供市场信息服务等一体化的冷链物流运作模式，如深圳海吉星冷链。电子商务主导型是指生鲜电商类企业为保障自身电商平台卖出的产品在配送到客户手上时仍保持新鲜，在采购、加工、运输、仓储、配送等环节采用全程冷链物流模式，如每日优鲜、苏宁生鲜。供应链一体化主导型是指提供采购、生产、加工、运输、仓储、配送等一体化服务的生鲜农产品企业，为保障生鲜农产品的鲜活而配备全程冷链物流，形成供应链一体化的冷链物流模式，如何氏水产。第三方冷链物流主导型是指专门为冷冻冷藏相关生产经营企业、商户等客户提供专业冷链物流服务的企业，如新供销天业、顺丰冷运、小田冷链。

三　粤港澳冷链物流信息化建设加快

（一）国家健全药品追溯制度

国务院药品监督管理部门制定统一的药品追溯标准和规范，推进药品追溯信息互通互享，实现药品可追溯。《中华人民共和国药品管理法》（以下简称《药品管理法》）第十二条提出，要建立健全药品追溯制度。第三十六条与第三十九条规定，药品上市许可持有人、药品生产企业（包括中药饮片生产企业）、药品经营企业和医疗机构应当建立并实施药品追溯制度，按照规定提供追溯信息，保证药品可追溯。药品追溯相关文件如表3所示。

表3　药品追溯相关文件

时间	文件名称
2011年	《国家药品安全规划（2011—2015年）》
2012年	《商务部办公厅关于开展中药材流通追溯体系建设试点的通知》
2013年	商务部、食品药品监管总局等8部门联合发布《关于进一步加强中药材管理的通知》

续表

时间	文件名称
2015 年	《中药材保护和发展规划(2015—2020 年)》
2015 年	《国务院办公厅关于加快推进重要产品追溯体系建设的意见》
2016 年	国务院印发了《中医药发展战略规划纲要(2016—2030 年)》
2016 年	原国家食品药品监督管理总局发布《总局关于推动食品药品生产经营者完善追溯体系的意见》
2016 年	《中华人民共和国中医药法》
2017 年	《商务部　工业和信息化部　公安部　农业部　质检总局　安全监管总局　食品药品监管总局关于推进重要产品信息化追溯体系建设的指导意见》
2018 年	国家药品监督管理局发布《中药材生产质量管理规范》(征求意见稿)
2018 年	国家药品监督管理局发布《国家药监局关于药品信息化追溯体系建设的指导意见》
2019 年	新修订的《中华人民共和国药品管理法》
2019~2020 年	国家药品监督管理局发布《药品信息化追溯体系建设导则》《药品追溯码编码要求》《药品追溯系统基本技术要求》《疫苗追溯基本数据集》《疫苗追溯数据交换基本技术要求》《药品上市许可持有人和生产企业追溯基本数据集》《药品经营企业追溯基本数据集》《药品使用单位追溯基本数据集》《药品追溯消费者查询基本数据集》《药品追溯数据交换基本技术要求》
2020 年	《国家药监局关于做好重点品种信息化追溯体系建设工作的公告》

数据来源：国家药品监督管理局。

新修订的《药品管理法》实施后，全行业正在利用电子系统建立药品可追溯联通机制，加之医药行业“两票制”的作用，有效遏制企业基于电子数据篡改、造假的行为。可以说，电子化管理系统或成为税务机关查处虚开违法行为的突破口，药品追溯体系建设初见成效。

医药企业和医药物流企业应当建立和完善进销存电子管理系统定期检查机制，确保软件运行正常，账号专人专用，相互制约监督，防止人为篡改。同时有条件的情况下，定期对仓库进行盘点，核查库存与系统数据是否保持一致，若存在误差，及时排除以做到账实相符。

医药企业和医药物流企业还应当完善合同审查机制。在药品购销以及药材采购方面，完善合同的内部审批流程，确保签章真实、条款有效。对企业付款使用对公账户。对私人现金付款注意留存相关信息。在营销服务合同方面，关注对服务提供商的选择与考核条款，明确服务内容、流程、期限、费用、成果、考核等要素，留存《服务清单》《阶段服务报告》《验收考核单》等资料备查。

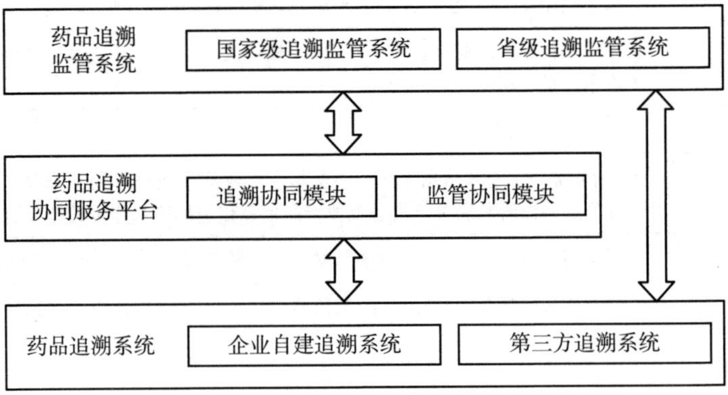

图 2　药品信息化追溯体系

资料来源：国家药监局关于发布《药品信息化追溯体系建设导则》《药品追溯码编码要求》两项信息化标准的公告（2019 年第 32 号）。

（二）粤港澳疫苗电子追溯系统建设

2019 年 12 月，《中华人民共和国疫苗管理法》正式实施，作为全球首部疫苗专项法律，提出国家对疫苗实行最严格的管理制度，其中第十条规定，国家实行疫苗全程电子追溯制度。疫苗生产企业的电子追溯目前仍然都沿用阿里健康的电子追溯码，印制或粘贴到产品的各级包装上，建立产品与追溯码的关联关系。在产品出库的时候，扫描获得追溯码信息并上传到国家平台，接收疫苗的疾控机构可以从国家平台获取对应产品的信息。各级疾控机构和接种单位在出库和接收疫苗时，以及进行疫苗接种前，都需要进行扫码，并将追溯码的信息上传国家平台。生产企业通过国家平台的信息反馈，获得本企业生产的疫苗在疾控机构和接种单位的流通、接种信息。

按照国家相关要求，全国疫苗电子追溯协同平台（国家平台）于 2020 年 3 月底建设完成。国家药监局要求 2019 年 12 月 1 日之后的追溯信息要上传到国家平台。随着疾控系统和接种单位加快疫苗追踪追溯系统的建设，疫苗追溯的工作已基本完成，并将持续落实。

疫苗追溯协同服务平台是疫苗信息化追溯体系中的“桥梁”和“枢纽”，通过提供不同疫苗追溯系统的访问地址解析、疫苗追溯码编码规则的备案和管理，以及疫苗、企业基础数据分发等服务，辅助实现疫苗追溯相关信息系统的数据共享，是疫苗监督管理部门根据自身的疫苗追溯监管需求而建设的信息系统，可分为国家和省级疫苗追溯监管系统，具有追溯数据获取、数据统计、数据分析、智能预警、召回管理、信息发布等功能，辅助相关部门开展日常检查、协同监管等工作，强化风险研判和预测预警。

（三）医药物流行业信息化发展现状

医药物流的快速发展必须依靠完善的物流信息系统。物流信息系统在医药仓储物流企业的实际工作中扮演着越来越重要的作用。物流信息系统不仅仅是一个简单的电子信息平台，更重要的是其能实现企业间资金流、物流、信息流的无缝衔接，为下一阶段的生产、发展、运作模式提供数据支持，有效合理地帮助企业实现库存管理，降低库存成本，保证企业稳定发展。随着社会经济不断发展，客户满意度也是医药物流仓储企业所追求的新的战略制高点。需要医药仓储物流企业基于完善的物理信息系统，提升物流效率，追踪药品运输情况，不断提升客户满意度。

随着互联网技术的发展，当前许多行业积极践行互联网思维，创新行业管理，实现行业的转型升级。同样，医药物流仓储业也通过网络信息化改革，依托信息管理，通过网络技术，建立集仓储、运输、包装、配送等于一体的物流体系。通过合理布局以仓库为基地的配送中心，借助物流信息平台做到对仓储上下游医药需求的准确把握、及时配送。通过物联网定位系统，对药品的运输实施监控跟踪，如疫苗、易串味药品、危险药品等特殊的医药更需要在运输过程中及时实施监控，实现对药品运输车辆的定位管理。对于超出规定温度或者湿度范围的，或者易遭到破坏的药品，系统就会发出警报，信息通过传输系统及时传送给管理者，以便尽快采取补救措施。实现医药物流仓储的信息化管理，通过引进先进的经验和做法，实现信息化管理和网络化经营，推动医药物流仓储管理水平不断提升。

目前，信息管理软件系统广泛应用于医药物流领域。

中物联医药物流分会2019年度对部分企业使用智慧物流管理系统的情况进行了调研，整体上企业对于系统的应用比较广泛，尤其是WMS、TMS、温湿度自动监测系统等的使用率较高（见图3）。

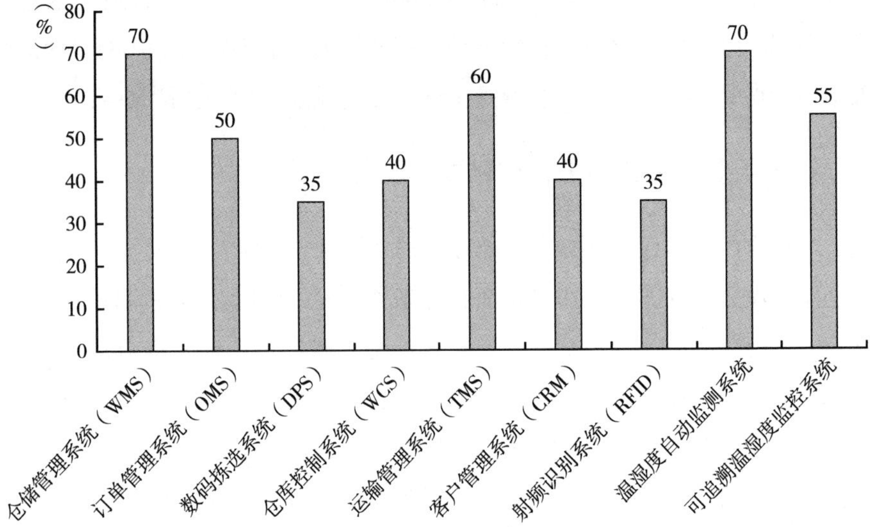

图3　各系统使用率

数据来源：中物联医药物流分会。

有部分大型商业、物流企业还自建信息系统内部使用。表4罗列了部分企业在运营操作中使用的配套系统。

表4　部分企业使用的配套系统

示例企业	配套系统
国药集团山西有限公司	拆零AGV拣选系统、冷链穿梭车系统、机械臂及3D视觉识别系统
九州通医药集团物流有限公司	配送移动签收App（小程序）、在途GPS定位、多货主管理系统3PL（三方系统）、物流平台（云仓平台）

续表

示例企业	配套系统
北京盛世华人供应链管理有限公司	自主研发并有专利的系统如下:冰排管理系统、冷包操作系统、订单手机跟踪系统、周转箱管理系统、条码管理系统、冷包方案自主选择系统等
国药控股广东物流有限公司	FYWMS 系统、冷链冰排系统、货物跟踪系统、养护系统、第二方货主票据平台、第三方货主票据平台、预收货系统、冷链系统
吉安医药有限公司	密集式立体库托盘存储技术和堆垛机的智能输送系统、ERP 业务管理系统、OMS 订单系统、WMS 仓储系统、TMS 物流系统、WCS 设备对接系统

数据来源：中物联医药物流分会。

智慧医药物流硬件设施设备系统迭代更新，主要技术及功能如表5所示。

表5 系统主要技术及功能

系统类型	主要技术及功能
AS/RS 系统	自动化立体库技术、托盘式存储、密集存储比较适合生产系统;对于商业系统,普通的立体库适合于储存,而箱式存储系统更加符合拆零拣选的需求。速度更高、效率更高、密度更高成为 AS/RS 的发展方向
输送系统	以 KIVA 为基础的 AGV 技术,以低成本和高柔性广受欢迎
拣选系统	“货到人”拣选、“货到机器人”自动拣选技术成为发展趋势,与此关联的 3D 识别技术、穿梭车技术、机器人技术、AGV 技术等将受到广泛关注
码垛与拆垛技术	在拣选和补货环节,拆垛机器人也逐步得到应用,最热门的技术是基于 3D 技术的自适应机器人系统,无论是码垛还是拆垛都广受欢迎
机器人技术	越来越广泛应用于医药物流中心和 SPD 项目,可以有效降低劳动强度,提升拣选准确性
A 字分拣机/多层穿梭车等技术	A 字分拣机作业效率高,峰值时的吞吐量大,系统准确性高,可以基于医药行业的出库作业时间的不均衡性,作业人员分时段进行作业;多层穿梭车“货到人”系统以能耗低、作业效率高、工作调度灵活等突出优势成为拆零拣选的最佳方式
其他技术	一些冷门技术备受关注,如自动包装技术、自动检测技术(如缺陷检测、数量检测等)、自动集货技术(这也是未来的重点方向之一)、自动装卸技术等。各类技术的基本方向是无人化、自动化和智能化

数据来源：中物联医药物流分会。

医药仓储应用智慧物流技术，重组流程，减少人工操作，实现仓储资源的优化配置。例如，基于自动化立体库的整件“货到人”拣选，大幅度减少人工搬运，减少作业流程；利用 RFID 技术，高效解决医药货物仓储过程中的货物识别、定位、存取、运送、出入库的信息收集和整理问题；自动包装技术，能解决拆零比例激增问题，并节省仓储面积；搬运机器人技术，能搬运多品种、多批号、小批量的货物，避免出现药品批号混乱等情况。智慧物流提升了仓储资源的利用率，及时响应订单信息，提高仓储作业的效率，通过仓储智慧化设备与信息平台有效连接，提高订单处理的效率和准确率，达到仓储布局、设备利用、信息平台、订单履行的最佳，能降低医药物流企业成本，满足企业客户个性化需求，提升企业的核心竞争力。

四　行业协会引导企业标准化

医药冷链物流行业标准化取得明显成效。全国物流标准化技术委员会医药物流标准化工作组（以下简称“工作组”）经物流标委会批准于 2015 年 6 月成立，秘书处设在中国物流与采购联合会医药物流分会，负责开展医药物流相关国家标准、行业标准、团体标准的制修订及推广工作。工作组由来自协会、医药生产、经营批发、物流、疾控、医院、信息化等领域的 29 名委员组成。目前已牵头制定 12 项标准，涉及设施设备验证、药品物流、冷链物流、医药冷藏车、阴凉箱、保温箱、IVD、医学检验、院内物流、承运商审计、冷藏车等。

2012 版《药品冷链物流运作规范》作为行业中第一个关于药品冷链运输的国家标准，自发布实施以来就受到了行业的关注。但 2016 年以来，国家陆续颁布了新版《中华人民共和国药品管理法》、《中华人民共和国疫苗管理法》和新版《药品质量经营管理规范》及附录。法律法规的颁布实施，对物流管理理念和部分用词进行了统一，对药品冷链物流运作有了更高的要求。同时随着物流行业快速发展，原版标准中对于设施设备、信息技术、服务管理等方面的要求明显滞后，与法规出现了多处不协调的情况，因此，药品冷链标准的修订工作亟待完成且具有现实意义。

五　粤港澳医药冷链物流行业发展趋势分析

（一）冷链产业环境将迎根本性利好

冷藏药品需求增长，药品冷链物流市场前景广阔。近年来，随着经济发展及科技进步，我国冷藏药品需要迅速增长，以疫苗、血液制品等为代表的药品冷链物流行业迎来了广阔的发展空间。冷藏药品的销售金额一般占医药流通企业销售总额的3%~8%。我国医药市场快速增长，尤其是生物制品在医疗中应用的不断增加，虽然比重不大，但是我国冷藏药品的销售呈现上升趋势，而冷藏药品需要在符合条件的温度下进行储存和运输，为此药品冷链物流市场前景广阔。

2021年以来，国家大力发展冷链物流，冷链物流在国内国际双循环中的地位不容忽视。近期，中物联冷链委正在配合国家有关部门密集开展冷链物流调研，多项冷链政策落地在即。

（二）冷链物流行业监管力度趋严

从医药冷链行业的管理来看，新版《药品经营质量管理规范》（GSP）自2016年实施以来，医药冷链物流运作日趋规范，而新版《药品管理法》《疫苗管理法》自2019年12月1日起正式实施后，关于药品安全的要求再度升级，尤其是《疫苗管理法》提出国家对疫苗实行最严格的管理制度。其中，《药品管理法》明确提出要强化动态监管，取消药品生产质量管理规范（GMP）认证和药品经营质量管理规范（GSP）认证，这不意味着放松监管，而是逐渐转型为动态的事中事后监管，对相关企业的监管力度反而更大。尤其在追溯体系建设方面，我国将药品追溯相关要求写入《药品管理法》和《疫苗管理法》，首次从法律层面提出实行药品（疫苗）信息化追溯制度，标志我国药品追溯体系建设进入新阶段。此外，在应急系统和标准体系建设等方面，全行业和主管机构也在积极行动，从而使医药冷链物流向着规范化、标准化的方向发展。

2020年以来，受新冠疫情等的影响，政府对于冷链物流的监管政策进一步深化，进口冷链食品追溯监管平台已初步建成，从“枝头”到“舌头”的国内冷链食品信息链也处在加速连通过程中，全链条、全流程、全覆盖的食品安全体系加快建立。此外，由国家卫健委、中物联及中物联冷链委等单位共同起草的《食品安全国家标准　食品冷链物流卫生规范》，作为首个强制性国家标准已经于2022年3月11日正式实施，配套的市场监管和行业执法即将就位，长期以来“劣币驱除良币”的不利局面将得到改观。

（三）对于冷链物流的要求进一步提升

近年来，从国家到省区市对冷链物流业发展高度重视，相关支持政策陆续出台。2017~2020年，我国中央一号文件均有明确加强我国农产品冷链物流体系建设的内容。随着居民消费方式的转型升级，居民对生鲜农产品的需求量日益增多，冷链物流在农产品流通消费链条中的作用越来越大，冷链物流也成为各大资本竞相投资的板块。

2020年我国人均GDP达到11000美元，中产群体人数接近4亿人，城镇化率超过60%，生鲜电商交易额约3000亿元。随着居民收入水平的提升、城镇化进程的加速和消费场景的改变，冷链物流市场需求日趋旺盛的同时，冷链物流的发展也面临“全链条、网络化、严标准、可追溯、新模式、高效率”等更高的要求，这倒逼冷链各领域企业加强危机意识、加快转型升级。

目前医药冷链物流在设备、技术、基础建设等方面均实现较快发展，但也仍存在一些问题。例如，目前我国医药冷链物流行业处于发展初期，仍呈现规模小、散、乱的现象，各区域发展不均衡问题突出，医药冷链物流专业人才培养力度不够，仍需继续加强医药冷链现代物流体系建设。

（四）冷链物流资源建设力度持续增强

进入2021年，各级政府更加意识到冷链物流对于保障基础民生工作的重要意义，发展冷链物流产业，推进冷链物流基础设施布局，成为很多地方政府的发展重点。伴随着冷链新基建政策的逐步深入，冷链物流两端及流通环节的各类基础设施及服务进一步完善，并逐步向体系化、系统化方向沉淀。

粤港澳大湾区由广东省广州、深圳等九个珠三角城市和香港、澳门两个特别行政区组成，总面积 5.6 万平方公里，总人口已超过 7300 万人，GDP 达到 12 万亿元，是比肩全球三大湾区的世界级城市群。因此在大湾区，冷链物流有着巨大的市场需求。据测算 2021 年大湾区食品冷链需求量突破 2600 万吨，食品冷链物流市场规模突破 400 亿元。

目前从港澳、深圳和广州之间的冷链物流发展关系来看，深圳地区承担着供港蔬菜和鲜活冷冻食品的集散、仓储和配送功能，广州依托《粤港澳大湾区“菜篮子”建设实施方案》，立足广州、携手湾区、联结港澳、辐射内地，大力发展粤港澳“菜篮子”工程。香港作为世界级的自由贸易港，在全球食品贸易中转业务中发挥着极其重要的作用，进口的很多冷链食品先要通过航空、航运达到香港，然后再分销到内地。

总体来看，粤港澳大湾区 9+2 城市群在冷链物流发展方面具有以下三大优势。

一是改革开放程度高，在国际贸易制度创新和营商环境方面相比其他内地城市具有优势，在关税优惠（CEPA 等）、通关便利、金融配套、资金扶持等方面政策洼地属性突出。

二是产业基础设施完善，粤港澳之间基本形成了以广州港、深圳港、香港港、澳门港为枢纽港，由江门港、中山港、佛山港、虎门港等组成的港口群；形成了由广州、深圳、香港、珠海等组成的空港群；形成了由深港西部通道、皇岗、沙头角、深圳湾、福田口岸、文锦渡等 6 个陆路口岸和广九高速铁路等组成的陆路运输体系。

三是冷链需求空间大，据统计，粤港澳大湾区人均 GDP 为 2.3 万美元，人均消费能力强，对生鲜食品需求旺盛、品质要求高。这也催生了大量的冷链物流企业在粤港澳地区开展冷链服务，2020 年中国冷链物流百强企业中有13%分布在该地区。

加快提升粤港澳大湾区冷链物流水平，将有助于更好地打造宜居的城市群生活圈，对于全面推动粤港澳大湾区发展而言意义重大。

六　粤港澳医药冷链物流行业存在的问题

（一）冷链物流基础设施分布不均衡

从全国角度来看，东西部地区冷库布局不均衡，63%分布在东南部地区，西部地区仅占19%，并且在新建冷库中东南部地区占比远超西部地区，冷库总建设速度区域差距明显。除此之外，在欠发达的二线城市及三、四线城市，物流市场发展滞后，缺少具备医药冷链物流条件的物流企业。

这种冷链物流基础设施分布不均衡的问题在粤港澳大湾区依然存在。尽管粤港澳大湾区内的物流运输建设已取得一定成绩，海陆空基础设施日益完善，快速交通网络加快形成，但与此同时，也暴露出来一些问题，如粤港澳物流业建设发展规划存在各自为政的问题，物流系统整体协调统一性欠缺，大量的资金投入也带来了建设同质化等严重问题，投入产出比没有达到预期的理想成效，大湾区内人员、物资、资金和信息间的互联互通还有较大改善空间。

另外，物流基础设施集中，分工定位模糊，无序竞争严重也是粤港澳大湾区冷链物流基础设施分布方面存在的主要问题。粤港澳大湾区总面积约5.6万平方公里，居世界四大湾区占地面积之首，拥有6大亿吨级世界级港口和四大国际机场，是世界上最大的海港群和空港群。但大湾区的地理位置既是优势又是挑战，物流基础设施的聚集带来一定的集群优势，但因各机场和各港口间相距太近，设施建设及职能又存在较高同质化问题，物流能力集中，但定位分工不清，设施衔接不畅，导致各大机场间和港口间存在恶性竞争、内耗严重等问题。

（二）粤东西北地区与广深、港澳冷链物流衔接不匹配

冷链物流的各个环节都需要使用相应的设施设备，冷链物流设施设备的完善程度直接影响着冷链物流技术水平。由于冷链物流发展较晚，目前粤东西北冷链设施设备严重缺乏，如冷库、冷藏车等冷链物流设施设备数量不足，据有关数据统计，在广东省农业厅定点的农产品批发市场，粤东拥有的冷库面积只占全省的 1.8%，粤西占 19.7%，粤北占 5.5%，而珠三角占全省冷库总面积的比重达到了 73%。

另外，广东省冷链运输车辆几乎来自深圳、广州两个地市，运营的冷链运输车辆 97%以上属于珠三角地区企业，其中主要集中在深圳、广州。深圳是全省冷链物流运输最为发达且集中的地方。运营冷链运输车辆的长度规格较多，5~6 米的冷链运输车辆最多，占比接近 50%，其次为 9~10 米车辆。近年广州、深圳等地市出现了若干较大型专业化的冷链物流运输企业，随着生鲜产品消费量的增加及冷链物流的快速发展，以小田冷链、顺丰冷运、夏晖物流、深圳东方佳源等为代表的专业化冷链物流第三方企业发展壮大。总体来看，目前专业从事第三方冷链物流运输的企业仍非常少，尤其是粤东西北地区基本无专业从事冷链物流运输的第三方经营主体，实际运输过程中几乎都是使用从珠三角调拨的冷链车辆、回程车或者当地个体户、私人的冷藏车，部分生产规模较大的农业龙头企业或流通企业会根据自身需求配置数量不多的冷链车辆，用于自用但不对外出租。截至 2020 年，粤东西北的冷藏车保有量在全省占比不足 10%，大部分农产品及冷藏药品只能通过普通卡车运输，导致产品在运输过程中的大量损耗。

（三）供应链结构还需优化，生鲜食品行业上游货源相对分散

广东省是我国经济大省和人口大省，同时也是生鲜产品生产、消费、贸易大省，应具备较高水平的冷链物流运输体系。近年来广东省冷链物流发展较快且已初具规模，但总体发展水平还有待进一步提高，区域发展不均衡问题亟待解决。珠三角地区的冷链物流资源丰富，而粤东西北地区是广东省农

产品的主要产地，是粤港澳大湾区农产品的主要来源，冷链物流发展相对滞后，需加大力度重点建设粤东西北地区冷链物流体系。目前粤东西北地区基于生鲜冷链物流没有形成一套完善的体系。基于热带水果和蔬菜生产的多样化、个体企业规模偏小等特征，热带水果和蔬菜的运输通常以常温物流或自然物流为主，而欧美等大多国家都已经建立了完善的冷链物流体系，从生产到采摘再到上市销售都有相应的标准和法律法规，流通率超过 95%。广东省在相应三个阶段都没有实现全程温控，缺乏一套完善的体系。

（四）受疫情影响粤港澳跨境冷链物流发展形势严峻

粤港澳大湾区海、陆、航交通建设和优化将促进进口食品行业发展，尤其是进口生鲜类食品。进口生鲜产品对运输时效性的要求极高。因此，粤港澳交通运输的发展可以极大地提升生鲜进口的速度以及降低成本。据统计，2017 年广东省进口食品贸易额达到 130. 2 亿美元，居全国首位。由此可见，食品进出口业务成为大湾区的核心业务之一。

疫情突袭而至，使进口生鲜食品安全的监管工作难度增加，严防境外输入是目前国内疫情防控的重点。然而，做好进口生鲜冷链食品安全防控是严防境外病毒输入的关键问题。受此影响，粤港澳三地口岸通关效率明显下降，阻碍了三地间人员及货物的往来，对大湾区冷链物流的运作产生较大影响。

跨境生鲜业务的发展，也离不开冷链物流的逐步完善。跨境生鲜供应链涉及多类操作主体，且整体业务链条较长，全链条的可控性及监管性都面临较大困难。同时，跨境业务的复杂性和生鲜产品对于全链条操作要求的高标准和严要求，也更加提升了全链条的管控难度。

七　粤港澳医药冷链物流行业人才培养方案以及高新技术支持方案

现代医药物流仓储管理的发展离不开专业的技术人才，包括具有专业技术的操作型人才以及仓储管理型人才。我国医药物流业的发展起步比较晚，与之相应的专业人才的培养工作也比较滞后，出现企业需求增加与人才供给不足的矛盾，物流专业人才匮乏，尤其是缺少具有专业的理论知识以及管理理念的高素质物流人才。当前医药物流仓储从业人员的文化水平偏低，据有关资料显示，具有大学及以上学历的专业人才占行业从业人数的20%左右，中专及高中学历的从业人数占比超过了50%，不能满足现代医药物流仓储业自动化、智能化的发展要求。

加之医药物流行业的特殊性，医药物流与其他产业物流有一定的区别，对从业人员提出了较高的要求。医药物流的从业人员需要掌握基本药学专业知识，同时精通供应链管理与物流管理的相关知识，即理论知识体系完善、实际操作能力强的复核型人才。然而，目前医药物流比较缺乏复合型人才，需要培养既掌握基本药学专业知识又能合理运用物流技术的专业人才，不断为医药仓储物流企业引入复合型人才是亟待解决的问题。复合型人才具备在实际操作中快速发现问题、解决问题、不断提升工作效率的能力。

培育复合型人才，提高物流从业人员素质，是保证医药仓储物流企业持续发展的原动力。随着信息化水平的提高，医药物流与电商结合愈加紧密，传统的专业医药物流服务人才已经不能完全适应医药物流行业的发展要求，取而代之的是精通医药物流服务的各个环节，并掌握与医药物流相结合的电商和管理等知识的复合型人才。因此，医药物流行业要想适应未来发展需求，应加快培养医药物流复合型人才，为我国医药物流行业的发展提供强有力的人才保障。

为加强对大湾区现代化物流人才的培育，粤港澳三地政府及企业积极实施各项人才培养措施，下文以2018~2019年粤港澳大湾区人才发展报告和2018~2019年粤港澳大湾区智能制造发展报告为例。

（一）人才培养

1. 共建新型湾区大学和科学院

粤港澳三地政府、高校、企业和社会多方合作创建一批世界级高水平的新型“湾区联合大学”，按大湾区建设需要培养一批急需的专业和复合型人才。合作创建“湾区科技大学”，以全新的联合办学模式，建设新型理工科大学，支撑大湾区创新驱动发展。抢抓国家布局科创基础设施机遇，三地筹建大湾区科学院、大科学装置等科研基础设施，在重大领域、产业发展关键领域开展联合科学研究。

充分发挥高校和物流人才的作用，不断深入产学研合作，合作研发促进物流技术和设施设备的提升，使物联网、云计算和大数据等先进信息技术更好地融入物流运输，降本降耗增效，促进大湾区供应链物流能力的整体提升，将湾区物流企业打造成能提供综合供应链物流服务的世界级物流企业，也是发展绿色物流，走可持续发展的必由之路。

2. 搭建网络教育和在线教育平台

随着智慧物流技术的不断发展，传统的医药物流管理人员已不能适应行业发展的需要。医药物流企业需要联合高等院校、智慧物流技术研发单位、智慧物流解决方案提供商协同培养医药智慧物流专业人才，重点培养人才的医药智慧物流创新能力、医药智慧物流新技术运用能力、医药物流系统规划能力等。医药物流企业最好能参与高等院校医药物流产业链人才培养的全过程，为医药物流产业发展储备复合型专业人才。

搭建大湾区人才网络教育和在线教育平台，并联合推出一批企业和人才急需的现代企业管理课程，如商业谈判、产品营销、成果转化、创新创业等精品课程，帮助在大湾区就业创业人才通过网络教育和在线教育平台自学所需的商业以及企业管理知识，完成由单纯科研人才、科研精英向高素质的复合型人才的转变，增强人才流动、转岗就业、协同发展能力。

3. 共建科研平台

在大湾区布局建设一批创新中心和科技产业园等。加快推进“广深港创新走廊”建设，积极推进三地城市间共建高科技产业园。努力在港、澳与内地城市建设国家重点实验室、国家重点工程项目平台的伙伴实验室。依托粤港澳青年创新创业基地等平台，开展三地急需紧缺专业人才的联合培养，实现人才项目的常态化合作。鼓励大湾区各高校联合申报国家重点项目。

粤港澳大湾区战略提到要将大湾区打造成“具有全球影响力的国际科技创新中心”，湾区经济要引领和促进中国经济的发展，靠天吃饭和人口红利已成为过去式，未来湾区经济的发展要依靠内生动力，即技术进步和科技创新，物流业的发展也离不开科技创新。

4. 共建孵化生态区

利用香港的科研资源优势、深圳成熟的制造基础、广州的高校科研力量和较好的应用落地平台，以“广深港澳创新走廊”为主轴，三地政府联合引导，企业为主体，社会广泛参与，围绕大湾区产业发展需求，引育、扶持、发展服务于科研成果转化的中介组织和“孵化器区域”，从孵化器利益出发，将已有的孵化器串珠成线和升级，联手打造大的孵化器生态系统，为湾区人才科研成果转化提供全方位服务，提升科技成果转化率。

湾区物流企业可加强与粤港澳大湾区高校的合作，就如拥有世界著名高科技产业区“硅谷”的旧金山湾区，正是依靠加州大学、斯坦福大学等高等教育机构源源不断地输送人才与技术，其经济才能得以持续高速发展，被世人称为“科技湾区”。

5. 共建共享大湾区人才大数据库

以深圳和香港等地已有的国际化人才大数据中心为基础，推动大湾区人才专业、信用和科研成果数据库共建共享。建立大湾区人才、项目、政策信息数据库。共建专家个人信用记录管理系统，通过大数据技术简化人才服务，共建基于劳动力共同市场的人才与工作岗位匹配度高的数字化信息平台，为大湾区人才提供快捷的企业岗位需求指引。

党的十八大以来，粤港澳三地深入贯彻落实习近平总书记关于粤港澳大湾区建设的重要讲话精神，按照《粤港澳大湾区发展规划纲要》的战略部署，依托“粤港澳人才合作示范区”，不断深化粤港澳人才交流合作，初步形成了良好的人才协同发展格局。但对标全球人才高地的功能要求与目标定位，还需要凝聚共识，促进人才共育共享，并从加强协同机制创新、强化人文融通、聚焦服务贯通、建设载体平台等方面系统推进、形成合力，提升粤港澳大湾区人才协同发展质量与水平。

以关键核心技术为主攻方向，加强5G工业应用、边缘计算、人工智能、区块链等前沿技术协同攻关。面向生产制造新需求，加强网络化协同制造、智能制造、云制造等应用技术研究，形成技术研究和产业应用互促互进的良好局面。

（二）智能发展

1. 完善智慧智能服务生态圈

在仓储、运输各环节应用自动化、智能化的物流装备与技术，成为医药冷链物流升级发展的关键，目前旋转货架、穿梭车、AGV等已开始在医药物流中心推广使用。为加强温湿度监控和冷链全过程数据管理，如何借助物联网、大数据、云计算等技术实现“智慧全冷链管理与追溯”，也成为满足越来越多的企业和用户需求的关键。可以预见，5G、人工智能、无人机、区块链等技术将不断被应用到医药冷链行业中，在供应链每个环节发挥关键作用，提高行业自动化发展水平。同时，新技术也将驱动数字化供应链转型，帮助企业优化仓储点及物流路线布局，提升效率，从而使冷链药品的生产、储存和运输过程更加可控和更加智能化。

智慧物流将物联网、传感网与互联网整合起来，提高物流系统分析决策和智能执行的能力，实现物流仓储的信息化、可视化、自动化、智能化、网络化。医药物流企业通过将医药仓储信息系统和自动化立体库、自动分拣系统、智能穿戴、电子监管码、电子标签等设备进行无缝对接，实现对医药仓储的出入库、在库管理、库存控制等方面的智能管理，同时实现对医药产品的批号、效期、温湿度监控、溯源等管理，以符合新版GSP标准的要求。另外，实施智慧物流作为医药物流企业的战略措施，需要引起高层管理人员的高度重视，全面、有效、逐步地推进医药仓储信息化、自动化、智慧化。

让市场、终端消费与生产各链条之间的冗余环节进一步缩减，降低信息交换成本。以市场倒逼技术创新从局部优化到突破式创新。加快企业内、企业间、产业上下游、产业生态圈的集成与协同，实现“智能+网络化”，建立更大领域、更深层次的公共技术平台，推进共享协同集成创新。

2. 三地合作搭建智能制造服务平台

2016 年，香港工业总会下属香港自动化科技协会获得香港政府“发展品牌、升级转型及拓展内销市场的专项基金”（机构支援计划）资助，旨在向内地市场推广香港自动化科技的品牌，推动大湾区智能制造产业融合发展。项目为期两年，主要通过若干活动推动内地与香港的智能制造合作，包括创立自动化工业商贸交流圈、举办国际自动化技术论坛，以及在内地自动化展览会上设立“香港馆”。这一类政府引导、市场主导的三地合作项目数量增加，并在大湾区合作中发挥了有效的服务平台作用，进一步完善了智能制造相关生产网络。

3. 加快制造业集群向智能化产业基地转型

鼓励智能制造加强网络技术标准、体系架构的统筹规划、有机衔接，构建先进的工业互联网骨干网络，推动形成统一的工业数字化互联接口标准，实现网络互联、设备互通、系统集成、数据互操作。

在医药冷链行业的发展中，目前，在国家明确表示要引导邮政、快递企业加快发展冷链、医药等高附加值业务的背景下，预计未来会有更多的企业参与医药物流发展。要想在日益激烈的竞争中站稳脚跟并逐步发展壮大，物流网络、基础设施、信息技术、专业化能力、多方合作等都是必要的条件，但最重要的还是要能够针对性地解决行业痛点，促进行业不断发展。

因此，医药物流企业在做仓储规划时，应考虑未来政策和市场发展方向，规划高度柔性的医药仓储系统。智慧物流有高度的柔性，自主决策、离散控制、去中心化是其各功能元素特征，例如，当仓储流程不变时，基于强化学习的协作机器人能根据货物的大小、形状和重量通过传感器调整夹爪力度和深度，实现不同货物的搬运、转移。当仓储需要扩大规模时，智慧物流可增加模块，形成更大的系统。智慧物流能在设备、流程、扩展上具备足够的柔性，解决医药仓储系统缺乏柔性的问题，既符合 GPS 标准要求又满足客户个性化需求。

第十二章
粤港澳大湾区商贸物流发展：连接三地的纽带

得益于所处的独特位置，粤港澳大湾区拥有着我国经济繁荣、竞争力最强的城市群，也是发展“一带一路”的重要支撑区域。2017 年“粤港澳大湾区”出现在政府工作报告中并正式上升至国家战略层面，2019 年 2 月至 2021 年 4 月，中央和地方各级政府已陆续发布与粤港澳大湾区相关政策文件多达 231 项，包括由国务院层面发布的政策文件有 19 项，由国务院部门发布的政策文件有 36 项，由省级层面发布的政策文件有 66 项以及 110 项由珠三角九市政府发布的政策文件，构筑起推动粤港澳大湾区高效、快速发展的完备政策体系，陆、港、空基建也因此迅速发展，为商贸物流行业提速降本提供了一片沃土。推进粤港澳大湾区建设，是国家重大战略部署。5 年来，面对复杂多变的国内外环境，粤港澳大湾区蹄疾步稳，奔腾向前，结出了累累硕果。2022 年是《粤港澳大湾区发展规划纲要》颁布实施 3 周年，三年来，粤港澳大湾区人口增长了 164.4 万人，出口额增长了 15.1%，经济总量增长了约 9.35%。截至 2021 年大湾区内万亿 GDP 城市已有 5 个，分别是深圳、广州、香港、佛山和东莞。5 个万亿级大市“肩并肩”，共同组成一个万亿经济圈。2020 年粤港澳大湾区 GDP 超过 11 万亿元，约占全国 GDP 的 11%，超过旧金山湾区；2021 年大湾区经济总量约 12.6 万亿元人民币，经济总量已与日本的东京都市圈相近。

此外，2017~2021 年，广东省数字经济发展水平连续五年稳居全国第一。数字经济的飞速发展为粤港澳三地经济融合发展创造出更为便利的条件，极大地促进了三地要素自由流动，尤其是在商贸流通领域，商贸流通业数字化转型的目标是以满足消费者不断变化的需求为核心，构建连接供应商、生产商、零售商、消费者以及各种相关资源的数字化商业生态网络，解决商品生产和消费在空间与时间上的供需矛盾，提升生产效率与流通效率，进而获得可持续发展的竞争优势。

整体而言，全国经济社会发展形势有利于推动大湾区商贸流通进一步创新发展，国家一系列战略部署有助于大湾区拓展商贸流通发展空间，开展更广泛的区域合作，提升对外辐射带动能力，但同时行业将面临更加激烈的区域竞争，发展机遇与挑战并存。全球新一轮科技革命加速推进，移动互联网与云计算、人工智能与先进机器人、供应链管理服务等领域技术的突破与应用，深刻影响着商贸物流产业。未来粤港澳大湾区商贸流通发展所面临的国际外部环境更趋复杂，经济形势的不明朗对消费需求增长带来一定压力，但也为大湾区的商贸企业开拓全球市场、提升国际影响力带来新的机遇。

一 粤港澳大湾区商贸物流发展现状

粤港澳大湾区各城市产业体系发展齐备，集群效应明显，互补性强。物流业的发展离不开经济的发展，强劲的经济实力也为物流体系建设提供了强大的基础。2020 年粤港澳大湾区 GDP 超过 11 万亿元，约占全国的 11%，超过旧金山湾区，接近于纽约湾区，特别在疫情影响的背景下 2021 年大湾区经济总量约 12.6 万亿元人民币，比 2017 年增长约 2.4 万亿元人民币，在其他世界三大湾区中，旧金山湾区经济总量为 0.76 万亿美元，纽约湾区和东京湾区的经济总量分别为 1.77 万亿美元和 1.8 万亿美元。大湾区经济总量已远超旧金山湾区，距离纽约湾区和东京湾区仅一步之遥，显示出大湾区强大的韧性和巨大的潜力。根据国务院发展研究中心旗下中国发展研究基金会发布的《中国城市群一体化报告》，粤港澳大湾区经济总量有望在 2022 年达 14.76 万亿元，超越东京湾区，成为世界经济总量排第一的湾区。

（一）基础设施互联互通建设闯劲十足

世界各大湾区都拥有丰富的港口资源，水路资源丰富，是资源对外输出的重要通道。粤港澳大湾区拥有广州港、深圳港等世界级港口。在构建以国内大循环为主体、国内国际双循环相互促进的新发展格局下，广州港作为内贸第一大港，2021 年成果颇丰。加快南沙四期建设，打造粤港澳大湾区首个全自动化码头；完成深水航道拓宽工程，实现 10 万吨级集装箱船和 15 万吨级集装箱船双向通航；推进广州南沙国际物流中心建设，完善物流仓储配套设置……在一系列措施下，广州港泊位利用率保持较高水平，货物吞吐量持续上升；2021 年，海港方面，深圳港全年累计完成集装箱吞吐量 2877 万标箱，同比增长 8.4%，超额完成年度目标，创历史新高，集装箱吞吐量居全球第四位；空港方面，深圳机场全货机通航点达到 51 个，同创历史新高，货邮吞吐量为全国增长最快，首次突破 150 万吨大关。粤港澳大湾区世界级港口群正在逐步建成。

航空运输方面，粤港澳大湾区拥有香港国际机场、澳门国际机场、深圳宝安国际机场、广州白云国际机场、珠海机场五大机场。粤港澳大湾区机场群旅客吞吐能力超过 2 亿人次、港口集装箱吞吐量超过 8000 万标箱。目前，广州、深圳、珠海、东莞等 4 个港口已迈入亿吨大港行列，深圳港和广州港集装箱吞吐量分别居全球第四位和第五位。为方便人员往来和货物流通，计划在佛山建设“广州第二机场”，承担珠三角西部枢纽机场的重要功能，同时开展深圳宝安国际机场三跑道扩建项目，加快珠三角枢纽（广州新）机场建设前期工作，提升珠海、惠州机场服务能力，携手港澳共同打造世界级机场群。

公铁运输方面，港珠澳大桥、虎门一桥和二桥、深中通道，是连接珠中江与深莞惠两大区域的重要交通纽带。截至 2021 年底，粤港澳大湾区高速公路通车里程达 4972 公里，路网密度达到 9.1 公里/百平方公里，在国内外主要城市群中位居前列。粤港澳大湾区铁路运营里程近 2500 公里，其中高铁里程 1430 公里，在建里程 975 公里；大湾区珠三角九市已有城际铁路运营里程476公里，12个城际铁路项目正在加快建设，在建里程362公里；珠三角九市轨道交通运营里程达1092公里，在建里程662公里。随着“轨道上的大湾区”建设不断推进，大湾区“1小时生活圈”基本形成。《交通强国建设广东试点实施方案》提出，到2022年底形成大湾区“12312”交通圈，即大湾区内实现以香港—深圳、广州—佛山、澳门—珠海为核心的1小时交通圈，大湾区至粤东西北各市陆路2小时通达，至周边省会城市陆路3小时通达，与全球主要城市12小时通达。

（二）进出口物流呈现新态势

大湾区内90%以上的外贸货物、95%以上的煤炭、99%以上的原油和铁矿石都是通过航运来完成的。航运是粤港澳大湾区经济社会发展的基础性、先导性产业和服务性行业，是支撑大湾区经济平稳较快发展、提升国际竞争力的重要基础。据海关统计，2021年1~11月，内地与香港进出口值突破2万亿元，其中，深港货物贸易达6340.7亿元，占内地与香港进出口值的三成，同比增长17.6%。随着粤港澳大湾区开放交流和跨境贸易便利程度的进一步提升，深港贸易已超过上年总量。2015~2017年订单年均增速为183%，订单金额年均增速为224%。香港仓2017年订单同比增长168%，订单金额同比增长为180%。2020年，受全球新冠疫情影响，国际经济形势严峻，但江门外贸货物吞吐量达到446亿吨，逆势增长85.4%；深圳港2020年外贸货物吞吐量为18897万吨，同比增长6%，占深圳港全年货物吞吐量的71.3%。其中，2020年深圳港对“一带一路”沿线国家进出口总额达到1987.9亿元，占深圳市进出口总额的6.52%。

2021年1~11月，广东出口机电产品3.15万亿元，增长18.4%，占比提升至69%。重要生产原材料进口较快增长，其中进口集成电路9750.7亿元，增长21.3%。大部分产品主要出口至中国香港、美国、欧盟及东盟，基本涵盖全球主要经济体，说明大湾区跨境物流呈现国际贸易进出口目的地及货物类型多元化的趋势，这与粤港澳大湾区北接长江、南接东南亚、西接北部湾、东接海峡西岸经济带的特殊地理位置有关。

外贸促进了粤港澳大湾区港口物流服务一体化，加快了“组合港”、多式联运的建设进程，深化港口协作。港口的多式联运物流体系带动了外贸进出口新业态发展，粤港澳大湾区组合港项目，是深圳海关推进粤港澳大湾区港口建设、促进深圳港加快发展的重点项目。依托区块链、物联网等底层技术，通过海关监管流程优化，实现湾区沿海沿江分属不同关区的港口可共享港口代码组成一个“湾区组合港”，货物在各码头间直接通过水路调拨，24 小时运输不停歇。2020 年 11 月，首个试点项目“深圳蛇口—顺德新港组合港”正式启动，通过两个直属海关的协同监管，支持大湾区沿海的枢纽港和内河支线港一体化运营，企业可在支线港口一次性办结通关手续，由驳船运送到枢纽港口换装大船出海，大幅压缩通关时间和成本，对港口企业、船公司、生产企业等各物流链上下游参与方来说无疑是一项重大利好。美的集团旗下绝大部分制造工厂坐落于北滘镇，是北滘港的出口“大户”，目前美的大部分的出口家电均选用组合港模式出口，物流整体时长由过去的 5~7 天压缩至 2 天，企业的仓库周转效率也得到了提高，此外，组合港模式下还能免除舱单录入费用，仅此一项全年即可节省费用超 60 万元，企业非常受益。

2021 年 3 月开通了“深圳蛇口—顺德北滘”组合港，家电制造业重镇北滘镇企业在“厂门口”就能搭上组合港的“直通车”，实现“广货出海”江海物流无缝衔接。据海关总署统计，顺德新港、北滘两条航线运作半年多来吞吐量近 1.5 万标箱，参与企业数、出口货值不断增长，目前顺德两港口超过 85%的货柜选择以组合港模式进行进出口。“大湾区组合港”马力十足、动能强劲，交出了一份不错的“增量”成绩单。深圳海关表示将积极发挥开放先行优势，加速“大湾区组合港”模式拓点延线成网，形成大湾区水运“一盘棋”的全局效应，对接全球互联互通大格局，构建具有国际竞争力的粤港澳大湾区现代化通关新模式。

跨境电商产品的旺盛需求，也带动了中欧班列的快速发展。当前，粤港澳大湾区中欧班列常态化运行的国际干线多达 17 条，货源品类多达 700 余种，这条泛欧运输大通道已延伸覆盖到多个“一带一路”沿线国家和地区，越来越多的国家加入了粤港澳大湾区中欧班列的“朋友圈”。中国铁路广州局集团有限公司的数据显示，截至 2021 年 11 月初，粤港澳大湾区中欧班列开行数量已超过去年全年开行总数 262 列，同比增幅高达 77.6%。

（三）冷链物流布局优势初显

冷链物流发展的新趋势刺激经济发展新活力，为新基建下城市协同发展赋能增辉。粤港澳大湾区总面积 5.6 万平方公里，总人口已超过 7300 万人，GDP 达到 12.6 万亿元，是比肩全球三大湾区的世界级城市群。因此在大湾区，冷链物流有着巨大的市场需求。中物联冷链委统计数据显示，过去三年间广东省冷库总容量增速稳定在 5%以上，2019 年达到 357 万吨，但依然无法满足冷链物流发展的需求，2020 年仅广东省内农产品冷链物流需求量就突破 2000 万吨。中物联冷链委数据显示，粤港澳大湾区内的众多顶级港口聚集了全国 80%的供应链企业，各具特色的产业集群也超过了 300 余个，随着政策的倾斜与融资扶持，大湾区的人流、物流、资金流、信息流都为冷链物流发展提供了得天独厚的产业土壤，催生了大量的冷链物流企业在粤港澳地区开展冷链服务，2021 年大湾区食品冷链需求量已突破 2600 万吨，食品冷链物流规模突破 400 亿元。预计 2022 年整个冷链物流行业市场规模增至 4567 亿元、冷链物流需求总量超 3.2 亿吨。

目前从港澳、深圳和广州之间的冷链物流发展关系来看，深圳地区承担着供港蔬菜和鲜活冷冻食品的集散、仓储和配送功能。广州依托《粤港澳大湾区“菜篮子”建设实施方案》，立足广州、携手湾区、联结港澳、辐射内地，大力发展粤港澳“菜篮子”工程。香港作为世界级的自由贸易港，在全球食品贸易中转业务中发挥着极其重要的作用，进口的很多冷链食品先要通过航空、航运达到香港，然后分销到内地。

总体来看，粤港澳大湾区 9+2 城市群在冷链物流发展方面初具三大优势：一是改革开放程度高，在国际贸易制度创新和营商环境方面相比其他内地城市具有优势，在关税优惠（CEPA 等）、通关便利、金融配套、资金扶持等方面政策洼地属性突出。二是产业基础设施完善，粤港澳之间基本形成了以广州港、深圳港、香港港、澳门港为枢纽港，由江门港、中山港、佛山港、虎门港等组成的港口群；形成了由广州、深圳、香港、珠海等组成的空港群；形成了由深港西部通道、皇岗、沙头角、深圳湾、福田口岸、文锦渡等6个陆路口岸和广九高速铁路等组成的陆路运输体系。三是冷链需求空间大，据统计，粤港澳大湾区人均GDP为2.3万美元，人均消费能力强，对生鲜食品需求旺盛、品质要求高。这也催生了大量的冷链物流企业在粤港澳地区开展冷链服务，2020年中国冷链物流百强企业中有13%分布在该地区。

与此同时，冷链物流行业将迎来强监管时代。受新冠疫情等的影响，政府对于冷链物流的监管进一步趋严，进口冷链食品追溯监管平台已初步建成，从“枝头”到“舌头”的国内冷链食品信息链也在加速连通，全链条、全流程、全覆盖的食品安全体系将会建立。此外，由国家卫健委、中物联及中物联冷链委等单位共同起草的《食品安全国家标准食品冷链物流卫生规范》，是首个强制性国家标准，已经于2021年3月11日正式实施，配套的市场监管和行业执法即将就位，长期以来“劣币驱除良币”的不利局面将得到改观，行业将迎来强监管时代。

表1　截至2021年8月粤港澳大湾区冷链仓储行业相关政策

发布时间	发布部门	政策名称	主要内容
2017	发改委、广东省、中国香港、中国澳门	《深化粤港澳合作推进大湾区建设框架协议》	粤港澳三地达成合作共识
2019	中共中央、国务院	《粤港澳大湾区发展规划纲要》	明确提出，要推进粤港澳物流合作发展，大力发展第三方物流和冷链物流，提高供应链管理水平，建设国际物流枢纽。这有利于直接推动粤港澳大湾区冷链仓储行业发展
2019	广州市人民政府	《粤港澳大湾区“菜篮子”建设实施方案》	以立足广州、服务湾区、联结泛珠、辐射内地为定位，以“一个标准供湾区”为原则，构建以广州为枢纽的粤港澳大湾区“菜篮子”生产及流通服务体系，打造标准化、现代化、便利化平台，为粤港澳大湾区市场提供更多更优的食用农产品

续表

发布时间	发布部门	政策名称	主要内容
2019	广东省人民政府办公厅	《关于支持省级现代农业产业园建设的政策措施》	加强农业产业园农产品物流体系建设，优先支持鲜活农产品产地分级分拣设施、烘干设施、冷库（含移动冷库）、冷藏保鲜、冷链运输及终端销售项目建设
2019	广东省人民政府办公厅	《关于加快推进生猪家禽产业转型升级的意见》	加强肉品冷链物流体系建设。支持屠宰加工企业建设冷链仓储配送设施减少活畜禽跨区流动。鼓励企业延伸产业链，通过自建、联建、订单、协议等方式，建立稳定的养殖、屠宰加工、冷链配送、产品销售联结机制，推进产加销一体化发展。优化肉品流通运输政策，把仔猪及冷鲜猪肉纳入鲜活农产品运输“绿色通道”政策范围
2020	广东省供销合作社	《广东供销公共型农产品冷链物流基础设施骨干网建设总体方案》	提出要用三年时间，建设“1 个中心+2 个区域网+3 个运营平台”及大湾区中心库+冷链运输配送平台、公共型智慧冷链物流信息服务平台
2020	发改委	《关于做好 2020 年国家骨干冷链物流基地建设工作的通知》	公布 2020 年 17 个国家骨干冷链物流基地建设名单，广东省东莞国家骨干冷链物流基地进入建设名单

资料来源：前瞻产业研究院整理。

（四）区内重点企业情况

1. 顺丰

顺丰于 1993 年在广东顺德创建，总部位于大湾区的核心区域深圳，是国内领先的综合物流服务商、全球第四大快递公司，致力于成为独立第三方行业解决方案的数据科技服务公司。经过多年发展，公司依托于覆盖全国和全球主要国家及地区的高渗透率的快递网络，通过内生孵化+并购整合方式，快速延伸至快运、冷运、同城、供应链等领域，搭建了完整的一体化综合物流服务体系。顺丰还是一家具有网络规模优势的智能物流运营商。经过多年的潜心经营和前瞻性的战略布局，顺丰已形成拥有“天网+地网+信息网”三网合一、可覆盖国内外的综合物流服务网络，其直营网络是国内同行中网络控制力强、稳定性高的，也是独特、稀缺的综合性物流网络体系。

顺丰近30年的发展，见证了粤港澳大湾区的成长。粤港澳大湾区研究院提出，粤港澳大湾区就是要构建开放型经济新体制，以“互联互通”的理念建立合作机制，以“通”为基准点和定盘器，推动粤港澳合作走向深化，实现区域内“人流、物流、资金流、信息流”四要素的自由流动。其中关于直接关系物流的部分，粤港澳大湾区研究院建议，加快外贸管理体制改革及贸易、关税政策的调整步伐，把自由港政策适度扩展到整个大湾区，实现商品自由流动。据了解，随着深圳海关全面实施“二建四改”重大业务综合性改革，顺丰将依据自身能力对粤港澳三地快递物流产品和能力做相应调整，支持国家粤港澳大湾区建设，具体包括：随着港珠澳大桥建成通车，顺丰控股将视具体能力建设情况，利用珠海至澳门陆运运力资源，提升粤西至澳门快件物流的时效和质量；随着未来24小时通关能力建设及公司实际运营能力情况，提升深圳、广州、中山、东莞等地至香港的即日、次晨及次日的快件物流时效和质量；加大资源投入，提升汕尾至香港、澳门及港澳至粤西等地的快递时效性。

2. 京东物流

京东集团2007年开始自建物流，2017年4月正式成立京东物流集团，2021年5月京东物流在香港联交所主板上市。一体化供应链物流服务是京东物流的核心赛道。目前，京东物流主要聚焦快消、服装、家电家具、3C、汽车、生鲜等六大行业，为客户提供一体化供应链解决方案和物流服务，帮助客户优化存货管理、减少运营成本、高效分配内部资源，实现新的增长。2020年，京东物流助力约90%的京东线上零售订单实现当日和次日达，在客户体验方面持续领先行业。截至2021年9月30日，京东物流运营约1300个仓库，包含京东物流管理的云仓面积在内，京东物流仓储总面积约2300万平方米。截至2021年9月30日，京东物流在全国共运营41个“亚洲一号”大型智能仓库。到2020年，京东物流已经拥有及正在申请的技术专利和计算机软件版权超过 4400 项，其中与自动化和无人技术相关的超过 2500 项。目前，分布在华北、华东、华南、西南的四大物流中心覆盖了全国各大城市。

近年来，京东物流一直深化在华南地区的物流布局，不断提升区域内的物流效率，为降低区域内的社会物流成本做出相应的贡献。华南“地狼仓”，是位于广州市黄埔区状元谷电子商务园区内的京东物流仓，一期规划面积 8000 平方米，二期规划面积 1 万平方米，三期规划面积 1.5 万平方米。目前一期已投入使用，可存储 90 万件商品，日均拣货生产能力近 2 万单。

在自营保税仓中，广州的南沙保税仓是京东最大的自营保税仓，仓储占地面积 3.8 万平方米，现库存储存货品约 500 万件，SKU 有 7376 个，平台商家 108 家，商家日均单量为 4000 单左右。目前，南沙仓储存以海运直达入库方式为主的母婴类产品。此外，南沙保税仓因地理位置及存储空间优势，还承担部分“一地发全国”的功能，与其他保税仓协同发展。

2019 年 12 月 18 日，京东物流“亚洲一号”再添一子——东莞亚洲一号物流中心（以下简称“东莞亚一”）正式启用。这是京东物流第 25 个“亚洲一号”物流处理中心，也是亚洲规模最大的一体化智能物流中心。该中心集自动入库、存货、打包、分拣、出库等全流程作业于一体，同时配备现代化生活配套设施，在世界电商一体化智能物流园区建设中具有重要示范意义。东莞亚一的建筑面积达到 50 万平方米，单日订单处理能力达到 160 万单，自动立体仓库可同时存储超过 2000 万件商品。东莞亚一为京东物流在粤港澳大湾区的发展构建了坚实的基础，其连同黄埔亚一、九龙亚一组成的智能仓群，足以为企业客户提供全链条、集约化和智能化的供应链服务，简单来说就是能够提供更低成本且更高效的物流运输服务，可以让客户享受跟京东购物一样的物流体验。粤港澳大湾区有大量的实体产业企业以及中小创新企业，这些全部都是京东物流 B 端开放的精准目标客户。

3. 宝供物流

宝供物流企业集团有限公司于 1994 年在广州创建，1999 年经国家工商总局批准，成为国内第一家以物流名称注册的企业集团，是我国最早以现代物流理念为客户提供一体化物流服务的专业第三方物流企业，是目前我国最具规模、最具影响力、最领先的第三方物流企业之一，也是我国现代物流和供应链管理的开拓者和实践者。经过二十多年的开拓与发展，宝供已成为物流与供应链解决方案的引领者，以 20 多年服务全球 500 强企业的智慧，在全国 110 多个城市建立了分支机构及办事处，在全国 22 个中心城市投资兴建了 32 个大型现代化物流基地。

2020 年 5 月 28 日，宝供（广清）粤港澳智慧供应链创新港项目签约，全面布局粤港澳大湾区。广清经济特别合作区由广州和清远共同开发建设，由黄埔区、广州开发区代表广州市承接，开创以政府主导、市场运作、产业协作为核心、管理协同为手段的区域合作共建新模式，将建设成为现代产业和生态宜居相结合的经济合作区。宝供（广清）粤港澳智慧供应链创新港项目立足于广州开发区产业转移，对接广佛，是面向华南地区的产业供应链一体化服务枢纽。通过先进的产业供应链服务高效对接粤港澳大湾区核心城市优势产业资源，承载清远市、英德市产业转型发展升级的使命。项目将聚焦装备制造、新材料两大产业，承接广佛的产业转移及产业发展需求，促进产业上下游企业原辅材料及产成品的互联互通，增强区域智能制造能力。项目是物流、商流、信息流、资金流“四流合一”的智慧产业供应链综合枢纽，聚集采购、产业供应链管理、分拨分销、区域配送、仓储管理、柔性加工、供应链金融、商务办公等供应链一体化服务及研发孵化、生活配套服务，打造智慧型供应链产业创新平台。

2021 年 9 月 28 日，宝供物流企业集团有限公司当选为广东省粤港澳大湾区交通物流发展促进会会长单位。这也反映了宝供物流致力于推进中国现代物流及供应链的创新发展。宝供将担起重任，通过不懈努力，助力粤港澳大湾区交通物流发展。

4. 深圳怡亚通

在深圳成立并发展壮大的怡亚通，是中国第一家上市供应链企业，也是中国供应链服务网络最大、覆盖行业最广、创新能力最强、规模最大的供应链综合服务企业。怡亚通服务全球100多家世界500强企业和2600多个国内外知名品牌，分销商品品类超过40万种。公司在中国380多个主要城市和东南亚、美国等地建设服务平台，拥有七大供应链基地，总面积逾40万平方米，覆盖全国1~6级城镇200多万家的终端门店，拥有物流可控车辆近10000辆，年业务运营能力逾1000亿元。

2020年9月8日，在“2020东莞全球先进制造招商大会”招商签约活动上，深圳市怡亚通供应链股份有限公司、东莞港务集团有限公司等现场签署《产业供应链发展战略合作框架协议》，共同在东莞市推进供应链综合商业服务平台、产业供应链咨询服务、产业供应链高峰论坛和供应链科技产业园湾区总部项目等领域的合作。产业供应链在东莞市具有巨大的发展潜力，结合东莞市雄厚的产业基础和本地企业对供应链管理体系升级的迫切需求，做好产业供应链咨询和产业供应链规划，赋能东莞制造业，发展供应链、延伸产业链、打造产业生态，推动供应链综合商业服务平台和供应链科技产业园湾区总部建立，推动东莞制造业产业升级及高质量发展。

2021年11月7日，在“立足湾区，连接全球——2021中国·前海现代服务业与全球经济发展高峰论坛”上怡亚通与飞利浦、荷兰皇家菲仕兰、惠氏、达能、法国SCHNEIDER、蓝宙科技、英国Disguise、美国网件、滴露&杜蕾斯、每日黑巧、国际米兰足球俱乐部、美国Teledyne FLIR等合作品牌成功签订79.6亿元战略合作协议，创下了怡亚通历届参会最高签约纪录，成为本届进博会深圳交易团签约金额最大的专场签约活动。

2021年12月22日，怡亚通全球总部大厦项目落地大湾区前海宝安中心区封顶仪式隆重举行，怡亚通大厦落户前海也标志着怡亚通立足湾区、扬帆起航、面向全国、走向世界的开始。怡亚通大厦项目位于深圳西部中心总部经济集群核心区域（宝安中心区），占地面积4602.98平方米，总建筑面积74076.86平方米，建筑高度138.5米（总高度为153米）。扩区后的前海，迎来了“五区”叠加的政策利好，前海的重要性更加突出，前海是深港现代服务业合作区，宝安是深港文化之源，宝安“携手前海共同打造国际化城市新中心”“双区”建设不断提速，此次怡亚通建立全球总部大厦就是宝安区在最毗邻前海的中心区谋划实施的富有湾区特色的重大项目之一。怡亚通作为宝安区总部企业，在宝安建立全球供应链管理与服务中心是促进“两业”深度融合重大举措，也是促进“双区”建设的积极力量，项目的建成将进一步促进政企联动，同时也作为宝安创新供应链发展的桥头堡，将大力推动宝安区价值链、产业链与供应链、人才链、科技链的紧密协同，助力宝安区建设“湾区核心、智创高地、共享家园”。

5. 香港利丰集团

香港利丰集团起源于广州的华资贸易（1906~1949 年），利丰是香港历史最悠久的出口贸易商号之一。1906 年，冯柏燎和李道明在广州创立了利丰贸易公司，是当时中国第一家华资的对外贸易出口商。公司最初专注于中国的瓷器和丝绸贸易，后来业务拓展至竹藤制品、玉器和其他手工艺品。而后冯汉柱从广州搬到香港，在中环成立了利丰的第一家分公司，是一个由 12 人组成的小团队。目前利丰拥有全球最广泛的供应链网络之一，在全球 40 个地区拥有超过 230 个办事处和配送中心，员工约 15000 人。

2020 年 7 月 31 日，利丰宣布将接受京东（9618）通过认购新股的方式，以每股 1.25 港元，进行 1 亿美元（折合约 7.8 亿港元）的战略投资，以进一步延伸其供应链。冯氏家族将继续通过持有 60%的可投票股份，维持对利丰的控制权。

2020 年 8 月 28 日，利丰前海供应链管理（广东）有限公司（以下简称“利丰前海”）在前海综合保税区揭牌，这是深圳前海湾保税港区升级为综保区之后首家落地的港资企业。香港企业利丰集团在前海建立了高端消费品配送中心。在 8 万平方米的中心内年进出商品超过 2 亿件。“消费者如果在亚太地区下单，从这里的 6 万多种产品中迅速分拣，通过海关电子报关借助绿色通道送达香港，从打包到交付，基本上 72 小时就可以完成。”利丰供应链高级执行副总裁胡亚兵说。

2021 年 9 月 17 日，香港利丰集团获得了横琴粤澳深度合作区执行委员会金融发展局颁发的首个外资商业保理许可函件。该集团中国事务总经理张中志表示：“横琴粤澳深度合作区是国家的重要战略部署，是习近平总书记亲自谋划、亲自部署、亲自推动的重大决策，具有十分重要的战略地位。合作区的金融发展在国内更是独树一帜，不仅是横琴的特色，跟我们企业的发展方向也非常契合，让我们更加坚定了投身合作区建设的信心和决心。”

2021 年 12 月 22 日，丹麦海运巨头马士基集团宣布，以 36 亿美元（约为 229 亿元人民币）的价格，现金收购香港利丰集团旗下公司利丰物流，计划于 2022 年完成。

二　大湾区商贸物流存在的问题及分析

（一）体制差异造成障碍

一个国家、两种制度、三个关税区和四个核心城市是世界其他湾区没有出现过的情况，而体制上的差异必然会带来一系列问题，如三地法律法规协作滞后、市场规则与贸易制度的冲突、三地物流信息互联互通的矛盾、跨地区企业间协作水平较低、三地生产要素流动存在壁垒等问题。因此，粤港澳这种“基因”的特征客观上会对商贸物流产生一定的阻碍作用。在“一国两制”条件下，如何让大湾区内城市融合发展，如何破除行政和制度壁垒并让要素自由流动起来，进一步实现物流资源的合理和优化配置，从有机的、整体的视角提升大湾区内外的物流运作效率值得关注。

1. 三地无缝协作的法律法规滞后

粤港澳大湾区建设的目的，主要是构建全新的区域经济协调合作机制，以规则融通和制度创新为市场经济发展注入新动力。然而现阶段，粤港澳大湾区关于三地无缝协作的基础法律文件，仅有 CEPA 协议，其他相关协议尚处于空白，难以支撑区内物流业协同发展。而 CEPA 协议已经实行十余年，其结构框架、基本规则、核心内容及法制理念已经不符合当前国家经济与世界经济发展的新要求。由于 CEPA 协议中部分内容的滞后性，在国际司法审查、投资争端解决机制、保障措施、反倾销与反补贴措施等方面均未给出有效解决对策，导致粤港澳大湾区建设功效难以发挥，物流业发展面临较大阻碍。

2. 市场规则与贸易制度的冲突

由于我国坚持“一国两制”的基本国策，香港、澳门特别行政区与广东省体制存在差异，三地市场规则与贸易制度存在一定的冲突，给大湾区物流企业发展带来较大挑战。一方面，三地物流管理制度存在明显差异。广东省物流业呈现出多方管制、程序烦琐等特点，行政干预色彩较强。而受西方经济体制影响，港澳地区市场体制相对自由。对于港澳企业而言，我国大陆的行政审批制度会带来一定的信息不对称，不利于粤港澳大湾区内物流业往来合作。另一方面，粤港澳大湾区内有三个关税区，存在显著的贸易制度差异，物流技术标准也存在不统一，很多商品或服务在过关时可能因标准不一而发生滞留等问题，这不仅提高了企业的物流成本，也大大降低了物流效率。同时，港澳地区对内地各类人才招聘名额有限制，而内地赴港澳的商务签注申请流程也较为复杂，而且对内地人才有停留限制。对于双向跨境资本流动，内地有严格审查机制，对大湾区内跨境投融资合作有较大阻碍。这种冲突放大了粤港澳三地本位主义政策的负面影响，必将会在打造全球物流枢纽的过程中造成很大的阻力，不利于大湾区内物流业协同发展。

3. 三地物流信息互联互通的矛盾

当前，粤港澳大湾区内尚未建立起三地互联互通的公共信息平台，三地物流信息难以实现无缝对接。粤港澳地区已有一些民间或者政府建立的物流信息平台，但这些平台上用户发布的部分信息未经过核查，信息真实性与有效性较低，也没有将三地物流信息进行整合与共享，难以满足大湾区物流业发展的实际需求。现阶段，香港市场经济发展较为成熟，在物流信息数据建设方面较为全面，如香港数码贸易运输网络的开发，极大提高了香港物流业信息流通效率。而广东地区“大产业、小企业”现象非常普遍，物流信息较为分散、庞杂，需求方与物流企业服务信息沟通不畅；澳门地区也是一样，物流信息平台建设较为落后。广东、澳门地区信息平台建设相对比较滞后，而香港地区较为发达，三地尚未实现信息的互联互通，这为粤港澳大湾区物流业信息共享带来较大的不利影响。

4. 跨地区企业间协作水平较低

当前，粤港澳大湾区内各港口之间以相互竞争为主，各物流企业协作能力较低，致使物流效率难以提升。大湾区内各城市经济发展的包容性、协同性较差，部分地区存在资源错配、同质化竞争等现象，对大湾区建设与物流业协同发展造成一定阻碍。例如，香港地区企业对国际市场规则较为熟悉精通，而广东地区物流企业则具备腹地货源优势。两地的物流企业之间彼此互为竞争对手，并没有进行资源整合与共享，在很大程度上造成资源浪费，不利于双方错位发展、合作共赢。此外，澳门经济发展结构较为单一，物流资源有限；香港物流经济发展缺少稳定持续的支撑；珠三角九市物流业发展缺乏规范、完善的制度。而三地物流企业之间缺少资源整合与协同配合，导致大湾区内物流业整体运行效率较低。

5. 三地生产要素流动存在壁垒

在“一国两制”框架下，粤港澳大湾区内部存在多重差异，导致资金流、技术流、人流等生产要素难以实现自由流动，严重阻碍了物流业发展。现阶段，珠海与澳门、深圳和香港等大湾区内主要城市之间经济活动、经济关系等均没有实现同城化。各项生产要素也难以在大湾区内自由流通，为大湾区物流业的发展造成一定阻碍。例如，人才流动方面，粤港澳大湾区内物流业人才流动较为频繁，涉及个人所得税与居民身份认定等问题。在进行身份认定时，需要纳税人不断提交家人居住地、财产结构、家庭住房等资料，增加了大湾区内人才流动的非税成本，为物流业人才要素流动带来较大阻碍，不利于大湾区内物流业的人才留用与企业发展。此外，资金流动方面，内地与港澳资金限流措施较多，跨境资本流动不够灵活，对大湾区物流企业资金流动产生较大限制。

（二）物流服务类型单一

粤港澳大湾区大部分物流企业提供的物流服务比较单一，协同度不高、效率较低，只完成流通过程中“仓储”“运输”“流通加工”等某一功能，一般以量或者以低价取胜，总体服务质量差、与其他行业关联度低，各企业之间较少整合共享资源，资源消耗大，物流成本高。有学者指出物流功能是发挥物流作用、实现物流效益的重要保障，一般包括运输功能、仓储功能、装卸搬运功能、配送功能、包装功能、流通加工功能、物流信息处理功能等。[①] 大湾区大部分物流企业功能较单一，基本只能提供一项或两项功能，而现实中企业需要的往往是多种功能综合性物流服务。为了完成基本任务需求，企业需与几家物流企业合作才能达成目的。这就使得需求方企业将付出更多的时间和精力与各物流企业进行沟通与协作。大多物流企业仅停留在物流任务完成阶段，以物流企业能提供的基本服务为准，而无法做到依据客户需要提供特定服务，物流服务水平普遍不高。

截至 2020 年，中国社会物流总费用达到 14.9 万亿元，累计增长 2%，2021 年开始，北大汇丰智库定期对外发布《湾区经济分析报告》，重点分析粤港澳大湾区“9+2”城市群经济形势、预测各主要城市经济增速，并探讨大湾区经济发展相关热点。图 1 为粤港澳大湾区“9+2”城市群的 GDP 及增速情况，2020 年受疫情影响 GDP 下降，2021 年大湾区整体经济实现快速发展，经济总量站上 12 万亿元台阶，比 2017 年增长约 2.3 万亿元。

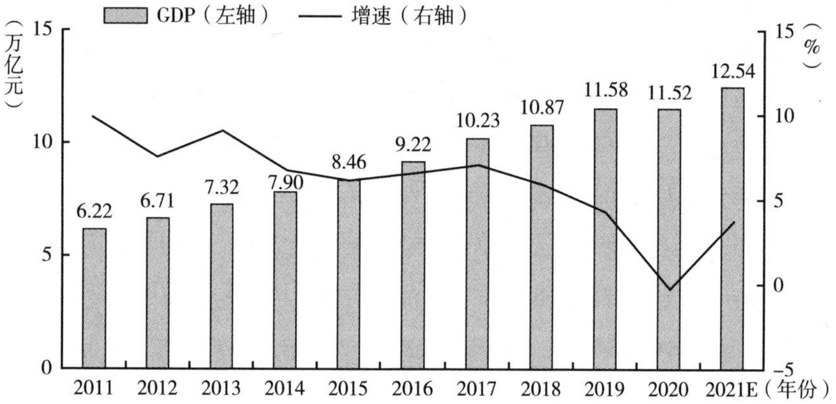

图 1　粤港澳大湾区 GDP 及其增速

注：2021 年预测值为两年平均增速。

资料来源：北大汇丰智库。

① 黄永福：《我国物流业高质量发展问题研究——基于粤港澳大湾区物流业发展的分析》，《价格理论与实践》2020 年第 4 期。

粤港澳大湾区 GDP 位列世界湾区第三，已经超过世界第十大经济体——加拿大，且货运及客运量远超其他湾区。聚焦粤港澳大湾区内地九市，其城市间货运量占比位列全国城市群第二，城市融合水平位居榜首，物流需求强劲，其背后折射出强大的经济基础。但是有学者研究了近年"9+2"城市群各城市与大湾区物流投入对经济发展的促进作用，得出了除港澳及东莞外各城市的这种作用并不明显，整个大湾区也存在这样的问题。① 当物流产出日益增加的同时，这种现象的存在与大湾区物流业增值服务少、附加值低，物流业的投入大部分用于仓库、运输及快递等低利润企业的现状相吻合。物流行业的发展未能给经济增长提供强劲的动力，物流与经济的耦合程度尚处于低级阶段。虽然广东社会物流总费用比例也逐渐下降，但是与欧美发达国家 8%左右的水平相比仍有较大差距。粤港澳大湾区物流行业虽然能够满足市场需求，但是高成本、低附加值使得创造利润有限，对经济产出的促进作用不大。

（三）新冠疫情影响显著

1. 公路货运市场需求萎缩

2020 年突袭而至的新冠疫情对各行各业的物流运输与供应链形成了巨大冲击。受到疫情影响，公路货运市场需求大幅萎缩，最严重时仅为上年同期的 1/4。而整体来看粤港澳地区作为国家核心湾区城市集群，区内城市经济关联度更高，受到疫情影响 2021 年快递往来数量下降幅度较大。广深之间的平均转运次数是 1.6 次，平均时效为 24 小时内可达，广深到珠海时间为 1.5 天左右。受到出入关清关以及疫情政策的影响，广深地区到港澳的平均转运次数为 2 次以上，到达港澳的时效为 2.5 天。港澳之间平均转运次数为 1.3 次，香港同城 12 小时内可达，澳门同城 29 小时可达，港澳间平均 2 天可达。

随着疫情防控进入新阶段，粤港澳地区联动逐步恢复。截至 2020 年底，

① 万艳春、何昱廷、胡雨鋆：《粤港澳大湾区区域经济与物流的协同度评价——对粤港澳大湾区物流投入的启示》，《科技管理研究》2019 年第 20 期。

粤港澳大湾区已建成通车高速公路约4894公里，核心区高速公路密度达每百平方公里8.9公里，大湾区铁路运营总里程2251公里。2022年2月12日香港恢复双向通行，大桥珠海口岸作为香港通关全国两大指定口岸之一，港珠澳大桥珠海公路口岸作为全国唯一的三地互通口岸，跨境货车日均车流量约1500辆次，粤港澳大湾区人、车、物在这里汇流。

2. 海运价格疯涨

据集装箱海运龙头中远海运披露的2021年半年度财报，2021年1~6月，该公司实现营业收入1392.64亿元，较上年同期增长88.06%；归属于上市公司股东的净利润约为370.98亿元，同比增长3162.31%；归属于上市公司股东扣除非经常性损益后的净利润370.2亿元，同比增长4096.43%。2020年中远海控归属于母公司所有者的净利润为99.27亿元，则2021年上半年该公司归母净利润已经是上年全年的3.7倍。除中远海运外，马士基、达飞集团、赫伯罗特等航运巨头利润率均出现飙涨，甚至有航运企业半年净利润暴增113倍。全球最大的海运公司马士基集团将2021年全年的利润预期上调了近50亿美元。

海运行业利润暴涨的背后，是国际航运价格持续一年多的疯涨。国际航运咨询机构德鲁里（Drewry）评估的“世界集装箱指数”显示，每40英尺集装箱在2020年1月初的价格接近2000美元，而到2021年9月9日已超过1万美元。截至11月5日，反映即期市场价格的上海出口集装箱运价指数（SCFI）处于4535.92的高位。虽然未达到历史最高点，但是，该指数在2020年11月才首次站上2000点，此后一路狂奔，到2021年4月底突破3000点，7月中旬冲破4000点，9月24日达到4643.79点。热门航线上，海运价格涨势迅猛。宁波—美西航线集装箱运力价格由2020年初的每标准箱1700美元上涨至2021年8月的每标准箱14561美元。中国、东南亚至北美东海岸航线在8月中旬首次超过了每标准箱2万美元，而正常的价格一般仅约为3000美元。

尽管航运费涨破天际，但“海运费暴涨10倍还抢不到货柜”这样的话题，依然频频登上网络热搜。“为了保住订单，运费贵点硬着头皮也要做，但关键是没有集装箱。”一位外贸商家无奈表示。随着我国外贸经济强势复苏，出口订单如雪片般飘来。据海关总署11月7日发布的统计数据，2021年的1~10月，我国外贸进出口总值31.67万亿元，同比增长22.2%。其中出口17.49万亿元，同比增长22.5%；进口14.18万亿元，同比增长21.8%。

据了解，我国外贸货物约95%是由国际海运承担。外贸出口需求不断增加，但物流产能有限，加剧了海运供需矛盾。尤其是中国至欧美线、日本线，舱位需要排队抢，“爆舱”“甩柜”现象时有发生。8月21日深圳盐田港11000个进港预约号，在半小时内就被“哄抢一空”。巨大的出口需求还要归因于我国成功的防疫举措。由于疫情，很多国家的产业链、供应链都受到很大冲击，我国在党中央的坚强领导下，疫情得到有效控制，产业链、供应链保护得非常好，这就使我国的进出口贸易需求大幅度增长。

出口需求增长的同时，国际运力却难以同步增长。疫情初期，多数船公司对国际航运形势产生悲观预期，缩减运力，不仅减少了出口集装箱的航次，而且大幅拆解闲置的集装箱船。全球十二大集装箱运输公司中就有11家削减运力，减少船队数量。不少中小型的船运公司因承受不了长期停航造成的经济压力而陆续倒闭。之后随着全球疫情蔓延，港口堵塞，大型港口中极少能保证货物顺畅流通，空箱回流慢问题凸显。2020年11月前后，仅洛杉矶港和长滩港就有上万个集装箱被滞留在码头，港口货运“接近完全瘫痪”。不只是美国，新加坡、澳大利亚、英国也有大量空集装箱积压。按照全球集装箱航运规律，集装箱的流转原本是一个循环，如从中国到新加坡、欧洲、中东，再回到中国，在此过程中不断进行不同货物的转运。但是疫情打乱了这个“闭环”，“欧美从中国进口很多货物，但受疫情影响，人力和配套设施短缺导致空箱子走不出来”。此外，还有一个重要因素是船员供给持续紧张。菲律宾、印度等海员大国疫情形势复杂，加之船员换班和隔离问题，全球海员缺口问题更加突出。各国在港口加大输入型疫情防控力度，延长了船舶在港停泊时间，也拉低了集装箱供应链周转效率。

3. 中欧班列供不应求

铁路运输方面，疫情期间停靠中国的货运航班、班轮被大幅缩减或取消，国际贸易货物运输受到不同程度的影响。即便没有新冠疫情下的港口拥堵、一柜难求、运费暴涨，为全球供应链提供了第三种解决方案的中欧班列（铁路线）也将以其独特的优势在全球货运市场取得一席之地。

中欧班列是指按照固定车次、线路等条件开行，往来于中国与欧洲及“一带一路”沿线各国的集装箱国际铁路联运班列。2021 年是中欧班列开行十周年，也是广州中欧班列开行五周年。十年来，中欧班列累计开行突破 4 万列，合计货值超过 2000 亿美元，打通 73 条运行线路，通达欧洲 22 个国家的 160 多个城市。2021 年上半年，中欧班列累计开行 7377 列、发送 70.7 万标箱，同比分别增长 43%、52%，再创新高。开行线路、开行城市、货运量不断攀升的背后，是广阔的市场需求和中欧班列统一品牌被不断认可。尤其是在疫情下，一面是海运、空运受阻，一面是出口订单持续增长，这些在客观上刺激了中欧班列加速发展。由于在体量上的巨大差距，即便只有 1% 的货物分流，也会让中欧班列迅速饱和进而供不应求。根据相关规定，一列中欧班列拉 50 个大柜（指 40 英尺长的集装箱，标准箱是 20 英尺长），而一艘 10 万吨级集装箱船舶就可装 1 万标箱，也就是 5000 大柜，相当于一艘船运了 100 列中欧班列的货量。

近年来广州中欧班列呈现快速发展趋势。2016 年广州中欧班列开行 13 列，2020 年开行 111 列，累计申报进出口货物总值超 28 亿美元。出口货物种类包括通信设备、鞋服皮具、家电家具、玩具、灯具、机械、美容化妆类产品、二手汽车、汽车配件等商品。回程班列货物较为单一，主要为纸品和钾肥。据海关总署公布的 2021 年上半年我国进出口的情况，货物贸易进出口总值达 18.07 万亿元人民币，创下了历史同期最好水平。其中，我国以铁路运输方式对“一带一路”沿线国家进出口 2097.8 亿元，增长 43.1%，增速比水运、公路、空运进出口分别快了 15.3 个、13 个和 21.3 个百分点。

供需矛盾之下，疫情叠加多重因素，最直接的影响就是运费暴涨，中欧班列的运费也被拉高。以大朗到莫斯科为例，疫情前一个大柜 3000 美元，从大朗到莫斯科走海铁联运，一个大柜的运费为 2000~3000 美元，而疫情下运费已超过 10000 美元。疫情前只需要 15 天，而疫情后就算口岸 24 小时作业也需要18~20天。

4. 航空货运微跌

受新冠疫情影响，粤港澳大湾区机场群完成航空货邮吞吐量约765万吨，虽略有下跌但仍呈现出良好的发展势头。大湾区航空货运市场进一步向广、深、港三大枢纽机场高度集中，机场运行容量、物流设施保障能力、基地航空公司运力等主导因素对机场货运竞争力的影响愈发显著。

从广、深、港机场航空货运总体情况来看，香港机场辐射全球，是世界领先的航空货运枢纽。21世纪初经济全球化推动香港机场航空货运快速成长。2001年，中国加入世界贸易组织带动香港机场国际货运量进入增长黄金时代。2010年，经济复苏背景下，香港机场货运迅猛增长，首次成为世界上最繁忙的货运机场。截至2019年，香港机场已连续十年获评世界最繁忙货运机场。广州机场是华南门户枢纽，货邮市场资源、运行保障能力均处于强势地位，货邮吞吐量始终保持全国前三。2004年新白云机场竣工，2005年白云机场实现新机场东、西两条跑道同时进行飞机起降，航班飞行保障能力大幅提升。2010年以来，广州机场货运设施不断扩建扩容，“国际一号货站”和第三跑道投入使用，使航空货运设施保障能力进一步增强。2020年广州白云机场年均增速达到7.4%，并且在2019年实现货邮吞吐量超过190万吨。深圳机场自2000年以来货邮吞吐量年均增速领跑大湾区，在全球金融危机、中美贸易摩擦、新冠疫情期间均表现出较强的发展韧性。2000年以来深圳机场货运基础设施不断完善，国际快件海关监管中心、航空物流园、国际货站相继投入运营。2010年前后，深圳机场进行了一轮改扩建工程，第二跑道正式启用，设施及运行保障能力有了大幅提升。近年来，深圳机场货运区规模持续扩容，建成UPS、国际货站、保税物流中心、国内B1/B2/B3货站等设施，货站吞吐能力显著提升。2020年深圳机场完成货邮吞吐量139万吨，并实现自2001年以来年均增速超过10%，高于广州的7.4%、香港的4.1%。

2020年大湾区航空货邮吞吐量同比微跌，深圳机场货邮吞吐量逆势上涨。2020年香港、澳门、广州、深圳、珠海机场累计实现航空货邮吞吐量约 765 万吨，较 2019 年下降 4.4%，好于全国平均降幅 6.0%。其中香港机场442.3 万吨，同比下降5.97%，在大湾区的市场份额首次跌破60%；广州机场 176 万吨，同比下降 8.33%，市场份额小幅度微跌至 23.0%；深圳机场 139.9 万吨，逆势同比上涨 9.0%，市场份额进一步扩大至 18.3%，相较 2019 年提升 2.3 个百分点。

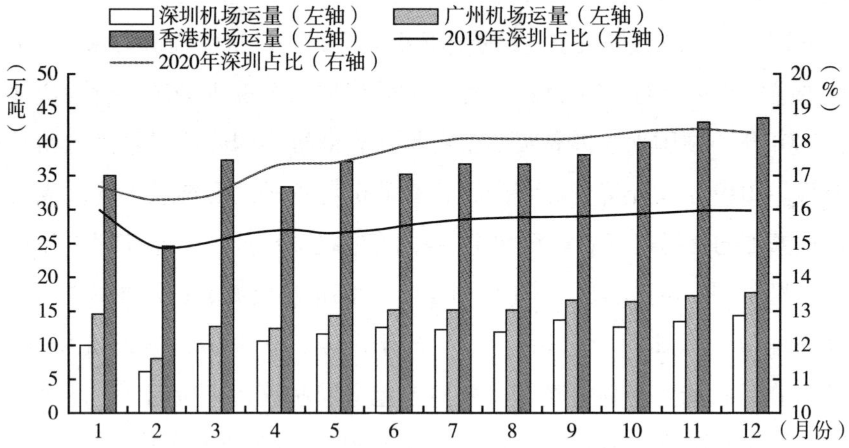

图 2　广、深、港机场运量及深圳占比变化趋势

全货机基地航司对国际航空运力的支撑作用更加凸显。以三大机场主要运行全货机航司为例，根据 2020 年 1~6 月数据，香港国泰航空累计 11421 架次，单位架次货邮运量 58.4 吨；货邮总量 66.7 万吨，约占香港机场国际货邮总量的 36%。广州 FEDEX 转运中心累计 5226 架次，单位架次货邮运量 41 吨；货邮总量 21.44 万吨，占广州机场国际货邮总量的 40%。深圳 UPS 转运中心累计 2140 架次，单位架次运量 44.7 吨；货邮总量 9.58 万吨，占深圳机场国际货邮总量的 45%。可见，受疫情影响客运腹舱运力大幅度削减，全货机基地航司成为国际货邮市场的绝对中坚力量。

深圳机场国际货运强势拉动整体增长态势，表现出较强的发展韧性。深圳机场航空货邮总量逆势上涨，突出体现在国际航空货运需求上。2020 年全年国内航空货邮基本与往年持平，伴随进出口贸易回暖、防疫物资等出口需求，国际货邮持续保持高速增长。其中，6 月、7 月、9 月、11 月、12 月单月国际货量增幅均超过 40%。2020 年深圳机场国际及地区货邮吞吐量占比达到 36.7%，相较 2019 年提升 4.7 个百分点。

以深圳机场为代表的航空货运发展也逐渐突出与城市经贸结构、多元化市场需求的匹配。2020 年深圳机场航空货邮实际市场流向与深圳进出口贸易国家及地区市场份额总体匹配，通过主要货运枢纽机场实现货邮商品的通达及中转。2020 年深圳机场航空货邮流向主要集中于美国、日韩、俄罗斯以及东南亚国家，占比达到 83.9%，主要城市包括安克雷奇、大阪、新加坡、曼谷、仁川等。全货机承运国际货邮的比例由 2019 年的 78%提升至 82.1%，UPS 的市场占有率由 53.4%下降至 46.1%，实际承运航司规模进一步扩大，全货机航司竞争加剧。

后疫情时代航空货运将持续保持高位需求，并强化全货机对整体运力的支撑。疫情影响下，航空货运周转量出现明显下滑，但整体市场表现远好于客运。2020 年 4 月，全球航空货运周转量达到最低点，下滑幅度约 25%，并在之后开始回暖。2020 年 9 月，货邮周转量已恢复至接近上年同期水平，同比下降幅度仅 8%。根据 IATA 2020 年度全球民航发展报告，2021 年世界航空客运市场仍仅能恢复至疫情前的 62%，客运航班量的减少、腹舱载货能力的持续缺口将使全货机长期需求增加。

三　大湾区商贸物流发展优化路径

粤港澳大湾区是国家发展战略，基于各地的体制差异需要重新建立公认的“规则标准”，有效解决规则衔接、制度对接等合作深层次问题，各地物流行业需要根据相关政策指导发展并配合中央政府执行相关措施，粤港澳三地制定物流标准时需要经过前期的沟通协调，构建起粤港澳三地物流体系标准对接机制，重点建设好各类合作平台，建立物流体系发展政策协调机制。

2019 年 2 月，中共中央、国务院印发了《粤港澳大湾区发展规划纲要》，明确提出聚焦商贸服务业重点领域和发展短板，促进商务服务、流通服务等生产性服务业向专业化和价值链高端延伸发展，构建错位发展、优势互补、协作配套的现代服务业体系。推进粤港澳物流合作发展，大力发展第三方物流和冷链物流，提高供应链管理水平，建设国际物流枢纽。在促进粤港澳大湾区商贸与物流一体化发展方面可以采取以下措施。

（一）建立现代化物流体系

构建现代化综合交通运输体系，形成大湾区完备的商贸配送网络。目前大湾区从以下几方面着手：提升珠三角港口群的国际竞争力，建设世界级机场群，完善大湾区经粤东西北至周边省区的综合运输通道，构筑大湾区快速交通网络，提升客货运输服务水平。粤港澳大湾区城际铁路建设规划 2020 年 8 月 4 日获得国家发展改革委批复。规划建设 13 个城际铁路和 5 个枢纽工程项目，总里程约 775 公里。构建大湾区主要城市间 1 小时通达、主要城市至广东省内地级城市 2 小时通达、主要城市至相邻省会城市 3 小时通达的交通圈，打造“轨道上的大湾区”。按照规划，近期到 2025 年，大湾区铁路网络运营及在建里程达到 4700 公里，全面覆盖大湾区中心城市、节点城市和广州、深圳等重点都市圈；远期到 2035 年，大湾区铁路网络运营及在建里程达到 5700 公里，覆盖 100% 县级以上城市；建成后，将极大推动促进粤港澳大湾区商贸与物流一体化发展进程。

建设粤港澳大湾区物流体系需要各地商流、物流、信息流和资金流深度融合，做到信息互通，确保信息交流途径顺畅，因此需要加快建立物流信息共享平台，使大湾区内货物流动与铁路、公路、水路和航空资源有效匹配，提升运输装备装载率，避免空车返程、装载率偏低的情况，整合物流资源，依托大湾区物流体系构架以集装箱为载体的多式联运平台，实行一次收费、一次托运、一张单据、全程跟踪、全程负责的模式。

（二）大力发展多式联运

粤港澳大湾区运输资源丰富，利用香港、深圳、广州等高铁、空运、港口等资源，加快建设海陆空多式联运物流体系，在能够衔接不同运输方式下，大力提升多式联运水平，提升物流效率，减少物流成本，促进粤港澳大湾区物流业协同发展，借此机会可以发挥各地区资源优势，加强交流联动，其余地区结合产业特点找准自身定位，积极参与物流枢纽建设，强化商品集散、物流运输、存储流通等功能，避免各地重复建设，促进区域物流资源高效合理利用，从而提高粤港澳大湾区物流资源空间配置效率。

交通物流高速发展促进湾区消费规模扩张。物流配送网络的建设及高速发展，可带动当地城市居民消费水平显著提高。粤港澳大湾区城市居民消费观念在过去三年里也发生着改变，食品生鲜、鲜花农资等成为大湾区居民在线消费的新选择。自 2016 年起，京东到家与达达合并，随后沃尔玛又战略投资新达达，打造生鲜商超 O2O 等，使冷链、众包物流遍地“开花”，进一步助力湾区消费升级。众所周知，华南珠三角是全国重要的家电产业基地，对家电仓储、干线运输、末端配送、安装服务等有着强烈的需求。京东物流通过多层级的仓网布局、供应链全链条服务、集约化管控、大数据管理分析等，减少家电搬运、周转次数，精准预测需求、提前备货，从而降低湾区家电企业物流成本，提高行业运营效率、服务水平，带动企业销售的提升，甚至有效帮助厂家进行生产和备货决策。

如今，粤港澳大湾区正在以特殊的历史文化及区位优势，承载着对外开放的使命，并将迎来新的经济发展格局。面对商贸、物流业发展的良好环境和历史机遇，粤港澳大湾区各个城市要协同合作，加快推进现代商贸物流一体化发展战略的实施，推动大湾区商贸经济的新一轮变革。

（三）推动物流产业升级

随着信息技术的发展，物流业将迎来新的变革和挑战。人工智能的出现，也为物流产业转型升级带来了机会。随着智能物流的发展，运用大数据计算、5G 技术、物联网等技术，能够使物流系统强化分析规划决策能力，使物流系统更加自动化和智能化，符合现代物流高质量发展的要求，能够推动传统物流产业升级，降低物流成本，提升物流效率，促进区域经济繁荣，因此需要大力推进智能物流高质量发展。

升级粤港澳大湾区的数字商业基础设施，助力扩大内需与消费升级。一个开放、活跃、创新和多元的数字商业基础设施体系将成为建设国际一流湾区和世界级城市群的基础。需要重点扶植和打造 5G、云计算、智慧物流、跨境支付等数字化基础设施，强化数字化基础设施与产业的交互共振，推动粤港澳大湾区的进出口加工贸易，满足百姓日益增长的消费升级需求。

（四）地方特色化发展战略

一类城市包括广州、深圳、佛山。这三个城市在市场、资源、经济竞争力方面都有较好表现，在粤港澳大湾区内处于领先地位，三大城市可发挥其经济带动优势，集聚人力、产业、基础设施等资源，加强与周边城市的协同发展，深圳与香港的经济联动发展、广州的商贸之都、佛山的制造业基地、广深港口的进出口业务均是带动商贸物流需求的要素。

二类城市包括东莞、江门。这两个城市的制造业发达，玩具、食品饮料、服饰、家具、电器、纺织、印刷、制鞋等民生用品的占比较高。为了促进商贸物流的发展，可加大该类资产投入，加快公路、铁路等基础资源的建设；政府应制定有利于企业发展的财政政策、税收政策等，促进制造企业的规模扩张；加大信息技术投入、加强人才培养，提升物流信息化和企业管理水平，降低商贸物流成本，提升商贸物流效率；支持企业大力发展线上销售，扩展销售渠道，搭建商贸信息及商贸物流信息共同平台。

三类城市包括惠州、珠海、肇庆、中山，其产业发展涉及化工、医药、电力、汽车配件、电子等，主要产业商品较少涉足商贸物流，同时前三个城市在旅游业上具有较明显的优势，可以增加城市特色商品如农产品的生产，借助旅游业推动商品贸易与交流；中山的资源竞争力具有较明显优势，可大力发挥并积极促进商贸物流发展。随着港珠澳大桥的开通，珠海未来的经济发展将越来越好，包括科技、人员交流、平台建设等。在与粤、港、澳三方贸易中，应通过服务贸易开放，提升市场一体化水平，打造国际一流营商环境，为商贸物流创造更好的经济环境。

第十三章 粤港澳大湾区农产品物流发展现状、问题与优化

2021年，粤港澳大湾区的总人口数已达到8670万人，GDP达到19581亿美元。基于区域庞大的人口体量、土地规模和经济影响力，粤港澳大湾区形成了巨大的农产品消费市场。在绿色农产品领域，粤港澳大湾区有着3500亿元的产地服务市场和7000亿元的销地服务市场。目前，国家、区域和地方城市层面针对粤港澳大湾区已制定大量的农产品及冷链物流政策规划。同时经过不懈发展，粤港澳大湾区在农产品物流基础设施和流通体系建设、农产品物流信息化建设、农产品物流协作与融合发展，以及农产品物流对外贸易与合作方面取得了显著成就。然而，当前的大湾区农产品仍面临“小生产”和“大市场”之间的矛盾。“缺设施”“缺标准”“缺协同”“缺人”等问题依旧突出。为了提高农产品流通效率，彻底盘活农产品物流，粤港澳大湾区仍需结合自身发展优势和产业基础，进一步积极探索并实施高效现代化的农产品流通模式，完善基础设施，深化融合协作，大力发展农产品对外贸易，重视培养农产品物流专业人才。

一　粤港澳大湾区农产品物流发展现状

（一）粤港澳大湾区农产品物流基础设施和流通保障体系建设

1. 粤港澳大湾区“菜篮子”工程建设

2018年12月，广州市政府提出建设“大湾区‘菜篮子’”构想。该

构想方案依托广州优质的农业资源基础，计划打造以广州为中心的大湾区农产品物流枢纽，同时联结泛珠三角地区和内地优质农产品生产基地，为港澳市场稳定地提供丰富且优质的农产品。通过实施以“政府引导、企业主体、市场行为”为核心的建设模式，广州市将建立“菜篮子”生产基地体系、产品便利流通体系，以及质量安全监管体系等。2019 年 5 月，广州市正式启动建设粤港澳大湾区“菜篮子”项目。2019 年 9 月 28 日，大湾区“菜篮子”流通服务平台正式运营，同年 10 月，广州配送中心建成且投入使用，并同步推进清远、梅州、云浮、永州、黔南、毕节、齐齐哈尔等配送分中心建设。2020 年 4 月，广州增城启用粤港澳大湾区“菜篮子”通关（增城）便利区，优质蔬菜可由此便利区直达港澳地区。为指导和配合农产品物流基础设施和流通体系建设，广州出台多项相关政策，健全政策体系。广州市制定发布《粤港澳大湾区“菜篮子”生产基地申报指南》《粤港澳大湾区“菜篮子”流通体系建设管理规则（试行）》《粤港澳大湾区“菜篮子”建设实施方案》，以加快建立大湾区农产品供应体系。根据广州市社会科学院的《广州蓝皮书：广州城乡融合发展报告（2022）》，经过两年多的建设，粤港澳大湾区“菜篮子”工程体系逐步健全，产业闭环初步形成。广州市构建了规模化品牌化的生产体系、农产品质量安全指标体系、全链条全通透的质量安全溯源体系、畅通便利的产品流通服务体系以及跨地区跨部门协作机制。截至 2021 年底，全国已有港澳地区、24 个省（区、市）、138 个地级以上市（州）加入了大湾区“菜篮子”工程体系合作共建行列。广州市与各合作地市共认定 1285 个“菜篮子”生产基地、93 个“菜篮子”产品加工企业，遍及广东、湖南、山东、江西、云南、甘肃、广西、宁夏等国内优质农产品集散地，并在全国布局建设梅州、清远、云浮、齐齐哈尔、赣州、潍坊、聊城、永州等 17 个配送中心（分中心），有力地促进了“菜篮子”农产品的高效流转。典型案例包括通过粤桂协作机制，广西建立了 9 个供深农产品基地，广西优质农产品走上粤港澳大湾区市民的餐桌，到 2020 年已销售广西农产品 175 亿元。2019 年 9 月，云南省发展和改革委员会印发《云南省融入粤港澳大湾区建设若干措施》，支持建立面向粤港澳大湾区市场、产、供、销一体化绿色有机农产品供应链。到 2021 年底，云南省已拥有 69 个供港澳蔬菜备案基地，22 家企业获得了粤港澳大湾区“菜篮子”生产基地认证。江西、贵州、湖南等地也出台相应措施加强与粤港澳大湾区间的农产品物流协作，积极融入大湾区农产品市场。江西省赣州市新增 20 个粤港澳大湾区“菜篮子”生产基地，贵州省毕节市先后获粤港澳大湾区“菜篮子”基地认定 41 个。

2. 大湾区绿色农产品生产基地建设

2019 年 2 月《粤港澳大湾区发展规划纲要》明确提出，要高水平打造惠州粤港澳绿色农产品生产供应基地、肇庆（怀集）绿色农副产品集散基地。在建设惠州粤港澳绿色农产品生产供应基地方面，总投资 50 亿元人民币的粤港澳大湾区（广东 · 惠州）绿色农产品生产供应基地项目已于 2020 年 11 月开工建设。该基地的定位为重要农产品应急储蓄和稳价保供基地、绿色安全农产品供应基地、联农带农助农枢纽基地、产销对接现代流通创新示范基地。据测算，该基地建成投产后，预计每年可提供农产品流通服务 500 万吨，实现年农产品物流总额 300 亿元人民币，创造 70 亿元人民币协同产值，带动周边 50 万户农业生产者协同发展，显著提高大湾区农业产业抵御风险的能力，增加农产品附加值。在建设肇庆（怀集）绿色农副产品集散基地方面，依据《粤港澳大湾区发展规划纲要》的指导精神，肇庆市怀集县先后制定了《粤港澳大湾区肇庆（怀集）绿色农副产品集散基地核心区控制性详细规划》《粤港澳大湾区肇庆（怀集）绿色农副产品集散基地实施方案》《怀集县贯彻落实〈粤港澳大湾区肇庆（怀集）绿色农副产品集散基地实施方案〉三年行动计划（2021—2023 年）》等政策文件。2020 年以来，肇庆市怀集县加快建设粤港澳大湾区肇庆（怀集）绿色农副产品集散基地。该项目功能定位为智慧型农副产业集聚区、生态型绿色发展示范区、创新型产城融合样板。怀集县围绕生猪、蔬菜和水稻三大主导产业，建设“一中心多节点”产业闭环，推动农副产品生产、加工、物流、销售等各环节有机整合。其中，“一中心”是指建设绿色农副产品交易博览中心，“多节点”是指建设禽畜集中屠宰产业园、肉类产品深加工产业园区、食品

（农产品）精深加工（中央厨房）产业园区、应急战略储备基地、农产品进出口平台、农副产品展示展销中心、集散基地大数据服务中心、农副产品检测中心及广东省东西部协作肇庆产业基地。

3. 大湾区农产品物流应急、保供和稳价体系建设

新冠疫情对农产品生产、销售和流通带来了冲击。在疫情防控背景下，大湾区农产品流通基础设施建设的应急、保供、稳价特征明显。粤港澳大湾区（广东·惠州）绿色农产品生产供应基地是大湾区重要农产品应急储备和保供稳价基地。为发挥“菜篮子”基地在保供稳价中的作用，广东省 2021 年在全省范围内新认定建设省级“菜篮子”生产基地 577 家，定点批发市场 54 家。广东省发展和改革委员会的数据显示，广东省地方粮食储备规模居全国第一，可满足全省 6 个月的市场供应，全省成品粮油储备量可保障约 1 个月的市场供应。疫情期间，广东建立农产品“保供稳价安心”数字平台，提供农产品供求信息发布、线上直供绿色通道、产销撮合对接等服务，在缓解农产品滞销方面发挥了巨大的作用。在农产品稳价方面，广东省实施《广东省价格监测报告制度》，在全省范围内部署 633 个价格监测定点单位，定期开展农副产品价格监测，覆盖 27 类 148 种农副产品。为应对非洲猪瘟等疫病对猪肉保障供应产生的影响，广东省认真落实“菜篮子”市长负责制，制定并落实《应对非洲猪瘟疫情保障猪肉及其替代品供应应急预案》，调整猪肉供应链，推行“集中屠宰、品牌经营、冷链流通、冷鲜上市”，维护生猪产品正常流通秩序。为保障供港澳生猪及相关农产品安全，广东省制定供港澳生猪及其产品运输专用通道方案，加强对供港澳注册养殖场的监测排查监管，保障港澳生猪供应平稳安全。

（二）粤港澳大湾区农产品冷链物流发展现状

冷链物流是农产品物流的关键。农产品冷链泛指水果、蔬菜、肉类等物品在生产、贮藏运输、销售的各个环节始终处于规定的低温环境下，以保证物品质量和性能的一项系统工程，主要包括冷冻加工、冷冻贮藏、冷藏运输及配送、冷冻销售四个方面。伴随着商品经济快速发展，我国冷链物流行业发展势头强劲、体量巨大。2021 年，我国冷链物流行业市场规模达到 4184 亿元，同比增长 9.2%。广东省供销合作联社的一项调研结论显示，农产品冷链可将果蔬损失率从 25%降至 5%~10%，同时可以实现生鲜农产品错峰错季上市，有效提高农产品的品质和安全，促进农民收入稳定增长。随着消费习惯的改变和消费结构的升级，生鲜电商、新零售、新餐饮等新模式的出现，城乡居民对生鲜农产品的消费需求日益增长，特别是粤港澳大湾区地区人民普遍倾向于食用新鲜食材，重视食品的新鲜度，因此作为生鲜农产品供应链保障的冷链物流的重要性日益凸显。同时，疫情期间，冷链物流保障农产品及食品供应的重要作用也得到了社会各界的认可。强大的经济活力、日益增长的高品质消费需求、特殊时期对冷链物流的巨大需求均促使大湾区农产品冷链快速发展。据中国物流与采购联合会冷链物流专业委员会测算，2021 年大湾区食品冷链需求量已突破 2600 万吨，食品冷链物流市场规模突破 400 亿元人民币。2020 年，13%的中国冷链物流百强企业位于粤港澳大湾区。发展冷链物流是建设现代流通体系、畅通国民经济循环、推动经济高质量发展的内在要求。我国从中央到地方均高度重视农产品冷链物流发展，制定和发布了一系列相关政策文件，推动了一批农产品冷链物流项目建设。

表 1　2014~2018 年广东省主要冷链物流农产品产量

单位：万吨

年份	2014	2015	2016	2017	2018
水果	1248.2	1298.5	1332.0	1421.2	1547.8
肉类	456.7	454.7	448.7	444.1	449.9
水产品	783.2	803.7	818.3	833.5	842.4
蔬菜	2898.5	2994.7	3036.4	3177.5	3330.2

资料来源：广东省统计局，前瞻产业研究院。

1. 农产品冷链物流总体规划政策

2017 年 7 月 1 日国家发展和改革委员会与粤港澳三地政府签署了《深

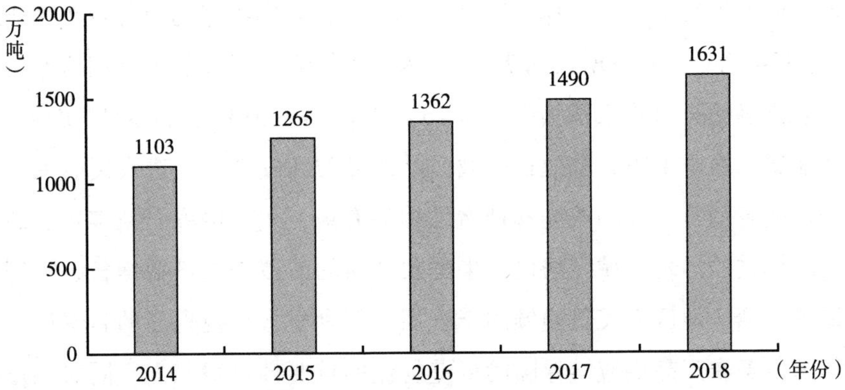

图1　2014~2018年广东省农产品冷链物流需求规模

资料来源：前瞻产业研究院。

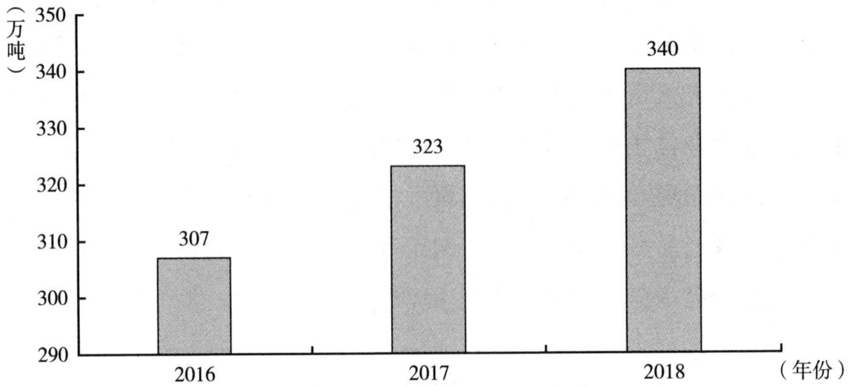

图2　2016~2018年广东省冷库容量变化

资料来源：中国物流与采购联合会冷链物流专业委员会，前瞻产业研究院。

化粤港澳合作　推进大湾区建设框架协议》，奠定了大湾区农产品冷链物流发展的基础。2019年2月《粤港澳大湾区发展规划纲要》明确提出，要推进粤港澳物流合作发展，大力发展第三方物流和冷链物流，提高供应链管理水平，建设国际物流枢纽。同时提出要高水平打造惠州粤港澳绿色农产品生产供应基地、肇庆（怀集）绿色农副产品集散基地。2019年9月，广东省印发《关于支持省级现代农业产业园建设的政策措施》，优先支持农产品冷库和冷藏项目建设。2020 年 6 月，广东省印发《广东供销公共型农产品冷链物流基础设施骨干网建设总体方案》，计划投资 170 亿元人民币，到 2022 年，骨干网运营管理的冷库容量达到 160 万吨左右，新增冷藏车 2000 辆以上、移动预冷装置 1000 台以上。2020 年 7 月，国家发展和改革委员会印发《关于做好 2020 年国家骨干冷链物流基地建设工作的通知》，遴选了 17 个城市建设国家骨干冷链物流基地。2021 年 10 月，广东省农业农村厅联合广东省财政厅编制并发布《广东省农产品产地冷藏保鲜设施建设实施方案》，围绕蔬果和地方优势特色农产品开展产地冷藏保鲜设施建设，探索“田头小站”模式。2021 年 11 月，国务院办公厅印发《“十四五”冷链物流发展规划》，作为我国冷链物流领域第一份五年规划，围绕冷链物流体系、产地冷链物流、冷链运输、销地冷链物流、冷链物流服务、冷链物流创新、冷链物流支撑及冷链物流监管体系等方面，对冷链物流的全流程、全环节、全场景提出了更高的要求，提出打造“四横四纵”冷链物流骨干通道网络（“四横”包括北部、鲁陕藏、长江、南部四大通道，“四纵”指西部、二广、京鄂闽、东部沿海四大通道），建立“321”冷链物流运行体系（三级冷链物流节点，服务国内产销、国际进出口的两大冷链物流系统，国内国际一体化冷链物流网络）。同时针对冷链物流“最先一公里”和“最后一公里”等行业难题提出了科学可行的指导方案。2022 年 5 月，商务部等部门联合发布《关于加快贯通县乡村电子商务体系和快递物流配送体系有关工作的通知》，进一步强调要加快冷链物流体系建设。

2. 粤港澳大湾区城市层面农产品冷链物流规划政策

结合自身产业行业基础优势、基于自身发展需求和短板，粤港澳大湾区内主要城市均制定并发布了农产品冷链物流相关规划和政策文件。

（1）广州

2014 年 5 月《广州市加快新业态发展三年行动方案》发布，编制冷链物流发展规划。2019 年 1 月广州市商务委员会印发《关于促进食品冷链物流发展若干措施》，提出加强冷链物流基础设施网络建设、加快培育冷链物流市场主体、鼓励冷链物流技术装备和经营模式创新应用、建立健全冷链物流标准化和服务规范体系、完善重要品种冷链物流体系、加快推动冷链物流信息化建设等。2021 年 11 月，广州市商务局印发《广州市“十四五”供应链体系建设规划》，明确提出要“加快冷链设施网络建设，增强冷链服务供给能力”。

（2）佛山

2019 年 12 月佛山市起草《佛山市城市绿色货运配送办法（征求意见稿）》。在冷链物流方面，计划完善冷链物流基础设施网络，鼓励冷链物流企业加快保鲜、冷藏、冷冻、预冷、运输、查验等冷链物流基础设施建设。鼓励连锁经营企业、大型批发企业和冷链物流企业利用自有设施提供社会化的冷链物流服务，开展冷链共同配送、“生鲜电商+冷链宅配”、“中央厨房+食材冷链配送”等经营模式创新，完善相关技术、标准和设施，提高城市冷链配送集约化、现代化水平。

（3）东莞

2022 年 5 月东莞市印发《东莞开放型经济发展“十四五”规划》，提出构筑“中欧班列”陆上物流大通道，完善国际班列冷链物流配套设施，打通国际班列冷链运输新通道。完善城市物流配送体系，引进先进的冷链物流管理技术，创新冷链物流组织模式，加快建设以肉类、水产品、蔬果、奶制品、药品为主的重点产品冷链物流服务体系。

（4）珠海

2020 年 4 月珠海市商务局印发《珠海市关于加快现代物流业发展的政策措施》，明确提出支持冷链物流发展。支持建设和改造冷库、产地预冷集配中心、低温加工仓储配送中心，支持服务生鲜电商等新业态的多温区仓配一体化建设，鼓励购置冷链物流设施、冷藏车。对上述冷链物流基础设施建设、购置冷链物流设备项目，实际投资金额分别不低于 200 万元、100 万元的，按不超过实际投资金额的 10%给予一次性资助，每个项目资助金额最高不超过 200 万元。

（5）江门

2019 年 11 月江门市政府发布《江门市现代物流业发展规划（2019—

2025）》，提出加快推进冷链物流发展。加强冷链物流基础设施建设，围绕江门水果、蔬菜、海水产品等产销地和流通节点，优化完善冷链物流网络布局，完善产地预冷、冷链储藏、冷链加工、冷链运输、冷链配送、冷鲜销售等配套设施设备，重点解决农产品生产地预冷设施不足问题，提高鲜活农产品冷链运输比例。加快推进江门海关监管流程优化，压缩供港供澳冷链货物通关时间，加快江门与港澳生鲜标准统一及互认，共建三地冷链物流体系。2021 年 3 月江门市发布《粤港澳大湾区（江门）高质量农业合作发展平台三年行动方案（2020—2022 年）》，提出在台山市、开平市、恩平市打造业态先进、功能完善、全国一流的现代化农产品冷链物流产业园。

（6）肇庆

2016 年 10 月《肇庆市促进农村电子商务发展实施方案》提出要支持冷链物流企业建立田头预冷、仓储保鲜、冷藏冷冻混合运输等冷链系统，解决从田间到商场、超市、电商企业“前端一公里”的物流问题。2022 年 3 月《肇庆市农业农村现代化“十四五”规划》提出加快冷链物流基础设施建设，提出加快补齐冷链物流短板，建立健全“市级农产品骨干冷链物流网络+县级区域性农产品仓储保鲜冷链物流基地+镇村级田头冷链保鲜仓”的区域农副产品流通体系和农副产品市场体系。加大水果、蔬菜等农产品冷链加工仓储物流建设投入，在全市产业重点镇和中心村鼓励建设一批田头小站。到 2025 年，打造 2 个农产品仓储保鲜冷链物流示范县、建设 20 个“田头小站”，初步构建全市农产品骨干冷链物流网络。

（7）中山

2022 年 3 月中山市印发《中山市农业农村现代化“十四五”规划》，提出要培育建设现代冷藏物流枢纽和供应链服务配送基地，支持农业龙头企业构建集生产、仓储、运输、销售、配送于一体的食用农产品安全温控供应链体系。

3. 粤港澳大湾区农产品冷链物流发展情况

（1）积极推动冷链物流基础设施建设

近年来，粤港澳大湾区各地大力推进农产品冷链物流项目投资和基础设施建设，积极补齐农产品冷链物流短板。2020年6月，仓容46万吨的全国最大临港冷链仓库群及综合性冷链物流分拨基地正式落地广州南沙，填补了广东省临港大型综合型冷库空白。该冷链项目计划于2021年初投产，以经营肉类、水产品、果蔬等大宗民生货类为主，提供冷冻冷藏、保税查验、加工配送、商品展示交易、供应链金融等服务，其100公里范围内可覆盖粤港澳大湾区主要城市。惠州市惠东县于2020年7月引入合生—珠江国际智慧冷链交易基地项目。该项目计划建设冷链供应链和跨境电商产业基地，覆盖冷链仓储、加工、物流、检验检测、进出口贸易、期货交易和电商平台七大方面。该项目建成后可辐射大湾区和东南亚地区近4亿人口，打造高效、便捷的农副水产品冷链运输通道。2021年，位于肇庆市广宁县横山镇的粤港澳大湾区“菜篮子”产品肇庆配送分中心首期工程建成投产，来自肇庆广宁的农副产品将被送至大湾区居民的餐桌。作为全冷链物流园区，粤港澳大湾区“菜篮子”产品肇庆配送分中心集农产品产地初加工、冷链加工、冷藏保鲜、产品流通和直供直销、电子商务等功能于一体，前期将重点发展肉鸽产品冷藏、保鲜、熟食深加工、展示展销、电商销售等业务。中心建成后，可引进第三方服务企业超过300家，进园企业合计年交易额总量预计将达到每年20亿元，带动就业人口3000人。

（2）东莞入选国家骨干冷链物流基地建设名单

广东东莞入选2020年国家骨干冷链物流基地建设名单，成为广东省唯一上榜代表，粤港澳大湾区冷链仓储行业的发展将进一步加速。东莞国家骨干冷链物流基地以增益冷链东莞港基地为核心，其定位为华南地区大宗集展示交易、冷冻冷藏、冷链运输、生鲜加工、信息管理、综合配套等多功能于一体的现代化冷冻食品集散中心。东莞国家骨干冷链物流基地分为增益冷链东莞港基地、江南农批基地和嘉速物流基地三个部分，总占地面积约510亩，总投资超25亿元。据估算，预计到2023年，东莞国家骨干冷链物流基地冷库总库容达到27万吨，实现冷库货物吞吐量达到60万吨，基地年交易额达到130亿元，冷链产品销售额占东莞市冻品市场的70%以上，服务收入达到3亿元。

表 2　2020 年国家骨干冷链物流基地建设名单（排名不分先后）

所在地	国家骨干冷链物流基地
北京	平谷国家骨干冷链物流基地
山西	晋中国家骨干冷链物流基地
内蒙古	巴彦淖尔国家骨干冷链物流基地
辽宁	营口国家骨干冷链物流基地
江苏	苏州国家骨干冷链物流基地
浙江	舟山国家骨干冷链物流基地
安徽	合肥国家骨干冷链物流基地
福建	福州国家骨干冷链物流基地
山东	济南国家骨干冷链物流基地
河南	郑州国家骨干冷链物流基地
湖北	武汉国家骨干冷链物流基地
湖南	怀化国家骨干冷链物流基地
广东	东莞国家骨干冷链物流基地
四川	自贡国家骨干冷链物流基地
云南	昆明国家骨干冷链物流基地
陕西	宝鸡国家骨干冷链物流基地
青岛	西海岸新区国家骨干冷链物流基地

资料来源：国家发展和改革委员会。

（3）广东省冷链骨干网络布局基本形成

广东省政府和中华全国供销合作总社的重点合作项目——冷链骨干网全省网络布局基本形成。根据《广东供销公共型农产品冷链物流基础设施骨干网建设总体方案》中的“1 个中心+2 个区域网+3 个运营平台”（中心库+冷链物流产地网、冷链物流销地网+冷链物流资源整合平台、冷链运输配送平台、公共型智慧冷链物流信息服务平台）全省冷链物流骨干网规划，至 2021 年底，已形成 2 个区域网，同时正加快建设 1 个中心和 3 个运营平台。2021 年新建投产冷库 16 座，相关库容达 44. 3 万吨，在建冷库 15 座，相关库容达 40. 8 万吨。预计到 2023 年上半年，全省冷链骨干网全部建成运营后，可按计划提供超过 160 万吨库容服务。依托全省范围内的冷链物流基础设施，冷链骨干网的建成将深化与农产品供应链头部企业的合作，加速集聚联农带农优势资源。

（4）连接产地和销地的农产品冷链物流网络基本形成

在粤东、粤西、粤北等农产品主产区，2021 年已建成产地冷链物流基地 13 个，同时配套建设农产品分级分拣、初加工、交易服务等设施。在农产品主销区及重要节点城市，建设复合型冷链物流园区，2021 年已建成销地冷链物流基地 3 个，启动粤港澳大湾区（佛山）中心库建设，同时配套建设分拨集散、配送处理等设施，拓展中央厨房及净菜加工生产设施。在田头布局具有收购、预冷保鲜等功能的乡镇农产品集散中心；开通冷链物流干线 14 条，协同管理冷链车辆 456 台，实现“库、车、网”全面布局，形成全程一体化冷链物流保障体系。

（5）大湾区冷链物流建设延伸至区域外

2020 年 6 月 1 日，粤港澳大湾区首趟发往拉萨藏区的冷藏集装箱专列发出，经过 10 天的运输，来自南海油脂公司的酥油由这趟冷藏专列运至藏区人民手中。该专列的开通进一步打通了大湾区至西藏之间新的冷链物流通道，进一步将大湾区的冷链物流建设延伸至区域外。该专列全程 5000 多公里，实现了冷藏集装箱的“门到门”运输，充分发挥了铁路运输长距离、大运量、速度快的优势。

（三）粤港澳大湾区农产品物流信息化发展现状

1. 农产品物流信息平台建设

当前，技术赋能粤港澳大湾区农产品物流发展升级的趋势明显，先进的物流装备和智能化、信息化技术得到发展和应用。2019 年，粤港澳大湾区“菜篮子”项目上线信息平台。该信息平台集成电子商务、仓储物流、安全溯源等子系统，可查询所有平台登记农产品产销、质量安全信息，追溯农产品源头、追踪农产品流向，保证每一棵菜的生产和加工信息都是公开可查的，成为大湾区“菜篮子”项目的“中枢大脑”。疫情期间，农产品无接触购买成为新需求。粤港澳大湾区“菜篮子”项目积极探索农产品智能售卖模式。借助安装在社区和机关单位的智能零售终端，消费者可实现“下楼购买，下班取货”。该智能零售终端具有冷藏功能，打通了农产品冷链的“最后一环”。同时，该智能零售终端提供农产品质量权威检测报告和溯源信息的智能查询功能，让消费者买得放心、吃得安心。

2. 农产品物流追踪和溯源系统

新冠疫情期间，生鲜农产品流通对智慧冷链的需求进一步提升。2020年6月《广东供销公共型农产品冷链物流基础设施骨干网建设总体方案》明确指出，要利用区块链、移动互联网、5G、物联网等技术，建设公共型智慧冷链物流信息服务平台，主要包括云仓系统平台、车辆协同系统平台、农产品质量检测追溯平台、产销线上对接平台等，推动农产品库网链融合，实现冷链仓储、物流、交易一体化运营。在疫情防控常态化和新冠病毒通过冷链物流链条传播的风险增加的背景下，建立农产品冷链物流追踪和溯源系统日趋紧迫。2021年4月，广东省冷链协会与深圳前海粤十信息技术有限公司正式签约打造广东省冷链公共智能溯源平台，实现省内网格仓与冷链相关数据信息认证、查询、溯源和跟踪管理等综合服务。广东省冷链公共管理服务平台目前基本实现全省冷链信息的数据采集、查询、溯源、认证、过程管理等功能，覆盖冷库达110个，冷藏车超过4300辆，服务企业超过500家。目前全省大部分冷库已实现仓储货物信息化管理。粤港澳大湾区“菜篮子”工程韶关配送中心实施基于物联网的冷链设施智慧运维管理和服务，实现人机互联、数据驱动、实时智能。

3. 智慧化“无人农场”

广东省积极探索智慧化“无人农场”。“无人农场”是采用人工智能技术对农场的设施、装备和机械等进行远程控制，完成耕、种、管、收的一种无人化作业模式。广东省广州市增城区的水稻“无人农场”采用无人驾驶旋耕机、无人驾驶水稻直播机、无人驾驶收获机等自动化农机设备完成无人化作业。这些无人农机依靠北斗导航系统“认路”，可自动规划作业路径并自主移动作业。同时，“无人农场”周边装有摄像头，可实时监测农作物长势，工作人员可在远端对农作物长势和病虫草害情况进行远程观察。《广东省推进农业农村现代化“十四五”规划》指出，未来将建设30个数字农业试点（示范）县，打造10个粤港澳大湾区“无人农场”，推动大湾区农业生产和流通智能化水平提升。

4. 农产品电子商务

近年，大湾区农产品电子商务发展迅速，特别是新冠疫情期间，农产品电子商务线上非接触交易、供需快速匹配和产销高效衔接的优势进一步凸显。广东省积极推动“农村电商”工程高质量发展，并取得显著成效。根据农业农村部信息中心联合中国国际电子商务中心发布的《2021全国县域数字农业农村电子商务发展报告》，2020年广东县域农产品网络零售额超750.6亿元人民币，排名全国第一，广东省共有12个县（市、区）跻身全国县域电商百强县。

（四）粤港澳大湾区农产品物流协作及对外合作现状

1. 粤港澳三地农产品物流协作与融合发展

（1）三地农产品贸易与物流协作基本情况

粤港澳大湾区农产品物流协作最早可以追溯到20世纪60年代，由内地向港澳地区运输蔬果、肉制品等鲜活农产品，以满足港澳同胞的日常生活需要。经过数十年的发展，供港农产品以高标准生产、严格检疫和高效运输成为大湾区农产品从“田间”到“口岸”的生产和流通标杆。据统计，2018年广东省与香港的农产品进出口贸易总额达到43.51亿美元，同比增长5.2%。其中农产品出口总额40.50亿美元，同比增长3.6%；农产品进口总额3.00亿美元，同比增长33.5%。广东省与澳门的农产品进出口贸易总额达到3.18亿美元，同比增长8.6%。其中农产品出口总额3.03亿美元，同比增长7.6%；农产品进口总额0.15亿美元，同比增长44.5%。

目前，港澳、深圳和广州之间的农产品物流协作关系大致如下：广州依托《粤港澳大湾区“菜篮子”建设实施方案》，大力发展粤港澳“菜篮子”工程，同时联结泛珠三角地区和内地优质农产品生产基地，为港澳市场稳定提供丰富优质的农产品。深圳及附近地区是供港生鲜农产品的集散、仓储和配送中心。香港是世界级的自由贸易港，在全球食品贸易中转业务中占据重要地位，具有空运和航运优势。国外进口农产品先通过航空、航运方式达到香港，然后分销至内地城市。澳门则是葡语系国家的合作服务平台。

（2）三地口岸通关效率大幅提升

提升粤港澳三地农产品物流协作水平，促进农产品物流融合发展，需要提高三地口岸通关效率。《粤港澳大湾区发展规划纲要》明确提出，要提升粤港澳口岸通关能力和通关便利化水平，促进人员、物资高效便捷流动。扩展和完善口岸功能，依法推动在粤港澳口岸实施更便利的通关模式。目前广东省内海关共对147家供港澳蔬菜种植基地和生产加工企业进行属地管理。其中东莞海关每日验放新鲜蔬菜超过600吨，布吉海关日均监管供港蔬菜1800吨、水果500吨。近年来，内地与港澳推行多项通关便利措施，提高农产品通关效率。2018年10月，港珠澳大桥正式开通，2018年10月至2021年9月，大桥海关监管货物总计240.8万吨，监管货值达3383.8亿元人民币。对于供港澳生鲜农产品，大桥海关开辟绿色通道，实行“优先通关”“随到随检”“快检快放”等措施。香港与深圳口岸较早实施“跨境一锁”计划，两地海关使用同一把电子锁，避免同一批货物通关时需由两地海关重复检查，加快货物通关流程。该便利措施已被推广至港珠澳大桥口岸和广东省内其他城市。截至2019年5月，“跨境一锁”计划在广东省内的清关点已达到52个，其中43个位于大湾区内9个内地城市。为提高鲜活农产品通关效率，黄埔海关在润丰国际蔬菜交易中心内建设供港蔬菜海关监管中心，提供报检、查验、铅封“一站式”服务，使得通关时间缩短至半天，新鲜蔬菜当日采摘当日即可送达香港，极大地缩短中间流转时间。

（3）粤港澳物流园提高供港澳农产品物流效率

在提升大湾区农产品流通效率方面，粤港澳物流园同样发挥了巨大作用。《粤港澳大湾区发展规划纲要》提出，要支持横琴与珠海保税区、洪湾片区联动发展，建设粤港澳物流园。珠海，占据港珠澳大桥的落脚点位置，是全国唯一与香港澳门道路相连的城市。珠海本土物流企业好顺发与广东省交通集团岐关公司在洪湾片区共建岐关珠港澳物流园。岐关珠港澳物流园包含珠港澳智慧农副食品加工配送区、国际集装箱堆场区、综合服务报关联检区，是珠港澳三地的物流中心。各类生鲜农副产品从物流园保税仓库出发到澳门仅需25分钟，到香港仅需45分钟，能够以最快的速度、最短的时间到达港澳居民的餐桌。

2. 粤港澳农产品物流对外贸易与合作现状

粤港澳大湾区积极参与“一带一路”农产品贸易与合作。2013年9月和10月，中国国家主席习近平在出访中亚和东南亚国家期间，先后提出共建“丝绸之路经济带”和“21世纪海上丝绸之路”的重大倡议，得到国际社会高度关注。“一带一路”倡议提出以来，农产品贸易一直是“一带一路”合作的重点领域，农业国际合作取得明显成效。2017年5月，农业部、国家发展改革委员会、商务部、外交部四部门联合发布《共同推进“一带一路”建设农业合作的愿景与行动》，进一步加强“一带一路”农业合作的顶层设计。据统计，2018年，“一带一路”农产品贸易额占我国农产品对外贸易总额的35.1%。2019年，我国与57个“一带一路”沿线国家农产品贸易总额达到4202.01亿元人民币。在《粤港澳大湾区发展规划纲要》中，粤港澳大湾区被定位为“一带一路”建设的重要支撑区，粤港澳三地紧密合作，共同参与“一带一路”建设。广东拥有良好的农业资源及联结内地的发达交通基础设施体系，香港拥有成熟的金融体系和航运系统，为“一带一路”农产品贸易提供物流和资金支持，澳门拥有葡语国家的经贸服务平台和大量资本。自“一带一路”倡议提出以来，我国共投资“一带一路”农业项目820多个，投资存量超过170亿美元。粤港澳大湾区积极参与“一带一路”农产品贸易与物流合作。2020年，广东农产品进出口总额2335.2亿元，居全国第二，其中进口1690.53亿元，居全国第二；出口644.68亿元，居全国第三。截至2020年1月，广东省建立农产品出口示范基地137个。农产品出口示范基地按照国际标准，在生产、加工、储藏、流通等环节全面推行标准化管理。在参与“一带一路”建设方面，大湾区农产品企业积极主动“走出去”。广东广垦橡胶集团在泰国、马来西亚、印尼、柬埔寨、老挝、新加坡等东南亚国家建立了42个独立运营的天然橡胶项目，建成了集科技研发、种苗繁育、种植管理、精深加工、仓储物流、国际贸易于一体的全产业链发展体系，海外项目年产销量折合干胶超过70万吨。随着区域全面经济伙伴关系（RCEP）的实施，中国与东盟地区间的农产品贸易关系更加紧密。2022年4月21日，“中老泰”国际冷链班列首趟列车开行，国内的蔬菜、肉类、水产品途经老挝，抵达泰国，同时装载泰国的优质水果返回中国。“中老泰”国际冷链班列的顺利开行标志着粤港澳大湾区与东盟地区开辟了一条全新的国际冷链物流通道。

粤港澳大湾区也成为“一带一路”沿线企业农产品进入我国市场的首站。包括中国进出口商品交易会（广交会）、广东21世纪海上丝绸之路国际博览会、香港“一带一路”国际食品展等在内的大型食品农产品展览交易会成为“一带一路”沿线企业推介产品、洽谈订单的重要途径。例如，2019年举办的广东21世纪海上丝绸之路国际博览会中的“一带一路”展区便吸引了来自亚洲、欧洲、南美洲、北美洲、非洲、大洋洲92个国家和地区的500多家企业参展。

二　大湾区农产品物流发展存在的问题及分析

（一）冷链物流基础设施和体系建设需要进一步加强

1. 冷链基础设施资源人均拥有量不高

近年来大湾区内的农产品冷链物流基础设施进一步完善，但是整体水平依旧不高，较难满足日益增长的农产品冷链物流发展需要。2018年，广东省已拥有大小冷库数量超过1700个，仅次于山东和上海，位居全国第三。冷库容量达到340万吨，冷藏车保有量超过1万辆。然而，从人均水平来看，广东省人均冷库容量仅为0.068立方米，低于全国平均水平（0.13立方米），同时也远低于欧美日等发达国家水平（美国0.49立方米，日本0.32立方米）。同时，广东省冷链布局也存在结构失衡问题。广州、深圳、佛山三市拥有全省80%的冷库库容，而粤东、粤西、粤北等重要的农产品生产基地冷库容量仅占20%。

2. 农产品冷链流通率仍旧较低

在农产品冷链流通方面，大湾区也面临不小挑战。目前广东农产品冷链物流仍然存在发展水平与农业资源不匹配的问题，产地冷链成为广东省乃至粤港澳大湾区农产品物流发展的短板。例如作为大湾区农产品主要生产供应基地的惠州，其农产品冷链化水平仅为30%左右，着眼于田间地头农产品采收入库的“最先一公里”冷链基础设施建设薄弱。大湾区范围内农产品冷链资源整合度不高，市场相对分散，缺少规模较大且能对农产品冷链进行全链条管理的企业，大部分相关物流企业规模较小，功能重复且单一，技术和管理落后，冷链物流“断链”问题依旧突出，导致农产品损耗大、品质下降。综合来看，目前广东省农产品综合冷链流通率为19%左右，大约90%的肉类制品、80%的水产品、75%的奶制品并未得到有效的冷链保障，而欧美等发达国家的冷链流通率已达到90%以上，冷链流通率差距仍旧巨大。

（二）大湾区农产品物流融合与协作需要进一步深入

1. 粤港澳三地存在客观差异，内地存在重复规划和建设问题

过去几年，粤港澳三地通过实施一系列通关便利措施、建设横琴自贸区和粤港澳物流园等方式极大地提高了大湾区农产品流通效率。大湾区内粤港澳三地的市场体制和管理制度存在差异，深化粤港澳农产品物流融合发展仍然面临不小的挑战。例如，内地的农产品物流行业受政策规划影响较大，行政主导的特色比较鲜明，而港澳农产品物流企业多受西方行政和管理制度影响，这给港澳农产品物流企业进入内地发展带来了一定的影响，而内地农产品物流企业在进入港澳市场时也会存在不够适应的情况。此外，由于行政区划的关系，大湾区内不同城市的农产品物流企业存在竞争关系。尽管有国家层面和广东省层面的统一规划和部署，各地仍然存在基础设施重复建设和政策规划冲突的问题，缺乏良好的错位发展与协作机制，这也会造成一定程度的物流资源浪费。

2. 农产品物流标准的不完善和不统一

深化大湾区农产品物流融合发展面临的另一个挑战来自当前农产品物流标准的不完善和不统一，整体缺乏农产品物流标准的顶层设计和统一制定。比如多部门颁布了包括《活水产品运输技术规范》《活鱼运输技术规范》等在内的多项活水产品冷链运输规范，相关企业在操作时需要满足不同的标准，从而导致成本增加、效率降低。大湾区包含广东、香港、澳门三个行政区，三地的农产品生产和供应标准存在差异。目前，供港农产品标准较高，在生产、储存、运输和检测等方面均有严格规定，供港农产品标准尚未在大湾区范围内全面铺开。

（三）农产品物流专业人才培养需要得到进一步重视

农产品物流专业化程度较高，需要相关从业者既具备传统物流管理方法基础和业务实操能力，同时也要掌握与农产品物流领域相关的制冷、保温、运输标准化、信息管理等农产品物流专业知识和技术。此外，大湾区既包含粤港澳这三个贸易规则与惯例各不相同的地区，同时也作为一个整体承载国家向世界开放并进行国际贸易的窗口功能，因此大湾区农产品物流人才还需具备较强的外语技能，通晓国际贸易规则，以及拥有成熟的农产品国际物流操作经验。

目前，粤港澳大湾区乃至国内的农产品物流专业人才数量和质量尚不足以支撑规模庞大且发展迅速的农产品物流市场，尤其是通晓粤港澳不同地区物流规则、熟悉农产品国际贸易、能够运用先进信息技术的复合型人才极其匮乏。在大湾区乃至全国范围内有多所高等院校开设了物流管理和供应链管理专业，但相关专业建设存在教学内容滞后于行业发展、理论知识陈旧、理论与实际脱离、重理论轻实操等问题。同时，国内物流与供应链人才培养缺乏特色，与行业契合度不高，缺乏与其他学科的交叉融合。大湾区内农产品物流人才地域分布不平衡。广州、深圳以及港澳等发达地区的物流专业人才相对集中，而大湾区内其他地区，乃至广东省内非珠地区的农产品物流人才，特别是中高端人才则相对匮乏。

三　大湾区农产品物流发展优化路径

（一）完善大湾区农产品基础设施、供应保障和监管体系

未来，特别是在“十四五”经济社会发展重要的窗口期，粤港澳大湾区在巩固和发展农产品物流基础设施和流通的基础上，需要进一步完善农产品供应保障和监管体系。冷链物流对于农产品物流起着关键作用。需要进一步提升区域内冷链物流服务水平。为提高农产品流通效率，降低流通成本，可考虑发展现代化农产品流通模式。为实现“双碳”目标，可进一步提高大湾区农产品物流的集约化程度，发展绿色和低碳农产品物流。

1. 持续推动农产品物流基础设施及体系建设

新冠疫情、非洲猪瘟等重大公共突发事件凸显农产品供应安全事关国计民生，同时，近年来国际贸易局势的不稳定也表明维持农产品的可靠供应至关重要。粤港澳大湾区农产品物流立足广东、辐射港澳、联结内地，对保障国内农产品供应安全而言意义重大。未来，大湾区的农产品供应保障体系需要进一步完善。推动在粤港澳乃至全国范围内建设更多的“菜篮子”农产品生产基地和物流配送中心，着重突出应急保供功能，确保在发生重大自然灾害或公共突发事件等特殊时期能够保障区域内农产品稳定供应，并将其保供能力辐射至内地。同时，进一步推动建立健全农产品应急收储制度和收储冷链体系，协调解决农产品集中上市销售难问题，稳定特殊时期农产品价格。除此之外，进一步推动建立粤港澳三地农产品应急保供协作机制，建立粤港澳三地农产品应急物流体系，包括农产品短缺预警系统、农产品应急物流基础设施等。推动建立粤港澳农产品应急物流平台，协调三地应急物流资源，完善农产品保供稳价联动机制。

2. 提升粤港澳大湾区冷链物流服务水平

在农产品冷链物流建设宏观规划方面，可加强大湾区冷链物流发展顶层设计，在国家层面文件精神指导下制定面向粤港澳大湾区全域的冷链物流发展规划。在资源利用和企业培育方面，可整合各方资源，避免重复建设和过

度投入，形成一批能够服务和管理全链条农产品冷链的大型企业，提高农产品冷链流通率，同时鼓励冷链物流企业探索和实施如冷链共同配送、“生鲜电商—冷链宅配”、“中央厨房—食材冷链配送”等冷链物流新模式，促进农产品冷链物流资源利用的效率提升和成本降低。在冷链物流基础设施建设方面，以初步建成的广东冷链骨干网为基础，联通港澳，建立覆盖粤港澳大湾区全域的冷链物流网络，同时进一步加强粤东、粤西、粤北等农产品产地以及大湾区节点城市农产品销地的冷链物流基础设施建设，包括产地（田头）冷库、城乡冷库、冷链配送中心、城市末端网点保鲜设施等，加大冷藏车等冷链运输工具的投入，补齐农产品冷链“最先一公里”和“最后一公里”短板。进一步推进农产品冷链物流数字化建设，提升预冷、分级、加工、包装、运输、配送等一系列冷链运营与作业活动的数字化、信息化和智能化水平。

3. 发展“农超对接”现代农产品流通模式

目前大湾区内农产品流通模式仍以集贸市场为主导，农产品流通需要经历多个环节，这种“小生产、小流通”模式使得农产品品质难以得到保证，且流通成本较大。基于庞大的高品质农产品需求、加速建设的农产品集中生产基地以及“一村一品一镇一业”项目建设成果、发达的交通运输体系、农业合作社和农产品龙头企业、成熟的商超管理经验等诸多条件，粤港澳大湾区可在以农产品批发市场为主导的传统流通模式下，进一步发展“农超对接”现代农产品流通。“农超对接”模式是指农户直接和商家签订销售合同，由农户直接向超市等终端直供农产品。相比传统“农批对接”模式，“农超对接”模式减少了农产品的中间流通环节，缩短了流通时间，降低了流通成本。同时由于供应商或超市指定生产计划和生产标准，以及流通效率的提升，有利于农产品模块化和标准化生产，农产品的品质也能得到保证。

4. 集约化发展大湾区低碳和绿色农产品物流

未来粤港澳大湾区农产品物流也将向着低碳、绿色、集约化方向发展，降低环境污染，减少资源浪费，助力我国实现“双碳”目标。农产品物流具有数量大、品种多、运输要求高等特点。目前大湾区内仍呈现一定程度的农产品运输保鲜技术落后、运输主体分散等特点，容易导致运输损耗、食品变质污染、运力浪费和无效物流等问题。同时，农产品对包装要求特殊，目前泡沫、塑料等一次性不可降解包装物使用量仍旧巨大，容易造成环境污染。未来可在大湾区范围内培育农产品运输龙头企业，开发农产品运输管理系统，有效连接农产品分散“小生产”与集中“大市场”，提高农产品运输效率，减少运力浪费，降低运输过程中的碳排放。同时，推广使用环保可降解农产品包装物，逐步取代传统泡沫塑料包装物，减少环境污染。推进农产品废弃物和包装物回收再利用，推动建设农产品废弃物和包装物的逆向物流体系。

（二）深化大湾区农产品物流融合与协作

随着大湾区经济社会一体化发展进程加快，粤港澳三地农产品物流融合与协作水平将进一步提高。未来，特别是“十四五”规划期间，粤港澳三地可进一步简化农产品通关手续、实施农产品通关便利措施、加大物流园和自贸区建设力度，同时探索农产品物流基础设施、流通体系、产业布局、行业政策的协同部署，降低行政壁垒，促进农产品物流资源要素在大湾区内自由和高效流动。未来，深化大湾区农产品物流融合与协作可从建设统一的信息系统和制定统一的农产品物流标准等方面开展。

1. 建设联结大湾区的统一农产品物流信息平台

在建设信息系统方面，未来将进一步推动建设支撑粤港澳大湾区农产品物流融合发展的统一的大数据系统和信息平台，为农产品物流行业提供强大的数据、信息、系统支持。过去几年，大湾区范围内以农产品物流信息平台和冷链溯源信息平台等为代表的数据平台建设取得了显著的成就，有力地推动了大湾区内农产品产地溯源、安全认证、产品信息共享、物流资源匹配。随着农产品物流行业的发展、信息技术的进步、三地物流的进一步融合，需要进行存储和处理的数据信息的复杂度和规模也将迎来爆发式增长，所需的数据处理手段也需要进一步升级。同时，由于大湾区包含了市场制度和管理制度不同的三个地区，建设统一的农产品物流大数据信息平台仍然是促进大湾区农产品物流一体化发展的迫切需要。未来，人工智能、物联网、5G、区块链等新一代信息技术在农产品物流中的应用势必会得到重点关注。集成了先进人工智能技术与大数据处理手段的新一代农产品物流大数据信息平台能够进一步提高粤港澳三地农产品物流信息衔接效率，提升物流资源配置效率，降低因信息滞后、信息不匹配、信息不对称而带来的物流资源损失风险，降低社会物流成本，提高大湾区内农产品物流的整体竞争力。

2. 统一粤港澳三地农产品物流标准

在农产品物流标准化建设方面，未来将进一步加强农产品物流标准修订工作，推动农产品冷链物流标准统一。实现物流标准的统一可从以下几个方面开展：一是建设粤港澳三地互认的农产品物流标准，依托已成立的粤港澳大湾区标准化研究中心等标准制定机构，联合粤港澳三地农产品物流专业企业和行业专家，共同研究和编制三地互认的区域性农产品物流标准，破除大湾区内部农产品物流标准壁垒。二是在清理现有物流标准中存在的重复和矛盾标准的基础上，厘清国家标准、地方标准和行业标准之间的关系，打通和协调大湾区内与我国其他省份的农产品物流标准，积极推动重要的地方标准上升为国家标准。三是提升大湾区农产品物流标准的国际化水平，接轨国际标准。在研究制定相关标准时，多参考和借鉴相关国际标准和操作经验，同时也积极推动大湾区农产品物流标准“走出去”，推广大湾区标准成为国际标准，提升我国农产品物流标准的国际话语权。

3. 多渠道拓展供港澳农产品绿色通道

充分利用粤港澳大湾区公路网、铁路网和水路网优势，进一步打通大湾区各地乃至区外城市通往港澳的农产品运输通道，可考虑全方位拓展基于公路、铁路、水运等的供港澳农产品运输方式，增强特殊时期供港澳农产品供应链的安全性和可靠性。在多渠道拓展供港澳农产品通道时，基于大湾区农产品物流信息平台建设成果以及三地互认的农产品检疫标准，进一步简化农产品通关手续，提高农产品通关效率，打造多渠道高效的供港澳农产品绿色通道。

（三）发展大湾区农产品物流国际贸易合作

大湾区农产品要继续“走出去”“引进来”，结合“一带一路”和RCEP等国际合作项目，深度参与国际农产品贸易。近年来的国际贸易形势较为复杂，与美国、澳大利亚、加拿大等国持续发生的贸易摩擦给我国农产品国际贸易带来了不利影响。同时，新冠疫情在全球范围内的持续流行导致的贸易和供应链中断也给我国农产品进出口带来了一定困难。未来，我国将进一步加强与其他国家的农产品贸易与物流合作，抵消贸易摩擦影响，稳定国内农产品供应，提升农产品国际贸易物流的话语权。粤港澳大湾区作为我国农产品国际贸易与流通的重要支撑区将持续发挥重要作用。

1. 持续开展与“一带一路”沿线国家农产品贸易与物流合作

粤港澳大湾区作为“一带一路”建设重要支撑区的定位将进一步得到巩固，为农产品对外贸易和国际物流提供强大的物质基础。“一带一路”沿线国家（如中亚国家和东南亚国家）具有丰富的农业自然资源，而粤港澳大湾区具有先进的农业技术、资金，以及管理经验。粤港澳大湾区可与“一带一路”沿线国家开展多层次的农业互补互利合作。粤港澳大湾区拥有世界级的机场群、港口群、公路运输系统，未来将建成具有国际影响力的交通运输枢纽，推动提升我国与“一带一路”沿线国家的农产品贸易与物流效率。同时，粤港澳大湾区将成为更多“一带一路”跨国企业投资我国的首选地，成为我国农产品进口的重要窗口。未来将基于大湾区的地理、交通、资金、技术和管理优势，持续开展与“一带一路”沿线国家的农产品贸易与物流合作，助力我国优质农产品“走出去”、国外优质农产品“引进来”。同时，大湾区作为我国农产品对外贸易的重要窗口，也将承担稳定国内农产品供应和掌握农产品国际贸易物流话语权的责任。未来将依托大湾区进一步增加农产品贸易合作伙伴和海外农产品供应基地，组建跨国农产品贸易与物流企业，使农产品进口类型和进口方式多元化，保障国内农产品供应安全。

2. 建设粤港澳大湾区RCEP农产品贸易与物流枢纽

2020年11月15日，东盟10国、中国、日本、韩国、澳大利亚、新西兰等15个国家正式签署《区域全面经济伙伴关系协定》（RCEP），建成世界上规模最大的自由贸易区。RCEP区域内人口数量、经济总量、贸易规模均接近全球总量的30%，其中不少国家都是传统的农产品贸易大国，成员国农产品总产量约占全球的20%。多数RCEP成员国均是我国农产品对外经贸的重要合作对象，2019年，我国与RCEP成员国农产品贸易额达到792.5亿美元，占我国农产品贸易总额的34.4%。RCEP在农产品贸易方面的关键诉求是相互降低或免除进口关税，实现农产品贸易的自由化和便利化。背靠我国庞大的经济规模和丰富的资源，面向东亚和东南亚庞大市场，RCEP的签订将为粤港澳大湾区带来重要的发展机遇。粤港澳大湾区地缘上接近RCEP成员国，有望成为RCEP的农产品贸易枢纽。例如广东农产品出口到RCEP成员国约占出口总额的24%，部分地区已建立RCEP农产品交易中心。未来，RCEP将推动生产农产品快速通关（如易腐品6小时快速通关），粤港澳大湾区可以凭借自身发达的交通运输系统和丰富的通关便利实施经验促进与RCEP成员国间农产品流通效率提升，增强农产品贸易与物流竞争力，并将成果辐射至全国。

（四）重视培养农产品物流专业人才

未来，推动粤港澳大湾区农产品物流高质量发展需要大批专业的农产品物流与供应链技术人才和管理人才。随着中央和大湾区各地“十四五”规划的出台，以及我国与其他国家和地区农业合作的进一步深入，农产品物流行业将迎来转型发展的重要机遇期。与此同时，由于粤港澳大湾区对接国际贸易前沿，区域范围内不同地区客观上存在不同的市场制度，同时面临着流通技术和贸易规则的快速更替，因此，在农产品物流的各个领域，均需要培养一批特色化的高层次专业人才，以支撑行业发展。

1. 面向市场需求加大专业人才培养力度

适应大湾区农产品物流行业发展的专业人才应熟悉粤港澳三地农产品物流标准和法律，以及农产品国际贸易现状和规则。同时，能够熟练应用包括移动互联网、物联网、区块链等在内的新兴物流信息技术，推动物流发展，提高流通效率。未来一段时间，需要培养能够适应大湾区农产品物流发展、具有大湾区特色的高层次专业人才。应进一步加强物流与供应链学科建设，尤其要加强与其他学科（如国际贸易、法律、计算机科学、信息技术）的交叉融通。同时，学科建设需要与业务实际相结合，借助大湾区独特的地域优势，产学研有机衔接，打造具备扎实理论素养和业务实操能力的农产品物流专业人才队伍，为农产品物流发展提供人才储备和保障。

2. 加强粤港澳三地农产品物流人才交流

未来可进一步加强粤港澳三地农产品物流人才交流，举办行业和人才交流论坛，促进相关人力资源在大湾区范围内自由流动。内地与港澳地区农产品物流人才各有所长，高端人才要素在大湾区范围内自由流动可以帮助粤港澳三地政府机构和企业增进相互了解，取长补短，提升行业效率和整体竞争力。未来可进一步推动港澳地区的农产品物流专家人才来内地教学与科研机构任教，在内地相关政府机构和物流企业任职，推动港澳农产品物流企业来内地设立办事处、开办分支机构，推动粤港澳教学科研机构合作办学，联合培养农产品物流专业人才。同时，为提高大湾区内农产品物流人才流动意愿，未来粤港澳三地社会保障政策应进一步对接和协同，在教育、医疗、住房、社会福利等公共领域逐步实现同步和融合，扫清人才流动阻碍。

参考文献

《2020—2021 罗戈物流行业年报》，https：//baijiahao. baidu. com/s？id=1716557067046439112&wfr=spider&for=pc，2021 年 11 月 16 日。

《2020 年我国跨境电商进出口额同比增长超三成》，http：//www. gov. cn/zhengce/2021-07/13/content_ 5624482. htm，2021 年 7 月 13 日。

《2021 年粤港澳大湾区航空机场市场发展现状分析 政策鼓励粤港澳大湾区机场群发展》，https：//baijiahao. baidu. com/s？id=17079666394 97575369&wfr=spider&for=pc，2021 年 8 月 13 日。

《2021 年中国仓储物流创新与发展高峰论坛暨智慧仓配医药冷链物流高质量发展会议在沪成功召开》，《物流工程与管理》2021 年第 5 期。

《直播电商区域发展指数研究报告》，http：//www. 100ec. cn/detail--6586597. html，2021 年 3 月 10 日。

阿里研究院：《2016 年度中国绿色消费者报告》，http：//www. 199it. com/archives/503487. html，2016 年 8 月 4 日。

《澳门特别行政区经济和社会发展第二个五年规划（2021—2025 年）》，http：//www. cnbayarea. org. cn/policy/policy%20release/policies/content/post_652752. html，2021 年 12 月 16 日。

《2020 年澳门批发及零售业统计数据》，https：//www. dsec. gov. mo/getAttachment/bc9323a1-b9df-4543-80cf-7168b97ddb46/C_ ICGR_ PUB_2020_ Y. aspx，2022 年 7 月 24 日。

《1~11 月港口吞吐量 25 强出炉：佛山、东莞、大连、福州等港口负增长》，八闽瞰天下，2021 年 12 月 24 日。

陈伟炯、王茂馨：《医药冷链物流在物联网环境下的动态风险评估》，《科技管理研究》2020 年第 1 期。

陈杨丽、明惠：《国外医药冷链物流发展对我国的启发》，《花炮科技与市场》2019 年第 2 期。

程丽林、范志强、张长峰等：《我国农产品冷链物流标准体系构建的思考》，《物流工程与管理》2016 年第 7 期。

崔忠付：《冷链物流赋能粤港澳大湾区融合协同发展》，《中国食品工业》2021 年第 9 期。

崔忠付：《医药冷链物流行业新特点与新趋势》，《物流技术与应用》2021 年第 5 期。

《大湾区将成"一带一路"核心枢纽　京东物流保税仓力促跨境不断提速》，https：//www. sohu. com/a/235673584_ 124719，2018 年 6 月 14 日。

代丽娜：《5G 背景下广东智慧农业发展建议》，《广东科技》2020 年第 10 期。

德勤：《新发展格局下的大湾区——"十四五"时期粤港澳大湾区发展重点》，2021 年 9 月 13 日。

邓振华：《中外医药冷链物流发展的差异比较及经验借鉴》，《对外经贸实务》2017 年第 6 期。

丁艳：《粤东西北农产品冷链物流标准化体系建设研究》，《中国储运》2022 年第 8 期。

《粤港澳大湾区跨境电商加速发展，香港企业共享机遇》，https：//i. ifeng. com/c/85R2MeDAe2M，2021 年 4 月 14 日。

《佛山拟出台城市货运配送新规探索无接触配送》，http：//www. foshan. gov. cn/zwgk/zwdt/jryw/content/post_ 4672312. html，2021 年 1 月 10 日。

傅娟、杨道玲：《我国冷链物流发展的现状、困境与政策建议》，《中国经贸导刊》2021 年第 9 期。

古小东：《粤港澳大湾区农业合作发展：现状、问题与对策》，《政法学刊》2019 年第 4 期。

《广东在 13 个地市设立自贸区联动发展区》，光明网，2022 年 6 月29 日。

《广东地区果蔬冷链物流存在的问题与发展措施》，搜狐网，2021 年 10 月 28 日。

《广东三大自贸区相对优势解析》，中工招商网，2020 年 4 月 24 日。

《2021 年 1～11 月广东外贸成绩单》，http：//com. gd. gov. cn/zwgk/tjxx/sjs/content/post_ 3730693. html，2021 年 12 月 24 日。

《广东省现代物流业发展规划（2016—2020 年）》，http：//www. gd. gov. cn/gkmlpt/content/0/145/post_ 145591. html#7，2016 年 11 月 25 日。

《广东省综合交通运输体系“十四五”发展规划》，http：//www. gd. gov. cn/attachment/0/460/460355/3554890. pdf，2021 年 9 月 30 日。

《广东综合交通运输体系发展“十三五”规划发布》，http：//www. gd. gov. cn/gdywdt/bmdt/content/post_ 77203. html，2017 年 5 月 2 日。

《广州被命名为绿色货运配送示范城市》，http：//www. gz. gov. cn/ysgz/xwdt/ysdt/content/post_ 7757651. html，2021 年 9 月 3 日。

《广州港南沙四期工程实船联合调试成功》，https：//baijiahao. baidu. com/s？id=1701510623134971888&wfr=spider&for=pc，2021 年 6 月 2 日。

《广州南沙加快培育外贸新优势》，https：//baijiahao. baidu. com/s？id=1730591679284764403&wfr=spider&for=pc，2022 年 4 月 20 日。

《政策解读：广州市直播电商发展行动方案（2020—2022 年）》，http：//sw. gz. gov. cn/xxgk/tzgg/tz/content/post_ 5741707. html，2020 年 7 月 21 日。

郭俊佳：《医药冷链物流库存与配送协同优化研究》，北京交通大学硕士学位论文，2021。

郭跃文、袁俊主编《粤港澳大湾区建设报告（2019）》，社会科学文献出版社，2019。

郭跃文主编《粤港澳大湾区建设报告（2020～2021）》，社会科学文献出版社，2021。

韩波勇、庄雪洁：《广东省物流园区发展现状和优化对策》，《物流技术》2012 年第 1 期。

韩盼盼、陈钰湘：《新零售驱动下即时配送发展研究》，《物流工程与管理》2020 年第 4 期。

《粤港澳大湾区这三年：GDP 增长近 10%，成为高质量发展样本》，《华夏时报》2022 年 6 月 25 日。

黄海盈：《粤港澳大湾区商贸与物流一体化发展研究》，《中国储运》2020 年第 11 期。

黄诗琳、方泳华、胡葳、易露、汪欣：《粤港澳大湾区冷链物流标准比对研究》，《标准科学》2022 年第 5 期。

黄奕斌：《我国医药冷链物流发展现状及建议》，《物流技术与应用》2017 年第 S1 期。

黄永福：《我国物流业高质量发展问题研究——基于粤港澳大湾区物流业发展的分析》，《价格理论与实践》2020 年第 4 期。

贾阳光、代丽：《中国医药冷链物流管理的研究综述》，《物流工程与管理》2022 年第 12 期。

江建宇、王爱虎：《广东省物流业发展现状和趋势解析——以东莞市为例》，《华南理工大学学报》（社会科学版）2011 年第 2 期。

矫萍、黄飞镔：《“双循环”新格局下粤港澳大湾区商贸流通业数字化转型的战略思考》，载《中国改革开放再出发：后小康社会中国经济高质量可持续发展——第十四届中华发展经济学年会会议论文摘要集》，2020。

《京东 2019 绿色消费趋势发展报告：商品销量增速超全站 18%》，https：//www. ebrun. com/20191227/366911. shtml，2019 年 12 月 27 日。

李明：《粤港澳大湾区核心城市商贸物流竞争力评价》，《商业经济研究》2021 年第 2 期。

李小玲、闻铭、梁美静：《广东省果蔬冷链物流发展现状及对策研究》，《中国储运》2021 年第 9 期。

李义华、邓梦杰：《数字经济下医药冷链物流共同配送体系构建研究》，《中南林业科技大学学报》（社会科学版）2022年第5期。

李樱、刘兆强、曾迅：《广州城市配送现状及配送体系研究》，《公路与汽运》2015年第2期。

李政：《粤港澳大湾区对接东盟的路径研究》，《中国市场》2022年第10期。

林藜、薛麒峰、陆冰妍：《我国医药冷链物流》，《今日财富》2018年第11期。

刘常宝、胥爱霞、李仕豪：《跨业融合背景下冷链物流人才培养研究》，《合作经济与科技》2019年第4期。

刘津平：《中国—东盟物流合作现状与对策分析》，《生产力研究》2009年第18期。

刘潇：《医药冷链物流蕴藏无限商机》，《首都食品与医药》2017年第21期。

龙建辉：《粤港澳大湾区打造全球物流枢纽的战略思考——新起点、新挑战、新任务与新举措》，《广东经济》2017年第12期。

陆铭君：《广东省农产品冷链物流成本分析》，华南农业大学硕士学位论文，2017。

《绿色交通“十四五”发展规划》，http：//www.gov.cn/zhengce/zhengceku/2022-01/21/content_5669662.htm，2022年1月21日。

《绿色物流、低碳生活，顺丰打造可持续发展的供应链服务》，https：//baijiahao.baidu.com/s？id=1718814001680430721&wfr=spider&for=pc，2021年12月11日。

《美团研究院：2022新餐饮行业研究报告》，http：//new.qq.com/omn/20220413/20220413A04JB200.html，2022年8月17日。

孟晓梅：《医药冷链物流解决方案比较及应用》，《集装箱化》2020年第3期。

苗露：《医药冷链物流外包决策问题研究》，天津工业大学硕士学位论文，2018。

《广东数字经济增长值规模连续5年居全国首位》，https：//baijiahao.baidu.com/s？id=1738103515302052270，2022年7月12日。

《广东中亚班列货物首次出发　打通出海物流新通道》，https：//baijiahao.baidu.com/s？id=16799520 54581772864&wfr=spider&for=pc，2020年10月8日。

《5年助力150亿元“广货”走向全球，中欧班列怎么做到的?》，澎湃新闻网，2021年8月30日。

《2021年广东中欧班列首破400列　同比增近六成》，https：//baijiahao.baidu.com/s？id=1721196970415034180&wfr=spider&for=pc，2022年1月6日。

《人民网新电商研究院发布〈中国农村电商物流发展报告〉》，http：//finance.people.com.cn/n1/2020/0424/c1004-31686746.html，2020年4月24日。

《“人享其行、物优其流”交通运输部解读〈国家综合立体交通网规划纲要〉》，https：//baijiahao.baidu.com/s？id=1693021172912219140&wfr=spider&for=pc，2021年3月1日。

阮君如、王国庆：《广东省水产品冷链物流发展的研究》，《中国储运》2021年第9期。

《商务部：2019年全国农产品网络零售额3975亿元同比增27%》，https：//baijiahao.baidu.com/s？id=1666469002630835403&wfr=spider&for=pc，2020年5月12日。

《蓝图走向现实　国际一流湾区风景正好》，https：//news.cnstock.com/news，yw-202206-4904748.htm，2022年6月21日。

《深圳消费观察：社会消费品零售总额居全国第五，距离万亿大关仅“一步之遥”》，http：//baijiahao.baidu.com/s？id=1724276554154719698&wfr=spider&for=pc，2022年2月9日。

宋笛：《医药冷链备战新冠疫苗》，《经济观察报》2021年1月30日。

宋玲、张炜文：《粤港澳大湾区物流体系建设研究》，《现代商贸工业》2021 年第 36 期。

檀霖可：《我国冷链物流发展现状与对策》，《交通企业管理》2018 年第 2 期。

《外卖新势力城市榜单出炉 多个三四线城市餐饮商家“异军突起”》，https：//m. gmw. cn/baijia/2021-12/15/1302721169. html，2021 年 12 月 15 日。

《外卖行业专题报告：市场规模、盈利能力、竞争格局》，http：//new. qq. com/omn/20220720/20220720A0533G00. html，2022 年 7 月 20 日。

万俊毅、韩亚丽：《粤港澳大湾区食用农产品供给能力与农业产业链功能的市域比较》，《华南理工大学学报》（社会科学版）2019 年第 6 期。

万艳春、何昱廷、胡雨鋆：《粤港澳大湾区区域经济与物流的协同度评价——对粤港澳大湾区物流投入的启示》，《科技管理研究》2019 年第20 期。

王思静：《医药冷链物流配送中心选址》，《物流技术》2019 年第 3 期。

王伟、黄婉芬：《广东生鲜农产品物流供应链模式发展现状研究》，《中国物流与采购》2018 年第 4 期。

吴乐燕：《广东省冷链物流业调查研究》，《商场现代化》2021 年第3 期。

《中华人民共和国香港特别行政区行政长官 2021 年施政报告》，http：//www. cnbaya rea. org. cn/policy/policy% 20release/policies/content/post _ 612738. html，2021 年 10 月 6 日。

谢如鹤、张媛：《大型突发公共卫生事件下应急生鲜食品储备量研究——以湖北省为例》，《物流研究》2021 年第 1 期。

谢蕊蕊：《我国生鲜农产品冷链物流“最先一公里”发展探讨》，《商业经济研究》2022 年第 2 期。

《深圳 2021 年海空双港逆势“高位突破”货运吞吐量双双再攀历史新高》，https：//cj. sina. com. cn/articles/view/1893278624/ 70d923a002000yegh，2022 年 1 月 4 日。

《粤港澳大湾区贸易畅通新局：跨境电商领衔外贸新业态》，http：//finance. sina. com. cn/china/dfjj/2021 - 12 - 27/doc - ikyakumx6582626. shtml，2021 年 12 月 27 日。

《〈粤港澳大湾区蓝皮书〉：大湾区经济总量站上 12 万亿元台阶》，https：//www. sohu. com/a/571831610_ 120091004，2022 年 7 月 31 日。

熊永婧、于丽英：《基于新版 GSP 标准的医药冷链物流配送优化》，《上海大学学报》（自然科学版）2017 年第 5 期。

严雪晴、周修岚：《乡村振兴背景下农产品冷链物流发展问题研究——以广东肇庆市为例》，《中国储运》2022 年第 2 期。

严雪晴：《“一带一路”下广东农产品冷链物流人才培养模式与路径》，《物流科技》2019 年第 6 期。

《研报：破解粤港澳大湾区内地九市物流设施投资密码》，https：//m. sohu. com/a/559290582_ 121123887/？pvid = 000115_ 3w_ a，2022 年 6 月 27 日。

《医药冷链物流项目创新实践》，《中国物流与采购》2017 年第 5 期。

袁青、彭周雨、周凌：《“两票制”下医药冷链物流共同配送策略探讨》，《中国市场》2020 年第 2 期。

《粤港澳大湾区：中国乃至全球智慧物流的新高地?》，http：//news. chinawutong. com/wlzx/wlzx/wlkx/201806/55046. html，2018 年 6 月 26 日。

《粤港澳大湾区建设“成绩单”亮眼（新气象　新作为）》，https：//baijiahao. baidu. com/s？id = 1737645057224765445&wfr = spider&for = pc，2022 年 7 月 7 日。

《粤港澳大湾区首个智慧物流发展报告出炉》，https：//www. sohu. com/a/246721381_ 100223971，2018 年 8 月 23 日。

《粤港澳大湾区综合立体交通网络越织越密　“1 小时生活圈”基本形成 互联互通铸就湾区大未来》，https：//www. gd. gov. cn/gdywdt/bmdt/content/post_ 3921548. html，2022 年 4 月 29 日。

张凌辉：《多仓协同，助力医药冷链物流高质量发展》，《物流技术与应用》2022 年第 S2 期。

张婷婷、阚安康、吕岩：《我国医药冷链物流发展现状及趋势》，《制冷与空调》2021 年第 2 期。

赵皎云：《疫情推动医药冷链物流加速发展——访瑞康医药集团股份有限公司吉祥水（物流板块）董事长刘俊林》，《物流技术与应用》2021 年第 S1 期。

郑玉香、沈迟爱：《我国第三方医药冷链物流发展探析》，《市场周刊》2019 年第 1 期。

《中国城市物流竞争力报告（2020）》，https：//www. sohu. com/a/441727480_ 617927，2020 年 3 月 29 日。

《“618”菜鸟推出进口保税专送服务 跨境商品实现送货上门》，http：//www. cea. org. cn/content/details_ 10_ 22758. html，2022 年 5 月25 日。

《“十四五”航空物流发展专项规划》，http：//www. gov. cn/zhengce/zhengceku/2022-02/16/content_ 56 73982. htm，2022 年 2 月 16 日。

《2022 年中国冷链物流行业发展现状预测分析》，https：//www. sohu. com/a/541767906_ 350221，2022 年 4 月 27 日。

《跨境铁路运输行业资讯汇总（12/3-12/10）》，http：//www. czztz. com/xinwen/tuijianyuedu2/20211210/853. html，2021 年 12 月 10 日。

周杨林：《医药冷链物流服务质量评价研究》，中国石油大学（华东）硕士论文，2018。

《珠海市创建“城市绿色货运配送示范工程”阔步前行》，http：//zrzyj. zhuhai. gov. cn/gkmlpt/content/3/3152/mpost_ 3152178. html#139，2022 年 5 月 20 日。

祝新、王瑶：《基于路况的医药冷链物流配送路径优化》，《科学技术与工程》2021 年第 4 期。

Crippa M. , Oreggioni G. , Guizzardi D. , Muntean M. , Schaaf E. , Lo Vullo E. , Solazzo E. , Monforti-Ferrario F. , Olivier J. G. J. , Vignati E. , “Fossil CO_2 and GHG Emissions of All World Countries-2019 Report,” EUR 29849 EN, Publications Office of the European Union, Luxembourg, 2019.

图书在版编目(CIP)数据

粤港澳大湾区物流发展报告．2023 / 韦琦等编著．--北京：社会科学文献出版社，2023.3
ISBN 978-7-5228-1097-3

Ⅰ．①粤…　Ⅱ．①韦…　Ⅲ．①物流-产业发展-研究报告-广东、香港、澳门　Ⅳ．①F259.276.5

中国版本图书馆 CIP 数据核字（2022）第 215701 号

粤港澳大湾区物流发展报告（2023）

主　　编 / 刘延平
编　　著 / 韦　琦　张　杰　等

出 版 人 / 王利民
责任编辑 / 吴　敏
责任印制 / 王京美

出　　版 / 社会科学文献出版社
地址：北京市北三环中路甲 29 号院华龙大厦　邮编：100029
网址：www.ssap.com.cn
发　　行 / 社会科学文献出版社（010）59367028
印　　装 / 三河市龙林印务有限公司

规　　格 / 开　本：787mm×1092mm　1/16
印　张：21.5　字　数：330 千字
版　　次 / 2023 年 3 月第 1 版　2023 年 3 月第 1 次印刷
书　　号 / ISBN 978-7-5228-1097-3
定　　价 / 89.00 元

读者服务电话：4008918866